广州城市智库丛书

私募股权市场发展及广州对策

蔡进兵 林瑶鹏 庄德栋 等◎著

中国社会科学出版社

图书在版编目(CIP)数据

私募股权市场发展及广州对策 / 蔡进兵等著. —北京：中国社会科学出版社，2020.12

（广州城市智库丛书）

ISBN 978 - 7 - 5203 - 7656 - 3

Ⅰ.①私⋯　Ⅱ.①蔡⋯　Ⅲ.①股份有限公司—融资—研究—广州　Ⅳ.①F279.246

中国版本图书馆 CIP 数据核字（2020）第 257303 号

出 版 人	赵剑英
责任编辑	喻　苗
责任校对	王　龙
责任印制	王　超

出　　版	中国社会科学出版社
社　　址	北京鼓楼西大街甲 158 号
邮　　编	100720
网　　址	http://www.csspw.cn
发 行 部	010 - 84083685
门 市 部	010 - 84029450
经　　销	新华书店及其他书店
印　　刷	北京明恒达印务有限公司
装　　订	廊坊市广阳区广增装订厂
版　　次	2020 年 12 月第 1 版
印　　次	2020 年 12 月第 1 次印刷
开　　本	710×1000　1/16
印　　张	21.25
字　　数	289 千字
定　　价	118.00 元

凡购买中国社会科学出版社图书，如有质量问题请与本社营销中心联系调换
电话：010 - 84083683
版权所有　侵权必究

《广州城市智库丛书》
编审委员会

主　任　张跃国

副主任　朱名宏　杨再高　尹　涛　许　鹏

委　员（按拼音排序）

　　　　白国强　蔡进兵　杜家元　郭昂伟　郭艳华　何　江
　　　　黄石鼎　黄　玉　刘碧坚　欧江波　孙占卿　覃　剑
　　　　王美怡　伍　庆　杨代友　姚　阳　殷　俊　曾德雄
　　　　曾俊良　张　强　张赛飞

总　　序

何谓智库？一般理解，智库是生产思想和传播智慧的专门机构。但是，生产思想产品的机构和行业不少，智库因何而存在，它的独特价值和主体功能体现在哪里？再深一层说，同为生产思想产品，每家智库的性质、定位、结构、功能各不相同，一家智库的生产方式、组织形式、产品内容和传播渠道又该如何界定？这些问题看似简单，实际上直接决定着一家智库的立身之本和发展之道，是必须首先回答清楚的根本问题。

从属性和功能上说，智库不是一般意义上的学术团体，也不是传统意义上的哲学社会科学研究机构，更不是所谓的"出点子""眉头一皱，计上心来"的术士俱乐部。概括起来，智库应具备三个基本要素：第一，要有明确目标，就是出思想、出成果，影响决策、服务决策，它是奔着决策去的；第二，要有主攻方向，就是某一领域、某个区域的重大理论和现实问题，它是直面重大问题的；第三，要有具体服务对象，就是某个层级、某个方面的决策者和政策制定者，它是择木而栖的。当然，智库的功能具有延展性、价值具有外溢性，但如果背离本质属性、偏离基本航向，智库必会惘然自失，甚至可有可无。因此，推动智库建设，既要遵循智库发展的一般规律，又要突出个体存在的特殊价值。也就是说，智库要区别于搞学科建设或教材体系的大学和一般学术研究机构，它重在综合运用理论和知识分析研判重大问题，这是对智库建设的一般要求；同时，具体到一家智库个体，又要依据自身独一无二的性质、类型和定位，塑造独特个性和鲜明风格，占据真正属于自己的空间和制高点，这是智库独立和自立的根本标志。当前，智库建设的理论和政策不一而足，实践探索也呈现出八仙过海之势，这当然有利于形成智库界的时代标签和身份识别，但在热情高涨、高歌猛进的大时代，也容易盲目跟风、漫天飞舞，以致破坏本就脆弱的智库生态。所以，我们可能还要保持一点冷静，从战略上认真思考智库到底应该怎么建，社科院智库应该怎么建，城市社科院智库又应该怎么建。

广州市社会科学院建院时间不短，在改革发展上也曾经历曲折艰难探索，但对于如何建设一所拿得起、顶得上、叫得响的新型城市智库，仍是一个崭新的时代课题。近几年，我们全面分析研判新型智库发展方向、趋势和规律，认真学习借鉴国内外智库建设的有益经验，对标全球城市未来演变态势和广州重大战略需求，深刻检视自身发展阶段和先天禀赋、后天条件，确定了建成市委、市政府用得上、人民群众信得过、具有一定国际影响力和品牌知名度的新型城市智库的战略目标。围绕实现这个战略目标，边探索边思考、边实践边总结，初步形成了"1122335"的一套工作思路：明确一个立院之本，即坚持研究广州、服务决策的宗旨；明确一个主攻方向，即以决策研究咨询为主攻方向；坚持两个导向，即研究的目标导向和问题导向；提升两个能力，即综合研判能力和战略谋划能力；确立三个定位，即马克思主义重要理论阵地、党的意识形态工作重镇和新型城市智库；瞄准三大发展愿景，即创造战略性思想、构建枢纽型格局和打造国际化平台；发挥五大功能，即咨政建言、理论创新、舆论引导、公众服务、国际交往。很显然，未来，面对世界高度分化又高度整合的时代矛盾，我们跟不上、不适应的感觉将长期存在。由于世界变化的不确定性，没有耐力的人常会感到身不由己、力不从心，唯有坚信事在人为、功在不舍的自觉自愿者，才会一直追逐梦想直至抵达理想的彼岸。正如习近平总书记在哲学社会科学工作座谈会上的讲话中指出的，"这是一个需要理论而且一定能够产生理论的时代，这是一个需要思想而且一定能够产生思想的时代。我们不能辜负了这个时代"。作为以生产思想和知识自期自许的智库，我们确实应该树立起具有标杆意义的目标，并且为之不懈努力。

智库风采千姿百态，但立足点还是在提高研究质量、推动内容创新上。有组织地开展重大课题研究是广州市社会科学院提高研究质量、推动内容创新的尝试，也算是一个创举。总的考虑是，加强顶层设计、统筹协调和分类指导，突出优势和特色，形成系统化设计、专业化支撑、特色化配套、集成化创新的重大课题研究体系。这项工作由院统筹组织。在课题选项上，每个研究团队围绕广州城市发展战略需求和经济社会发展中重大理论与现实问题，结合各自业务专长和学术积累，每年年初提出一个重大课题项目，经院内外专家三轮论证评析后，院里正式决定立项。在课题管理上，要求从基本逻辑与文字表达、基础理论与实践探索、实地调研与方法集成、综合研判与战略谋划等方面反复打磨锤炼，结项仍然要经过三轮评审，并集中举行重大课题成果发布会。在成果转化应用上，建设"研究专报+刊物发表+成果发布+媒体宣传+著作出版"组合式转化传播平台，形成延伸转化、彼此补充、互相支撑的系列成果。自2016年以来，广州市社会科学院已组织开展40多项重大课题研究，积累了一批具有一定学术价值和应用价值的研究成果，这些成果绝大部分以专报方式呈送市委、市政府作为决策参考，对广州城市发展产生了积极影响，有些内容经媒体宣传报道，也产生了一定的社会影响。我们认为，遴选一些质量较高、符合出版要求的研究成果统一出版，既可以记录我们成长的足迹，也能为关注城市问题和广州实践的各界人士提供一个观察窗口，是很有意义的一件事情。因此，我们充满底气地策划出版了这套智库丛书，并且希望将这项工作常态化、制度化，在智库建设实践中形成一条兼具地方特色和时代特点的景观带。

感谢同事们的辛勤劳作。他们的执着和奉献不但升华了自我，也点亮了一座城市通向未来的智慧之光。

广州市社会科学院党组书记、院长

张跃国

2018 年 12 月 3 日

前　　言

党的十九大报告明确指出，我国经济已由高速增长阶段转向高质量发展阶段。推动经济高质量发展，必须发挥市场在资源配置中的决定性作用，激发各类市场主体创新活力，实现从要素驱动转向创新驱动。我国私募股权市场迅速发展，极大地促进了创新资本形成，推动资本向更具前景、更具活力的领域转移和集聚，在支持科技创新、助推产业转型升级等方面发挥了重大作用。自1984年我国引进"风险投资"概念，特别是90年代以来，我国私募股权市场已从一个"新生儿"逐步成长为当今全球最主要的市场之一。截至2019年底，在中国证券投资基金业协会登记的存续私募基金管理人24471家，管理资产规模达13.74万亿元，其中私募股权、创投基金管理人14882家，管理资产规模达9.74万亿元。上海、深圳、北京作为我国私募股权投资业最发达的城市，截至2019年底，在中国证券投资基金业协会登记的存续私募基金管理人分别达到4709家、4566家和4367家，分别占19.2%、18.7%和17.8%；管理资产规模达2.95万亿元、1.82万亿元和3.18万亿元，占比分别达到21.5%、13.2%和23.1%。

面对国际贸易争端、英国脱欧不确定性，以及全球经济的不乐观，全球私募股权市场这几年则继续保持良好发展态势。全球私募股权基金募资额保持在高位，2017年、2018年、2019年，全球私募股权基金募资额分别达到9300亿美元、8610亿美元、8940亿美元。美国作为现代私募股权投资发展最早，也是最发达的国家，近些年无论其私募股权募资额、投资金额等都占全球的一半左右。欧洲近几年私募股权基金募资额一直在高位，但欧洲各国私募股权基金投资水平差异较大，经济水平相对发达国家获得的各国私募股权基金投资额更多。

推动建设区域性私募股权交易市场，促进风险投资基金、私募股权投资基金聚集和发展，是国家赋予广州的重要使命。《粤港澳大湾区发展规划纲要》明确提出，"支持广州完善现代金融服务体系，建设区域性私募股权交易市场"。近年来，广州私募股权市场发展迅速，股权投资机构集聚，私募股权投资基金规模快速壮大，且新兴产业迅速发展，具有较好的私募股权投资业发展基础。2009年至2019年6月，经营总部设在广州的新增基金总数为3955只，总目标募资规模达到12973.37亿元人民币。

本书对私募股权市场的相关内涵及相关理论进行了梳理，分析了我国私募股权市场发展历程和现状，以及北京、上海、深圳三个主要城市私募股权市场的发展状况和政策支持，并拓展分析视野，对全球私募股权市场，以及美国、欧洲两大经济体私募股权市场发展进行了剖析。之后，详细分析了广州私募股权市场的发展状况，对广州建设区域性私募股权交易市场的环境和路径深入研究，为广州推进区域性私募股权交易市场建设提供借鉴与决策参考。本书建议广州应重点围绕"主体壮大、平台打造、项目培育、区域合作、人才集聚、风险防范"六个方面，集聚国际国内优质资源，吸引、培育、壮大私募股权交易市场主体，打造具有全国甚至全球影响力的私募股权交易平台，同步发展战略性新兴产业等私募股权投资基金投资标的，大力吸引专业人才落户，依托粤港澳大湾区共同发展广州私募股权交易市场。

本书是在广州市社会科学院金融研究所2019年度广州市社

会科学院重大课题成果的基础上进一步修改完善而成。在课题研究及书稿撰写过程中，蔡进兵作为组长，负责总体框架设计、方法指导、总体统筹、合稿修订，蔡进兵、林瑶鹏、庄德栋、刘晓晗共同参与全书的撰写。

课题在立项和写作过程中得到了院领导、院学术委员、科研处的大力支持和帮助，院党组书记、院长张跃国在课题选题方向上提出了十分宝贵的意见，院党组成员、副院长许鹏在课题研究、撰写过程中提出了许多指导意见，在此表示衷心感谢。

由于写作水平有限和成稿时间仓促，书中难免有失误和错漏之处，恳请各位读者批评指正。

目　录

第一章　私募股权基金内涵与研究理论 ……………………（1）
　一　私募股权投资基金内涵与特征 …………………………（2）
　二　私募股权投资研究综述 …………………………………（5）

第二章　我国私募股权基金业发展 …………………………（19）
　一　我国私募股权投资基金发展历程 ………………………（20）
　二　我国私募股权投资基金行业发展状况 …………………（32）
　三　我国私募股权投资基金行业现阶段发展的
　　　新动向 ……………………………………………………（47）

第三章　北京私募股权基金业发展 …………………………（50）
　一　北京私募股权投资机构和基金基本情况 ………………（50）
　二　北京私募股权投资分析 …………………………………（56）
　三　北京私募股权投资退出分析 ……………………………（68）
　四　北京私募股权基金业发展的政策支持 …………………（82）

第四章　上海私募股权基金业发展 …………………………（85）
　一　上海私募股权投资机构和基金基本情况 ………………（85）
　二　上海私募股权投资分析 …………………………………（90）
　三　上海私募股权投资退出分析 ……………………………（101）
　四　上海私募股权基金业发展的政策支持 …………………（114）

第五章　深圳私募股权基金业发展 …………………… (117)
　　一　深圳私募股权投资机构和基金基本情况 ………… (117)
　　二　深圳私募股权投资分析 …………………………… (123)
　　三　私募股权投资退出分析 …………………………… (134)
　　四　深圳私募股权基金业的政策支持 ………………… (147)

第六章　国际私募股权基金业发展 …………………… (150)
　　一　全球私募股权基金发展历程及现状 ……………… (150)
　　二　美国私募股权基金发展现状 ……………………… (169)
　　三　欧洲私募股权基金发展现状 ……………………… (183)
　　四　国际社会对私募股权基金的监管 ………………… (193)
　　五　全球私募股权市场的发展趋势 …………………… (198)

第七章　广州私募股权基金业发展及政策建议 ……… (203)
　　一　广州私募股权投资基金发展总体状况 …………… (203)
　　二　广州建设区域性私募股权交易市场的环境分析 … (226)
　　三　广州建设区域性私募股权交易市场对策建议 …… (233)

附件一　北京支持私募股权基金业发展相关政策 ……… (257)

附件二　上海支持私募股权基金业发展相关政策 ……… (273)

附件三　深圳支持私募股权基金业发展相关政策 ……… (297)

参考文献 ……………………………………………………… (319)

第一章 私募股权基金内涵与研究理论

从 1984 年我国引进"风险投资"概念至今，我国私募股权投资已发展了 30 多年，已经从一个"新生儿"逐步成长起来，并已迈出坚实的步伐。但我国长期对私募股权投资基金认识不足，概念不清。2014 年 1 月 17 日，中国证券投资基金业协会（中基协）发布《私募投资基金管理人登记和基金备案方法（试行）》，第一次从行业管理角度明确了私募基金概念，指出私募投资基金是指"以非公开方式向合格投资者募集资金设立的投资基金，包括资产由基金管理人或者普通合伙人管理的以投资活动为目的设立的公司或合伙企业"。私募投资基金的类型主要包括私募证券投资基金、私募股权投资基金、FOF 基金、对冲基金、并购基金、夹层基金等。私募股权投资基金通过从事非上市公司股权或上市公司非公开交易股权投资，借助上市、管理层收购和并购等股权转让方式出售股权而获利。私募股权投资基金由投资机构向工商机构申请设立，并向中国证券投资基金业协会（中基协）登记备案，投资机构一般分为 PE（股权投资机构）和 VC（风险投资机构）。[①]

[①] 这是我国官方首次对私募股权投资基金进行定义，本书所涉及的"私募股权投资基金"以该规定为准。本书所涉及私募股权投资机构（PE）和风险投资机构（VC），均指以非公开募集资金形式投资于企业股权的投资机构，投资方式包括机构直接投资或通过设立私募股权投资基金、FOF 基金、并购基金等形式投资。

一 私募股权投资基金内涵与特征

（一）私募股权投资基金的运作模式和特点

私募股权投资基金必须经过一轮完整的资本运作流程才能实现资本增值。从资本流动的角度出发，资本先从投资人LP（有限合作人）投向股权投资基金，基金管理人GP（一般合伙人）一番决策后，再流入被投资企业。在投资之后的阶段，基金管理人以各种方式参与管理，经过一定时期发展后，选择合适时机退出，进行下轮资本流动循环。整个资本流动过程，对应基金运作四个阶段：募资、投资、管理和退出（见图1-1）。

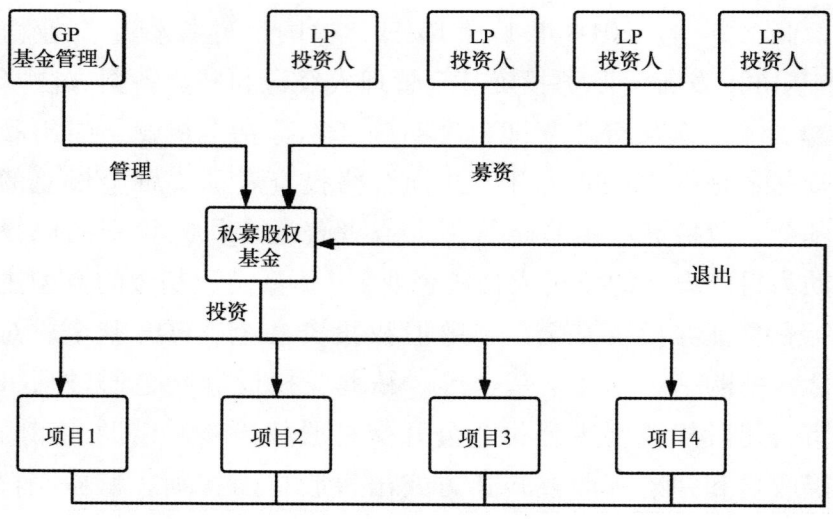

图1-1 私募股权投资基金运作流程

相对于私募证券投资基金，私募股权投资基金具有投资期限长、流动性较差，投后管理投入资源较多，专业性较强，投资收益波动较大等特点。

投资期限长、流动性较差：私募股权投资基金主要投资于未上市企业或上市企业非公开交易股权，通常需要3—7年完成全部流程实现退出,因此被称为"耐心的资本",投资后有较长的封闭期。基金二手份额流动性较差,在基金清算前,份额的转让或投资者退出有一定的难度。

投后管理投入资源较多:股权投资是"价值增值型投资"。管理人在投后管理阶段投入大量资源,一是提供各种商业资源和管理支持,帮助企业发展,二是通过参加企业股东会、董事会的形式,有效监督,应对信息不对称和企业管理层道德风险。

专业性较强:投资决策与管理涉及企业管理、资本市场、财务、行业、法律等多个方面,其高收益与高期望风险的特征要求管理人必须具备很高的专业水准,有善于发现潜在投资价值的眼光,具备帮助企业创立、发展、壮大的经验和能力。需要更多投资经验积累、团队培育和建设,体现智力密集型特征,人力资本对股权投资的成功运作发挥决定性作用。一方面,私募股权投资基金通常委托专业机构管理,在利益分配环节对管理人的价值给予认可;另一方面,在管理机构内部,建立有效和充分针对投资管理团队成员的激励约束机制。

投资收益波动较大:在整个金融资产类别中,属于高风险、高期望收益的类别。高风险体现为不同投资项目的收益有较大差异。创业投资通常投资于早中期的成长性企业,收益波动性大,有可能亏损;并购基金投资于价值被低估但相对成熟的企业,波动性相对小。高期望收益体现为在正常市场环境中,股权投资基金作为一个整体,其投资回报率处于一个较高水平。期望回报率要高于固定收益证券和证券投资基金等资产类别。

(二)私募股权投资基金的组织形式

1. 公司型基金

投资者依据公司法,出资成立一个独立的法人实体,由公司法人实体自行或委托专业基金管理人。

在我国,法人实体可采取有限责任公司或股份有限公司。

参与主体主要是投资者和管理人,投资者既是份额持有人又是公司股东,按公司章程行使权利、承担义务和责任。投资者作为股东,通过股东会和董事会委任并监督管理人,公司型基金可由公司管理团队自行管理,或委托专业的基金机构。

公司型基金的法律依据为《公司法》,基金按公司章程运营。有限公司股东不超过 50 人,股份公司发起股东 2 人以上 200 人以下,其中须有半数以上的发起人在中国境内有住所。

2. 合伙型基金

投资者依据合伙企业法成立的有限合伙企业,由普通合伙人对合伙债务承担无限连带责任,由基金管理人负责投资运作。

参与主体是普通合伙人、有限合伙人及基金管理人。普通合伙人对基金债务承担无限连带责任,有限合伙人以其认缴的出资额为限对基金债务承担责任。普通合伙人可自行担任管理人,或委托专业基金管理机构。有限合伙人不参与投资决策。基金依据《合伙企业法》设立,由 2 个以上 50 个以下合伙人,法律另有规定的除外。有限合伙企业至少应当有一个普通合伙人。

3. 契约型基金

通过订立信托契约的形式设立,本质是信托型基金。不具有法律实体地位。参与主体是投资者、管理人及托管人。投资者通过购买份额,享有投资收益。管理人依据法律法规和基金合同负责基金经营和管理操作。托管人负责保管资产,执行管理人的有关指令,办理基金名下的资金往来。契约型基金依据《信托法》《证券投资基金法》设立,按基金合同运营,投资者人数不超过 200 人(见表 1-1)。

表 1-1　　　　私募股权投资基金组织形式对比

区别	公司型基金	契约型基金	合伙型基金
出资方主体资格	具备独立法人主体资格	不具备独立法人主体资格	是独立主体,但不具有法人资格

续表

区别	公司型基金	契约型基金	合伙型基金
法律依据	《公司法》	《信托法》	《合伙企业法》
出资方对投资的控制	强	弱	弱
对外投资的名义	基金本身	基金管理人	基金本身
基金资产的独立性（独立承担自身债权）	具有独立性	现有的法律架构下不具独立性，可能受基金管理人的债务影响	具有相对独立性，但是普通合伙人对基金债务承担无限连带责任
运营成本	较高，可能有基金公司和管理公司的双重成本	较低，只有基金管理公司的成本	适中，主要是普通合伙人的运营管理成本
决策程序	可能面临基金公司和管理公司双重决策	管理公司单一决策	主要是普通合伙人决策
扩募和减资	程序繁琐	比较简单，仅需参照合同约定即可	程序较简单，只需全体合伙人同意即可
税收	"先税后分"	"先分后税"	"先分后税"

二 私募股权投资研究综述

私募股权投资作为一种投资方式，在拓宽我国投融资渠道、完善金融市场体系方面发挥了重要作用。关于私募股权投资的研究，本书尝试根据私募股权投资基金运作全过程即募资、投资、管理和退出的角度去梳理现有研究文献，发现国内外学者基本上是从组织形式、退出机制、投资回报、对被投资企业价值的影响、对技术创新的影响、对赌协议、税收政策、风险管理以及监管等方面进行研究，本书就此依次展开述评。

(一) 私募股权投资基金组织形式

从实践来看，私募股权投资基金主要有公司制、有限合伙制和信托制三种组织形式，投资者与基金管理人之所以选择某种组织形式，取决于他们之间需要解决的委托代理问题的复杂程度，或者说某一种或几种混合的组织形式对他们来说能最有效率地解决委托代理问题。

一般认为，私募股权投资基金之所以出现不同的组织形式，是因为投资者与基金管理人之间存在信息不对称问题，各种组织形式或契约是为了解决这一问题而形成的。国外学者Fama（1980）首先采用契约理论研究了私募股权投资基金的组织形式，他认为激励问题可以通过"时间"来解决。基金管理人即使在没有明确激励条款的条件下，也会加倍工作以增加自己的业绩，以此来提升自己在市场当中的声誉，从而能在长期投资过程中获得更高回报和更好的筹资机会。Sahlman（1990）也利用现代契约理论对私募股权投资基金的治理结构进行了分析，指出有限合伙制可以解决因信息不对称而造成的投资者和基金管理人的利益冲突。同时认为，在有限合伙基金契约中，与业绩挂钩的附加收益条款，同样能够激励基金管理人最大限度地为基金创造利润。Gomper和Lerner（1996）通过对140份基金契约进一步研究发现，私募股权基金契约对基金管理人的约束强度往往和代理问题的严重性密切相关，因为契约的讨论和监督是需要成本的；同时，契约的使用还和私募股权市场的资金供给和需求关系密切相关。

有些学者认为有限合伙制也是一种更佳的组织形式。梁欣然（2000）指出，美国私募股权投资的有限合伙制这一组织形式较好解决了激励约束问题，有限合伙制是最理想的组织形式。鲍志效（2003）也认为，相对于公司制和普通合伙制而言，有限合伙制在出资制度、责任制度、管理制度、分配制度、存续制度等方面都是一种创新，适应私募股权投资的运行特点和实际需要，我国应采取渐进的方式过渡到以有限合伙制为主要组织形式。但 Lee Harris（2000）认为，有限合伙契约在协调基金投资人和基金管理人之间的关系、降低或消除代理成本方面的作用被高估。因为在有限合伙制基金中，基金投资人被要求不能参与基金日常管理和投资决策，基金投资人和基金管理人之间会增加信息不对称，尽管一些条款用于解决代理问题，但事实上这些条款都有自身的缺陷，也很难协调基金管理人和基金投资人的利益冲突。Phalippou 和 Gottschalg（2008）也通过对 169 家基金以及美国以外的 314 家并购基金进行研究，发现由于代理问题导致的基金管理人得到更高的管理费而侵害了投资人的利益，有限合伙基金治理的效果值得怀疑。

而有些学者将公司制列为私募股权投资基金的最佳组织形式。如吴晓灵（2006）认为公司制私募股权投资基金有诸多好处，有利于创新型企业的未来发展。刘健钧（2008）也同意吴晓灵的观点，并认为公司制私募股权投资基金在设立时手续较简单，能更容易享受到国家优惠政策，并具有更好的自律能力和有效的激励机制。有些学者认为私募股权投资基金应当选择信托制。如吴琨（2008）通过比较三种组织形式的优劣，认为有限合伙制虽然在很多方面优于其他组织形式，但是在我国目前的环境下，信托制更具有优势。有些学者对三种组织形式进行比较，提出了不同于以上的观点。如郭建鸾（2004）指出，早期阶段的私募股权投资基金投资和高科技创业企业更适合采用有限合伙制，而晚期阶段及传统行业则可以采用公司制，并且创业企业发展阶段的信息特征影响私募股权投资基金的组织形式选择。赖建平（2009）认为未来私募股权投资基金组织模式的选择会倾向于多种组织模式综合。欧阳良宜（2009）则认为私募股权投资基金应选择制度较完善并能更易享受税收优惠的公司制或有限合伙制。

（二）私募股权投资的退出

随着资本市场的逐渐完善，私募股权投资基金的退出方式也逐渐多样化。目前私募股权投资市场退出方式主要有 IPO、并购、股份转让、回购、借壳上市、破产清算六种。对私募股权投资基金投资退出问题的研究，主要包括对退出方式、退出时机及其影响因素的研究。

大部分学者的研究表明"首发公开募股"（上市）是最优的投资退出方式。Black 和 Gilson（1998）对日、美、德资本市场研究发现，通过企业上市完成股权投资退出相比别的方式能够为目标企业带来更多的增值。Basha 和 Walz（1999）通过比较企业上市和交易出售这两种退出路径，发现绩效表现较好的企业采用上市方式更有利，绩效较差的企业则适于采用交易出售方式。Yingdi Wang（2010）通过调查美国私募股权基金的获利情况，发现在所有的私募股权投资基金的退出方式中，公开发行上市是获利情况最好的。Relander 等（1994）研究也发现美国私募股权投资基金退出更加青睐于公开上市方式。Cumming 和 Macintosh（2001）从多种角度对私募股权投资基金各退出方式进行比较研究，认为最理想的退出方式是公开上市。国内很多学者也非常关注私募股权投资退出方式的研究。朱鸿伟和姚文燕（2014）对我国私募股权投资退出决策进行研究，发现内资私募因得益于在本土市场的优势，在退出方式上更偏好于选择公开上市模式退出，并建议大力发展并购、管理层回购等非 IPO 退出方式。范柏乃（2002）调查发现，我国风险投资最为现实的退出方式是企业并购，其次是创业板交易、回购和买壳上市。沈路等（2008）也认为 IPO 虽为大部分私募股权投资者所首选，但鉴于国内上市门槛较高，实际上兼并与收购是大部分私募股权投资成功退出的路径。

对于哪些因素对私募股权投资的"公开上市"退出方式产

生影响，国内外学者都有涉及。塞非易（2012）认为投资期间、联合投资、资金来源、行业特、发展阶段、市场环、政策制度等都对上市退出方式产生不同程度的影响，并指出国内私募股权投资特别热衷于公开上市退出，并且更加偏好短期投资。在分析影响国内私募股权投资并购退出收益各种因素中，李斯（2016）认为投资期限、地区的发达水平、投资产业的类别对项目账面退出回报倍数存在显著影响。Relander 等（1994）认为欧洲大多数私募股权投资基金选择交易出售方式退出的原因可能在于公开上市门槛过高。Basha 和 Walz（2001）认为企业是否选择公开上市方式退出，与投资企业的管理方式有关。Cumming 和 Macintosh（2003）认为私募股权投资基金退出是否成功与投资家、企业家以及管理团队的谈判能力有较大关系。

私募股权投资基金退出研究的另一重点就是退出时机。Gompers 和 Lerner（1999）研究发现，当股票市场处于繁荣期时私募股权投资会选择公开上市退出，处于低位时则会选择交易出售或其他方式退出。Elizur 和 Gavious（2002）认为私募股权投资基金应当在特定时点退出，以让其他投资人发起投资。TyKvova（2003）认为虽然在理论上私募股权投资基金退出都有一个最佳时机，但实践中基金可能无法在最佳时机退出。彭海城（2012）通过建立私募股权投资基金退出的收益函数，在收益最大化的条件下，剖析了私募股权投资基金最优退出时间选择的原理和退出方式的相机选择并进行了实证分析。

由于国内上市标准过于统一、也过于严格，对于大多数创业企业来说在境内上市还是比较困难。吴晓灵（2007）建议应建立多层次的场内市场和合格投资人的场外市场，并及时调整外商投资企业股权协议转让的外汇政策。方志国和吴逸凡（2014）认为并购退出在国内缺乏专门的法律和政策支持，应完善相关法律和政策体系，大力推广宣传并购理念。另外，他们也认为，场外市场对拓宽私募股权投资退出渠道是一个有益补充。当前国内 PE 初级市场发展迅速,但尚未形成活跃的二级交易市场。毛燕琼和石育斌(2011)详细分析了国外私募股权二级市场发展情况,并提出针对国内完善二级交易市场,应不断深化学习国外先进 PE 二级市场的经验,营造适度宽松的政策与法律环境,鼓励不同主体参与二级市场实践,构建专业且多层次的二级市场发展平台等政策建议。

(三) 私募股权投资的回报

在关于私募股权投资基金投资回报的研究文献中,Kaplan 和 Schoar(2003)认为,私募股权投资基金并不能获得超额利润,并发现私募股权投资基金是规模报酬递减的。Hege 和 Schwienbacher(2003)研究发现,美国私募股权基金产业的平均回报高于欧洲,出现该情况的原因在于美国使用了可转换债。XU(2004)通过研究 1986—2001 年私募股权投资基金的平均季度回报率发现,该回报率均高于同期其他指数上涨比例,认为私募股权产业可以获得较大利润。Ljungquist 和 Richardson(2003)根据每只基金具体的现金流分析了私募股权投资基金的资本回报和投资的企业类型,研究得出私募股权投资基金所得回报要超出市场平均回报,投资周期不得少于 10 年。随后研究指出,私募股权投资基金收益与经济环境相关,当投资机会增加及资本需求增加,基金就会获得较高收益。Inderst 和 Mueller(2003)也同意 Ljungquist 和 Richardson 的观点,并指出能获得较高收益的私募股权投资基金一般都源于能够很好地利用市场供给的黏着性。

段新生(2011)对我国创业板公开上市数据进行研究,发现在不考虑费用和附属权益的前提下,创业投资(VC)的平均内部收益率在 289%—627%,私募股权投资(PE)的平均内部收益率在 822%—2302%。如果考虑费用和附属权益,则创业投资(VC)的平均内部收益率在 227%—474%,私募股权投

（PE）的平均内部收益率在 583%—1570%，分别比欧美市场的类似指标高出 15—30 倍和 25—70 倍。这一结论表明中国作为私募股权投资的一个新兴市场，其回报是相当诱人的。李福祥和单彪（2013）研究我国新三板市场投资回报，认为新三板市场存在投资回报相对偏低等差距，在一定程度上会影响私募股权投资机构的积极性。

（四）私募股权投资对被投资企业价值影响

关于对被投资企业价值影响的研究主要关注有无私募股权投资基金参与对企业价值的影响。大部分研究认为，有私募股权投资基金投资的企业业绩表现和企业治理会优于没有私募股权投资基金投资的企业。Wilson 和 Smith（1990）研究得出，有私募股权投资基金投资的企业与前一年相比，营业利润率、净现金流量和企业价值都大大增加。Magginson 和 Weiss（1991）认为，私募股权投资基金的存在能够降低企业上市时的抑价成本和承销商费用，拥有私募股权投资背景的企业能够较快上市，并能吸引更多的战略投资者。Keasey 等（1993）研究得出，私募股权投资基金的目的虽然在于通过股权投资退出获利，但它能在一定程度上改变企业的股权结构，改善企业的治理结构，促进企业的健康发展。Jain 和 Kini（1995）认为在企业规模相似的条件下，有私募股权投资基金投资的企业，其资产盈利率和现金流量比没有私募股权投资基金投资的企业低，但发行额、发行价较高，且企业上市后的业绩表现明显较好，并指出企业上市后的业绩与投资该企业的私募股权投资基金的个数呈正相关。Brav 和 Gompers（1997）研究得出，有私募股权投资基金支持的上市企业比没有私募股权投资基金支持的上市企业在上市之后五年内更有可能产生高回报。

也有学者分别从内外资私募股权投资基金的区别、国有与非国有的差异、持股比例、投资期限与联合投资行为等对被投企业价值的影响展开研究。李九斤等（2015）研究发现具有外资背景的私募股权投资基金能为被投资企业提供的增值服务更好，增值效果更明显；国有背景私募股权投资的增值效应比民营背景的更为显著；私募股权投资基金的持股比例越高，被投资企业价值表现越好；私募股权投资基金的投资期限越长，被投资企业价值表现越好；参与的私募股权投资基金联合投资机构越多，被投资企业价值表现越好。刘智毅等（2014）研究认为私募股权确实对企业上市前经营状况有所改善，也改善了企业的公司治理结构。

但也有部分学者认为，私募股权投资基金对企业发展的促进作用并不明显，甚至不利于目标企业发展。如 Wang 等（2003）通过对比研究 1987—2001 年在新加坡股票交易所上市的有私募股权投资基金支持的 82 家上市企业和无私募股权投资基金支持的 82 家上市企业，发现有私募股权投资基金支持的企业在上市后经营绩效更差。汪波等（2013）研究发现私募股权投资对企业的盈利能力的确有正面的提升，但对企业的营运能力有着负面影响，原因是公司的决策权有所分散导致营运效率降低。

（五）私募股权投资对技术创新影响

国内外关于私募股权投资和技术创新的研究结果普遍表明私募股权投资机构的介入对企业的技术创新具有一定的影响。Kortum 和 Lerner（2000）对美国私募股权投资促进技术创新进行了非常有价值的实证研究，发现私募股权投资不仅对企业技术创新能力改善显著，它对技术创新绩效的提高也要远远高于 R&D 投入，他们研究还发现 20 世纪 90 年代美国技术创新热潮与当时私募股权投资的繁荣和积极参与息息相关。贺玮（2015）选择创业板市场 355 家上市公司作为研究对象，分析私募股权投资对公司技术创新行为的影响。研究发现，私募股权投资对我国创业板上市公司的技术创新存在一定的推动作用，有 PE 创业板上市公司的创新能力强于无 PE 上市公司，PE 持股比例越高，上市公司的创新能力也相应越强。王静（2017）针对我国创业板上市制造业数据深入分析也发现，PE 与企业技术创新能力之间存在显著正相关关系，即 PE 的参与可以显著提高企业技术创新能力。王广凯（2017）从社会网络理论、关系型契约理论和资源基础理论角度对私募股权投资促进企业创新活动的作用机制进行研究，发现私募股权投资对企业创新活动的支持远远超过简单的资金支持。王广凯等（2017）研究认为私募股权投资是通过提供投融资支持、促进技术创新和改善公司治理结构等方面促进企业成长，实现投资基金的资本增值，以及被投企业的价值增值。党嘉钰（2019）研究发现，私募股权投资持股比例与科技成果转化两者呈正比关系；而私募联合投资机构数量和科技成果转化绩效也同样呈正比关系；比较之下，国有性质的私募作用于科技成果转化绩效方面的影响大于私有性质的私募；科技成果转化模式可调节科技成果转化绩效与私募股权投资两者之间的影响关系。刘建和等（2018）运用省际面板数据研究私募股权投资对区域创新能力的影响效应，发现我国私募股权投资基金对区域创新能力具有一定的促进作用；企业创新能力和创新绩效对区域创新能力有着显著的正影响，而知识获取能力和创新环境对区域创新能力有着显著的负影响；创新绩效对中、西部地区创新能力有着正影响，知识获取能力对中、西部地区创新能力有着负影响。朱海丹等（2018）以苏州地区为例，研究发现 PE 的投入在一定程度上促进了苏州地区上市公司的技术创新。但也有部分学者结合客观环境得出过相反结论。如陈见丽（2011）以中国创业板高新企业作为研究样本，通过实证研究发现私募股权投资的参与不能够为高新技术企业带来技术创新资源，也不能够促进高新技术企业创造出更多的技术创新成果与效益。Williams（2006）等学者通过考察私募股权投资介入的医疗及生物技术上市公司的技术创新绩效并未发现彼此间存在相互影响。

从宏观面分析，普遍研究成果认为私募股权投资对技术社会有正面促进作用。Florida 和 Kenney（1988）认为，私募股权投资基金的存在能够推动创新步伐，促进经济发展。Gompers（1994）也以美国作为案例进行研究得出，私募股权投资基金的存在为美国创造了更多的就业机会。Scholtens 和 Wensveen（2000）也肯定了以上观点，认为私募股权投资基金能促进科技创新和产业升级，为社会创造价值。Kortum 和 Lemer（2000）研究了1983—1992 年有私募股权投资基金投资的企业，发现有私募股权投资基金投资的企业研发投入增加 3%，能够使行业研发投入增加 8%。Martin Kenney（2000）通过研究硅谷地区经济发展与私募股权投资基金发展历史，指出硅谷地区之所以形成与众不同的创业文化和创业经济，很大程度上得益于私募股权投资基金的发展。Shapiro 和 Pha（2008）认为美国私募股权投资基金发展对于金融市场和经济发展都有积极作用。国内学者关于私募股权投资基金对宏观经济的影响研究，一般认为私募股权投资基金有助于促进我国技术创新和经济增长。臧展（2009）认为青睐于投资新兴科技企业的私募股权投资基金能够将金融资本融入企业，促进创新和经济增长。赖继红（2012）基于创业板上市企业数据，构建了有私募股权投资基金投资背景企业的相关行为人的效用理论模型，得出"私募股权投资基金能加快创新"的结论，同时指出，目前由于我国私募股权投资基金相关发展机制不健全，私募股权投资基金对企业的创新影响有限。也有学者认为私募股权投资基金有助于促进我国产业结构调整。如于梦婷（2013）认为私募股权投资基金拥有专业化优势，能提高资金和其他社会资源的利用效率，引导理性投资，对于促进产业结构调整具有重要意义。王建梅（2011）等研究发现要想充分发挥私募股权投资对科技创新的带动力，必须不断完善我国的私募股权投资环境与体系，以便促进我国私募股权投资更好地发挥技术创新效用。

(六) 税收政策对私募股权投资影响

1978年，美国推出的减税法案，将资本利得税从49%降到28%；1981年进一步将个人长期资本利得税从24%降低至20%。这一减税政策促进了私募基金的快速发展，从而引起了诸多研究者的关注。

一般认为税收优惠政策对私募股权投资机构有十分明显的刺激作用，如降低资本利得税率和个人所得税率会促进私募基金发展。大多数研究也认为，由于基金组织形式的不同导致税负差异，是目前更多基金采用有限合伙制或契约型的主要原因。

关于国内私募股权投资基金税收政策问题，国内学者主要围绕重复征税、税收公平和税收优惠等方面展开研究。吴晓灵（2007）认为，在税收政策上应该坚持避免双重征税原则；在税收的鼓励和优惠上，应把税收鼓励和企业的设立分开，以便减少企业注册的时候为享受这方面的税收优惠而增大成本的情况。刘金科和杨文兰（2016）针对我国私募股权投资基金税收政策进行了深入分析，发现有关国内私募股权投资基金现行税法不明确、模糊之处较多，他们认为需进一步明确私募股权基金为税收透明实体、限售股与超额报酬的性质和制定合理的亏损分担和弥补政策等以促进私募股权投资的发展。李静（2011）研究认为，应适当降低私募股权基金的税收负担，重点完善合伙企业的相关税收细则，并在今后的税收政策制定中考虑私募股权基金的市场风险。马蔡琛和万鑫（2015）结合国外典型国家的税收政策，认为应积极落实避免重复征税、以直接税作为主要激励方式等税收原则，完善有限合伙企业的税收制度安排。马亚红（2015）归纳总结了我国现行税收政策，提出基金本身均作为"投资管道"而非纳税主体，对涉及的所得按照不同类别征税。

(七) 私募股权投资的风险管理

私募股权投资基金的投资总是将目标定位在能够带来高收益的项目上，但是高收益背后通常潜伏了高风险。所以如何控制和管理风险成为私募股权投资基金研究的一个重要问题。

对私募股权投资基金进行风险管理的一大原因是信息不对称问题。Kut 和 Smolarrski（2006）认为，私募股权投资基金面临的风险主要是信息不对称，因此，基金应当在投资项目确定之前进行尽职调查，投资后要对项目或目标企业进行精心管理和监督，以减少信息不对称所带来的风险。Lizhu 等（2004）认为私募股权投资基金的风险高于投资上市证券。Chan 等（1990）通过两阶段模型来解释风险投资监督合约特征。Bmton 等（2002）认为相关代理问题最突出的环节就是私募股权投资基金进入退出阶段之后。Cumming 和 Madntosh（2003）认为关于私募股权投资基金的委托代理关系主要有两对，即投资者与私募股权投资基金之间的委托代理和私募股权投资基金与企业家之间的双重代理。

在如何进行具体的风险管理方面，学者们主要着力于三个方面的研究。第一，应当使用有效的组织形式。Fama（1980）认为，无论使用什么样的组织形式，基金管理人都与投资者和企业管理者之间有一定的契约关系，且基金要想获取高收益，就需在工作中提高积极性，提升基金管理人及基金自身的信誉。Sahlman 和 William A.（1988）认为，当时美国之所以采用有效的组织模式，是因为有限合伙制保证了各类机构投资者的免税地位。Fenn、Liang 和 Prowse（1997）的研究结果也支持这个结论。David Patriek Eieh（2007）、Chuan Li（2007）、Jesse Sheley（2007）对私募股权基金的各组织形式进行了比较研究，他们认为各组织形式都有自己的优缺点。第二，应当进行有效的制度设计。如 Sahlman（1990）认为投资者与私募股权投资机构二者要实现"双赢",就要制定有效的激励计划,还要严格管理在私募股权投资基金运作过程中发生的各种风险。Sahlman(1990)认为,私募股权投资基金应当建立适宜的激励机制,这样不仅可以提升项目或目标企业的效益,还能促使企业披露更加准确的信息。第三,应当在投资过程中加强风险监管。Lemer、Gompers、Hellmalm(1998)认为创业资本具有高风险特征,在风险控制方面要达成风险分担,具体来说,创业资本应当进行分阶段投资和共同投资。Weidig等(2005)认为,私募股权投资应当通过投资复合基金来降低系统性风险。

(八) 私募股权投资基金的监管

私募股权基金的监管方式有行政监管和行业自律两种。到底要不要监管?采用何种方式的监管?国际金融危机前,更多学者认为私募股权基金的监管主要采取行业自律为主,行政监管为辅的模式;国际金融危机后,加强监管已普遍形成共识。Ruth等(2002)认为,私募股权投资基金要健康发展,就要首先完善相应的法律和政策。Ulf Axelson(2007)认为,需对私募股权投资基金进行适度监管,以保证私募股权投资市场健康发展。Sahlman(1990)认为,对私募股权投资基金进行风险监管主要在于对私募股权投资基金运作进行适当管理,并设计合适的法律结构,通过分析指出了20世纪80年代有限合伙制在美国私募股权投资基金中流行的原因。Sweeting(1991)支持Sahlman的观点,并指出完整准确的会计信息有利于提高监管水平。

从具体的监管制度来讲,陈克峰(2011)、仇辞华(2012)认为我国应当构建完善的私募股权投资基金监管制度,保障私募股权投资市场健康有序发展。殷洁(2004)认为具有高风险的私募股权投资应该采用投资组合的管理方式,实行基金托管制,并建立相关监管制度。李盈(2009)从我国实际出发,认为我国应当构建政府监管与行业自律相结合的监管体制。郑威（2009）认为我国私募股权监管应当明确监管主体和监管理念，制定统一的监管法规。术洪颜（2011）通过分析美国和中国香港的私募股权投资基金监管制度，认为我国发展私募股权投资基金应当实施备案制。吴晓灵（2006）认为，私募股权投资基金作为一种高风险的投资方式，风险较大，应在资格、基金备案、大额交易方面加强管理。张明（2008）指出我国政府应该加强真正意义上的战略性管制，尤其是不要轻易放松对资本流出的管制。郑威（2009）、王岩（2010）借鉴美国私募股权投资基金法律监管制度，提出了我国私募股权投资基金法律监管的原则和思路：明确监管主体，完善募集阶段、投资阶段、退出阶段的法律监管体系，最终实现行业协会的自律为主、政府监管为辅。陈宗胜（2010）指出，私募股权投资基金运作的监督管理应当从三方面着手：基金运作过程、基金管理人、基金托管人。另外要加强对私募基金投资者的教育。

国内外关于私募股权投资基金研究文献非常丰富，结合当前实践热点和学术界研究重点，本书发现有关私募股权投资基金的退出、风险管理、税收以及监管政策等问题仍然存在很多争议，仍然还有很多实践问题有待解决。比如，国内科创板刚刚启动，注册制试点也刚刚试行，这给私募股权投资市场带来了很多期待，但实践效果如何，仍有待市场的检验和政策制定者持续地完善；又如风险管理当中的委托代理问题，国内对于对赌协议的政策支持力度，调整私募股权投资基金税收政策以及监管制度如何更加有效和透明化等，这些都有待我们进一步深入探讨和实践检验，希望以此能进一步推动国内私募股权投资市场平稳健康发展，从而为国内实施创新驱动战略，实现经济高质量发展提供强大支撑作用。

第二章　我国私募股权基金业发展

党的十九大报告明确指出，我国经济已由高速增长阶段转向高质量发展阶段。要推动经济转入高质量发展，就必须发挥市场在资源配置中的决定性作用，激发各类主体创新活力，提升市场参与的积极性和主动性，让各类创新创业活动充分发挥市场主导作用，彻底从要素驱动转向创新驱动。私募股权投资基金作为新型的金融产品供给，有利于促进创新资本形成，改善法人治理结构，支持企业重组重建，推动生产要素向更具前景、更具活力的领域转移和集聚，在支持科技创新、发展直接融资、助推产业转型升级等方面，发挥着日益重要的基础性、战略性作用。近些年，我国私募股权投资基金快速发展，已经成为促进新旧动能转换的"发动机"、推动经济结构优化的"助推器"、优化资源配置的"催化剂"和服务实体经济发展的"生力军"。[①]

截至2019年6月，在中国证券投资基金业协会登记的私募基金管理人24304家，管理资产规模达13.28万亿元，其中私募股权及创投基金规模达9.18万亿元；私募基金累计投资于境内未上市未挂牌企业股权、新三板企业股权和再融资项目数量达10.75万个，为实体经济形成股权资本金6.03万亿元。其中，2018年全年，私募基金投向境内未上市未挂牌企业股权本

---

① 易会满：《证监会召开私募股权和创投基金座谈会》，2019年10月17日，http://www.csrc.gov.cn/pub/newsite/zjhxwfb/xwdd/201910/t20191018_364685.html。

金新增1.22万亿元，相当于同期新增社会融资规模的6.3%。私募股权投资基金重点投向中小、高新技术企业，尤其互联网等计算机运用、机械制造等工业资本品、原材料、医药生物、医疗器械与服务、半导体等产业升级及新经济代表领域成为私募股权及创投基金布局重点，在投项目5.34万个，在投本金2.64万亿元。[①] 近些年，私募股权投资基金积极支持国家区域发展战略，在北京、广东、上海、江苏、浙江地区的投资体量领先于其他省份，截至2019年6月合计投资案例数量占比为69.7%，合计投资金额占比为54.1%。私募股权投资基金已成为发展京津冀地区、长江经济带、粤港澳大湾区的"建设者"和"助推器"。

一 我国私募股权投资基金发展历程

从1984年我国引进风险投资概念至今，我国私募股权投资已发展了30多年，已经从一个"新生儿"逐步成长起来，并已迈出坚实的步伐。随着国内资本市场日益成熟、多层次资本市场逐步开放、行业监管政策落定，私募基金业逐渐走向成熟。从1984年外资私募基金进入至今，其发展可分为四个阶段（见表2-1）：

表2-1　　　　　　　私募基金发展阶段划分

阶段	时间	标志性事件
起步阶段	1984—1997年	1984年，国家科委呈报《对成立科学技术风险投资公司可行性研究的建议》； 1985年，《中共中央关于科学技术体制改革的决定》首次提出以风险投资的方式支持高科技产业发展； 1985年，成立第一家官方性风险投资公司——中国新技术创业投资公司； 1992年，第一家进入中国市场的美国风险投资公司IDG（International Data Group）技术创业投资公司成立。

---

① 洪磊：《激发私募股权投资活力，开创创新资本形成新局面》，第六届世界互联网大会，2019年10月20日。

续表

阶段	时间	标志性事件
快速发展阶段	1998—2010年	1999年深圳市创投集团，2000年中科招商成立； 2000年初出台国内第一个有关风险投资的文件：《关于建立我国风险投资机制的若干意见》； 2004年，业内认为的国内首只阳光私募成立："深国投—赤子之心（中国）集合资金信托计划"； 2005年，《创业投资企业管理暂行办法》颁布； 2007年，新修订的《合伙企业法》实施。
休整阶段	2011—2013年	2011年11月，《关于促进股权投资企业规范发展的通知》； 2012年6月，中国证券投资基金业协会成立； 2013年6月，修订后的《证券投资基金法》实施。
规范发展阶段	2014年至今	2014年，《私募投资基金管理人登记和基金备案办法（试行）》； 2014年6月，《私募投资基金监督管理暂行办法》通过；其后，一系列协会自律文件发布。 2018年4月27日，《关于规范金融机构资产管理业务的指导意见》（"资管新规"）发布。

（一）起步阶段：投资萌芽，私募投资基金的探路（1984—1997年）

1984年我国引进风险投资概念，1985年，中共中央发布《关于科学技术体制改革的决定》，提出支持创业风险投资，1986年，当时国家科委和财政部联合几家股东于1986年共同投资设立了中国新技术创业投资公司（中创公司），成为我国第一家专营风险投资的股份制公司。创立之初，中创公司主要扶植各地高科技企业的发展。1991年，国务院在《国家高新技术产业开发区若干政策的暂行规定》中提出，"有关部门可以在高新技术开发区建立风险投资基金，用于风险较大的高新技术产业开发。条件成熟的高新技术开发区可以创办风险投资公司"。明确可发展风险投资公司。随后，沈阳市于1992年率先建立了科技风险开发性投资基金，采取贷款担保、贴息垫息、入股分红等多种有偿投资方式，为高科技企业的发展提供资金。

这一阶段，国际创业风险资本开始进入我国创业风险投资市场。1992年，第一家进入中国市场的美国风险投资公司 IDG（International Data Group）技术创业投资公司成立。1993年，IDG与上海市科学技术委员会创立了太平洋技术风险投资（中国）基金，成为中国私募股权投资基金的拓荒者。1994年，著名的国际风险投资集团华登国际投资集团（WIIG）在中国创立了华登（中国）创业投资管理有限公司，即华登中国基金，先后对中国国内一系列知名企业，如四通利方、科龙电器、友讯科技、无锡小天鹅等进行了投资。随着大批外资私募投资基金涌入，中国非公开股权交易市场迎来开篇。当时海外私募投资基金开始进入中国时，大多与中国各部委合作，投资对象主要以国有企业为主，鉴于当时的体制原因，投资受到较为严重的行政干预，投资机构较难找到符合要求的项目。加上当时中国资本市场刚刚开始萌芽，海外上市尚处于摸索阶段，私募投资基金投资后找不到退出之路，导致外资私募股权投资基金的第一次中国探路之旅大多以失败告终，多数在1997年之前撤出或解散。

（二）快速发展阶段：内外开花，私募投资基金迎来快速发展（1998—2010年）

1998年开始，我国科技体制改革转为加强国家创新体系建设、加速科技成果产业化，政策供给集中在促进科研机构转制、提高企业和产业创新能力等方面。在政策指引下，我国创业风险投资进入了一个快速发展阶段。中国国际金融公司建立种子基金，为国内的高科技企业提供风险投资。北京"高新技术产业发展担保资金"正式启动，首期投入5000万元，由市政府投入，计划今后规模将达到2亿元。真正以风险投资公司命名的"北京市科技风险投资公司"也随后成立。

1999年6月，国务院拨出10亿元人民币作为建立中小企业创新基金的启动基金。同年8月，《中共中央关于加强技术创新、发展高科技、实现产业化的决定》的出台，极大鼓舞了私募股权投资发展的热情。2000年，《关于建立我国风险投资机制的若干意见》出台，这是我国第一个有关风险投资发展的战略性、纲领性文件，为风险投资和创业投资机制的建立明确了相关原则。深圳交易所积极筹备开设创业板，为中小企业上市拓宽渠道。一系列政策措施极大地推动了私募股权投资基金行业的发展，国内相继成立了一大批由政府主导的创业投资机构和创业投资基金，如深圳市政府设立的深圳创新投资集团，中科院牵头成立上海联创、中科招商。

互联网经济泡沫破灭前，美国大量高科技和互联网企业在创业风险投资基金的支持下通过纳斯达克上市并取得了巨大的成功，硅谷和互联网业快速发展产生的财富效应掀起了一股互联网投资热潮。此外，自1997年受到亚洲金融风暴影响后，我国的经济陷入了通缩的境地，国有企业出现了大面积亏损。为了刺激经济的增长，政府开始重视资本市场财富效应带来的消费需求增长作用，启动了1999年的"5·19"行情，拉开了长达两年左右的政府和资金推动型牛市。在内外两个股市大幅度上扬带来的财富效应刺激下，在创业风险投资财富故事引导下，私募股权基金快速发展。

2003年2月，深圳作为我国创业投资的前沿，出台了《深圳经济特区创业投资条例》；同年3月，我国《外商投资创业投资企业管理规定》及配套政策颁布；2003年，新加坡政府投资公司和中国鼎晖向李宁公司投资了1850万美元，获得了李宁公司上市后价值约2亿港币的股票。摩根士丹利等3家投资机构将5亿元人民币资本以私募股权投资的方式投资蒙牛乳业，蒙牛乳业在香港上市后，该投资最终套现26亿港元。2003年全年发行私募基金29只，发行规模224.18亿元。

2004年，《证券投资基金法》正式施行；同年，深圳交易所启动设立中小板，为私募投资基金的主要投资对象中小企业在国内资本市场提供了更为直接和完善的 IPO 通道。2 月 20 日，国内首只阳光私募产品"深国投·赤子之心（中国）集合资金信托计划"诞生，其以"投资顾问"的形式开启了私募基金阳光化的模式。① 与此同时，国际并购基金在我国开展了第一起重大并购案例，2004 年 6 月，当时美国最大的私募股权投资基金之一新桥资本以 12.53 亿元人民币从深圳市政府收购深圳发展银行 17.89% 的控股股权，造就了中国第一家国际资本控股的商业银行。同年末，美国华平投资集团等机构收购了哈药集团 55% 的股权，成为我国第一宗国际并购基金收购大型国企案例。由此开端，大型国际私募投资基金大规模进入中国市场，投资范围越来越广，投资规模越来越大，我国私募投资市场渐趋活跃。2004 年全年发行私募投资基金 42 只，发行规模 387.11 亿元。

2005 年 4 月 29 日，中国证监会发布《关于上市公司股权分置改革试点有关问题的通知》，股权分置改革试点工作启动。2005 年 11 月，发改委等十部委公布《创业投资企业管理暂行办法》，创业投资行业开始步入规范期，市场不断有大笔投资交易出现。当年国有商业银行与保险公司的引资工作吸引了众多的私募投资基金的参与。2005 年 12 月，太平洋保险集团 24.9% 的股权被美国凯雷集团斥资 4.1 亿美元收购；2006 年 2 月，新加坡淡马锡旗下私募股权投资基金耗资数亿美元收购了中国银行 5% 的股权。金融领域之外，高盛并购双汇、IDG 收购蓝星等投资大事件时有发生。2005 年全年发行私募投资基金 43 只，发行规模 308.79 亿元。

2006 年 3 月，《证券投资基金产品创新鼓励措施》实施。2006 年 12 月，渤海产业投资基金作为第一只在境内注册以人民

---

① 阳光私募基金是借助信托公司发行的，经过监管机构备案，资金实现第三方银行托管，有定期业绩报告的投资于股票市场的基金，阳光私募基金与一般（即所谓"灰色的"）私募证券基金的区别主要在于规范化，透明化，由于借助信托公司平台发行能保证私募认购者的资金安全。与阳光私募基金对应的有公募基金。

币募集资金的产业投资基金在天津设立,① 基金获批总规模为 200 亿元人民币,首期基金规模为 60 亿元人民币,以契约形式设立,存续期 15 年。接着又有山西能源基金、广东核电新能源基金、四川绵阳高科基金、上海金融基金以及中新高科产业投资基金五只总规模 560 亿元人民币的产业基金获准筹备设立。2006 年整年度,中国私募股权投资案例共 111 个,整体投资规模 117.73 亿美元,参与投资的机构数量 68 家。清科集团发布的《2006 年中国私募股权投资年度研究报告》显示,中国已成为亚洲最为活跃的私募股权投资市场。2006 年,发行私募投资基金 107 只,发行规模 1248.05 亿元人民币,分别同比增长 149%、304%。

2007 年 6 月,新的《中华人民共和国合伙企业法》实施,鼓励设立合伙型股权投资基金,为私募基金提供了除信托模式外的新的组织形式。6 月 28 日,南海成长创业投资有限合伙企业在深圳成立,成为新法生效后国内第一家以有限合伙方式组织的创业投资企业。2007 年第一波"公奔私"潮涌现,一批有影响投资管理人员纷纷从公募基金转向私募投资基金,草根生长的私募行业迎来更多"正规军",本土私募投资基金进入快速发展阶段。根据清科中心研究资料显示,2007 年,共有 12 只本土新私募股权投资基金成立并募集 37.2 亿美元,占新私募股权投资基金数量的 18.8%,比 2006 年增长了 145.9%。全年发行私募投资基金 292 只,发行规模 1881.71 亿元,分别同比增长 173%、51%。

2008 年我国私募投资基金行业第一部自律公约诞生。5 月 10 日,深圳市金融顾问协会②正式面向会员颁布"私募证券基金同业公约",从私募投资基金募集、投资及从业人员等领域进行自我规范。比如,明确投资人委托金额不低于人民币 100 万元和不能通过公开广告进行宣传等。2008 年 10 月国务院办公厅

---

① 此前中国境内只有中外合资的部分外币产业基金。
② 深圳市私募基金协会的前身,2006 年 4 月 21 日成立,2011 年 3 月 14 日变更。

发布《关于促进创业投资引导基金规范设立与运作的指导意见》。2008年全年发行私募投资基金404只，发行规模2823.01亿元，分别同比增长38.4%、50%。

2009年1月，中国银监会印发《信托公司证券投资信托业务操作指引》，成为第一个规范证券类信托产品的文件，存在多年的阳光私募模式得到监管认可。7月，华夏基金吸收合并中信基金获得中国证监会批准，成为国内首例基金公司并购案。10月30日，深圳交易所创业板开板，为科创型企业IPO提供了便利渠道，进一步丰富了股权投资的交易平台和通出渠道，首批28家创业板公司上市首日平均涨幅达106.23%。2009年全年发行私募投资基金603只，发行规模4613.88亿元，分别同比增长49.3%、38.8%。

深交所创业板开通推动股权投资进入阶段性高潮，私募股权投资基金借此获得了良好的发展机遇，并在2010年迅速发展，发行私募投资基金数量和规模皆创新高。2010年全年发行私募投资基金1582只，为2009年的2.62倍，发行规模7034.36亿元，同比增长52.5%。

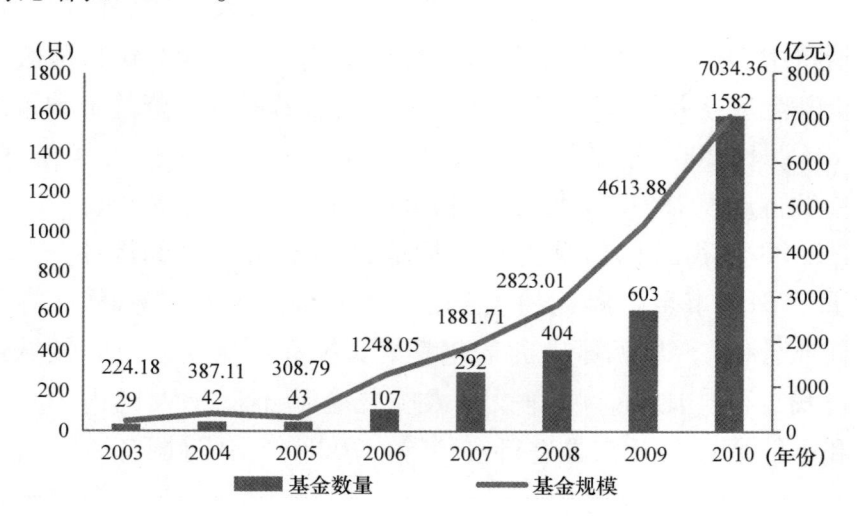

图2-1　2003—2010年私募投资基金发行规模

数据来源：私募通。

(三) 调整阶段："开源何处,变现何方",私募投资基金暂时休整(2011—2013年)

在股市财富效应的带动下,私募投资基金行业逐步发展壮大,但大量"跟风"投资机构也随之涌入,这些机构并非真正意义上的创业风险投资机构,只是想通过炒作企业上市圈钱。当股市遭遇挫折,私募投资基金也随之陷入了困境,大量创业风险投资机构因无法收回投资而倒闭,创业风险投资陷入了痛苦的调整期。

2011年11月,发改委发布《关于促进股权投资企业规范发展的通知》。下半年起,我国经济增速放缓,通胀挥之不去,资本市场持续低迷,上证指数曾破2000点,全年下跌21.68%,高居全球主要股市跌幅榜第六位,其惨烈程度不亚于2008年的大熊市,创业板股票价格回归,IPO投资回报率曾一度下滑,股权投资产品对投资者吸引力出现减退。借着上一阶段良好的发展态势,2011年私募投资基金募集依旧保持增长,全年发行私募投资基金3038只,发行规模15063.98亿元,分别同比增长92%、114%。

2012年6月6日,中国证券投资基金业协会成立。11月1日,《证券投资基金管理公司子公司管理暂行规定》正式实施,允许基金公司通过设立专业子公司开展专项资产管理业务。受到2011年以来经济增速放缓和资本市场发展低迷的持续影响,近十年来私募投资基金发行首次出现下降,2012年全年发行私募投资基金2713只,同比减少10.7%,发行规模12656.25亿元,同比下降16%。

2013年6月1日,新《证券投资基金法》正式实施。新法借鉴现行非公开募集基金实践和国外立法情况,将非公开募集基金纳入调整范围,私募投资基金的法律地位得以确立,并设立专章对非公开募集基金做了原则规定,加强了对私募投资基金的监管。2013年6月，中央编办《关于私募股权投资基金管理职责分工的通知》，明确证监会统一行使股权投资基金监管职责。2013年IPO暂停，近800家企业扎堆证监会排队等候，前几年私募投资基金的投资，集中出现退出困难。私募投资基金的资金募集也随之降温。中国私募投资基金业迎来了首次行业大洗牌，一些小型私募投资基金公司生存状态已经到了生死存亡之际，整个私募投资行业进入休整期。2013年全年发行私募投资基金3165只，虽然比2012年上涨了16.7%，但发行规模只有9723.75亿元，同比下降23.2%，只有2015年发行规模的65%（见图2-2）。

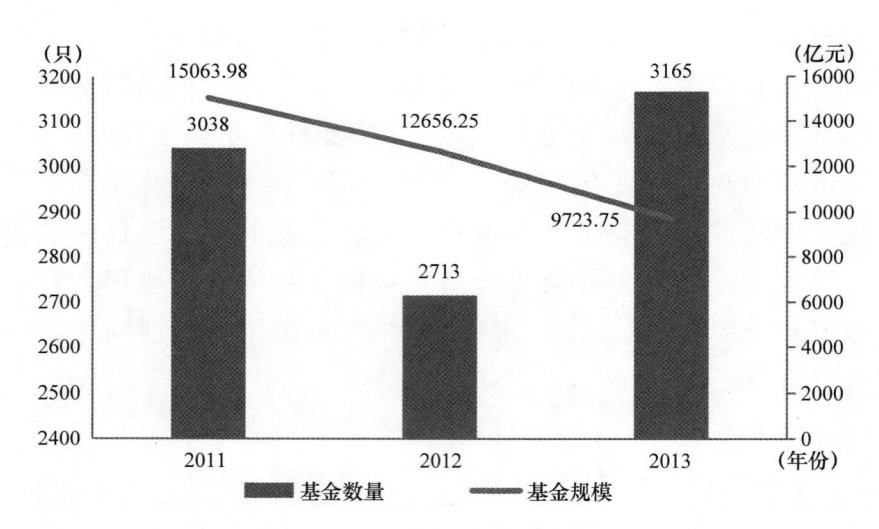

图2-2 2011—2013年私募投资基金发行规模

数据来源：私募通。

（四）规范发展阶段：制度完善，私募投资基金规范起航（2014年至今）

2014年私募备案制实施，私募基金正式被纳入监管。募资监管规则及配套规则的发布，对私募基金行业影响巨大，改变了过去行业无章可循的情况，因此2014年也被称作"私募元年"。之后多项涉及私募基金管理的监管规则不断推出，制度不断完善，约束和规范作用不断深化，私募投资基金开启规范发展新篇章。

2014年1月17日，中基协发布《私募投资基金管理人登记和基金备案办法（试行）》，开启私募基金备案制度，规定了私募投资基金的行业自律监管主体为中国证券投资基金业协会，由该协会按规定办理私募基金管理人登记及私募基金备案，对私募基金业务活动进行自律管理。2月20日，基金业协会私募证券投资基金专业委员会成立。5月9日，国务院印发《关于进一步促进资本市场健康发展的若干意见》（"新国九条"），将"培育私募市场"单独列出，要求建立健全私募发行制度、发展私募投资基金，按照功能监督、适度监督的原则，完善股权投资基金、私募资产管理计划、私募集合理财产品、集合资金信托计划等各类私募投资产品的监管要求。8月21日，证监会颁布《私募投资基金监督管理暂行办法》，对创业投资基金、并购投资基金等在内的私募类股权投资基金以及私募类证券投资基金和其他私募投资基金统一监管。12月31日，中基协发布《中国证券投资基金业协会关于改进私募基金管理人登记备案相关工作的通知》，并为首批50家私募机构颁发登记证书，可以从事私募证券投资、股权投资、创业投资等业务。2014年3月28日，重阳投资发行的重阳A股阿尔法对冲基金于基金业协会备案，成为第一只自主发行备案的阳光私募基金；深圳吾思基金未按规定如实填报登记信息以及未按规定报告重大事项等行为违反了自律性规则，成为第一家被撤销管理人登记的私募机构。2014年全年发行私募投资基金6379只，发行规模15665.7亿元，分别同比增长101.6%、61.1%。

2015年3月，《关于实行私募基金管理人分类公示制度的公告》正式启动了私募基金管理人分类公示制度。中国证券投资基金业协会表示，分类公示是基金业协会开展差异化行业自律管理、强化事中事后治理的有效工具。同年4月，第十二届全国人民代表大会常务委员会第十四次会议修正《中华人民共和国证券投资基金法》。2015年6月上证指数站上了5000点，IPO发行逐步加快，新三板开板，多层次资本市场逐步完善，极大地刺激了私募投资基金行业的积极性，私募投资基金从基金设立的总类、数量、规模及其创新等均实现了历史的突破。2015全年发行私募投资基金21841只，为2014年的3.42倍，发行规模48606.99亿元，同比增长210%。

2016年，中国证券投资基金业协会陆续发布《私募投资基金管理人内部控制指引》《私募投资基金募集行为管理办法》《私募投资基金信息披露管理办法》《中国证券投资基金业协会关于进一步规范私募基金管理人登记若干事项的公告（中基协发〔2016〕4号）》等私募行业自律规则。协会发布公告称，若未在规定期限内备案首只私募基金产品，将被注销牌照。在这起私募"保壳大战"中，中基协共注销了10000多家"空壳"私募基金管理人，希望借此构建一套私募基金行业的自律规则体系，规范私募行业发展。4月15日，中国证券投资基金业协会正式发布了《私募投资基金募集行为管理办法》，进一步规范私募投资基金的募集市场。5月27日，全国股转系统公布《关于金融类企业挂牌融资有关事项的通知》（简称"通知"），其中划定8条私募基金挂牌门槛，私募基金挂牌新三板得以放开。2016年私募投资基金业持续升温，全年发行私募基金29592只，发行规模81395.2亿元，分别同比增长35.5%、67.5%。

2017年监管"严"字当头，多项法规相继出台，明确私募机构不得"多类兼营"，投资者适当性新规实施。根据《私募投资基金监督管理暂行办法》第22条，以及中国证券投资基金业协会《私募投资基金管理人内部控制指引》等相关自律规则，为进一步落实私募基金管理人专业化管理原则，切实建立有效机制以防范可能出现的利益输送和利益冲突，提升行业机构内部控制水平，私募基金管理人在申请登记时，应当在"私募证券投资基金管理人""私募股权、创业投资基金管理人"等机构类型,以及与机构类型关联对应的业务类型中,仅选择一类机构类型及业务类型进行登记;私募基金管理人只可备案与本机构已登记业务类型相符的私募基金,不可管理与本机构已登记业务类型不符的私募基金;同一私募基金管理人不可兼营多种类型的私募基金管理业务。若私募基金管理机构确有经营多类私募基金管理业务的实际、长期展业需要,可设立在人员团队、业务系统、内控制度等方面满足专业化管理要求的独立经营主体,分别申请登记成为不同类型的私募基金管理人。私募机构只可备案与本机构已登记业务类型相符的私募基金,不可管理与本机构已登记业务类型不符的私募基金。中基协表示,该措施目的在于"进一步落实私募基金管理人专业化管理原则,切实建立有效机制以防范可能出现的利益输送和利益冲突,提升行业机构内部控制水平"。2017年私募投资基金发展达到顶峰,虽然全年发行私募投资基金26452只,比2016年减少了10.6%,但募集资金创新高,达到102337.38亿元,同比增长25.7%。

2018年1月12日,中基协发布《私募投资基金备案须知》,全面停止私募基金借贷类业务,明确强调下列产品不予备案:(1)底层标的为民间借贷、小额贷款、保理资产等《私募基金登记备案相关问题解答(七)》所提及的属于借贷性质的资产或其收(受)益权;(2)通过委托贷款、信托贷款等方式直接或间接从事借贷活动的;(3)通过特殊目的载体、投资类企业等方式变相从事上述活动的。4月27日,央行、银保监会、证监会、外汇局联合发布《关于规范金融机构资产管理业务的指导意见》(简称"资管新规"),私募基金参照该资管新规执行。传统层面的私募产品一直是面向拥有一定规模金融资产、风险识别和承受能力较强的合格投资者,所以对其的监管都是松于公募产品,以强化尊重市场主体意思自治的监管理念。但是随着各类资管产品和主体的发展壮大,强化监管,统一规则,避免监管套利已是大势所趋。私募基金行业监管日趋规范，统一监管、打破刚兑、规范资金池、去杠杆成主旋律。受上述两个新规影响，2018年私募投资基金整体发行规模缩水，全年发行私募基金13849只，发行规模55354.33亿元，同比减少47.6%、45.9%。从2019年上半年的数据来看，私募投资基金无论发行数量还是发行规模仍旧呈持续下降趋势（见图2-3）。

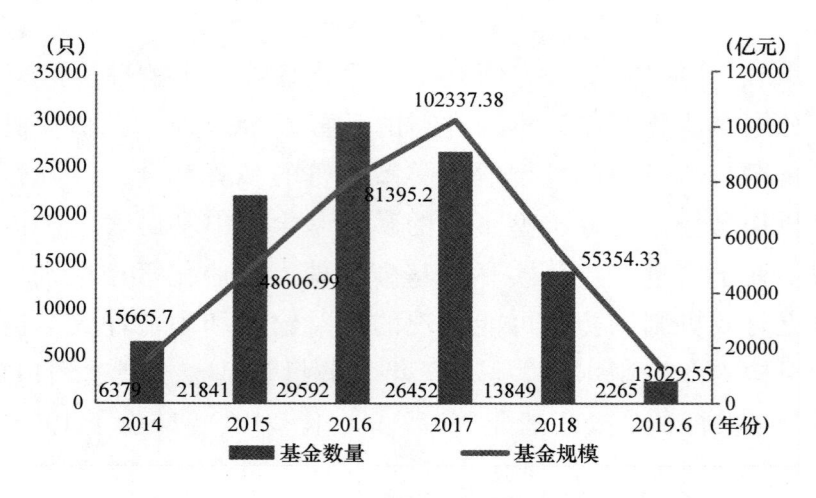

图 2-3　2014—2019 年我国私募投资基金发行规模
数据来源：私募通。

二　我国私募股权投资基金行业发展状况

（一）私募股权投资基金在我国登记发行状况

2014年，明确由中国证券投资基金业协会按规定办理私募基金管理人登记及私募基金备案，对私募基金业务活动进行自律管理。但由于2014年前私募基金并不需要登记和备案，且之后有的基金并没有登记和备案，为了更全面分析我国私募基金业发展状况，将分别利用中基协数据和私募通数据进行分析。

截至2019年6月30日，全国已登记[①]私募基金管理人24304

---

① 是指在中国证券投资基金业协会登记的私募基金管理人。

家，已备案私募投资基金 77722 只，管理基金规模 13.28 万亿元，其中登记私募证券投资基金管理人 8875 家，发行基金数量 38538 只，基金规模 2.33 万亿元；私募股权、创业投资管理人 14679 家，发行基金数量 34689 只，基金管理规模 9.18 万亿元；其他私募投资基金管理人 747 家，发行基金数量 4495 只，基金管理规模 1.77 万亿元；私募资产配置类管理人 3 家。全国已登记的私募基金管理人有管理规模的共 21243 家，平均管理基金规模 6.25 亿元。具体情况如表 2-2 所示：

表 2-2 国内私募基金登记情况

类型	私募基金管理人数量（家）	类型占比	发行基金数量（只）	基金管理规模（万亿元）
证券投资	8875	36.52%	38538	2.33
环比增长	-0.18%	—	0.91%	-0.56%
同比增长	0.54%	—	7.10%	-8.27%
股权，创业投资	14679	60.40%	34689	9.18
环比增长	0.14%	—	0.25%	0.09%
同比增长	2.59%	—	9.86%	15.53%
其他	747	3.08%	4495	1.77
环比增长	-0.93%	—	-3.83%	-1.13%
同比增长	-2.61%	—	-28.59%	-16.35%
资产配置	3	0.02%	—	—
总计	24304	100%	77722	13.28
环比增长	0.01%	—	0.33%	0.19%
同比增长	1.68%	—	5.24%	5.41%

数据来源：中国证券投资基金业协会。

从基金规模来看，登记备案[①]数量最多的基金规模为 1 亿元以下的私募基金，共 14292 只。而同比增长最多的分别是 100

---

① 同样是指在中国证券投资基金业协会登记备案的私募基金。

亿元以上、5亿—10亿元和50亿—100亿元三个规模区间，同比增长率为11.16%、10.18%、8.55%（见表2-3）。

表2-3　　　　　已登记基金管理规模划分

基金规模（元）	100亿及以上	50亿—100亿	20亿—50亿	10亿—20亿	5亿—10亿	1亿—5亿	0.5亿—1亿	0亿—1亿
基金数量（家）	249	292	681	841	1191	4419	2339	14292
环比增长	-1.19%	1.04%	-0.15%	0.96%	-0.42%	0.07%	0.52%	-0.14%
同比增长	11.16%	8.55%	4.93%	0.48%	10.18%	4.32%	4.19%	-0.49%

数据来源：中国证券投资基金业协会。

根据私募通数据，2009年1月到2019年6月，全国共发行私募投资基金110848只[1]；已公布总目标募资规模363865.01亿元，单只基金平均目标规模14.84亿元[2]。其中，私募证券投资基金41854只，私募股权投资基金[3]46123只，分别占总量的37.76%、41.6%；私募股权投资基金总目标规模213294.21亿元，占整体募资规模的58.62%。同期，全国已完成募集的私募投资基金共7554只，总募集金额67770.32亿元，平均单只基金募集9.71亿元。其中，私募股权投资基金完成资金募集共5667只，占到已募完基金的75%；募集金额33732.83亿元，占总募集金额的49.78%。

自2009年以来，我国私募股权投资基金数量及管理规模经历

---

[1] 基金募集状态包括拟设立、正在募集、已募完，不包括已清算和已撤销。基金备案状态包括已在中国证券投资基金业协会（AMAC）备案和尚未在中国证券投资基金业协会（AMAC）备案。

[2] 不是全部基金都公布目标募资规模及实际募资额，所以本书募资总目标规模、实际募资金额、平均单只基金目标募资规模及实际募资规模均是按照已公布募资规模、实际募资额的基金来进行核算。

[3] 私募股权投资基金包括成长基金（股权投资基金）和创业基金（创业投资基金）。

了快速增长与回落的大幅波动。如图 2-4 和图 2-5 所示，在经过前期摸索阶段后，私募股权投资基金在 2011 年达到小高峰，2011 年全年发行私募股权投资基金 2368 只，目标金额 11993.98 亿元；当年完成募集基金 1104 只，完成募集资金 4212.9 亿元。但随着我国经济增速减缓，2011 年股市惨淡，2012 年 IPO 暂停，

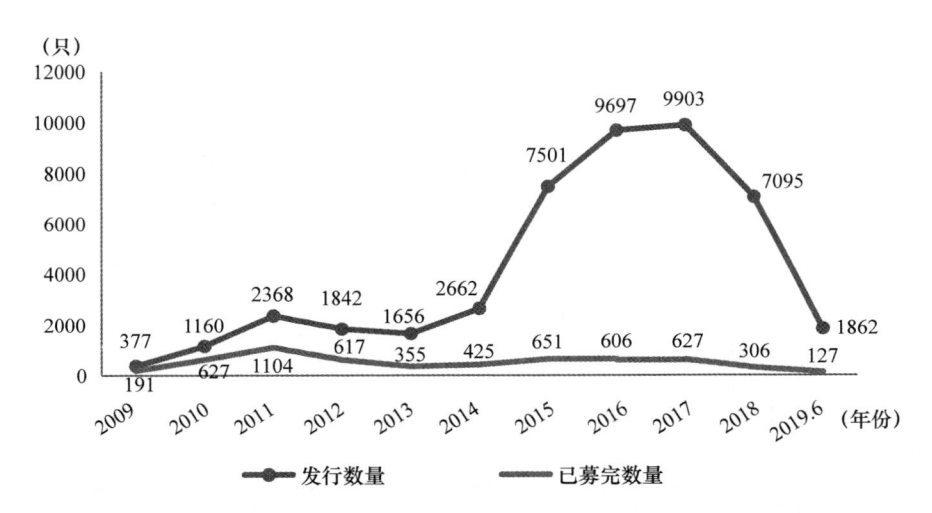

图 2-4 2009—2019 年 6 月私募股权投资基金发行数量和已募完数量

数据来源：私募通。

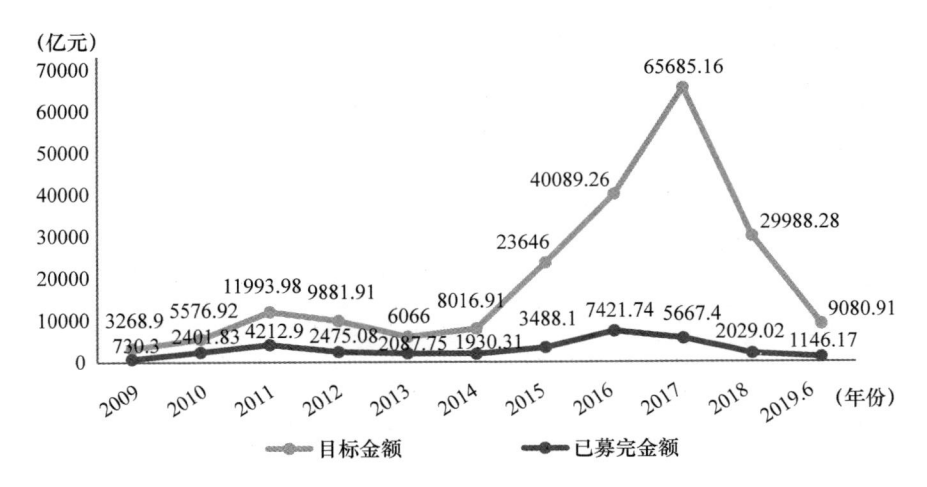

图 2-5 2009—2019 年 6 月私募股权投资基金目标金额和已募完金额

数据来源：私募通。

私募股权投资基金增长进入暂时休整期。2014年进入"私募元年"后，我国进入"双创"时代，创业投资和风险投资热度又逐渐恢复，私募股权投资基金数量和目标金额快速上升，2017年再次到达顶峰，全年募集私募股权投资基金9903只，目标金额65685.16亿元。2018年，受资管新规①和资本市场低迷影响，又开始出现下滑，发行资金数量和目标金额分别同比下降28.36%、54.35%。

我国私募股权投资基金主要集中在东部沿海几个省市。从图2-6和图2-7可以看出，私募股权投资基金主要集中在北京市、广东省、上海市、浙江省、江苏省这几个经济发达地区②，发行基金数量占到全国的80.18%，分别占比为24.63%、20.82%、19.66%、10.34%、4.73%，发行目标规模占全国的62.81%，分别占比为25.8%、13.3%、12.95%、5.92%、4.82%。此外，陕西省、河北省、贵州省虽然基金发行总数不多，分别只有419只、301只、199只，但平均单只基金规模较大，发行目标规模占整体规模的4.28%、3.37%、2.23%，从规模上位列全国前十。

我国私募股权投资基金组织形式主要以有限合伙制为主。如图2-8所示，77.14%的私募股权投资基金的组织形式为有限合伙制，皆因此组织形式程序较为简单，运营成本适中，且基金管理人通常为普通合伙人，承担无限责任，可以帮助有限投资人规避风险。剩下的其他③、信托制、公司制分别只占据12.26%、7.82%、2.79%。需要说明的是，虽然公司制私募股权投资基金数量较少，但单只基金规模较大，平均单只规模达到

---

① 2018年4月，《关于规范金融机构资产管理业务的指导意见》（"资管新规"）出台，监管部门加大影子银行和交叉金融领域乱象整治力度，资管行业治理取得显著成效。

② 按基金经营所在地区统计。

③ 此项主要为未披露组织形式的私募股权投资基金。

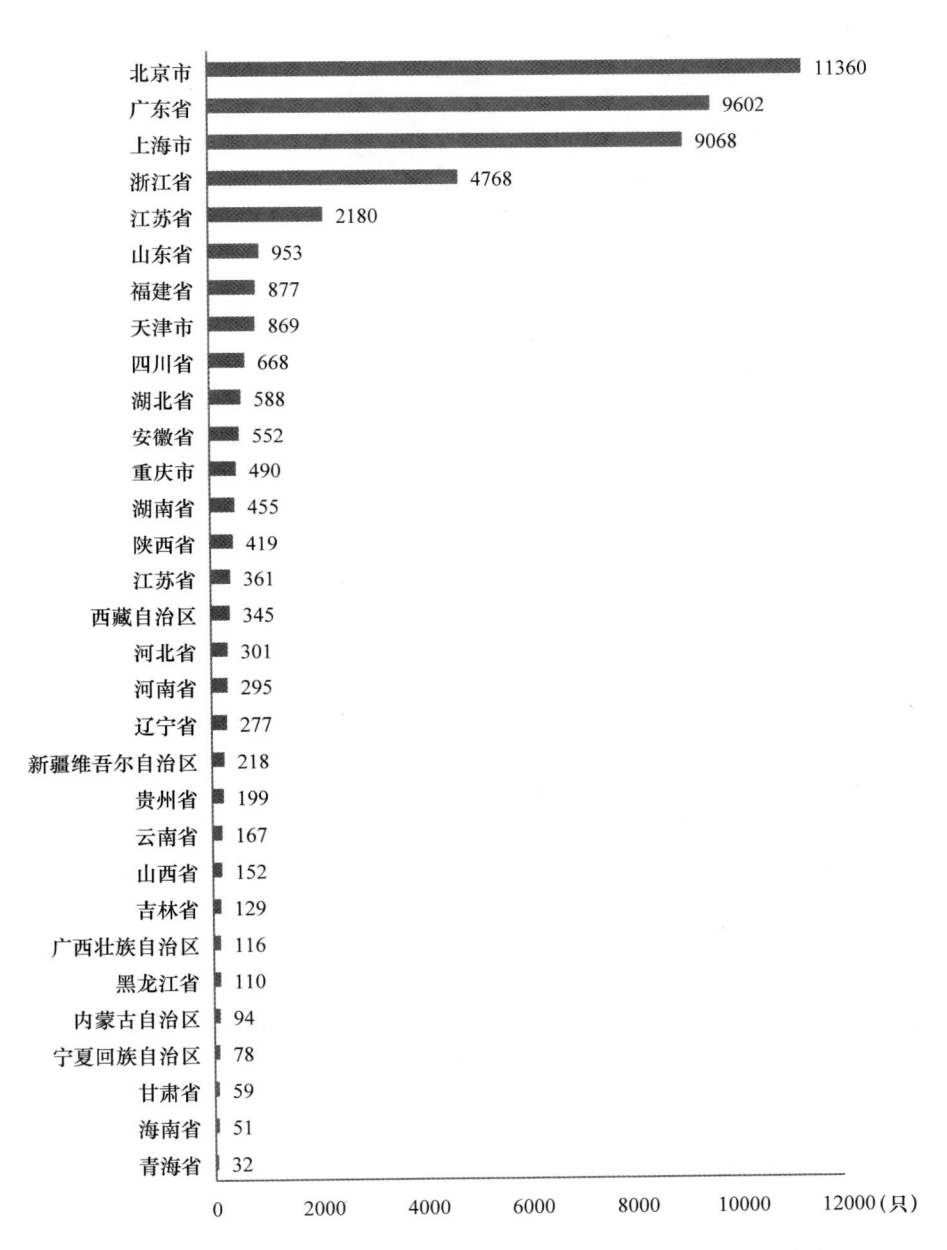

地区	数量
北京市	11360
广东省	9602
上海市	9068
浙江省	4768
江苏省	2180
山东省	953
福建省	877
天津市	869
四川省	668
湖北省	588
安徽省	552
重庆市	490
湖南省	455
陕西省	419
江苏省	361
西藏自治区	345
河北省	301
河南省	295
辽宁省	277
新疆维吾尔自治区	218
贵州省	199
云南省	167
山西省	152
吉林省	129
广西壮族自治区	116
黑龙江省	110
内蒙古自治区	94
宁夏回族自治区	78
甘肃省	59
海南省	51
青海省	32

图 2-6 2009—2019 年 6 月私募股权投资基金发行数量地区分布

数据来源：私募通。

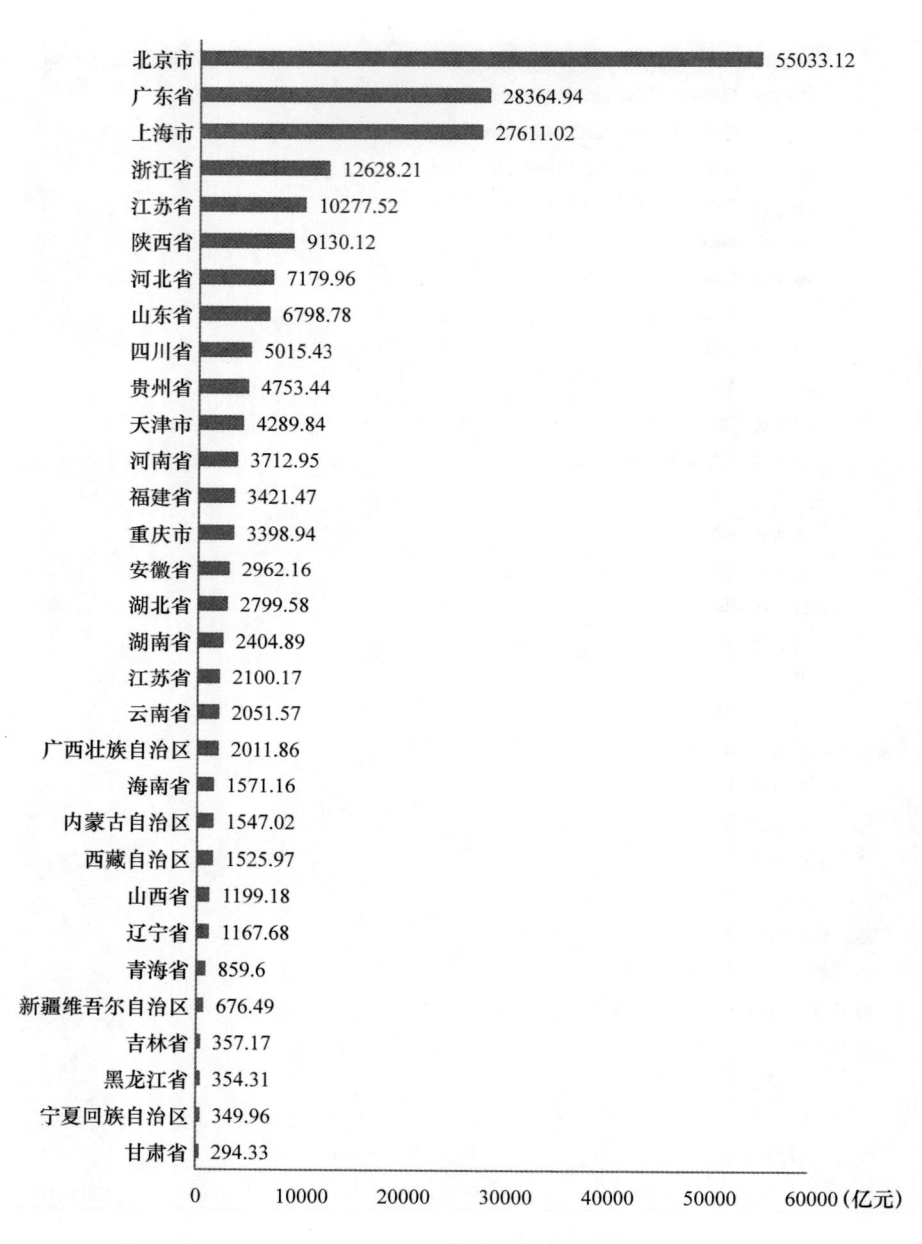

38 私募股权市场发展及广州对策

地区	金额(亿元)
北京市	55033.12
广东省	28364.94
上海市	27611.02
浙江省	12628.21
江苏省	10277.52
陕西省	9130.12
河北省	7179.96
山东省	6798.78
四川省	5015.43
贵州省	4753.44
天津市	4289.84
河南省	3712.95
福建省	3421.47
重庆市	3398.94
安徽省	2962.16
湖北省	2799.58
湖南省	2404.89
江苏省	2100.17
云南省	2051.57
广西壮族自治区	2011.86
海南省	1571.16
内蒙古自治区	1547.02
西藏自治区	1525.97
山西省	1199.18
辽宁省	1167.68
青海省	859.6
新疆维吾尔自治区	676.49
吉林省	357.17
黑龙江省	354.31
宁夏回族自治区	349.96
甘肃省	294.33

图2-7 2009—2019年6月私募股权投资基金目标金额地区分布

数据来源：私募通。

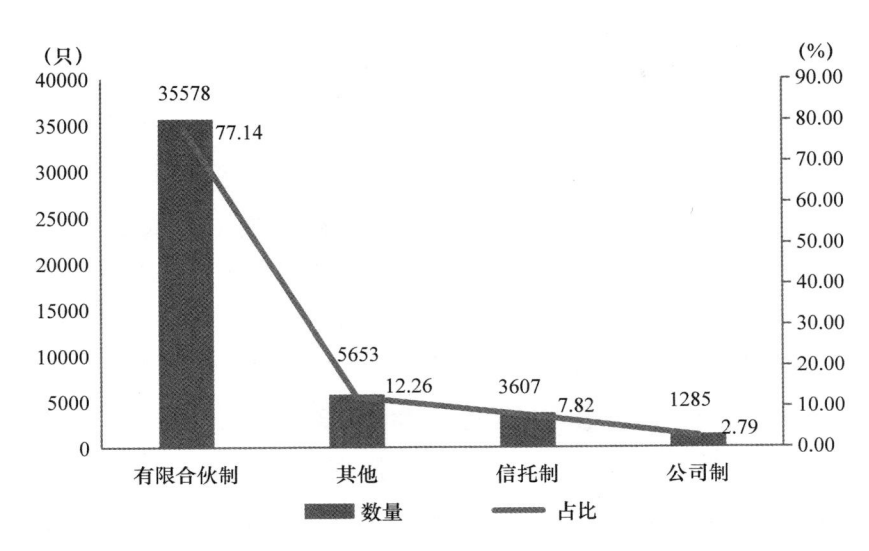

图 2-8　2009—2019 年 6 月私募股权投资基金组织形式
数据来源：私募通。

14.37 亿元，远大于有限合伙制（10.58 亿元）和信托制（3.03 亿元）。

（二）私募股权投资基金在我国投资状况

根据清科私募通数据显示，2009 年 1 月至 2019 年 6 月，我国共发生股权投资案例数 100470 件，投资总企业数 40799 家，涉及总投资金额 65365.87 亿元，平均单次投资金额 0.8 亿元。[①] 其中，私募股权投资基金投资的案例数为 25186 件，投资总企业数 11614 家，总投资金额 10238.41 亿元，平均单次投资金额 0.52 亿元。

2009 年以来，我国私募股权投资基金投资数也出现大幅度波动。从图 2-9 可以看出，2011 年全年投资案例数 2161 件，

---

① 不能简单地认为投资案例数乘以平均单次投资金额等于总投资金额，本书（包括我国、北京、上海、广州、深圳）投资总额及平均投资金额都是根据已公布相关数据的投资案例进行统计，还有小部分投资案例没有公布投资金额。

投资总金额891.64亿元，之后2012年和2013年投资案例数分别同比减少了19.16%和15.23%，投资金额同比降低23%和19.15%。2014年私募股权投资市场开始回暖，私募股权投资基金的投资案例数和投资金额快速上涨，主要得益于2014年"新国九条"在明确构建多层次资本市场中鼓励大力发展私募行业，使得大量政府背景的产业资本涌入私募股权投资基金业，加上私募投资基金相关配套政策到位，"双创"时代带来的投资契机。2017年全年投资金额2169.48亿元，对比2013年低谷增长了291%，投资案例数3967件，为2013年的2.68倍。受资管新规实施等因素影响，2018年虽然投资案例数继续上涨，达到4383件，但总投资金额同比下降40.5%，平均单起投资案例金额0.46亿元，同比2017年的0.7亿元下降了34.29%。

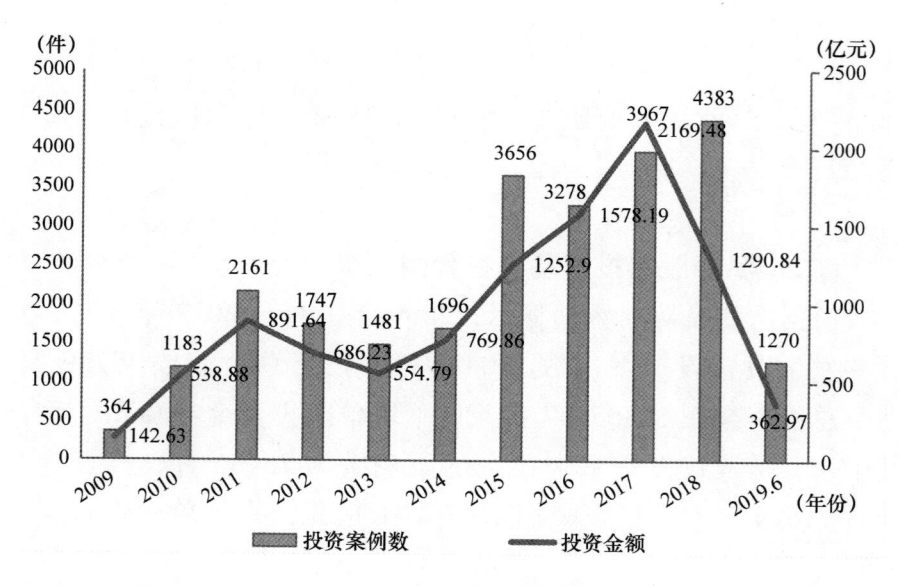

图2-9 2009—2019年6月私募股权投资基金历年投资情况

数据来源：私募通。

与我国私募股权投资基金登记情况的地区表现一样，私募基金的主要投资地也主要集中在东部沿海几个省市。如图2-10和图2-11所示，我国私募股权投资基金的投资主要集中在北

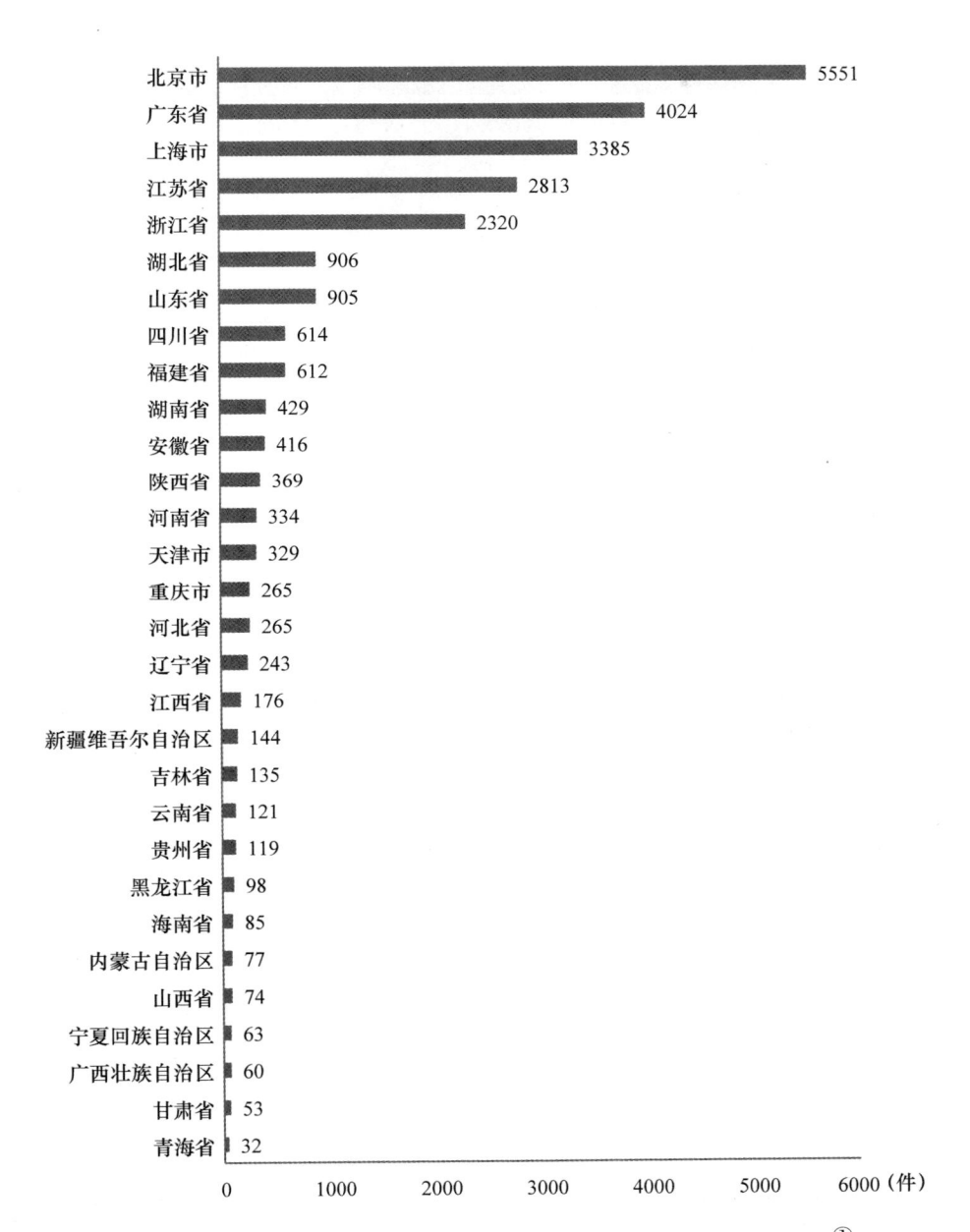

地区	数量
北京市	5551
广东省	4024
上海市	3385
江苏省	2813
浙江省	2320
湖北省	906
山东省	905
四川省	614
福建省	612
湖南省	429
安徽省	416
陕西省	369
河南省	334
天津市	329
重庆市	265
河北省	265
辽宁省	243
江西省	176
新疆维吾尔自治区	144
吉林省	135
云南省	121
贵州省	119
黑龙江省	98
海南省	85
内蒙古自治区	77
山西省	74
宁夏回族自治区	63
广西壮族自治区	60
甘肃省	53
青海省	32

图 2-10 2009—2019 年 6 月私募股权投资基金投资案例地区分布[①]

数据来源：私募通。

---

① 按被投资企业经营所在地统计。

42 私募股权市场发展及广州对策

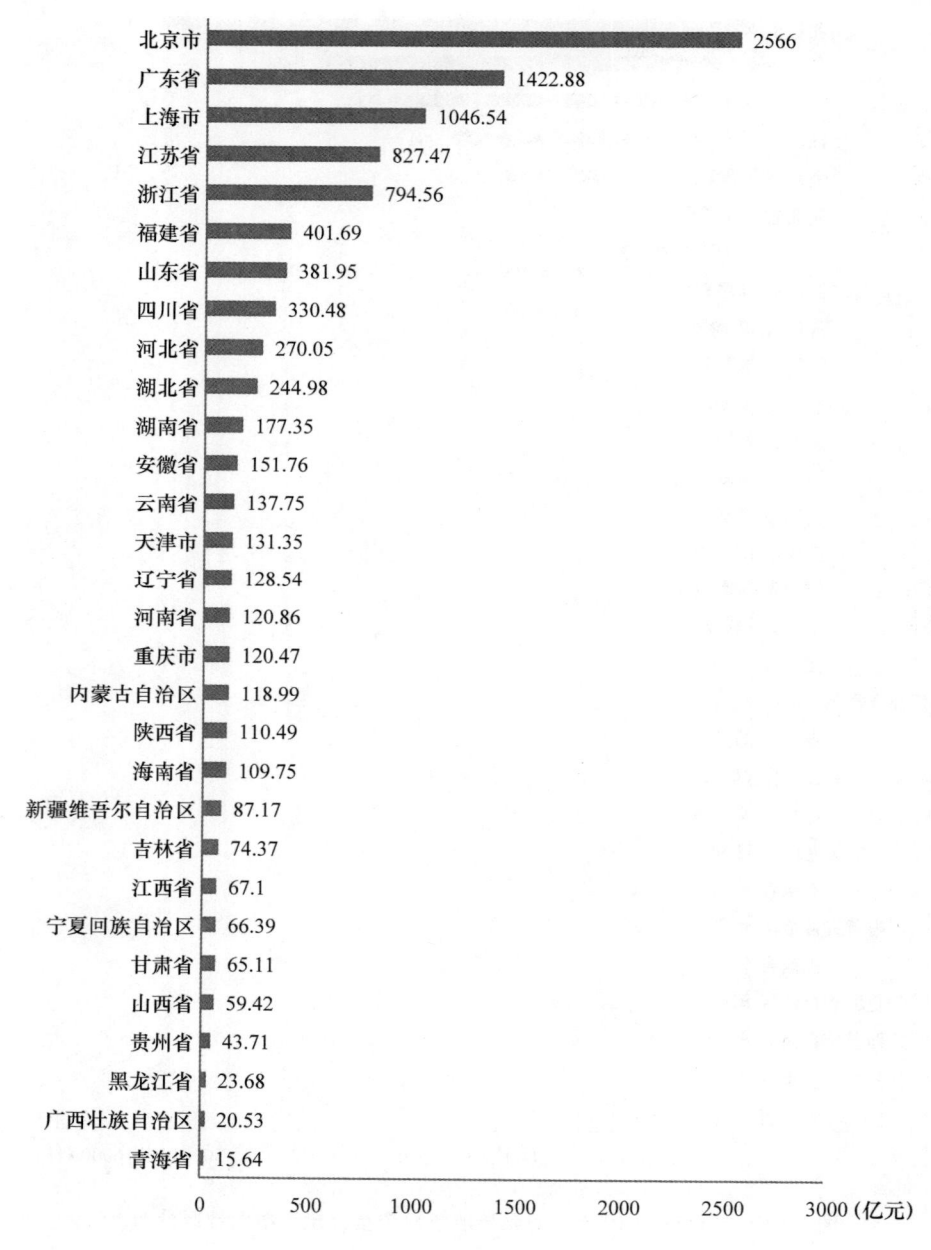

地区	金额(亿元)
北京市	2566
广东省	1422.88
上海市	1046.54
江苏省	827.47
浙江省	794.56
福建省	401.69
山东省	381.95
四川省	330.48
河北省	270.05
湖北省	244.98
湖南省	177.35
安徽省	151.76
云南省	137.75
天津市	131.35
辽宁省	128.54
河南省	120.86
重庆市	120.47
内蒙古自治区	118.99
陕西省	110.49
海南省	109.75
新疆维吾尔自治区	87.17
吉林省	74.37
江西省	67.1
宁夏回族自治区	66.39
甘肃省	65.11
山西省	59.42
贵州省	43.71
黑龙江省	23.68
广西壮族自治区	20.53
青海省	15.64

图 2-11 2009—2019 年 6 月私募股权投资基金投资金额地区分布

数据来源：私募通。

京市、广东省、上海市、江苏省、浙江省，这五个地区的投资规模与其所拥有的基金规模基本匹配。北京市近十年总投资案例数5551件，总投资金额2566亿元，分别占全国总体投资规模的22.04%、25.06%。北京作为央企混改的主战场，规模庞大的投资事件屡有发生，加上互联网金融、IT、移动医疗等新兴领域的多数投资，使得北京的私募股权投资市场优势明显。另外四个资本活跃地区也表现抢眼，广东省、上海市、江苏省、浙江省的投资案例数分别占总投资案例数的15.98%、13.44%、11.17%、9.21%；投资金额分别占总投资金额的13.9%、10.22%、8.08%、7.76%。此外，湖北省、山东省、四川省、福建省的股权投资也相对活跃，西部地区和东北地区则相对较少。

在私募股权投资基金投资行业中，主要集中在新兴产业领域。在各个一级行业中（见图2-12），IT、生物技术/医疗健康、互联网、机械制造投资案例数均超过2000件，分别占总投资案例数的15.1%、12.52%、11.78%、9.56%。从投资金额来看，生物技术/医疗健康行业位列第一，投资金额1149.73亿元，占总投资金额的11.23%。能源及矿产、金融行业虽然投资案例数不多，但投资金额较高，平均单件投资金额分别为1.67亿元、1.08亿元，远高于排名前列的几个行业。清洁技术行业中，主要投资对象为环保行业，涉及投资案例数813件，投资金额240.86亿元。

私募股权投资基金主要投资于项目扩张期或者成熟期。如图2-13所示，私募股权投资资金更倾向于投资风险较低的处于扩张期或者成熟期企业。成熟期的投资金额占到总金额的50%，主要是由于成熟期企业接近IPO，盈利能力强，市场认可度高，风险也比其他阶段要低，因此估值相对偏高。2014年以后，越来越多的私募股权投资基金开始偏向初创期和种子期企业，逐步回归"风险投资"本质，投资案例数逐年上升。2018年投资初创期和种子期案例数量相比2014年分别增长了321%、

44 私募股权市场发展及广州对策

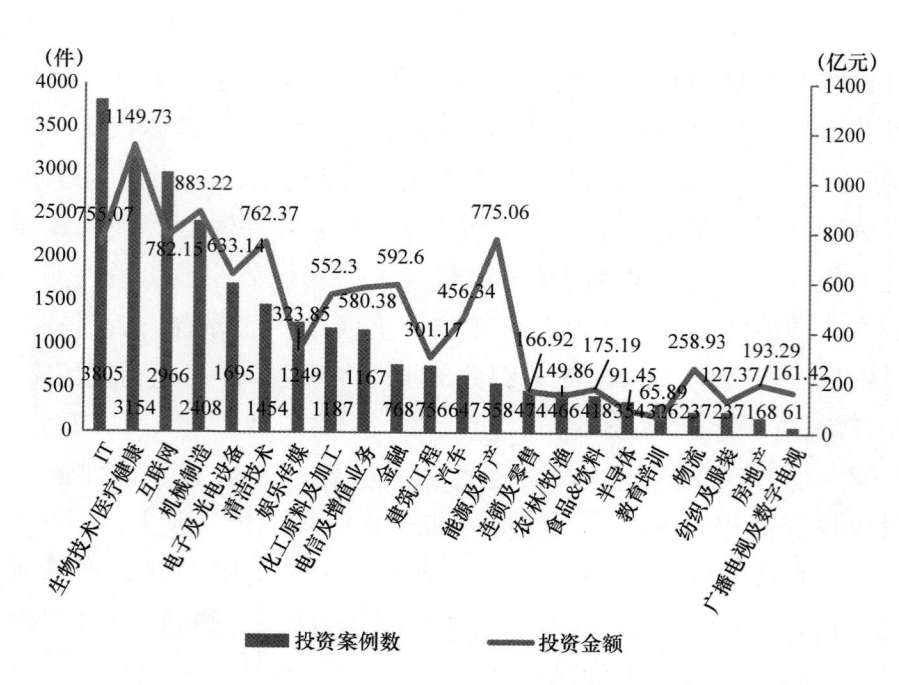

图 2-12　2009—2019 年 6 月私募股权投资基金投资行业分布

数据来源：私募通。

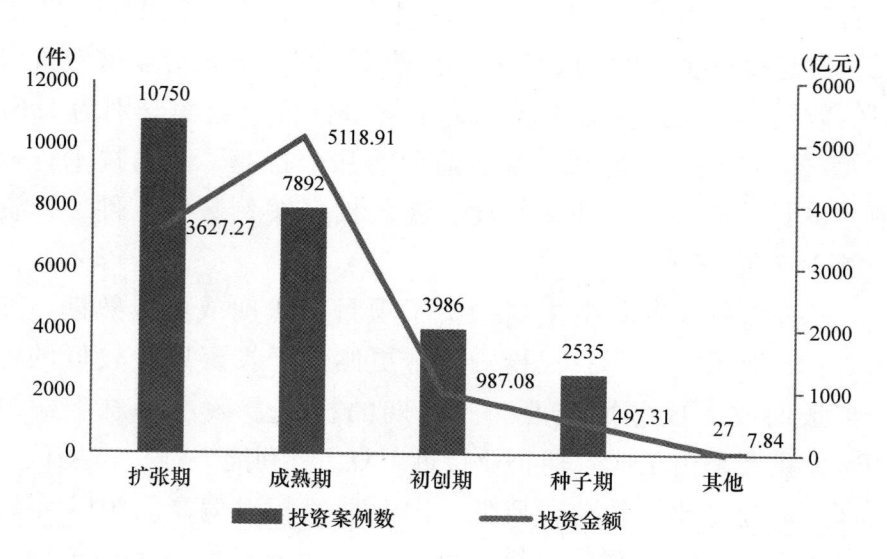

图 2-13　2009—2019 年 6 月私募股权投资基金投资阶段分布

数据来源：私募通。

170%，投资金额分别增长了421%、290%。但处于这个时期的企业，市场定位尚不明朗，营利模式尚未确定，风险较高，估值相对较低，单个项目投资金额相对少，因此总的投资金额仍低于投资扩张期和成熟期项目的金额。

（三）私募股权投资基金在我国退出状况

据私募通数据统计，2009年1月—2019年6月，我国私募股权投资市场共发生退出案例4899例，平均退出年限3.08年，平均回报倍数3.37倍。

在我国私募股权投资退出方式中，IPO和并购是最主要的两种方式。在所有退出案例中（见图2-14），IPO是最常见的私募股权投资退出方式，总计2587件，占总退出案例的53%。IPO需要企业达到上市要求且遵照一系列流程申请，投资后占用资金时间较长，平均退出年限3.51年，是所有退出方式中时间最长的，高于并购（2.34年）、股权转让（2.44年）、回购（2.96年）、借

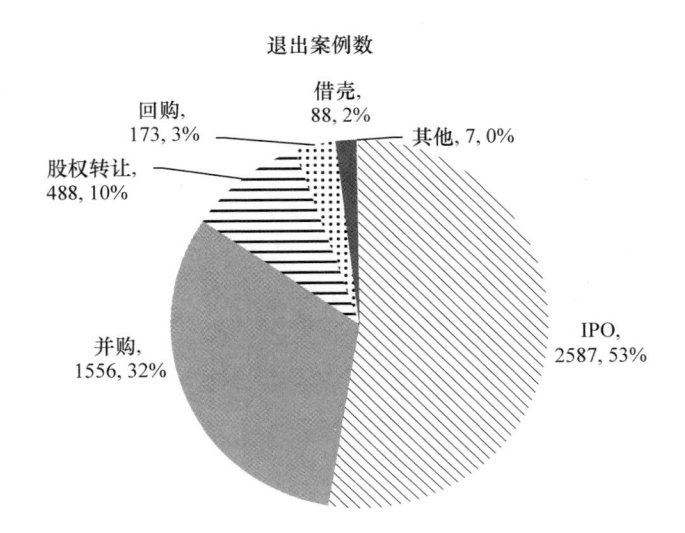

图2-14　2009—2019年6月私募股权投资基金退出方式分布

数据来源：私募通。

壳（1.79 年）、其他①（2.47 年）。但同时，如果投资项目 IPO 成功，带给投资基金的回报则非常丰厚，平均回报倍数达 3.8 倍，也是所有退出方式中，回报率最高的。并购、股权转让、回购、借壳、其他退出方式的回报倍数分别为 2.57、3.02、2.51、1.99、3.37。

2009 年 1 月到 2019 年 6 月期间，经营总部在中国的企业 IPO 成功的有 3551 家。其中，企业 IPO 之前获得 PE 和 VC 的资金支持的有 1523 家，占所有上市企业的 42.29%，部分企业分别在境内和境外上市，总上市案例数达到 1538 件。上市企业所处的行业分布广泛，但主要以机械制造、生物技术/医疗健康、电子及光电设备、化工原料及加工、IT 等行业为主，上市企业数分别为 239 家、159 家、141 家、132 家、116 家，占比 15.54%、10.34%、9.17%、8.58%、7.54%。

我国获得 VC/PE 资金支持的上市企业主要集中在广东省、北京市、江苏省、浙江省、上海市这几个创投机构、私募股权投资基金较为集中的地区，上市案例数达到 1008 件，占比 65.54%（见表 2-4）。企业上市主要集中在境内交易所，深圳证券交易所创业板、上海证券交易所主板、深圳证券交易所中小板三个板块的上市案例数共 1199 件，占比 77.96%。境外上市方面，有 227 家企业选择到香港证券交易所主板上市，另外有 88 家企业到美国上市寻求更多元化的资金支持。此外，有 2709 家企业，得益于 PE/VC 的支持，在新三板挂牌上市，其中基础层 2372 家，创新层 337 家；②企业经营所在地集中在北京市（465 家）、广东省（447 家）、江苏省（323 家）、上海市（311 家）、浙江省（199 家）。

---

① 此项为未披露退出方式的退出案例。
② 按照盈利、收入、市值三个指标，新三板将挂牌企业较为优质的归入创新层，其他未达到相应指标要求的纳入基础层。

表 2-4　　　　上市企业主要经营所在地和主要上市交易所

企业所在地	上市案例数（件）	占比	上市交易所	上市案例数（件）	占比
广东省	270	17.56%	深圳证券交易所创业板	504	32.77%
北京市	235	15.28%	上海证券交易所主板	374	24.32%
江苏省	203	13.2%	深圳证券交易所中小板	321	20.87%
浙江省	168	10.92%	香港证券交易所主板	227	14.76%
上海市	132	8.58%	纳斯达克证券交易所	44	2.86%
福建省	74	4.81%	纽约证券交易所	44	2.86%

数据来源：私募通。

三　我国私募股权投资基金行业现阶段发展的新动向

（一）政府加大私募股权投资市场参与力度

政府是股权投资领域的重要主体，其政策制定的引导作用对推动股权投资的发展起着至关重要的作用，不仅充分发挥其宏观指导与调控的职能，保障股权投资良好的外部环境，为股权投资提供政策、法律上的支持，而且通过直接参与私募股权投资进入市场。

2018年以来，各级地方政府陆续出台了众多针对私募股权投资基金的优惠政策，以促进私募股权投资基金的健康发展，包括政府建立产业引导股权投资基金、支持长期资金投资、放宽机构投资者准入、完善公平税收政策等方面，旨在改善私募股权投资基金的生存环境。为了吸引社会股权投资者集聚、引进战略性新兴产业落户，地方政府在建立当地产业引导基金时，基本上会引入市场上发展较为成熟的股权投资基金管理机构管理引导基金，实行市场化运作，既保证基金的资金使用效率，又对社会资本产生更好的吸引力，从而实现发挥财政资金的杠杆放大效应，增加创业投资的资本供给。近一两年，部分政府逐渐设立主要投资处于种子期、起步早的项目的产业基金，弥补一般创投基金主要投资于成长期、成熟期的不足。

（二）基金投资重点逐渐向早期投资转移

"双创时代"开启，创业企业爆发式增长，创投机构也逐渐向早期和细分领域倾斜。创投行业出现PE（股权投资）向VC（风险投资）发展，VC往天使发展的趋势，而天使开始出现机构化的变化方向。根据私募通的数据显示，在2018—2019年6月的私募股权投资基金投资事件中，A轮、天使轮、Pre-A轮、种子轮投资案例数分别为1677件、637件、396件、52件，合计占总投资案例数的47.09%。在这些投资事件中，将早期投资作为重点的投资机构不乏大公司的投资部门以及IDG资本、红杉资本等行业翘楚的综合机构。很多私募股权投资基金更是直接通过设立天使基金或投资成为天使基金LP（有限合伙人）等方式来向企业种子期阶段投资。

（三）并购投资成为行业重要的投资方式

注册制改革、新三板发展等宏观政策环境变化，并购市场成为新兴领域。私募通显示，2018—2019年6月，中国并购交易市场发生并购案例数4139件，总并购额度达到24191.64亿元，其中新三板企业并购案例数469件，并购金额224.77亿元。IT、机械制造、生物技术/医疗健康等产业企业成为并购市场的重点领域。此外，股权分散的金融行业、地产行业以及商业股并购和国企混合所有制改革，都给股权并购市场带来较大的操作空间。

（四）基金开始参与国企混合所有制改革

国有企业混合所有制改革是全面深化改革的重要内容。当前，混合所有制改革方向和框架已明确，操作方案、运作模式等实施细则仍在不停探索,怎样选择适合战略目标的战略投资人以实现混合所有制改革目的,成为推进混改的首要问题。在众多战略投资人中,私募股权投资基金具有突出的优势。私募股权投资基金的投资者来源于社会各个层面,对推动企业向混合所有制发展,完善企业法人治理结构有积极影响;此外,私募基金在投资过程本身就会带入外部的战略性资源,可以帮助改革中的国企迅速适应市场化的要求,减少混改所带来的发展问题。

(五) 基金退出渠道更加便利

退出难一直是困扰我国私募股权基金投资业发展的主要问题之一。造成私募基金退出困难有多种原因,但我国 IPO 注册制的推出,以及相关退出制度的修改,将极大拓宽退出的渠道。2019 年上海证券交易所科创板开板,实行注册制,并明确在科创板实践基础上,逐渐推行全面注册制。2020 年 4 月,国家确定在深圳证券交易所创业板实行注册制。国家也不断完善创业投资基金减持股份细则。2020 年 3 月,证监会对《上市公司创业投资基金股东减持股份的特别规定》进行了修订,明确:一是简化反向挂钩政策适用标准,明确创业投资基金项目投资时满足"早期企业""中小企业""高新技术企业"三个条件之一即可享受反向挂钩政策,并删除基金层面"对早期中小企业和高新技术企业的合计投资金额占比 50% 以上"的要求;二是为激活大宗交易方式下受让方的交易动力,取消减持受让方锁定期限制;三是加大对专注于长期投资的基金优惠力度,允许投资期限在五年以上的创业投资基金锁定期满后减持比例不受限制;四是合理调整期限计算方式,投资期限截至点由"发行申请材料受理日"修改为"发行人首次公开发行日";五是拓宽享受反向挂钩政策的适用主体,在中国证券投资基金业协会依法备案的私募股权投资基金参照适用。

第三章 北京私募股权基金业发展

一 北京私募股权投资机构和基金基本情况

(一) 私募股权投资机构状况

2010—2019年，北京私募投资机构新增10433家，其中98.1%的机构资本来自境内，只有97家私募投资机构由外资资本设立；另有78家合资投资机构。公司制还是北京私募投资机构的主要形式，在10433家新增机构中，有8995家私募投资机构采用公司制的组织形式，以法人财产制度为核心，规范机构管理人对LP投资的管理；采用有限合伙制的投资机构只有958家，占9.2%。

2010—2019年北京私募投资机构历年新增数量如图3-1所

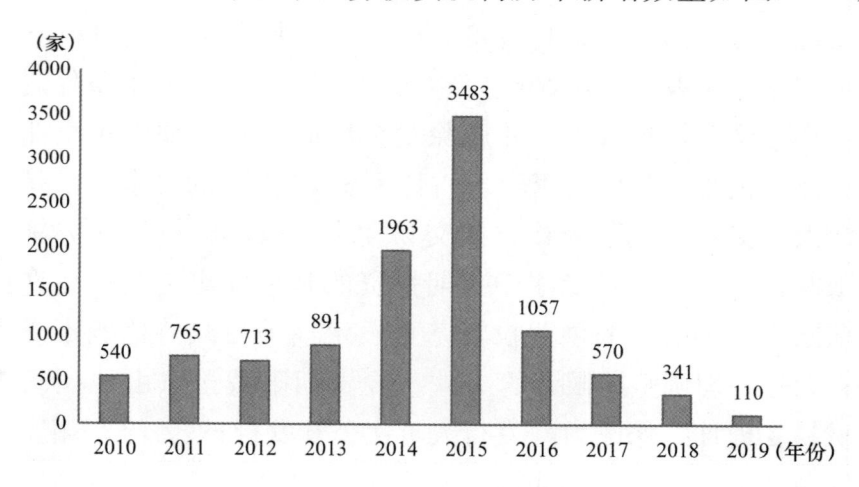

图 3-1 2010—2019 年北京私募投资机构历年新增数量

数据来源：私募通。

示，2014年新增机构大幅上升，同比增加120%，并且在2015年达到顶峰，新增3483家投资机构，占到10年内新增总数的33.38%。2016年开始出现连续下滑，2018年和2019年更是连续创新低，只有341家和110家。

新增私募投资机构中，PE和VC合计超过半数，2010—2019年共有5514家，其中PE成为私募投资机构首选，占到全部新增数量的41.5%。另外一个较为重要的类型是战略投资者，此类机构主要是母公司通过设立主营业务架构之外的独立投资基金，配合母公司的长期战略，以投资方式驱动创新与模式扩张（见图3－2）。

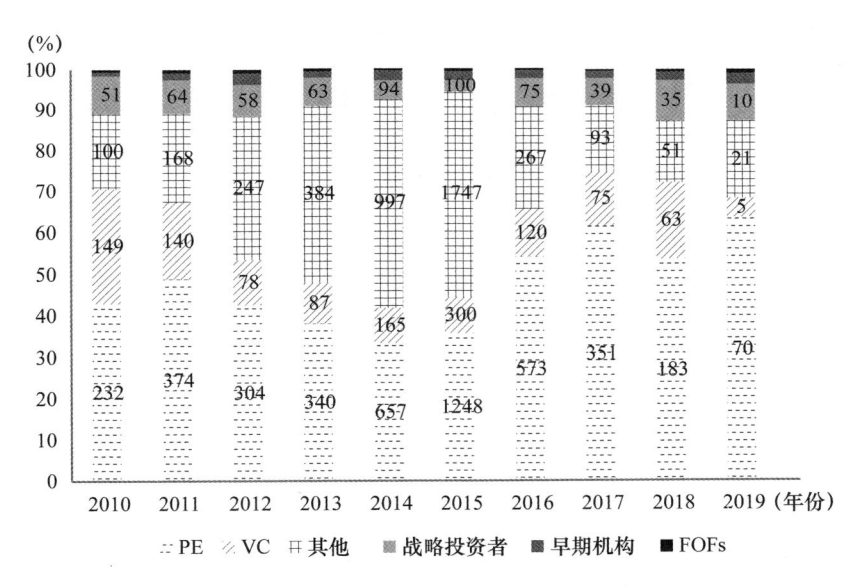

图3－2 2010—2019年北京私募投资机构历年新增类型分布
数据来源：私募通。

（二）私募股权投资基金状况

2010—2019年，北京私募股权投资基金新增14297只，募资总目标规模95301.34亿元。2015年后北京私募股权投资基金出现快速发展，2015—2018年连续四年新增基金超过2000只，四年新增基金目标规模分别占总体规模的 10.5%、22.63%、22.85%、12.14%。2019 年虽然新增基金数量同比下降 38.99%，但目标规模同比增长了 26.68%，主要源于 2019 年新增基金规模上升，单只基金平均规模 19.29 亿元远超过 2018 年的 12.04 亿元（见图 3-3）。

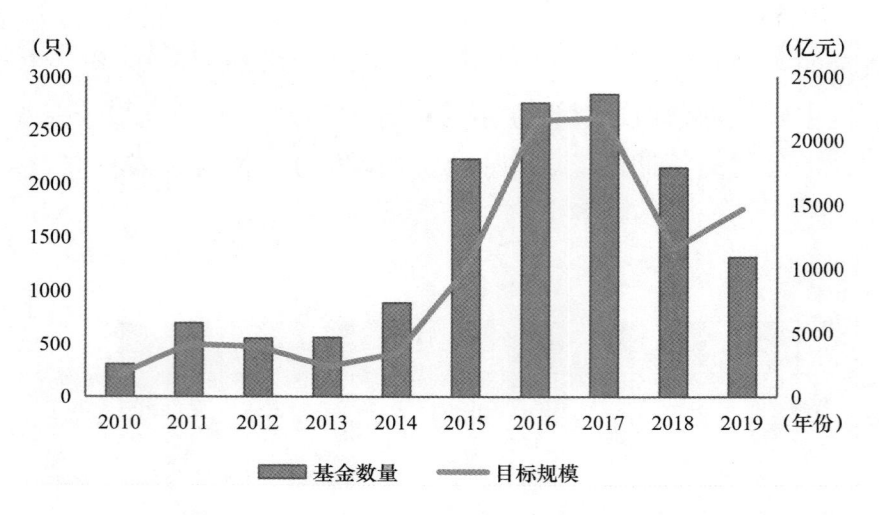

图 3-3 2010—2019 年北京私募股权投资基金历年新增数量和募集金额
数据来源：私募通。

2010—2019 年，北京新成立私募股权投资基金中，成长基金成为最重要的基金类型，共有 10654 只新增基金，总募资规模 55361.63 亿元，新增基金数量及募资目标规模均在各基金类型中排在首位，分别占比 74.5% 和 57.99%。创业基金也是私募股权投资基金的一种主要类型，累计新设立了 2626 只，位列第二。FOF 基金虽然数量相对较少，只有 420 只新增基金，但单只基金的规模要更大一些，目标募资规模达到 21795.42 亿元，占比 22.87%；单只基金的平均规模 68.11 亿元也是所有基金类型中最高的（见图 3-4）。

在 2010—2019 年十年间，北京历年新增成长基金和创业基金都占总新增基金的 90% 以上。作为国际私募股权基金的重要

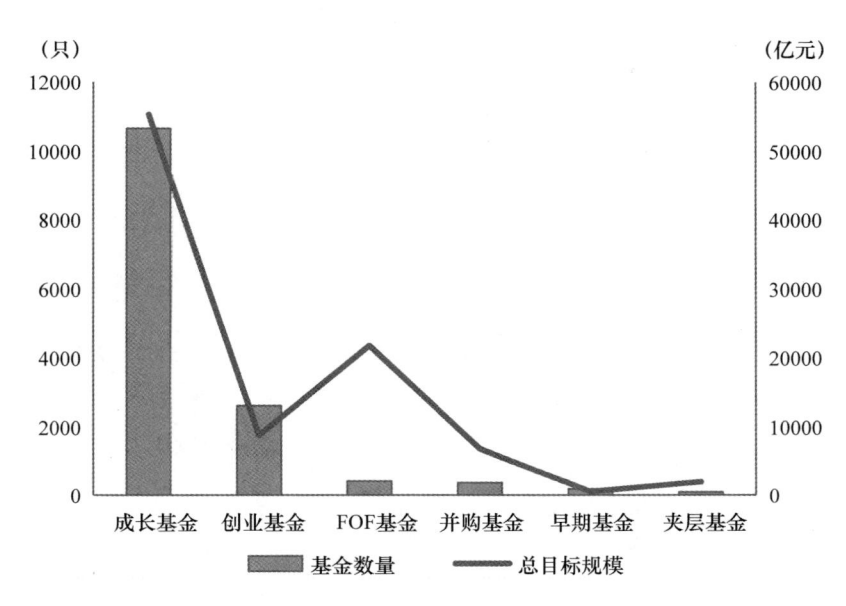

图 3-4 2010—2019 年北京新增私募股权投资基金类型数量与目标规模
数据来源：私募通。

形式，北京并购基金大部分集中在 2015—2018 年间成立，275 只新增基金占到总并购基金的 73.33%。早期基金相对较为稳定，2013 年以后基本保持一定数量的年新增基金。夹层基金在我国目前受众面暂时较小，2016—2018 年连续三年无新增基金（见图 3-5）。

北京近十年由境内资本新设立的私募股权投资基金 14066 支，占比达到 98.38%；募资总目标规模 89158.83 亿元，占到所有新增基金目标规模的 93.55%。境外资本和境内外合资设立的基金数量较少，分别只有 96 只和 89 只，但平均规模要更大，分别为 37.18 亿元和 40 亿元，分别为境内资本的 2.66 倍和 2.85 倍。在新增私募股权投资基金中，73.93% 的基金采用有限合伙制，GP 作为基金管理人，负责基金所有事务并承担无限责任，LP 无法干预基金相关事务但只需承担有限责任。值得一提的是，虽然采用公司制的基金只有 283 只，但平均单只基金规模达到 63.3

亿元，为所有基金平均规模的 4.35 倍（见表 3-1）。

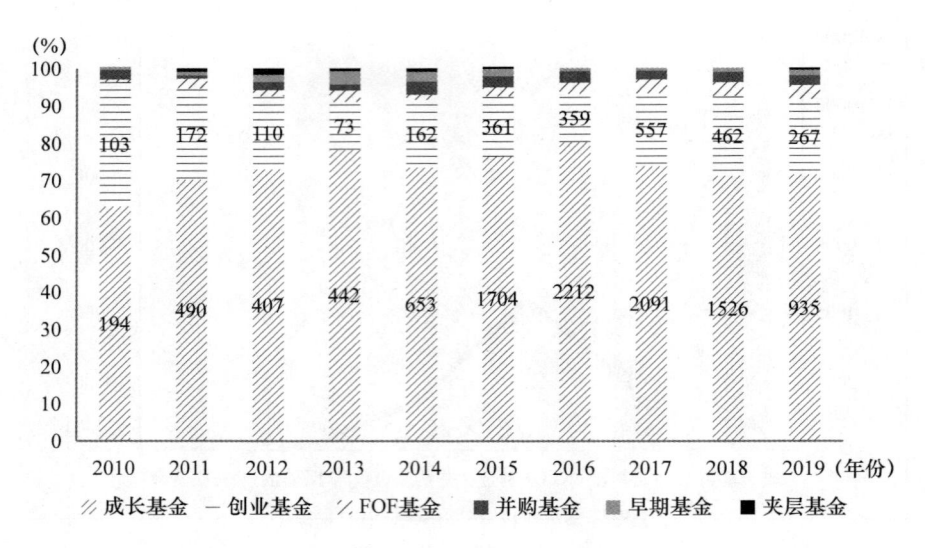

图 3-5 2010—2019 年北京历年新增私募股权投资基金类型概况

数据来源：私募通。

表 3-1　2010—2019 年北京新增私募股权投资基金资本类型与组织形式

资本类型	数量（只）	占比	总目标规模（亿元）	占比	平均规模（亿元）	与平均规模相比
本土	14066	98.38%	89158.83	93.55%	14	96.17%
外资	96	0.67%	2713.99	2.85%	37.18	255.37%
合资	89	0.62%	3160.29	3.32%	40	274.77%
其他	46	0.32%	268.23	0.28%	10.32	70.86%
组织形式	数量（只）	占比	总目标规模（亿元）	占比	平均规模（亿元）	与平均规模相比
有限合伙制	10570	73.93%	80527.6	84.50%	13.2	90.68%
其他	2136	14.94%	1904.57	2.00%	12.13	83.32%
信托制	1308	9.15%	335.68	0.35%	3.69	25.34%
公司制	283	1.98%	12533.49	13.15%	63.3	434.79%

数据来源：私募通。

结合历年新增基金和完成募集目标基金对比分析，2015年和2016年由于新增基金增速过快以外，其他年份完成募集基金数量均超过新增基金数量的50%。从募资目标规模和募集金额比较来看，募集金额一般在目标金额的30%—50%，而2018年和2019年募集金额分别占到目标规模的62%和58%。2010—2019年，北京私募股权投资基金完成资金募集的基金总数为8640只，总共募集到金额46708.16亿元，单只基金平均募集金额7.26亿元。2015年，募集到的资金同比上年大增161.9%，达到3261.51亿元，2016年进一步暴增到10530.02亿元，其后一直到2019年都维持在7000亿元以上。2015—2017年，完成募资的新设私募股权基金数量大增，从936只增加到1646只，2018年、2019年由于宏观经济环境影响，以及资管新规实施等影响，数量有所下降（见图3-6）。

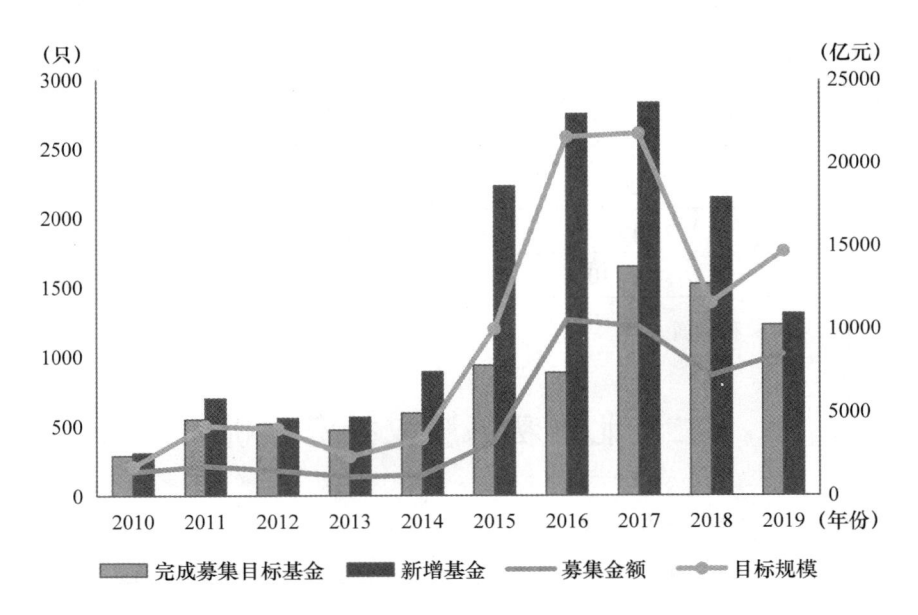

图3-6 2010—2019年北京私募股权投资基金新增与完成目标基金数量与金额
数据来源：私募通。

2010—2019年，北京新增政府引导基金82只，总目标规模

15991.6亿元，单只引导基金平均规模235.17亿元。其中，区县级最多，共有27只，占比32.93%，但基金规模较小，北京市注册有15只国家级引导基金，总体规模达到10579.24亿元，占比66.15%。从类型上看，产业引导基金44只，总体规模9787.34亿元，无论注册数量还是总体规模均占首位。此外，5只PPP基金平均规模562亿元，是全部引导基金平均规模的2.38倍（见表3-2）。

表3-2 2010—2019年北京政府引导基金新增概况

基金级别	数量（只）	占比	总目标规模（亿元）	占比	平均规模（亿元）	与平均规模相比
区县级	27	32.93%	1508.2	9.43%	71.82	30.54%
国家级	15	18.29%	10579.24	66.15%	755.66	321.32%
省级	15	18.29%	2716.65	16.99%	226.39	96.27%
其他	14	17.07%	981.51	6.14%	75.5	32.10%
地市级	11	13.41%	206	1.29%	25.75	10.95%
产业基金	44	53.66%	9787.34	61.20%	271.87	115.61%
创业基金	17	20.73%	2297.75	14.37%	191.48	81.42%
其他	16	19.51%	1096.51	6.86%	73.1	31.08%
PPP	5	6.10%	2810.00	17.57%	562	238.98%

数据来源：私募通。

二 北京私募股权投资分析

（一）私募股权投资机构投资情况

2010—2019年，北京私募投资机构投资案例数34994件，总投资金额25520.43亿元，单笔投资平均金额0.92亿元。2015年成为北京私募投资机构最为活跃的一年，共发生投资案例数6708件，同比增长99.9%。2017年是投资金额最多的一年，总投资额达到6236.6亿元，占到十年总投资额的24.44%。2018年、2019

年投资热度下降，投资案例数分别比上年下降了9.6%和51.6%，投资金额分别比上年下降了37.0%和39.0%（见图3-7）。

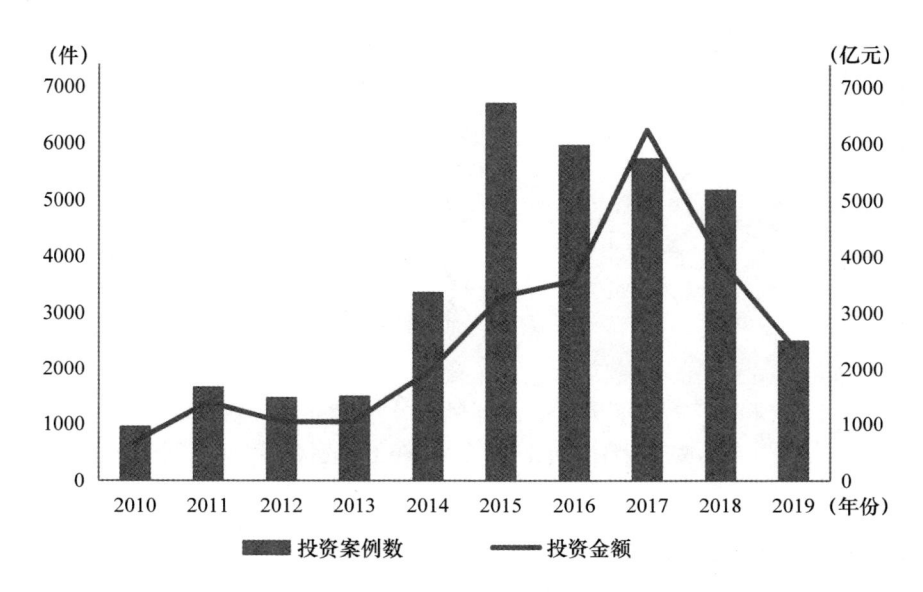

图3-7 2010—2019年北京私募投资机构投资案例数和金额
数据来源：私募通。

北京私募机构投资于企业扩张期的案例数最多，但不同阶段的投资案例数整体比较均匀。2010—2019年，投资于扩张期的案例数达到10906件，占比达到31.2%，投资于企业初创期、种子期和成熟期的案例数也分别达到9061件、8296件和6488件，占比分别达到25.9%、23.7%和18.5%。成熟期投资虽然案例数相对较少，但由于成熟期企业往往营利模式确定，经营规模较大，投资金额自然也相对较高，2010—2019年投资成熟期的总金额达到12196.83亿元，占总投资额的47.79%，单笔投资平均金额（2.17亿元）也远超过扩张期（0.88亿元）、初创期（0.43亿元）、种子期（0.32亿元）（见图3-8）。

北京私募投资机构投资的行业主要有互联网、IT、生物技术/医疗健康、电信及增值业务、金融、娱乐传媒等行业（见图3-9）。2010—2019年期间，"网络服务、电子商务、网络营销"

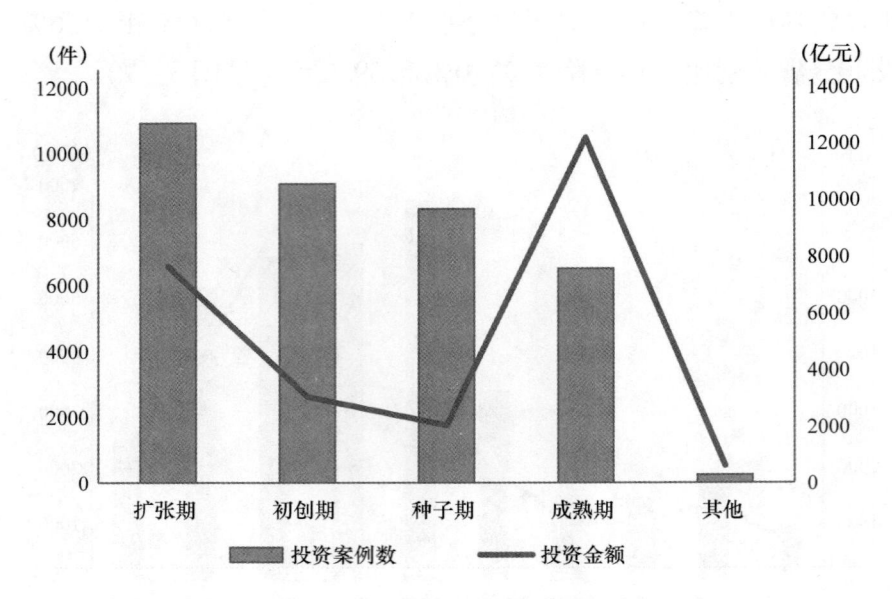

图 3-8　2010—2019 年北京私募投资机构投资阶段

数据来源：私募通。

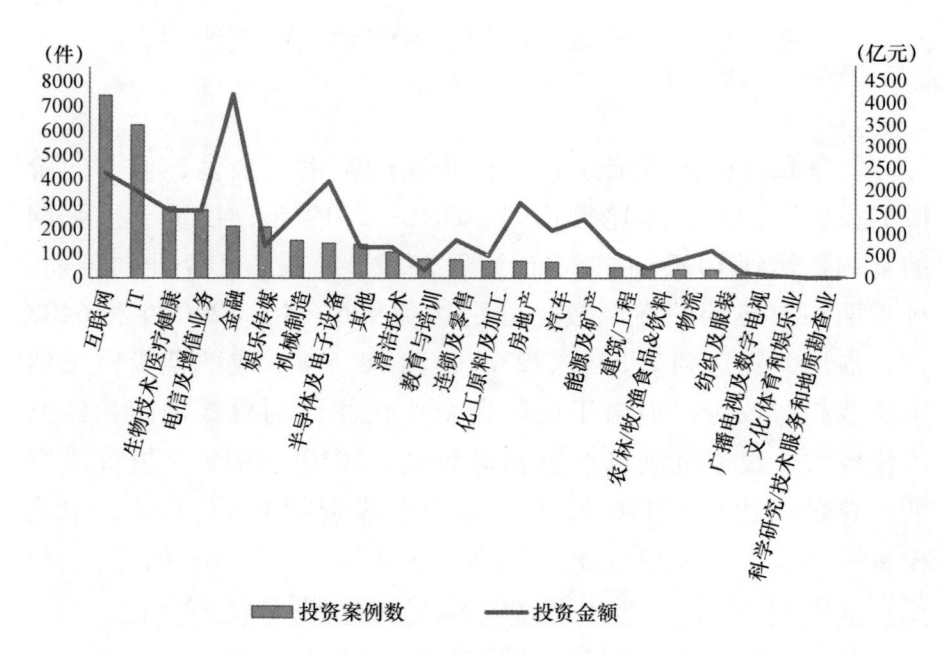

图 3-9　2010—2019 年北京私募投资机构主要投资行业

数据来源：私募通。

等互联网行业获投案例数达到 7458 件，占比 21.3%，是获投数量最多的行业；排名第二的是"IT 服务、软件、硬件"等 IT 业，获得投资案例数也达到 6272 件，占比 17.9%。互联网、IT、生物技术/医疗健康、电信及增值业务、金融、娱乐传媒六大主要行业的投资案例数达到 23684 次投资，占总投资案例数的 67.67%。从获得投资金额方面分析，互联网、IT、生物技术/医疗健康、电信及增值业务、金融、娱乐传媒六大主要行业投资金额达到 12536.72 亿元，占总投资金额的 49.13%。其中，"互联网金融、金融服务、保险、证券、银行"等金融行业获得 4217.67 亿元的投资金额，位列所有行业首位。紧随其后的是互联网（2415.86 亿元）、半导体及电子设备（2224.89 亿元）、IT（2001.8 亿元）。除了上述新兴产业，传统产业中，房地产、汽车、能源及矿产分别获得投资金额 1731.85 亿元、1107.98 亿元、1360.94 亿元，分别占总投资的 6.79%、4.34%、5.33%。

北京私募投资机构更注重于对北京当地企业的投资。2010—2019 年，对北京当地企业的投资数达到 15055 件，占到所有投资案例的 43.0%；投资金额达到 10480.41 亿元，占总投资额的 41.1%。北京以外，北京私募股权投资基金主要投资于我国东部沿海地区，特别是经济最具活力的上海市、广东省、浙江省、江苏省几个地区。2010—2019 年，这四个省市获得总计 11764 件投资，占比达到 33.2%，其中上海 4262 件、广东 3676 件、浙江 2089 件、江苏 1737 件；总投入 7303.39 亿元，占比 28.3%，其中广东获得投资最多，达到 2696.68 亿元，其后依次是上海（2485.74 亿元）、浙江（1153.47 亿元）和江苏（967.50 亿元）。除投资于国内地区外，北京私募股权投资基金还投资于境外、国外，其中 2010—2019 年无论是投资的案例数还是金额美国都是最多的，分别达到 447 件、616.28 亿元；排在第二位的中国香港，分别为 112 件和 142.15 亿元，还投资了印度、新加坡、英国、中国台湾、印尼、韩国、以色列等国家和地区（见图 3-10、图 3-11）。

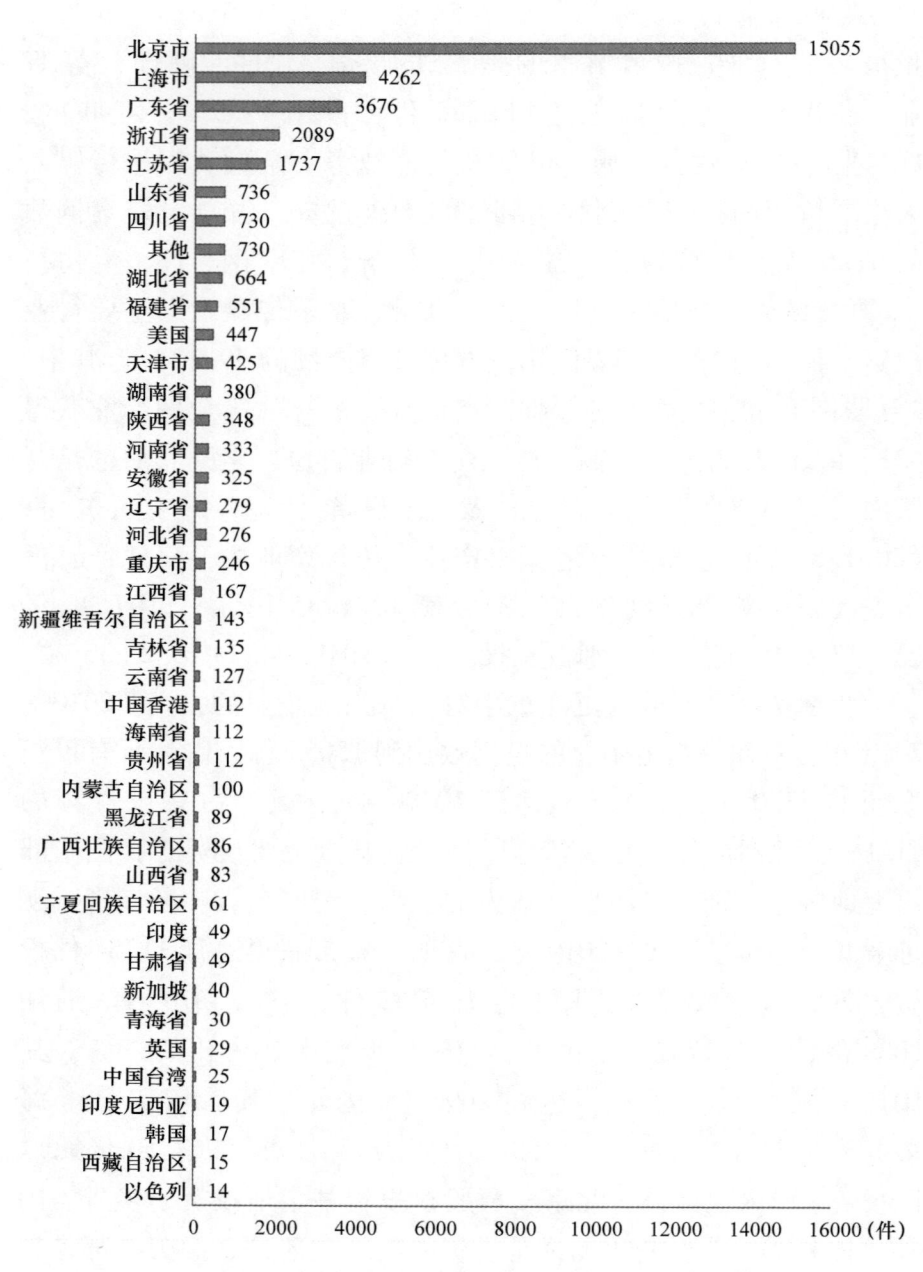

60 私募股权市场发展及广州对策

地区	数量
北京市	15055
上海市	4262
广东省	3676
浙江省	2089
江苏省	1737
山东省	736
四川省	730
其他	730
湖北省	664
福建省	551
美国	447
天津市	425
湖南省	380
陕西省	348
河南省	333
安徽省	325
辽宁省	279
河北省	276
重庆市	246
江西省	167
新疆维吾尔自治区	143
吉林省	135
云南省	127
中国香港	112
海南省	112
贵州省	112
内蒙古自治区	100
黑龙江省	89
广西壮族自治区	86
山西省	83
宁夏回族自治区	61
印度	49
甘肃省	49
新加坡	40
青海省	30
英国	29
中国台湾	25
印度尼西亚	19
韩国	17
西藏自治区	15
以色列	14

图 3-10 2010—2019 年北京私募投资机构投资数量地区分布

数据来源：私募通。

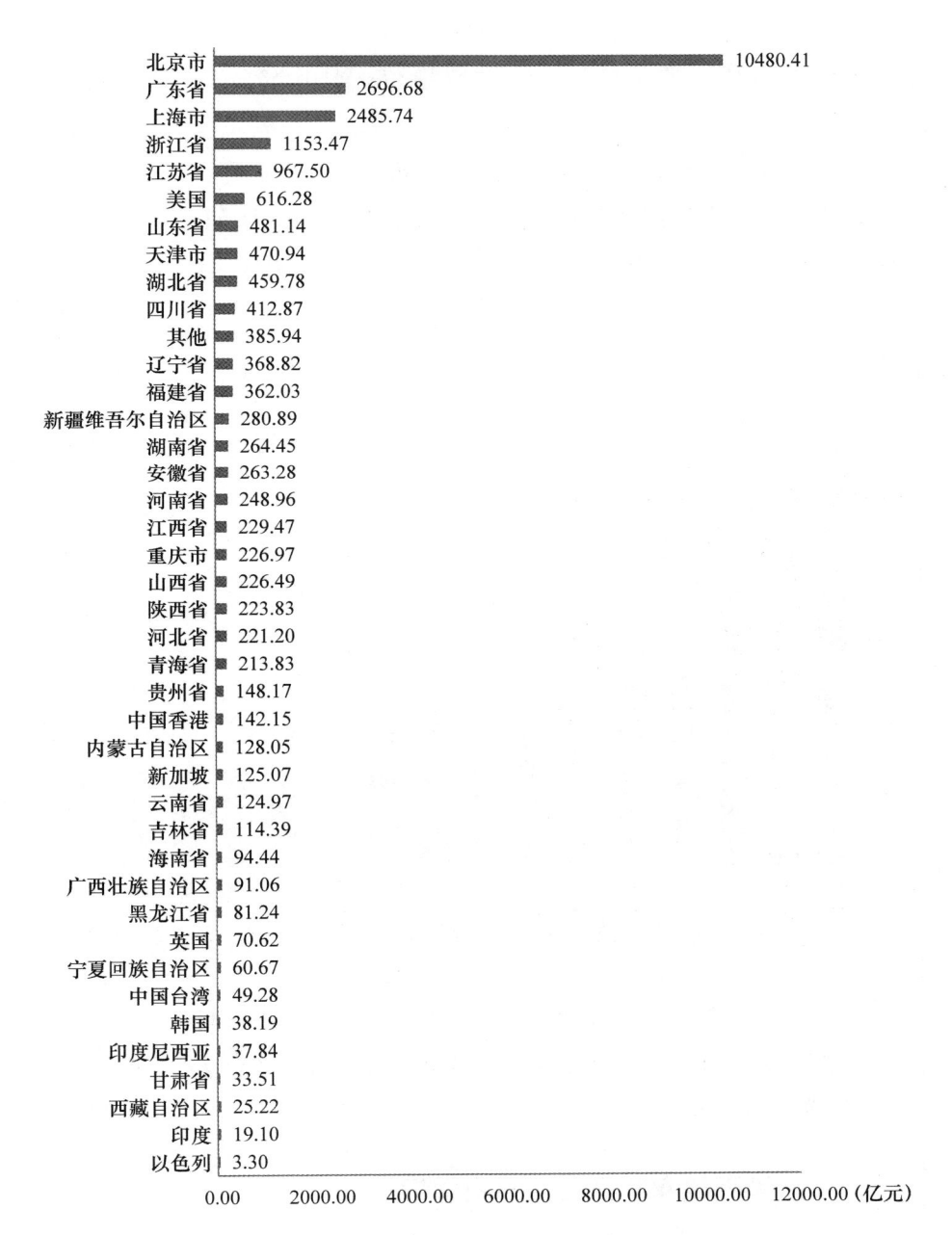

地区	金额（亿元）
北京市	10480.41
广东省	2696.68
上海市	2485.74
浙江省	1153.47
江苏省	967.50
美国	616.28
山东省	481.14
天津市	470.94
湖北省	459.78
四川省	412.87
其他	385.94
辽宁省	368.82
福建省	362.03
新疆维吾尔自治区	280.89
湖南省	264.45
安徽省	263.28
河南省	248.96
江西省	229.47
重庆市	226.97
山西省	226.49
陕西省	223.83
河北省	221.20
青海省	213.83
贵州省	148.17
中国香港	142.15
内蒙古自治区	128.05
新加坡	125.07
云南省	124.97
吉林省	114.39
海南省	94.44
广西壮族自治区	91.06
黑龙江省	81.24
英国	70.62
宁夏回族自治区	60.67
中国台湾	49.28
韩国	38.19
印度尼西亚	37.84
甘肃省	33.51
西藏自治区	25.22
印度	19.10
以色列	3.30

图 3-11 2010—2019 年北京私募投资机构投资金额地区分布

数据来源：私募通。

在北京私募投资机构中，有些非常活跃。据统计，2010—2019年真格基金共有1219件投资事件，IDG资本（1073件）、经纬中国（754件）、九鼎投资（741件）、天星资本（675件）等投资案例数也较多。2010—2019年，九鼎投资、IDG资本、君联资本、经纬中国等投资金额较大，分别为514.66亿元、440.33亿元、321.57亿元、241.99亿元（见图3-12）。

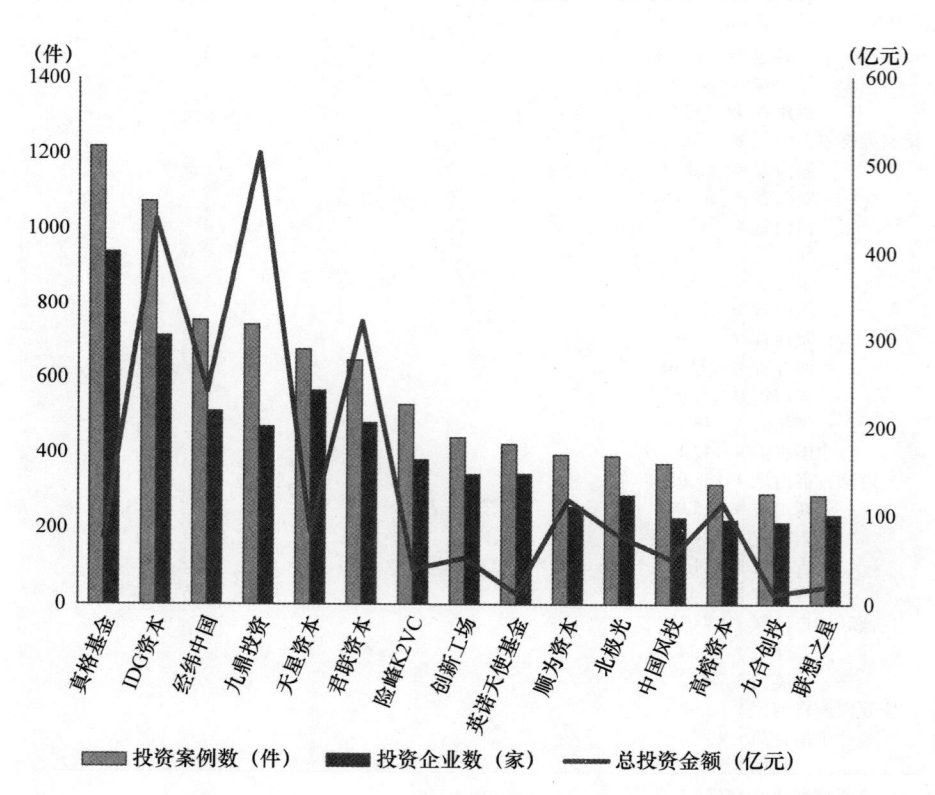

图3-12 2010—2019年北京私募投资机构活跃机构投资数量和金额
数据来源：私募通。

（二）私募股权投资基金投资情况

北京私募股权投资基金在股权投资中扮演着重要角色。2010—2019年，北京私募股权投资基金投资案例数8388件，占总投资案例数的24.0%；总投资金额4311.78亿元，占比也达到16.9%；平均单笔投资金额为0.7亿元，比私募投资机构单笔投资平均金额要小。2015—2018年是北京私募股权投资基金投资高峰期，四年间共投资5138件，占2010—2019年总投资案例的61.3%；投资金额2206.95亿元，占总投资额的51.2%。2015年，北京私募股权投资基金投资案例数同比暴涨，比2014年增长108.5%，达到1207件，此后到2018年每年的投资案例数都超过1000件；2015年，私募股权投资基金的投资金额也达到381.31亿元，比上年小幅增长，但之后直到2019年都保持在高位，年投资金额都超过500亿元。受宏观因素影响，2019年投资案例数下降了38.67%，仅有893件投资案例，但投资金额相较2018年反而上升了49.89%，平均单笔投资金额1.84亿元创十年来新高（见图3-13）。

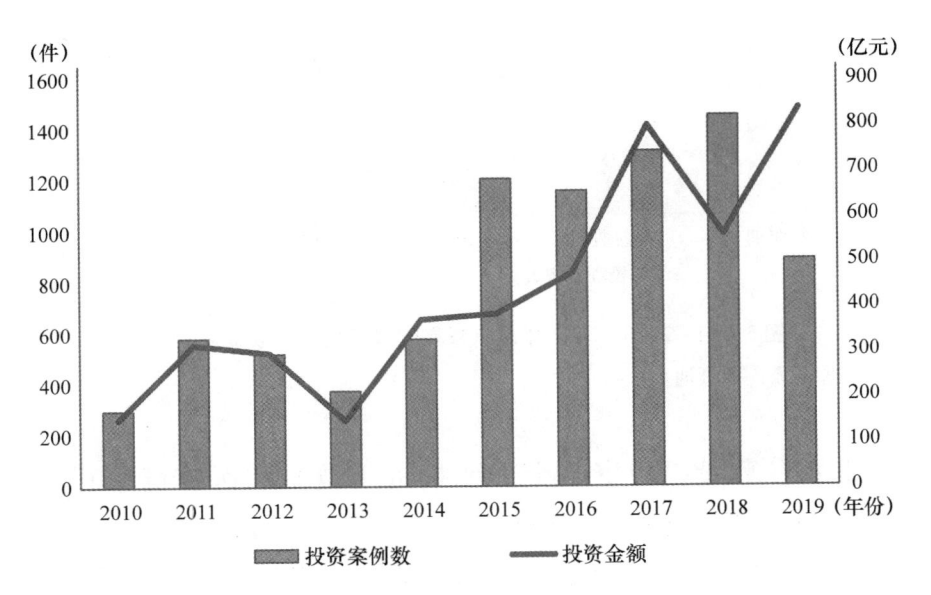

图3-13 2010—2019年北京私募股权投资基金投资阶段

数据来源：私募通。

北京私募股权投资基金投资更多地集中在企业早期阶段。从统计数据分析，北京私募股权投资基金主要集中在企业的扩张期和初创期，2010—2019年分别有3215件和2316件投资案例，合计占总投资案例的 65.9%。与不同阶段投资案例数的多少不同，处于初创期的企业获得了最多的私募股权基金投资，2010—2019 年投资金额达到 2319.8 亿元，占总投资额的 53.8%；处于扩张期的企业居第二位，获得了 1379.21 亿元投资，占总投资额的 32.0%（见图 3-14）。

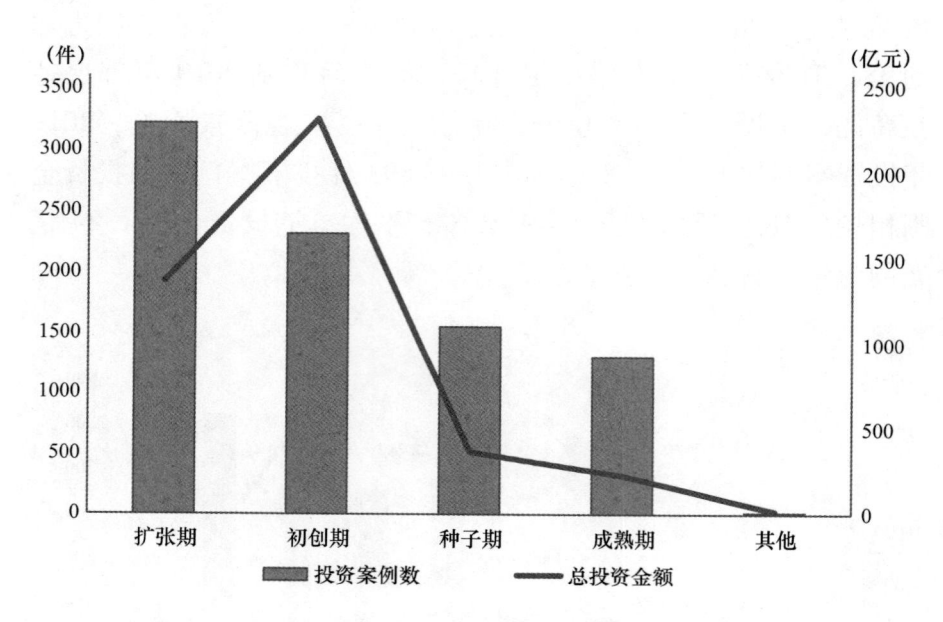

图 3-14　2010—2019 年北京私募股权基金投资数量和金额
数据来源：私募通。

北京私募股权投资基金主要投资于技术和医疗健康行业。2010—2019 年，北京私募股权投资基金投资的众多行业中，IT、互联网、生物技术/医疗健康、机械制造、半导体及电子设备排名前列。从投资的案例数来看，2010—2019 年，投资于"IT 服务、软件、硬件"等 IT 业的案例数最多，达到 1500 件，占比达到 17.9%；投资于"网络服务、电子商务、网络营销"等互联网行业的案例数达到 1153 件，占比达 13.8%，生物技术/医疗健康、机械制造、半导体及电子设备行业的投资案例数也都超过 500 件，分别达到 931 件、686 件、588 件。从投资金额分析，投资于"电气机械及器材制造、仪器仪表制造"等机械制造行业的投资金额822.5亿元，占总投资额的19.08%，远超其他行业，"电力、燃气及水的生产和供应业、冶炼/加工、石油和天然气开采、有色金属矿采选、煤炭开采和洗选、黑色金属矿采选、非金属矿采选"等能源及矿产行业（9.5%）、生物技术/医疗健康业（8.9%）、IT业（7.8%）、"互联网金融、金融服务、保险、证券、银行"等金融业（6.4%）、"汽车制造、汽车销售渠道、汽车租赁、汽车维修"等汽车业（5.2%）、互联网业（5.8%）、"环保、新能源、新材料"等清洁技术行业（5.5%）的占比也都超过5%。从单笔投资的金额看，能源及矿产行业的金额最高，达到2.63亿元（见图3-15）。

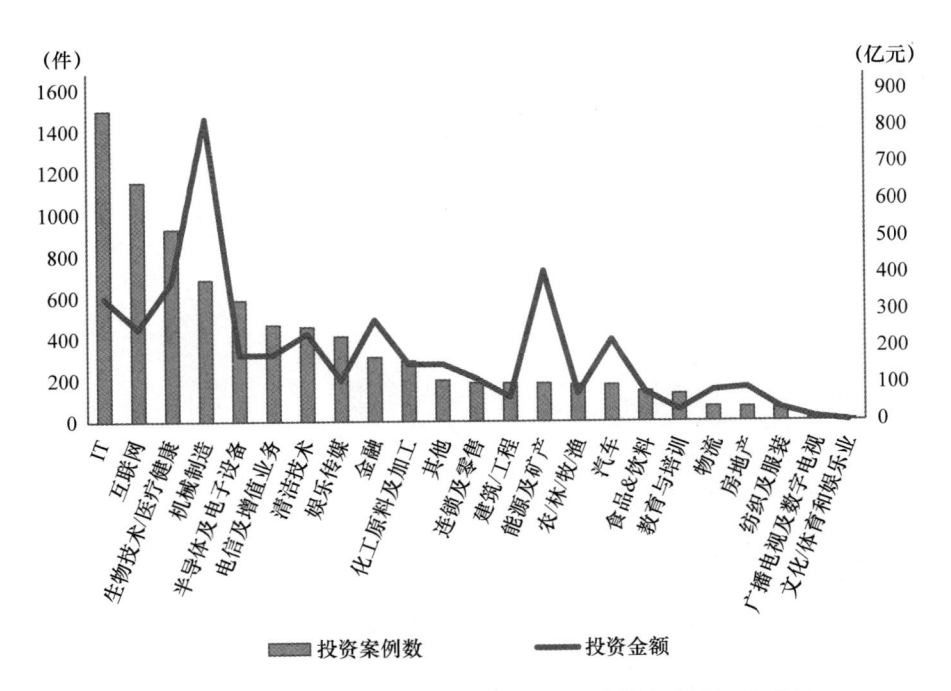

图3-15 2010—2019年北京私募股权投资基金主要投资行业
数据来源：私募通。

与私募机构一样，北京私募股权投资基金也主要投资于当地企业。2010—2019年，投资于北京当地的案例数达到3256件，

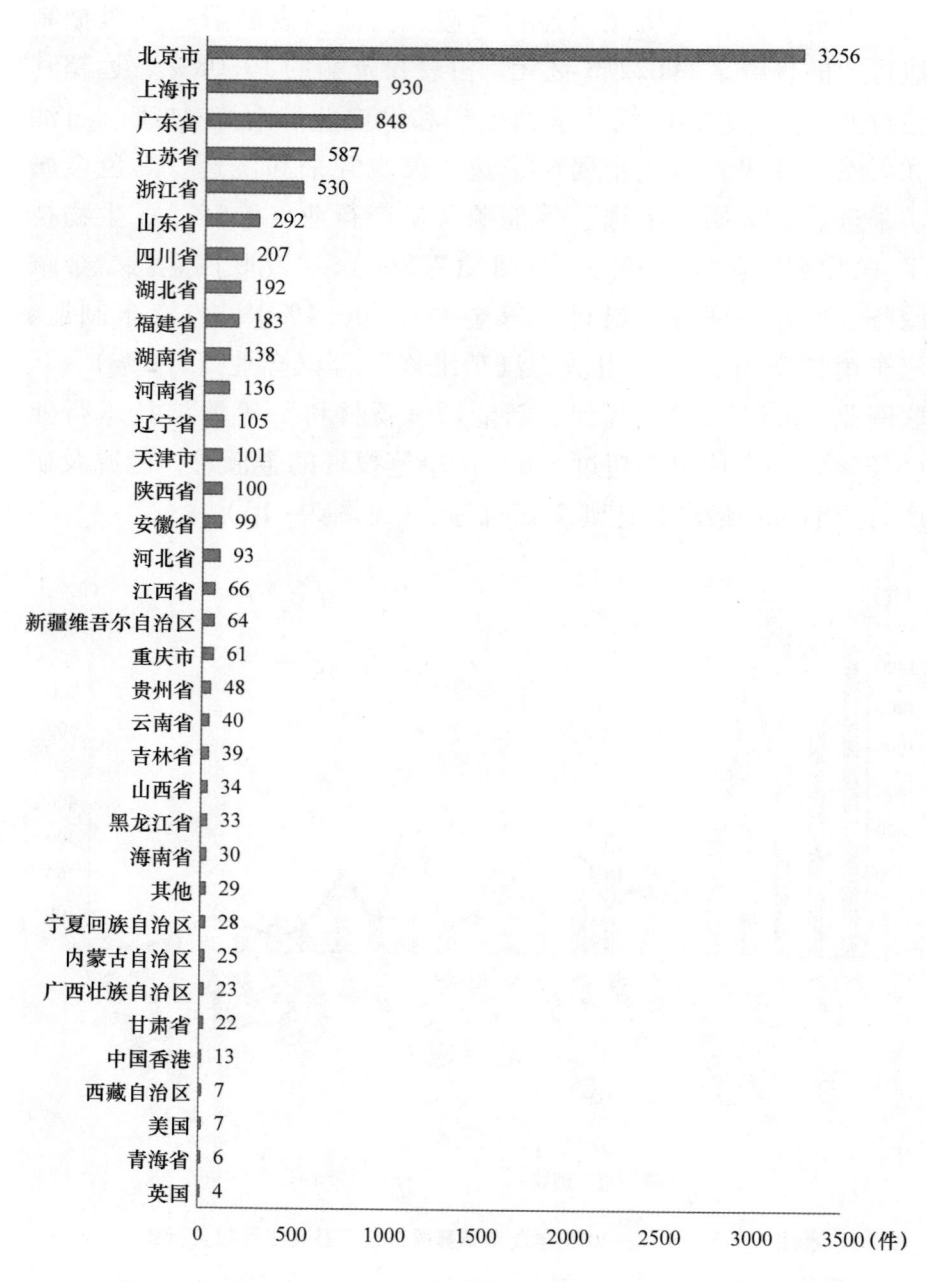

66　私募股权市场发展及广州对策

地区	数量
北京市	3256
上海市	930
广东省	848
江苏省	587
浙江省	530
山东省	292
四川省	207
湖北省	192
福建省	183
湖南省	138
河南省	136
辽宁省	105
天津市	101
陕西省	100
安徽省	99
河北省	93
江西省	66
新疆维吾尔自治区	64
重庆市	61
贵州省	48
云南省	40
吉林省	39
山西省	34
黑龙江省	33
海南省	30
其他	29
宁夏回族自治区	28
内蒙古自治区	25
广西壮族自治区	23
甘肃省	22
中国香港	13
西藏自治区	7
美国	7
青海省	6
英国	4

图 3-16　2010—2019 年北京私募股权投资基金投资数量地区分布

数据来源：私募通。

第三章 北京私募股权基金业发展 67

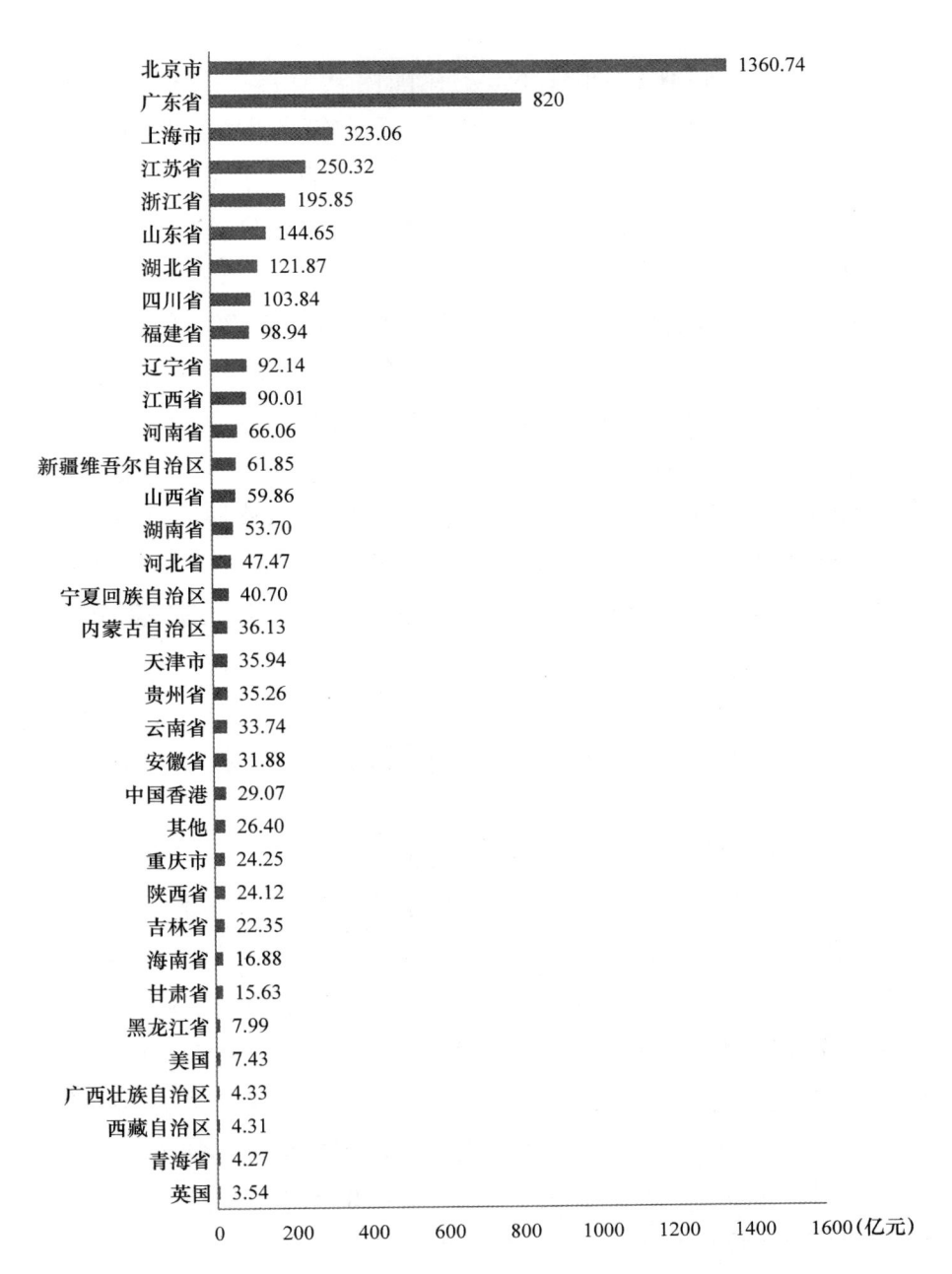

地区	金额(亿元)
北京市	1360.74
广东省	820
上海市	323.06
江苏省	250.32
浙江省	195.85
山东省	144.65
湖北省	121.87
四川省	103.84
福建省	98.94
辽宁省	92.14
江西省	90.01
河南省	66.06
新疆维吾尔自治区	61.85
山西省	59.86
湖南省	53.70
河北省	47.47
宁夏回族自治区	40.70
内蒙古自治区	36.13
天津市	35.94
贵州省	35.26
云南省	33.74
安徽省	31.88
中国香港	29.07
其他	26.40
重庆市	24.25
陕西省	24.12
吉林省	22.35
海南省	16.88
甘肃省	15.63
黑龙江省	7.99
美国	7.43
广西壮族自治区	4.33
西藏自治区	4.31
青海省	4.27
英国	3.54

图3-17 2010—2019年北京私募股权投资基金投资金额地区分布

数据来源：私募通。

远超过其他省、市，占比达到38.8%；投资于北京的金额1360.74亿元，占比达到31.6%。在国内其他省、市中，私募股权投资基金跟私募机构一样也主要投资于东部沿海的发达省市，如上海、广东、浙江、江苏等。2010—2019年，投资于上海的案例数达到930件，占比11.09%；投资于广东省的案例数848件，排在上海后面位居第三。但从投资额来看，2010—2019年广东获得的投资金额都是北京以外最多的省份，达到820亿元，占总投资额的19.2%，而上海则远低于广东，只有323.06亿元，占比7.5%。这期间，北京私募股权投资基金投资于江苏、浙江两省的案例数分别为587件、530件，投资金额250.32亿元和195.85亿元，都分别位居第四、第五。北京私募股权投资基金还积极走向国（境）外，2010—2019年投资于中国香港、美国、英国的案例数分别有13件、7件、4件，投资金额分别达到29.07亿元、7.43亿元和3.54亿元（见图3-16、图3-17）。

三 北京私募股权投资退出分析

（一）私募股权投资机构投资退出情况

2010年以来，北京私募股权投资机构投资退出案例数经历了比较大的波动（见图3-18）。2010—2019年，北京私募股权投资机构退出案例数3901例。由于发展时间相对较短，同时受到IPO暂停等因素影响，2010—2013年整体退出案例数较少，2013年只有238例。2014年后，退出案例数迅速增加，2014年同比上年增长了84.0%；2017年退出案例达到了768例，之后虽有回落，但仍保持较高水平。2010—2019年，私募股权投资机构投资平均退出年限3.03年。2013年的平均退出年限最短，只有2.27年；2014年的平均退出年限则最长，达到3.49年。

私募股权投资机构投资退出回报率普遍较高（见图3-19）。2010—2019年，投资退出回报率平均为6.14倍；在前面五年

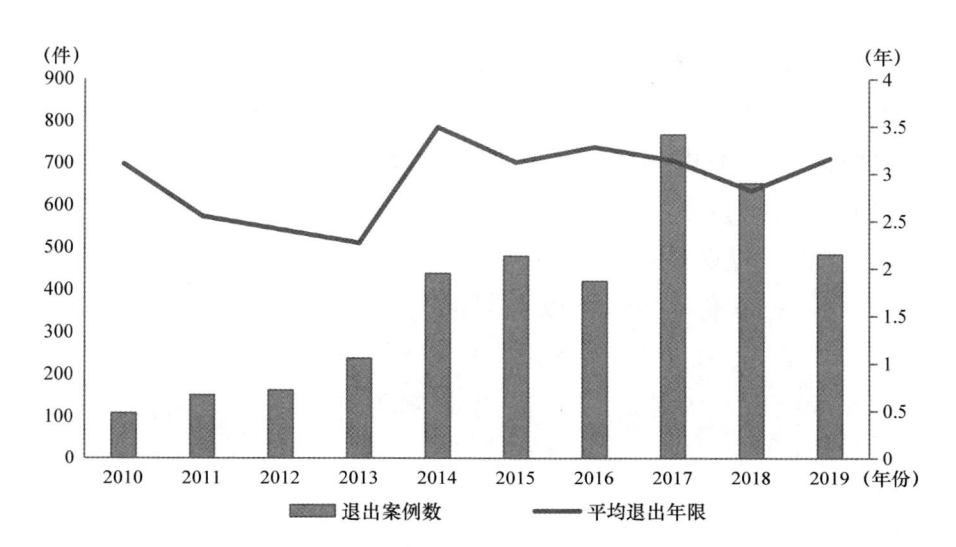

图 3-18　2010—2019 年北京私募投资机构历年退出案例数和平均年限
数据来源：私募通。

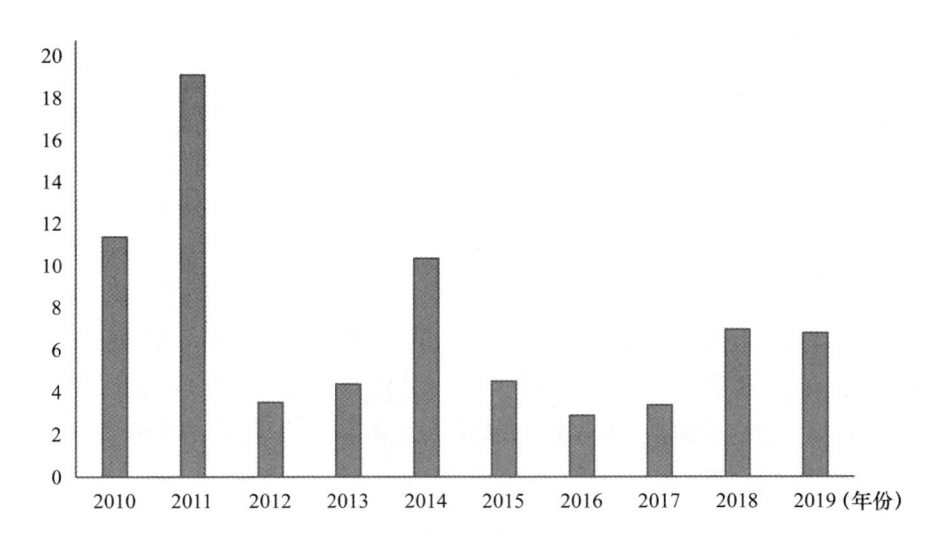

图 3-19　2010—2019 年北京私募投资机构退出回报率
数据来源：私募通。

(2010—2014年)阶段,退出的整体回报率相对更高,特别是2011年回报率达到19.1倍。从投资回报率的分布来看,回报倍数主要集中在10倍以下,占到总退出案例数的94.7%,这些案例投资的年限也相对较短,平均只有2.95年。也有小部分案例获得非常高的投资回报,但相对来说投资年限也相对较少。获得10—50倍投资回报的案例数有164件、50—100倍投资回报的案例数有26件、100倍以上回报的投资案例数有18件,分别占比为4.2%、0.7%、0.5%,投资年限分别为3.96年、6.22年和5.49年,分别是所有退出案例平均退出年限的1.3倍、2.1倍和1.8倍(见表3-3)。

表3-3　　2010—2019年北京私募投资机构退出案例回报率分布

回报倍数	退出案例数(件)	占比	平均退出年限(年)
1倍以下	1498	38.4%	2.95
1—10倍	2195	56.3%	2.95
10—50倍	164	4.2%	3.96
50—100倍	26	0.7%	6.22
100倍以上	18	0.5%	5.49

数据来源:私募通。

北京私募投资机构退出获得回报金额大部分在1亿元以下。从统计数据分析,2010—2019年,投资回报金额在1亿元以下的投资案例数占到总退出案例数的93.4%;也有15例投资案例的回报金额达到10亿元以上,占比0.4%(见图3-20)。

IPO、并购和股权转让为主要的退出方式。2010—2019年,北京私募投资机构通过IPO退出案例1538件,占比39.4%,是最主要的退出方式。从投资回报率来看,IPO也是回报率最高的退出方式,平均回报率达到8.41倍。与投资回报率相匹配,IPO的退出年限也最长,达到3.51年。2010—2019年,通过并购方

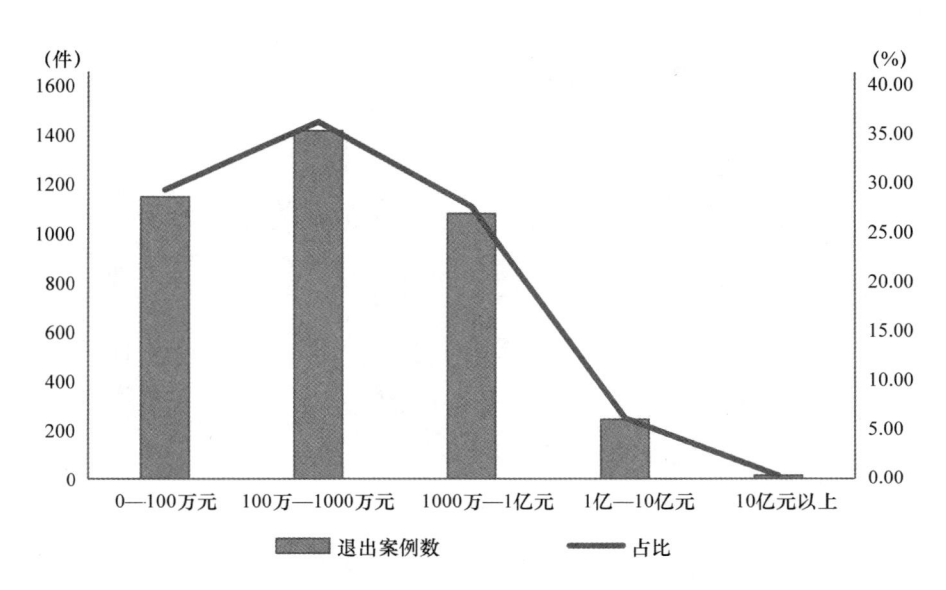

图 3-20　2010—2019 年北京私募投资机构退出案例回报金额分布及其占比
数据来源：私募通。

式退出的案例数 964 件，占比 24.7%；这种方式的平均投资回报率达到 3.67 倍，退出年限比 IPO 方式更短，只需要 2.78 年。同时期，通过股权转让方式退出的案例数 934 件，占比 23.9%；这种退出方式的平均投资回报率达到 5.45 倍，退出年限 2.71 年。在其他退出方式中，回购也是较为理想的选择，投资平均退出年限 3.03 年，获得 3.9 倍的平均投资回报（见图 3-21）。

（二）私募股权投资基金投资退出情况

私募股权投资基金投资退出案例数量波动中上升。2010—2019 年，北京私募股权投资基金退出案例数 1578 件，占私募股权投资机构投资总退出案例的 40.5%。2010 年，私募股权投资基金投资退出案例 32 件，2014 年急剧上升到 197 件，同比 2010 年增长了 5.2 倍；2019 年进一步增长到 350 件。虽然整个时间跨度内退出案例数有较大波动，如 2014 年退出案例数同比上年大幅上涨 185.5% 后，连续两年下降，2017 年则再次翻番，同

72 私募股权市场发展及广州对策

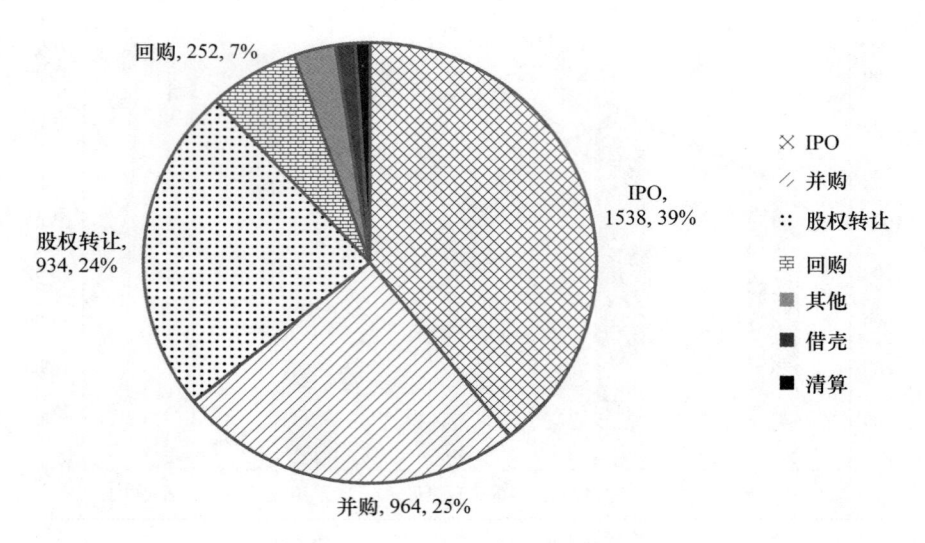

图 3-21　2010—2019 年北京私募投资机构退出方式

数据来源：私募通。

比上年增长 108.1%，但整体呈现上升趋势。2010—2019 年，私募股权投资基金投资平均退出年限 2.99 年，整体上 2010—2013 年期间退出年限更短，后期退出年限相对更长（见图 3-22）。

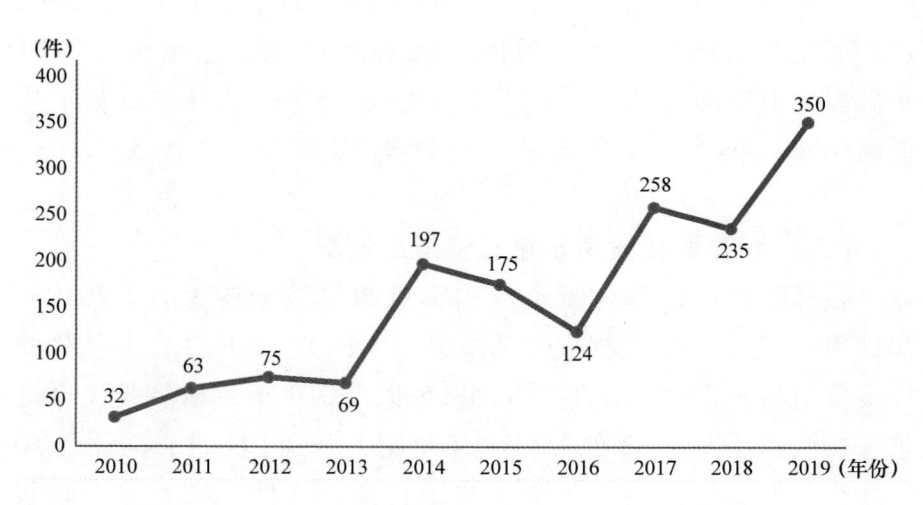

图 3-22　2010—2019 年北京私募股权投资基金历年退出案例数

数据来源：私募通。

此期间，私募股权投资基金退出的平均回报倍数 4.32 倍，低于私募股权投资机构的退出回报率。2010—2019 年，私募股权投资基金退出回报率在 10 倍以下的案例数有 1518 件，占到总退出案例数的 96.2%，这些案例投资的年限也相对较短；也有 4 件案例获得了 100 倍以上的回报，但平均退出年限高达 7.27 年，投资时间较长（见图 3-23）。

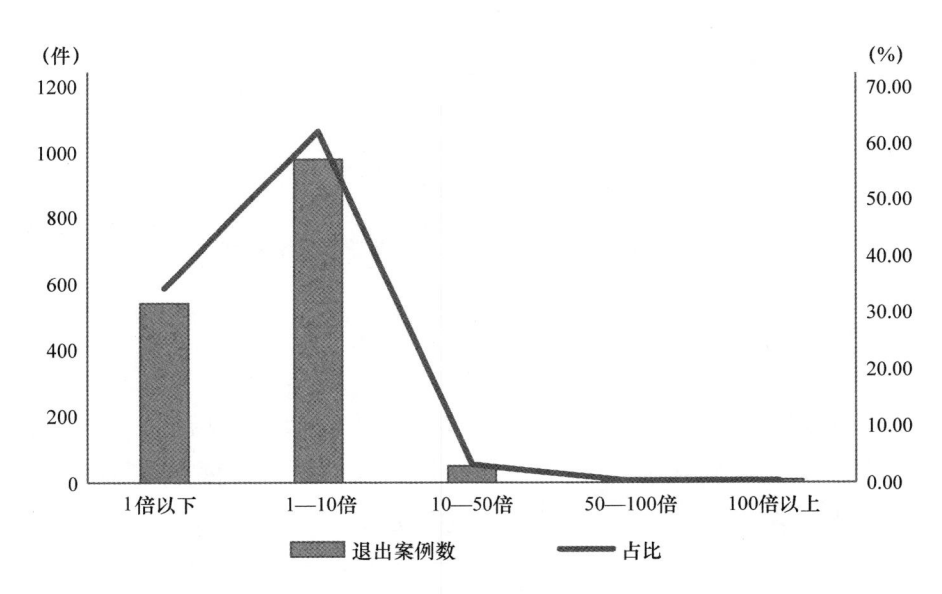

图 3-23 2010—2019 年北京私募股权投资基金退出案例回报率分布及其占比
数据来源：私募通。

北京私募股权投资基金退出获得回报金额绝大部分在 1 亿元以下。2010—2019 年，投资回报金额在 1 亿元以下的投资案例数 1485 件，占到总退出案例数的 94.1%。只有 1 件退出案例获得 10 亿元以上的投资回报，回报倍数高达 131.26 倍（见图 3-24）。

北京私募股权投资基金退出方式中，IPO 超过半数。2010—2019 年，私募股权投资基金以 IPO 方式退出的案例数达到 887 件，占比达到 56.2%；以这种方式退出的案例平均投资年限为 3.39 年，获得了平均 5.05 倍的投资回报。以并购和股权转让方式退出的案例数分别为 454 件和 148 件，也是主要的退出方式。

74 私募股权市场发展及广州对策

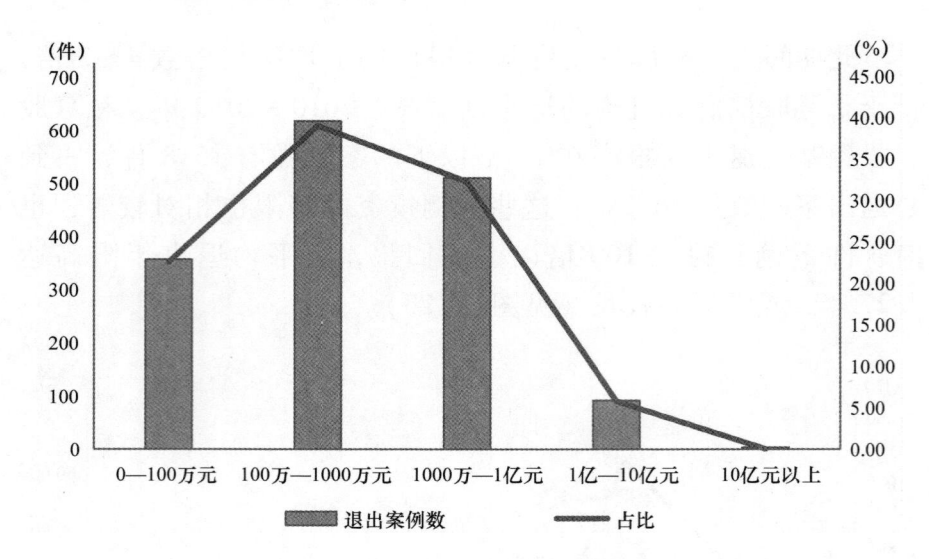

图 3-24　2010—2019 年北京私募股权投资基金退出案例回报金额分布及其占比

数据来源：私募通。

它们的投资年限平均为 2.23 年、2.28 年，低于平均数，但平均回报倍数也相对较低，只有 2.36 倍和 3.34 倍。回购方式的平均回报倍数最高，达到 6.04 倍，但退出的案例数较少，只有 43 件（见图 3-25）。

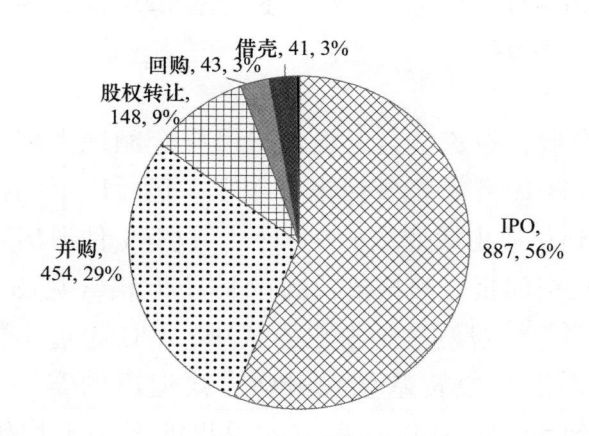

图 3-25　2010—2019 年北京私募股权投资基金退出方式

数据来源：私募通。

（三）北京企业上市及并购情况

2010—2019年，北京市企业上市案例数419件，共筹资9593.46亿元，平均筹资23.57亿元。其中，266件案例的上市企业在上市前获得PE/VC的资金支持，占比63.48%；这些获得PE/VC资金支持的上市企业筹集资金7156.59亿元，占总金额的74.60%，平均单笔筹资金额27.11亿元，远超过未获得PE/VC支持的上市企业（17.04亿元）。由于2012年11月到2014年1月，A股IPO处于暂停阶段，因此可以看到北京市上市企业数量从2011年到2013年连续下滑，2014年大幅增长68.2%，此后基本保持稳定（见图3-26）。

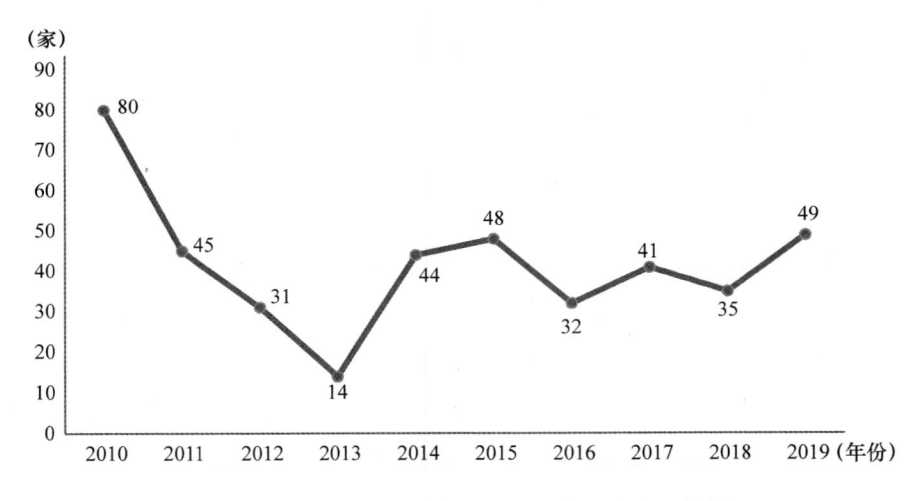

图3-26 2010—2019年北京市历年上市企业数量

数据来源：私募通。

北京企业以在国内证券交易所上市为主（见图3-27）。香港证券交易所主板、深圳证券交易所创业板成为北京市企业上市首选，分别为99家，各自占总上市企业的23.63%。上海证券交易所主板、纳斯达克证券交易所、深圳证券交易所中小板也都分别占到总数的10%以上。2019年6月13日才正式开板的上海证券交易所科创板有 12 家上市，随着我国资本市场不断完善，以及国际宏观环境的变化，将有越来越多的北京企业选择在国内上市。

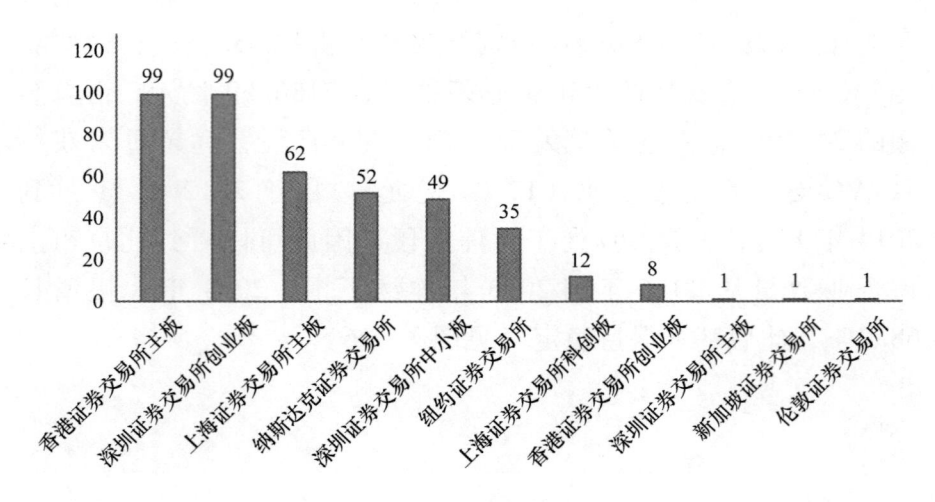

图 3-27　2010—2019 年北京市上市企业上市交易所分布

数据来源：私募通。

从案例数分析，高新技术企业在上市企业中占有重要地位。2010—2019 年，北京市上市企业中，IT 企业和互联网企业占到 16.97%，分别有 71 家和 42 家，分别筹集金额 682.25 亿元和 670.91 亿元。IT、互联网、生物技术/医疗健康、半导体及电子设备、清洁技术五大高新技术领域的上市案例数达到 182 件，占总案例数的 42.4%。从筹资金额分析，金融企业规模最大，39 家上市企业筹集到 3880.1 亿元，占总筹集金额的 40.45%。作为北京市的重要产业之一，娱乐传媒企业上市 25 家，筹集 369.64 亿元，分别占比 5.97% 和 3.85%。电信及增值业务等新兴产业企业 IPO 较为活跃，上市数量和筹集金额均有不错成绩（见表 3-4）。

表 3-4　　2010—2019 年北京市上市企业上市行业分布

行业	细分行业	上市案例数（件）	占比	筹集金额（亿元）	占比
IT	IT 服务、软件、硬件	71	16.95%	682.25	7.11%
互联网	网络服务、电子商务、网络营销	42	10.02%	670.91	6.99%
金融	互联网金融、金融服务、保险、证券、银行	39	9.31%	3880.1	40.45%
生物技术/医疗健康	医药、医疗服务、医疗设备、生物工程、保健品	28	6.68%	387.39	4.04%
电信及增值业务	无线互联网服务、电信设备及终端、电信运营、固网增值服务	26	6.21%	801.87	8.36%
娱乐传媒	娱乐与休闲、影视制作及发行、文化传播、广告创意/代理、传统媒体、户外媒体	25	5.97%	369.64	3.85%
机械制造	电气机械及器材制造、仪器仪表制造	25	5.97%	317.08	3.31%
建筑/工程	房屋和土木工程、建材、家具	23	5.49%	683.30	7.12%
半导体及电子设备	电子设备、光电、半导体	22	5.25%	148.63	1.55%
能源及矿产	电力、燃气及水的生产和供应业、冶炼/加工、石油和天然气开采、有色金属矿采选、煤炭开采和洗选、黑色金属矿采选、非金属矿采选	19	4.53%	240.49	2.51%
清洁技术	环保、新能源、新材料	19	4.53%	381.47	3.98%
其他		15	3.58%	198.94	2.07%

续表

行业	细分行业	上市案例数（件）	占比	筹集金额（亿元）	占比
教育与培训	专业培训、学历教育、职业教育	13	3.10%	88.47	0.92%
汽车	汽车制造、汽车销售渠道、汽车租赁、汽车维修	12	2.86%	272.58	2.84%
连锁及零售	零售、餐饮、酒店、批发业	9	2.15%	91.09	0.95%
房地产	房地产开发经营、房地产中介服务、物业管理	9	2.15%	56.86	0.59%
化工原料及加工	化工原料生产、新材料、农药及肥料、日用化学	5	1.19%	30.94	0.32%
纺织及服装	纺织业、服装业	4	0.95%	62.09	0.65%
食品＆饮料	食品加工、食品制造业、饮料制造业	4	0.95%	95.78	1.00%
物流	配送及仓储、物流管理、物流设备制造	3	0.72%	85.38	0.89%
农/林/牧/渔	农业、畜牧业、林业、渔业、农林牧渔服务业	3	0.72%	28.95	0.30%
广播电视及数字电视	终端设备及技术服务、内容提供商、运营商、网络传输、	2	0.48%	19.25	0.20%
文化/体育和娱乐业	文化、体育、娱乐业	1	0.24%	0	0.00%

数据来源：私募通。

2010—2019年，北京市发生并购案例数2811件，总并购金额14927.33亿元，平均并购金额7.09亿元。其中，国内交易2686件，占比95.55%，并购金额13586.23亿元，占比91.02%；外资交易和海外交易分别为108件和11件，涉及并购金额分别为1239.87亿元和90.89亿元。外资交易单笔并购案例平均金额19.37亿元,远超过国内交易(6.7亿元)和海外交易(10.1亿元)。2014年是北京市企业并购金额最高的一年,达到4012.81亿元,占总并购金额的26.9%,平均单件并购案金额13.1亿元。此后三年,一直到2018年北京市企业并购都处于高位,连续三年超过400件并购案例;2019年全年只有188件并购案,但涉及金额1743.35亿元,平均单件并购金额13.41亿元,创历年来新高(见图3-28)。

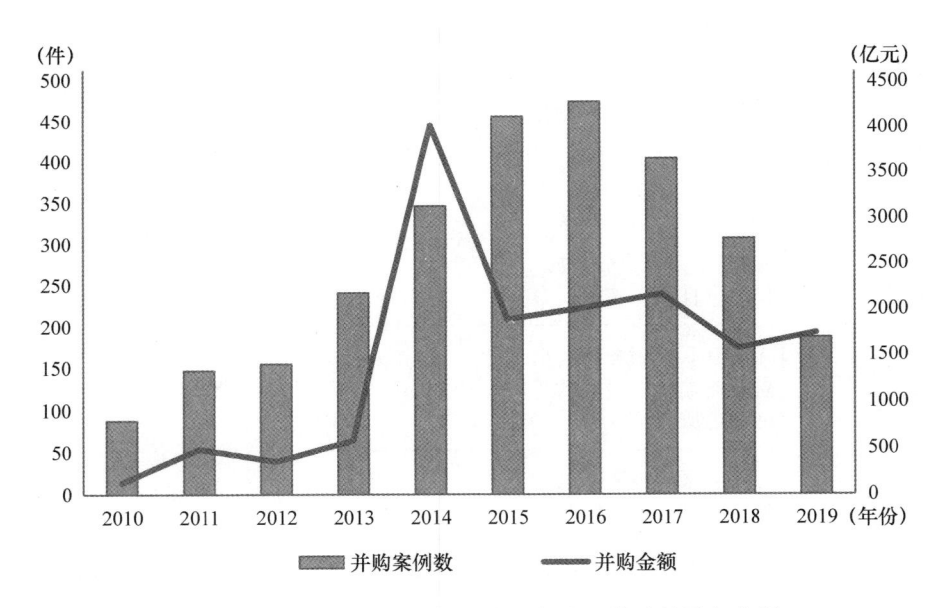

图3-28 2010—2019年北京市历年企业并购数量和金额

数据来源:私募通。

从案例数分析,IT企业和互联网企业成为北京市并购案的主要领域。2010—2019年,北京市企业在以"IT服务、软件、硬件"为主的IT和以"网络服务、电子商务、网络营销"为主的互联网领域并购的案例数合计达到1027件,占到总并购案例的36.5%。从金额来看,以"互联网金融、金融服务、保险、证券、银行"为主金融类企业的并购金额最高,虽然并购案例只有214件,但并购金额高达5426.87亿元,占总并购金额的

36.4%，且单笔并购金额平均高达36.2亿元，是平均并购金额的5.1倍（见表3-5）。

表3-5　　2010—2019年北京市企业并购行业分布

被并购方行业	细分行业	并购案例数（件）	占比	并购金额（亿元）	占比
IT	IT服务、软件、硬件	619	22.02%	1163.12	7.79%
互联网	网络服务、电子商务、网络营销	408	14.51%	1743.75	11.68%
娱乐传媒	娱乐与休闲、影视制作及发行、文化传播、广告创意/代理、传统媒体、户外媒体	222	7.90%	788.85	5.28%
金融	互联网金融、金融服务、保险、证券、银行	214	7.61%	5426.87	36.36%
电信及增值业务	无线互联网服务、电信设备及终端、电信运营、固网增值服务	213	7.58%	826.62	5.54%
生物技术/医疗健康	医药、医疗服务、医疗设备、生物工程、保健品	171	6.08%	540.08	3.62%
房地产	房地产开发经营、房地产中介服务、物业管理	137	4.87%	773.69	5.18%
其他		124	4.41%	300.23	2.01%
机械制造	电气机械及器材制造、仪器仪表制造	119	4.23%	270.26	1.81%
半导体及电子设备	电子设备、光电、半导体	95	3.38%	713.96	4.78%
清洁技术	环保、新能源、新材料	92	3.27%	288.50	1.93%
连锁及零售	零售、餐饮、酒店、批发业	88	3.13%	556.58	3.73
建筑/工程	房屋和土木工程、建材、家具	72	2.56%	206.48	1.38%

续表

被并购方行业	细分行业	并购案例数（件）	占比	并购金额（亿元）	占比
能源及矿产	电力、燃气及水的生产和供应业、冶炼/加工、石油和天然气开采、有色金属矿采选、煤炭开采和洗选、黑色金属矿采选、非金属矿采选	64	2.28%	665.43	4.46%
教育与培训	专业培训、学历教育、职业教育	48	1.71%	90.20	0.60%
汽车	汽车制造、汽车销售渠道、汽车租赁、汽车维修	44	1.57%	397.69	2.66%
农/林/牧/渔	农业、畜牧业、林业、渔业、农林牧渔服务业	17	0.60%	29.53	0.20%
化工原料及加工	化工原料生产、新材料、农药及肥料、日用化学	17	0.60%	31.34	0.21%
广播电视及数字电视	终端设备及技术服务、内容提供商、运营商、网络传输	15	0.53%	52.26	0.35%
物流	配送及仓储、物流管理、物流设备制造	12	0.43%	24.69	0.17%
食品&饮料	食品加工、食品制造业、饮料制造业	9	0.32%	6.72	0.04%
纺织及服装	纺织业、服装业	7	0.25%	26.7	0.18%
租赁及商务服务业	租赁服务、商务服务	2	0.07%	0.4	0.00%
科学研究/技术服务和地质勘查业	科学研究、专业技术服务	1	0.04%	3.13	0.02%
文化/体育和娱乐业	文化、体育、娱乐业	1	0.04%	0.23	0.00%

数据来源：私募通。

四 北京私募股权基金业发展的政策支持

北京作为全国政治中心、文化中心、国际交往中心、科技创新中心，正加快培育金融、科技、信息、文化创意、商业服务等现代服务业。作为建设科技创新中心和发展金融业的重要举措，出台了大量政策鼓励私募股权投资业发展。归纳起来，其政策有以下几方面特点。[①]

政策站位高。北京市出台的多项政策在政策制定时，其出发点不仅仅是定位于北京市，而且多从作为国家首都的高度规范私募行业发展，制定的政策中常冠以"首都"名称，如2008年10月23日北京市地方金融监督管理局出台的《关于促进首都金融业发展的意见》（京发〔2008〕8号）、2009年3月21日北京市委和北京市政府联合发布的《中共北京市委 北京市人民政府关于促进首都金融业发展的意见》（京发〔2008〕8号）、2017年9月11日北京市金融工作局和北京市财政局等八个部门联合发布的《关于构建首都绿色金融体系的实施办法》（京金融〔2017〕152号）等文件。此外，相对于其他城市，国家和各部委大力支持首都金融及私募股权业发展，如2016年9月11日，国务院发文《北京加强全国科技创新中心建设总体方案》（国发〔2016〕52号），以强化北京全国科技创新中心地位，支持北京在创新驱动发展战略实施和京津冀协同发展中发挥引领示范和核心支撑作用，对支持在首都发展创新创业基金和给予天使投资对创新活动的投资进行税收优惠支持进行了安排。

对不同行政区域要求细。北京市私募股权等金融政策体系的行政空间布局较为细致，有利于各个行政区根据各自实际情

[①] 具体政策及相关内容见本书附件。

况因地制宜，扎实推进。一方面，是市级政策文件中常对各行政区进行具体谋划和安排，如 2008 年 10 月 23 日，北京市地方金融监督管理局出台了《关于促进首都金融业发展的意见》（京发〔2008〕8 号），该政策就对海淀中关村地区和西直门商圈的金融业布局提出了具体要求，"加强海淀中关村地区和西直门商圈金融机构聚集区域的布局和建设，吸引产业投资机构、创业投资机构等股权投资机构聚集发展，增强首都金融的科技金融功能"。另一方面是北京市的各行政区积极出台配套政策，贯彻落实北京市市级政策，如 2009 年 1 月 19 日，北京市金融办发布了《关于促进股权投资基金业发展的意见》（京金融办〔2009〕5 号），为贯彻落实该政策，北京市部分行政区也出台了相关政策，如北京市朝阳区于 2010 年 7 月 15 日出台了《关于促进朝阳区股权投资基金业发展的实施办法》。此外，各行政区也会根据各自实际和发展需要分别出台和私募股权行业相关的政策措施，如 2011 年 8 月 9 日北京市顺义区人民政府出台了《顺义区促进金融产业发展的办法》（顺政发〔2011〕28 号），2012 年 6 月 21 日北京市海淀区金融服务办公室出台《海淀区重点企业服务和引进支持办法》（海行规发〔2012〕6 号），2014 年 11 月 5 日北京市顺义区人民政府出台《顺义区促进金融产业发展办法》（顺政发〔2014〕28 号）等。

对部分重点区域的私募股权市场的政策支持保持了良好的连续性。一些核心区域的私募股权市场发展相关政策持续了多年，如 2011 年 5 月 6 日，中关村科技园区管理委员会出台《中关村国家自主创新示范区创业投资风险补贴资金管理办法》（中科园发〔2011〕10 号）；2011 年 12 月 21 日，北京市财政局发布了《中关村国家自主创新示范区发展专项资金管理办法》（京财文〔2011〕2858 号）；2012 年 6 月 7 日，中关村科技园区管理委员会出台了《中关村国家自主创新示范区产业技术研究院支持资金管理办法（试行）》（中科园发〔2012〕31 号）；2012

年 10 月 19 日，中关村科技园区管理委员会出台了《中关村国家自主创新示范区大学科技园及科技企业孵化器发展支持资金管理办法（试行）》（中科园发〔2012〕55 号）；2013 年 4 月 8 日，北京市财政局出台了《中关村现代服务业中小微投资基金管理办法》（京财经一〔2013〕570 号）；2013 年 12 月 3 日，中关村科技园区管理委员会出台了《中关村国家自主创新示范区创业服务体系发展支持资金管理办法》（中科园发〔2013〕41 号）；2013 年 12 月 25 日，中关村国家自主创新示范区领导小组出台了《关于支持中关村互联网金融产业发展的若干措施》（中示区组发〔2013〕4 号）；2014 年 9 月 1 日，中关村科技园区管理委员会发布《中关村国家自主创新示范区天使投资和创业投资支持资金管理办法》（中科园发〔2014〕41 号）；2014 年 11 月 6 日，中关村科技园区管理委员会发布了《中关村国家自主创新示范区产业发展资金管理办法》（中科园发〔2014〕56 号）；2018 年 8 月，为促进包括私募股权投资机构在内的金融机构促进海淀区科技金融创新发展，充分发挥金融在服务全国科技创新中心核心区和中关村科学城建设中的作用，北京市海淀区金融服务办公室出台了《海淀区促进科技金融创新发展专项资金申报指南》（海行规发〔2018〕13 号）；等等。密集且持续的政策文件的出台，贯彻落实了国家和北京市金融发展政策，更好地发挥了地区发展积极性和潜力，为北京市金融业发展提供了强有力的政策保障。

第四章 上海私募股权基金业发展

一 上海私募股权投资机构和基金基本情况

(一) 私募股权投资机构状况

2010—2019年,上海私募投资机构新增8914家。其中,来源于境内资本的机构8576家,占总机构数的96.21%,外资投资机构和中外合资投资机构分别为224家和99家。在这些新增的私募股权投资机构中,有7235家投资机构采用公司制形式,占比达到81.2%,两权分离的现代管理体系对法人财产所有权给予更好的保护;另外有1203家投资机构采用有限合伙制,LP作为有限合伙人投资入股机构(见表4-1)。

表4-1　　2010—2019年上海新增私募投资机构基本概况

资本类型	数量(家)	占比	组织形式	数量(家)	占比
本土	8576	96.2%	公司制	7235	81.2%
外资	224	2.5%	有限合伙制	1203	13.520%
合资	99	1.1%	其他	476	5.324%
其他	15	0.2%			

数据来源:私募通。

上海私募投资机构新增数量从2010年起稳定上升,2014年新增1684家,同比增长了139.2%;2015年新增数量再创新

86 私募股权市场发展及广州对策

高,达到3139家,比上年同期增长了86.4%。但随后由于管理更加规范,2016年后新增机构数量逐渐减少,2019年更是只新增74家,近十年新增数首次低于200家(见图4-1)。

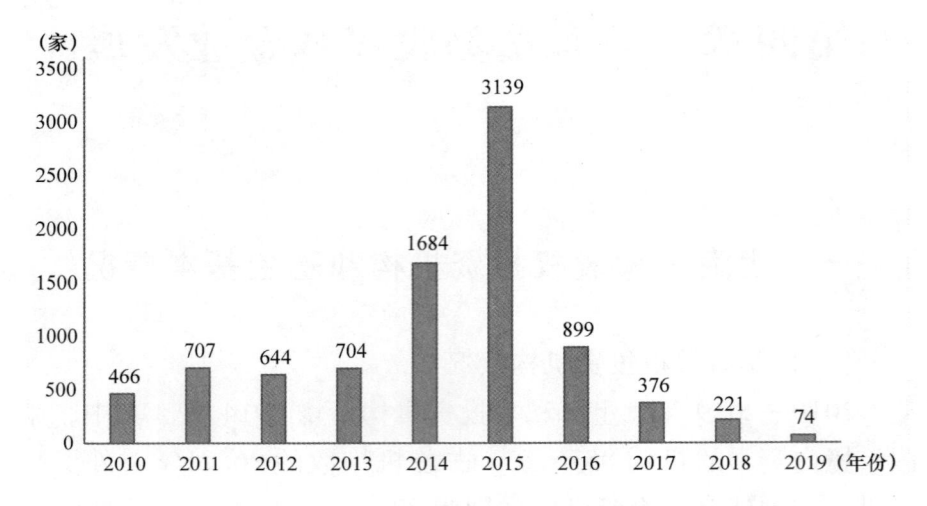

图4-1 2010—2019年上海私募投资机构历年新增数量

数据来源:私募通。

PE和VC是上海私募投资机构的主要类型(见图4-2)。

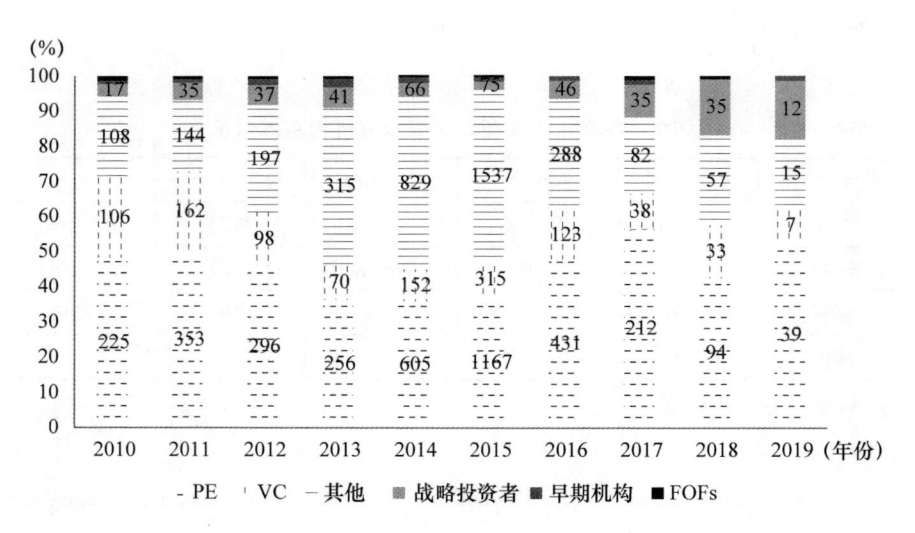

图4-2 2010—2019年上海私募投资机构历年新增类型分布

数据来源:私募通。

2010—2019 年，上海地区合计有 4782 家机构为 PE 或者 VC，占所有投资机构的 53.7%。战略投资者在也占据了较为重要的位置，十年期间新增了 399 家，占比达到 4.5%。FOFs 数量较小，应加大力度扶持，以更好促进私募股权投资市场发展。

（二）私募股权投资基金状况

2010—2019 年，上海私募股权投资基金新增 11024 只，总目标募资规模 40881.65 亿元。特别是 2015 年以来，年度新增基金数量大增，2015 年新增数量达到 1937 只，同比上年增长了 231.1%，2016 年、2017 年、2018 年三年也分别新增基金 2301 只、2291 只、1574 只，分别占总体规模的 21.8%、17.5%、15.2%。2019 年略有回落，有 735 家基金申请设立，目标募资规模 4025.44 亿元（见图 4-3）。

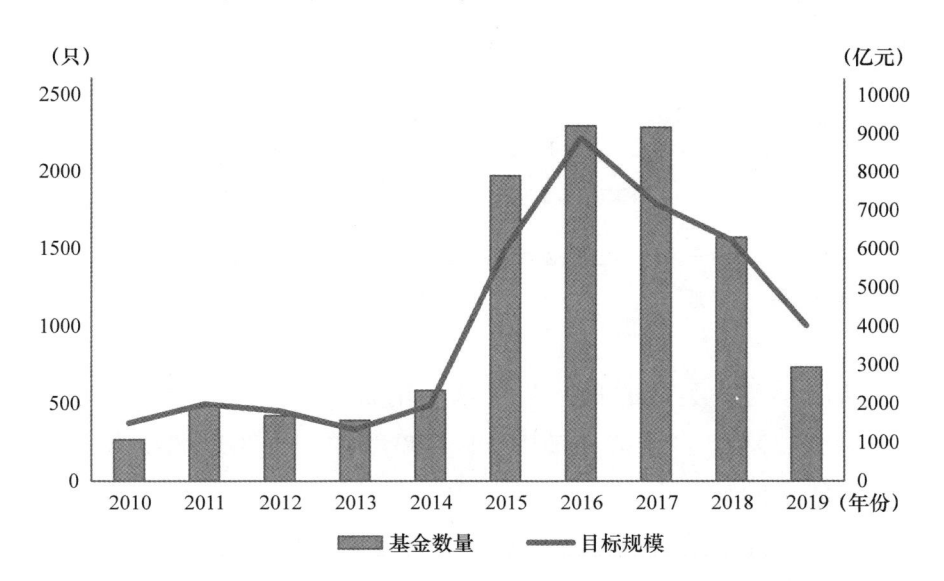

图 4-3　2010—2019 年上海私募股权投资基金历年新增数量

数据来源：私募通。

与北京一样，成长基金也是上海本地最主要的私募股权投资基金类型。2010—2019 年上海共新增成长基金 8201 只，占比达到74.4%；目标募资规模25856.45亿元，占比达到63.3%，远超其他类型的基金。创业基金和成长基金占所有新增基金数量的93.1%，目标募资规模占总体规模的75.3%。FOF基金和并购基金分别新增437只和244只，平均单只规模分别为21.25亿元和22.78亿元，成为单只规模最大的两个基金类型（见图4-4）。

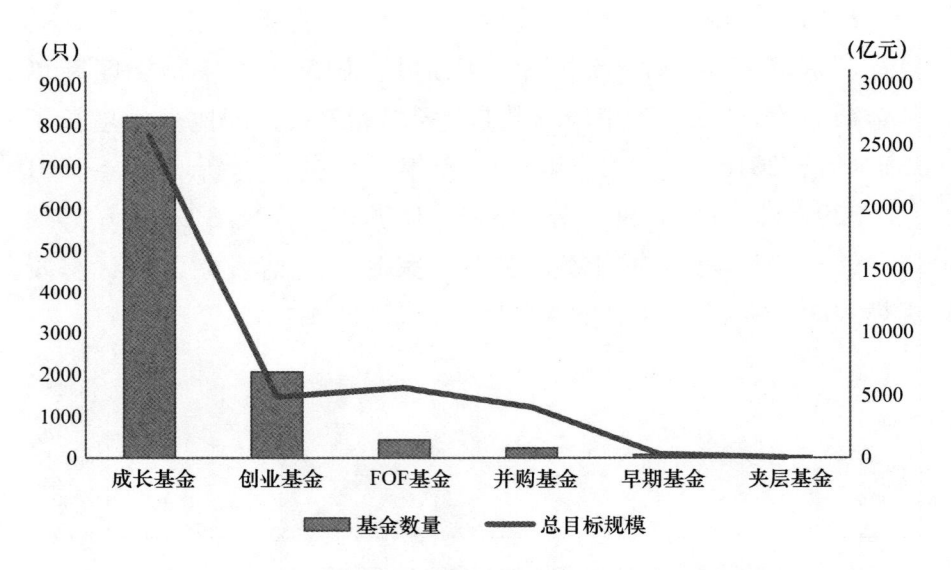

图4-4 2010—2019年上海新增私募股权投资基金类型数量与目标规模
数据来源：私募通。

从历年各种类型的私募股权基金增长来看，基本每一种类型的私募股权基金数量都在2015年大幅度增长。2015年，成长基金新增数量同比上年增长了247.3%，创业基金增长了193.1%，FOFs、并购基金也分别增长了380.0%和275.0%。

上海新设立的私募股权投资基金基本为国内资本投资。2010—2019年，上海新设立本土私募股权投资基金10888只，占到新设私募股权基金数量的98.8%；目标募资规模37072.32亿元，占到总目标募资规模的90.7%。外资基金和合资基金虽然数量较少，但规模相对较大，单只平均规模分别达到39.61

亿元和 26.26 亿元，分别为所有基金平均规模的 4.36 倍和 2.89 倍。2010—2019 年，有限合伙制是上海新设立的私募股权基金的首选组织形式，数量达到 7817 只，占比达 70.9%。信托制和公司制私募股权基金数量分别为 1007 只和 148 支。以单只基金规模计算，公司制私募股权投资基金的平均募资目标规模为 16.43 亿元，远超过其他类型基金（见图 4-5）。

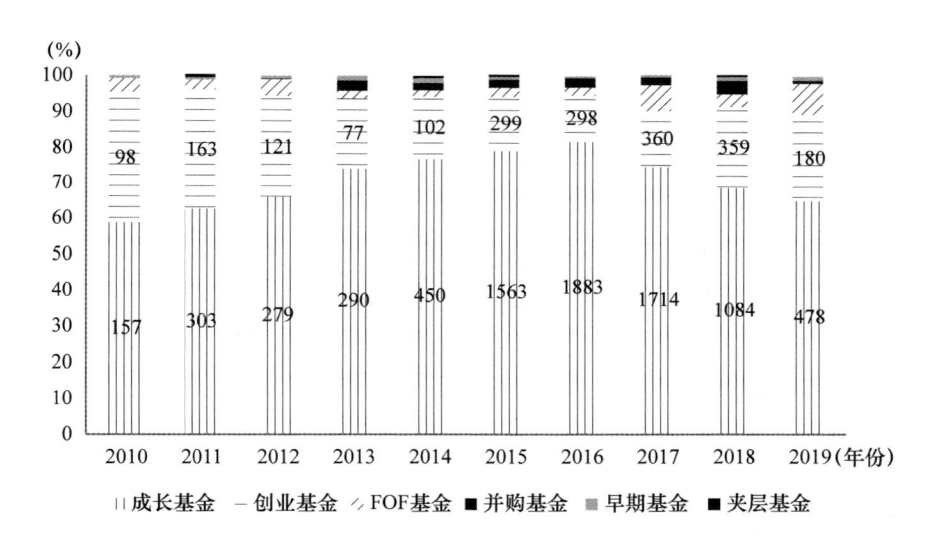

图 4-5　2010—2019 年上海历年新增私募股权投资基金类型概况
数据来源：私募通。

2010—2019 年，上海私募股权投资基金完成资金募集目标的基金总数为 6444 只，其中公布实际完成募集金额 21530.09 亿元，单只基金平均募集金额 4.56 亿元。2015 年以来，上海私募股权投资基金迎来黄金时期，857 只基金完成募集，募集金额达到 2148.9 亿元，分别比上年增长了 125.5% 和 175.7%。2016 年，虽然完成募集基金数量略有下降，但总共募集到了 4401.29 亿元。2017 年完成募集基金数量创新高，达到 1269 只，募集金额达到 4867.41 亿元；2018 年完成募资的基金数量维持在高位，募集金额有所下降。2019 年完成募集的基金数量及募集金额同比上年都下降，只有 818 只和 2912.72 亿元（见图 4-6）。

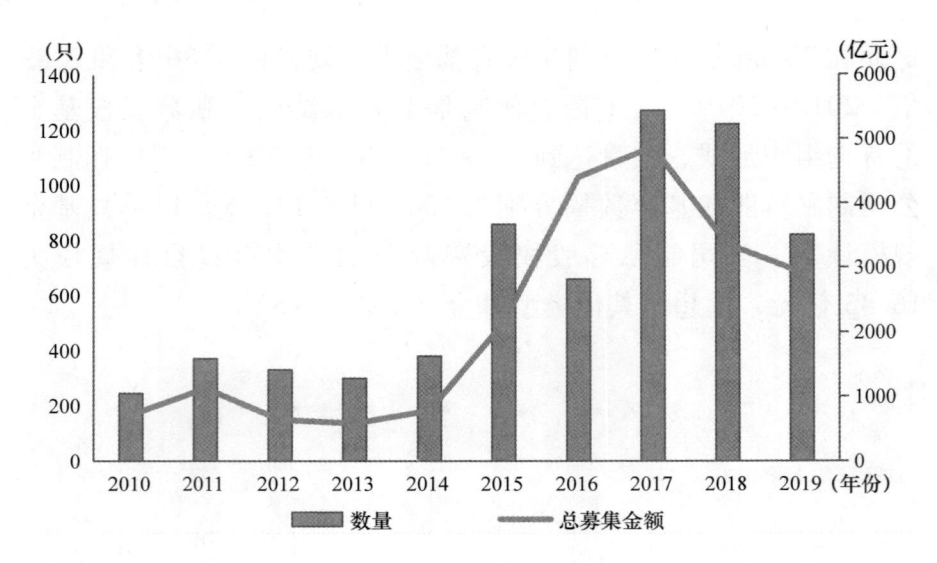

图 4-6　2010—2019 年上海历年完成募集基金情况

数据来源：私募通。

2010—2019 年，上海新增政府引导基金 64 只；在已公布募资目标金额的基金中，总目标规模 2677.8 亿元，单只引导基金平均规模 52.5 亿元。其中，有 6 只省、市级引导基金，占比 9.4%；地市级引导基金 15 只，公布目标募资规模 1332.02 亿元，占到总目标规模的 49.7%；28 只区县级引导基金，公布目标规模 216.09 亿元，占到总目标规模的 8.1%。从类型来看，产业引导基金 26 只，创业基金 23 只，合计占总基金数量的 76.6%；公布目标募资规模合计占总体规模的 61.9%。

二　上海私募股权投资分析

（一）私募股权投资机构投资情况

2010—2019 年，上海私募投资机构投资案例数 21779 件，共投资企业 12885 家；公布的总投资金额 11946.98 亿元，单笔投资平均金额 0.68 亿元。2015—2019 年是上海私募股权投资机构有史以来最活跃的五年。2015 年，上海私募股权投资机构投资案例数达到4016件,比上年增长了155.2%;投资金额达到1770.32亿元,同比上年增长了142.3%。此后几年投资案例数虽有下降,但一直到2017年投资金额都快速上升,2017年虽然投资案例数只有3586件,但投资金额达到2742.42亿元,创造了2010—2019年期间的最高点,占到十年投资总金额的23.0%(见图4-7)。

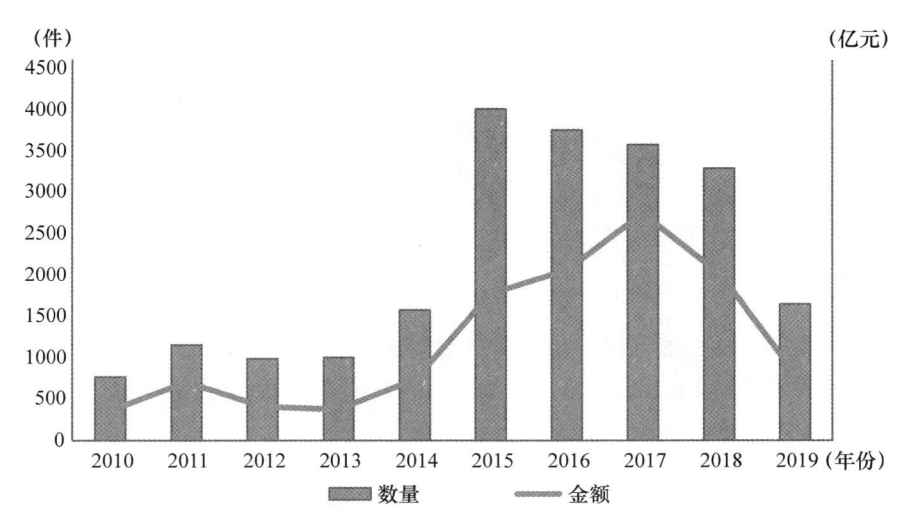

图4-7 2010—2019年上海私募投资机构投资案例数和金额
数据来源:私募通。

上海私募股权机构更多投资于企业的早期阶段。2010—2019年,投资于种子期的案例数量3917件,占投资案例总数的18.0%;初创期投资案例数5411件,占比24.9%;投资于这两个早期阶段的案例数占比达到42.9%。从单个阶段来看,投资于扩张期的案例数最多,达到7869件,占比达到36.1%。从投资金额上看,成熟期投资案例单次投资平均金额1.28亿元,总投资金额达到4906.45亿元,占到总投资金额的41.1%;扩张期的投资金额也很大,达到4302.02亿元,占比达到36.0%;早期阶段相对更少,种子期、初创期的投资总额只有2578.33亿元,占比只有21.5%。从平均投资金额看,成熟期的单次投资平均金额最高，达到 1.28 亿元，种子期的单次平均投资金额最小，只有 0.32 亿元（见图 4-8）。

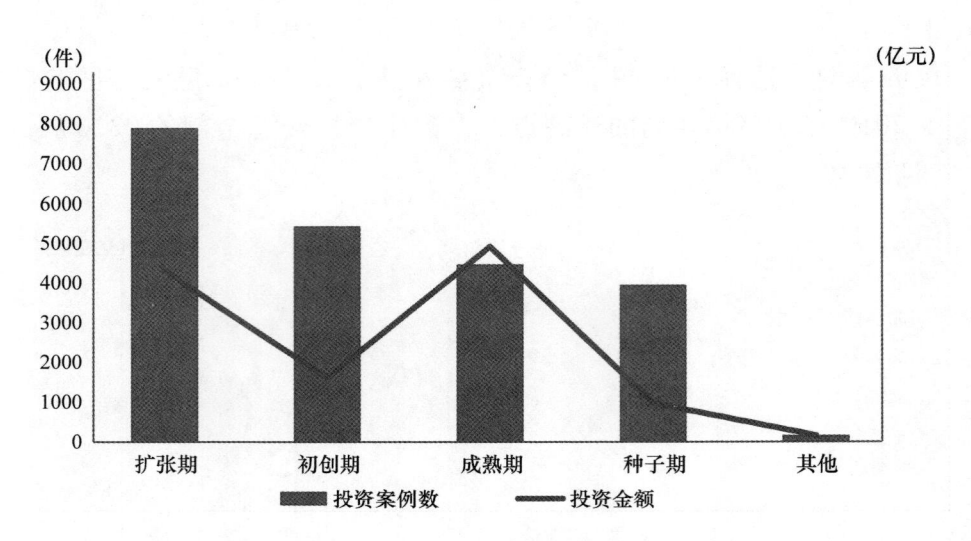

图 4-8　2010—2019 年上海私募投资机构投资阶段

数据来源：私募通。

上海私募股权投资机构主要投资于高技术行业及现代服务业。从投资案例数来看，2010—2019 年上海私募投资机构投资的前八大行业为互联网、IT、生物技术/医疗健康、电信及增值业务、娱乐传媒、金融、半导体及电子设备、机械制造，合计共发生投资案例数 16364 例，占总投资案例数的 75.14%。其中，"网络服务、电子商务、网络营销"为主的互联网行业、"IT 服务、软件、硬件"为主的 IT 行业、"医药、医疗服务、医疗设备、生物工程、保健品"为主的生物技术/医疗健康业分别拥有投资案例数 4319 件、3360 件和 2664 件，占总投资案例数的比重都超过了 10%，分别达到 19.8%、15.4% 和 12.2%。从投资金额来看，各行业已公布投资金额占已公布总投资金额比重 10% 的行业有互联网行业（1871.38 亿元）、"互联网金融、金融服务、保险、证券、银行"为主的金融行业（1354.00 亿元）、生物技术/医疗健康行业（1165.56 亿元），投资金额占比

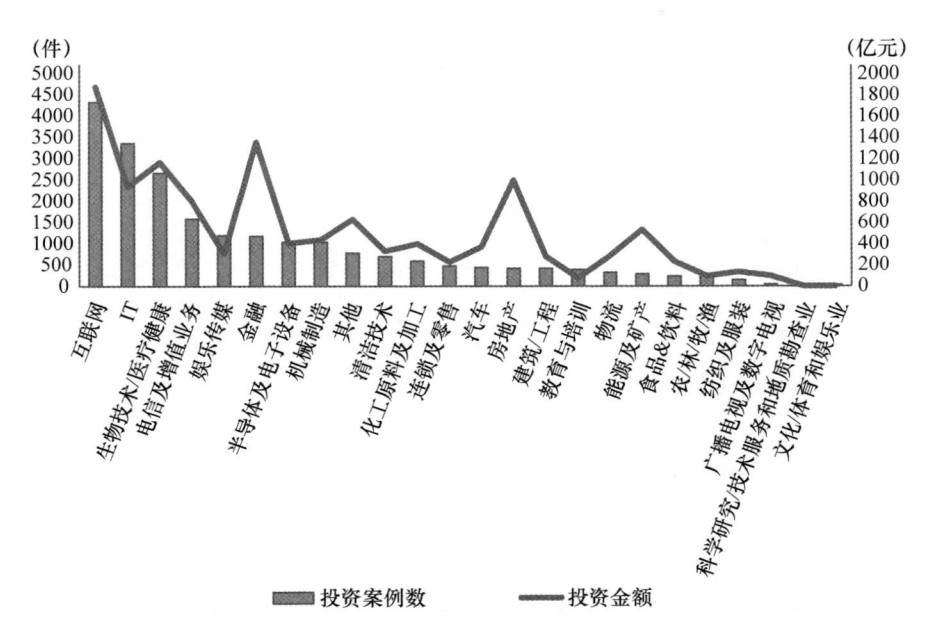

分别为15.7%、11.3%和9.8%（见图4-9）。

图4-9　2010—2019年上海私募投资机构主要投资行业

数据来源：私募通。

上海私募股权投资机构主要以投资我国东部发达地区为主。2010—2019年，上海私募投资机构对上海本地企业投资案例数6825例，占总投资数量的31.3%；总投资金额2708.61亿元，但低于投资到北京地区企业的3012.82亿元，仅排第二。从投资案例分析，北京、广东、江苏、浙江是上海私募投资机构的投资最多的地区，投资案例分别有4850件、2129件、1773件、1759件。从投资金额分析，除北京、上海地区外，排第三、第四、第五的地区分别是广东、浙江、江苏，投资金额分别达到1146.94亿元、928.93亿元、845.65亿元（见图4-10）。

上海私募股权投资机构对国（境）外的投资也非常积极。2010—2019年，投资美国案例数达到252件，占比达到1.2%，在与国内省、市一起排名时位居第十二；公布投资金额达到

94 私募股权市场发展及广州对策

239.29 亿元，占比达到 2.0%，位居第八。此外，上海私募股

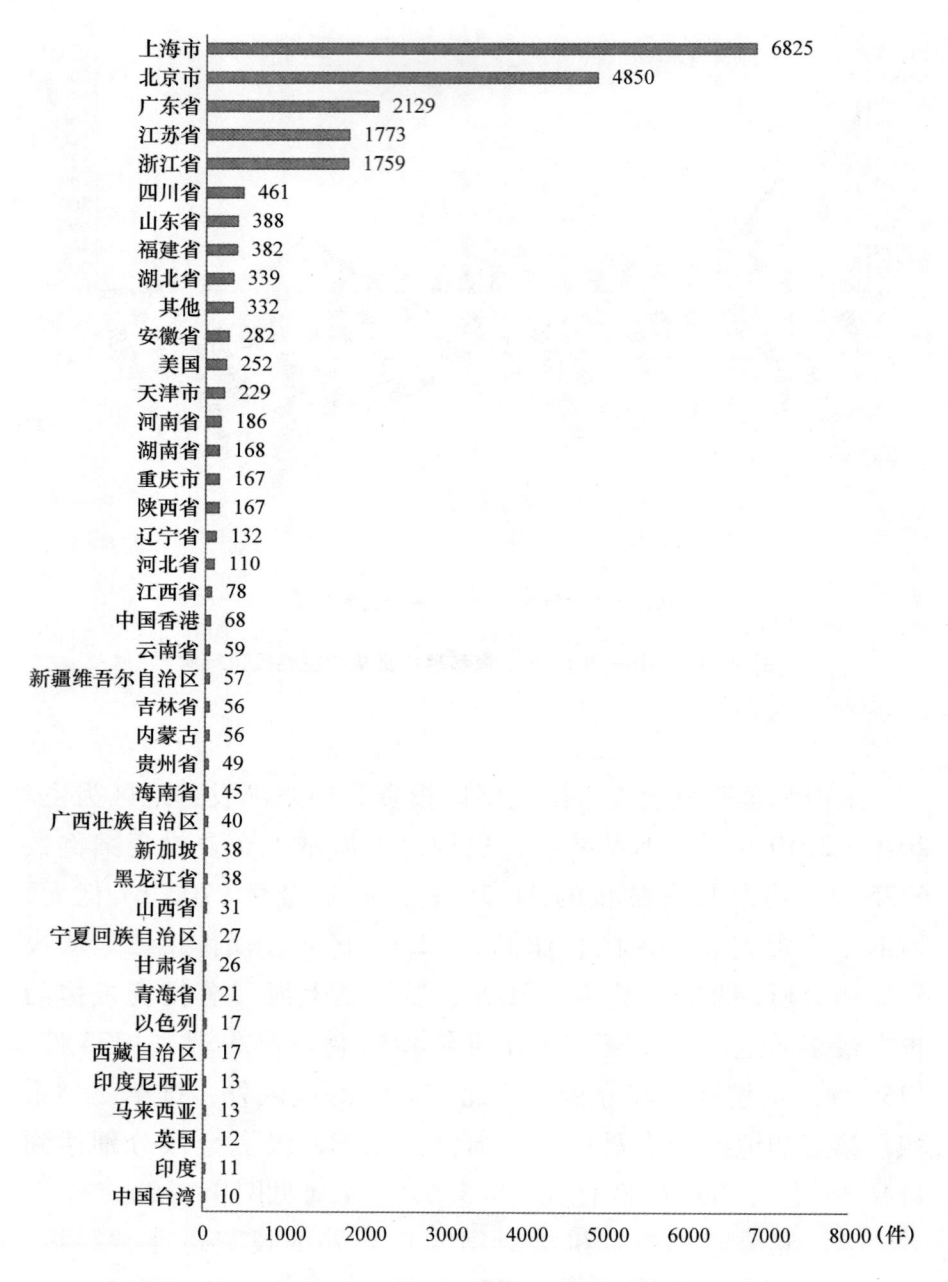

地区	数量（件）
上海市	6825
北京市	4850
广东省	2129
江苏省	1773
浙江省	1759
四川省	461
山东省	388
福建省	382
湖北省	339
其他	332
安徽省	282
美国	252
天津市	229
河南省	186
湖南省	168
重庆市	167
陕西省	167
辽宁省	132
河北省	110
江西省	78
中国香港	68
云南省	59
新疆维吾尔自治区	57
吉林省	56
内蒙古	56
贵州省	49
海南省	45
广西壮族自治区	40
新加坡	38
黑龙江省	38
山西省	31
宁夏回族自治区	27
甘肃省	26
青海省	21
以色列	17
西藏自治区	17
印度尼西亚	13
马来西亚	13
英国	12
印度	11
中国台湾	10

图 4-10 2010—2019 年上海私募投资机构投资数量地区分布

数据来源：私募通。

权投资机构还对中国香港、新加坡、以色列、印度尼西亚、英国、中国台湾、马来西亚、印度等国、地区进行了投资（见图4-11）。

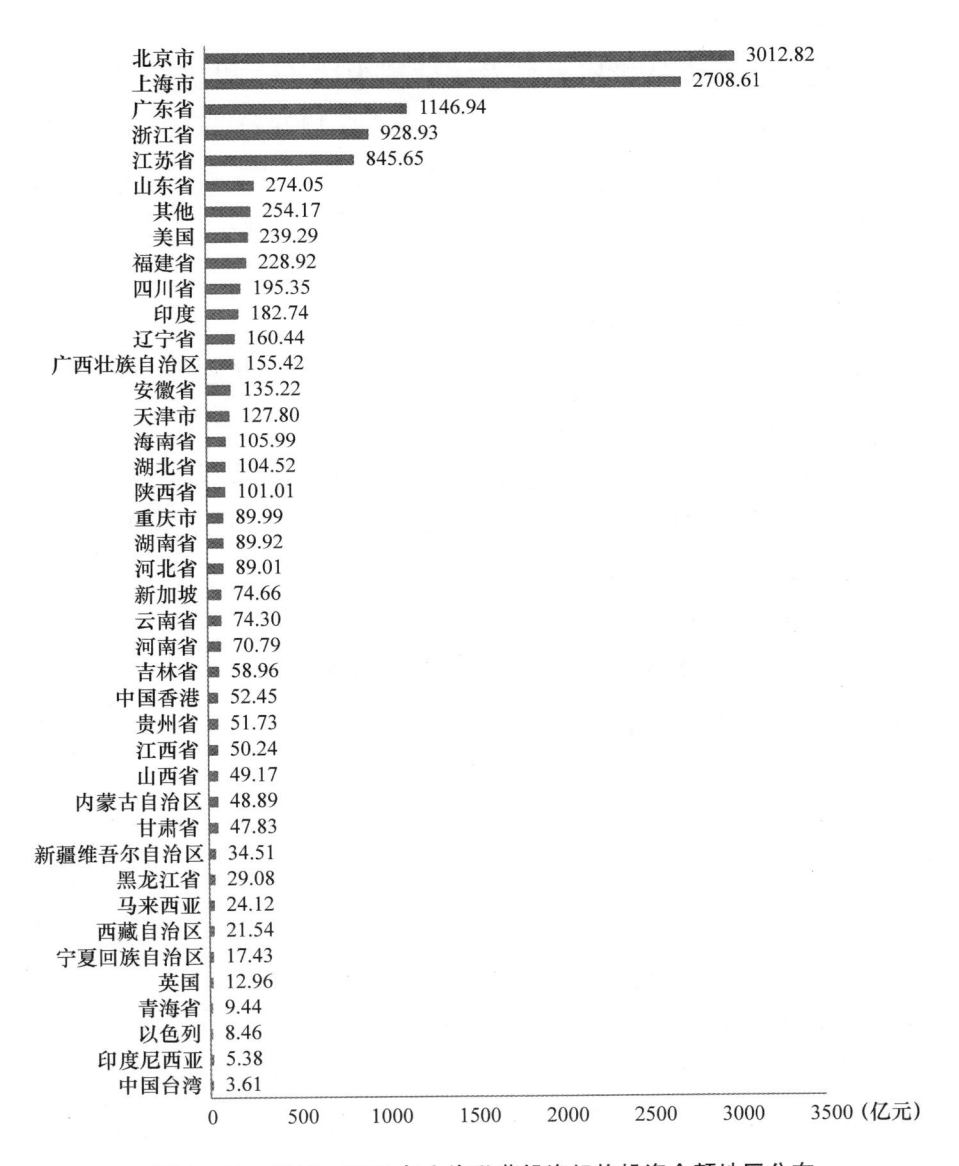

地区	金额（亿元）
北京市	3012.82
上海市	2708.61
广东省	1146.94
浙江省	928.93
江苏省	845.65
山东省	274.05
其他	254.17
美国	239.29
福建省	228.92
四川省	195.35
印度	182.74
辽宁省	160.44
广西壮族自治区	155.42
安徽省	135.22
天津市	127.80
海南省	105.99
湖北省	104.52
陕西省	101.01
重庆市	89.99
湖南省	89.92
河北省	89.01
新加坡	74.66
云南省	74.30
河南省	70.79
吉林省	58.96
中国香港	52.45
贵州省	51.73
江西省	50.24
山西省	49.17
内蒙古自治区	48.89
甘肃省	47.83
新疆维吾尔自治区	34.51
黑龙江省	29.08
马来西亚	24.12
西藏自治区	21.54
宁夏回族自治区	17.43
英国	12.96
青海省	9.44
以色列	8.46
印度尼西亚	5.38
中国台湾	3.61

图4-11 2010—2019年上海私募投资机构投资金额地区分布

数据来源：私募通。

一批私募股权投资机构在业界具有较大的影响力。2010—2019年，联创资本投资案例数482件，占比达到2.2%；启明创投投资了458个项目，占比也达到2.1%，德同资本（362件）、纪源资本（343件）、海纳亚洲（323件）在上海私募股权投资领域影响也很大。从投资金额看，软银中国资本投资金额最大，在已公布的数据中，2010—2019年达到了437.21亿元，占总投资金额的3.7%；后面依次是海通开元（2.4%）、启明创投（1.7%）、纪源资本（1.5%）、联创资本（1.2%）。

（二）私募股权投资基金投资情况

上海私募股权投资基金是上海私募股权投资的重要力量。2010—2019年，上海私募股权投资基金投资案例数6046件，占总投资案例的27.8%；已公布的总投资金额2255.44亿元，占比也达到18.9%，平均单笔投资金额为0.49亿元。自2015年开始，连续四年上海私募股权投资基金投资高涨，2015—2018年投资案例数共计3658件，涉及投资金额1341.84亿元，分别占总投资案例数和总投资金额的60.5%和59.48%。2019年相对降温，投资案例降到640件，投资金额只有145.36亿元。

上海私募股权投资基金主要集中投资于企业早期阶段。2010—2019年，上海私募股权投资基金投资于企业扩张期的案例有2546件，占比达到42.1%；投资于初创期的案例有1740件，占比也高达28.8%。上海私募股权投资基金投资于企业初创期的投资金额最多，达到1024.01亿元，占已公布总投资额的45.4%，单笔平均投资额0.69亿元，为所有投资平均投资额的1.41倍；投资于扩张期的金额也达到828.65亿元，占比36.7%（见图4-12）。

与北京等地一样，上海私募股权投资基金也主要投资于技术和医疗健康行业。2010—2019年，上海私募股权投资基金投

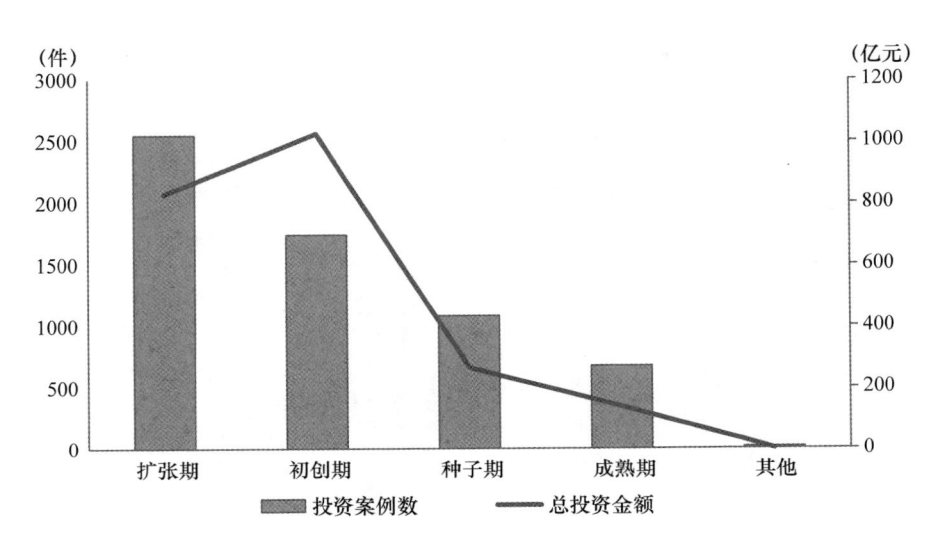

图4-12 2010—2019年上海私募股权投资基金投资阶段

数据来源：私募通。

资的众多行业中，IT、生物技术/医疗健康、互联网行业排名前列。从投资案例看，排名前五的行业分别是"IT服务、软件、硬件"为主的IT业、"医药、医疗服务、医疗设备、生物工程、保健品"为主的生物技术/医疗健康业、"网络服务、电子商务、网络营销"为主的互联网行业、"电气机械及器材制造、仪器仪表制造"为主的机械制造、"电子设备、光电、半导体"为主的半导体及电子设备业，投资案例分别为931件、899件、784件、490件、451件，分别占到总投资案例的15.4%、14.9%、13.0%、8.1%、7.5%。从投资金额分析，投资金额最大的行业为生物技术/医疗健康行业，投资金额274.47亿元，占总投资额的12.2%；互联网业、IT业、"化工原料生产、新材料、农药及肥料、日用化学"为主的化工原料及加工业、"环保、新能源、新材料"为主的清洁技术业投资金额也很大，占比达到8.9%、7.3%、7.0%、6.9%（见图4-13）。

近十年间，上海本地成为上海私募股权投资基金投资的最

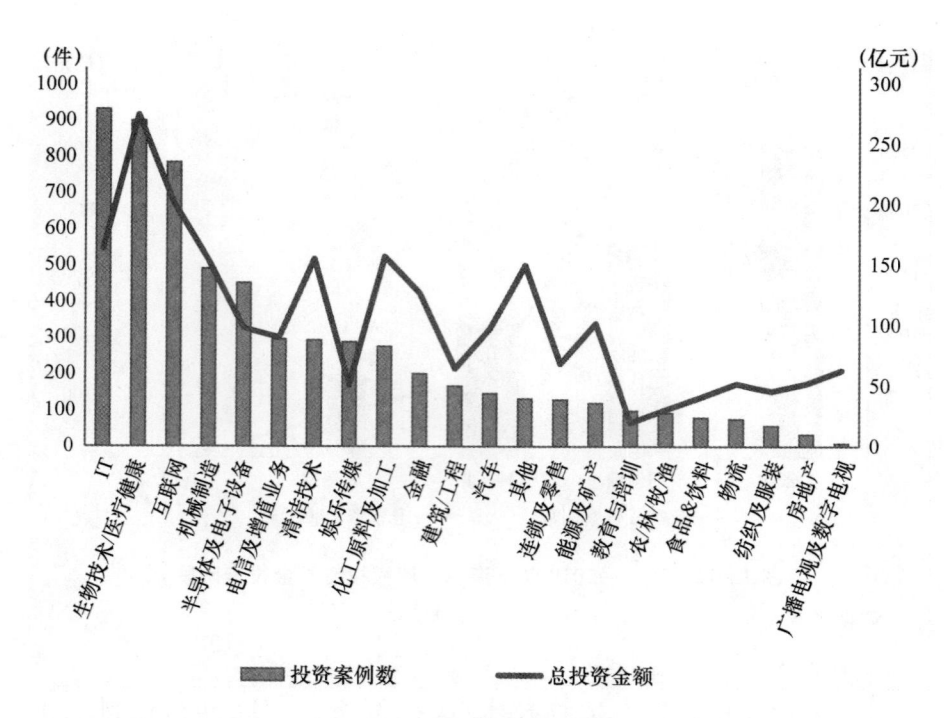

图 4-13　2010—2019 年上海私募投资机构主要投资行业

数据来源：私募通。

主要地区。2010—2019 年，投资于上海当地企业的投资案例数 1756 件，占所有投资案例数的 29.0%；投资金额 508.03 亿元，占总投资金额的 22.5%。北京成为上海私募股权投资基金本地以外最主要的投资地区，2010—2019 年投资案例数达到 1091 件，占比 18.0%；投资金额 355.42 亿元，占已公布总投资金额的 15.8%。广东、江苏、浙江等其他东部沿海发达地区也是上海私募股权投资基金的主要投资地。上海私募股权投资基金也积极投资于国（境）外地区，2010—2019 年投资于中国香港、美国的案例数分别有 10 件、9 件，投资金额分别为 8.88 亿元和 12.70 亿元（见图 4-14、图 4-15）。

第四章 上海私募股权基金业发展

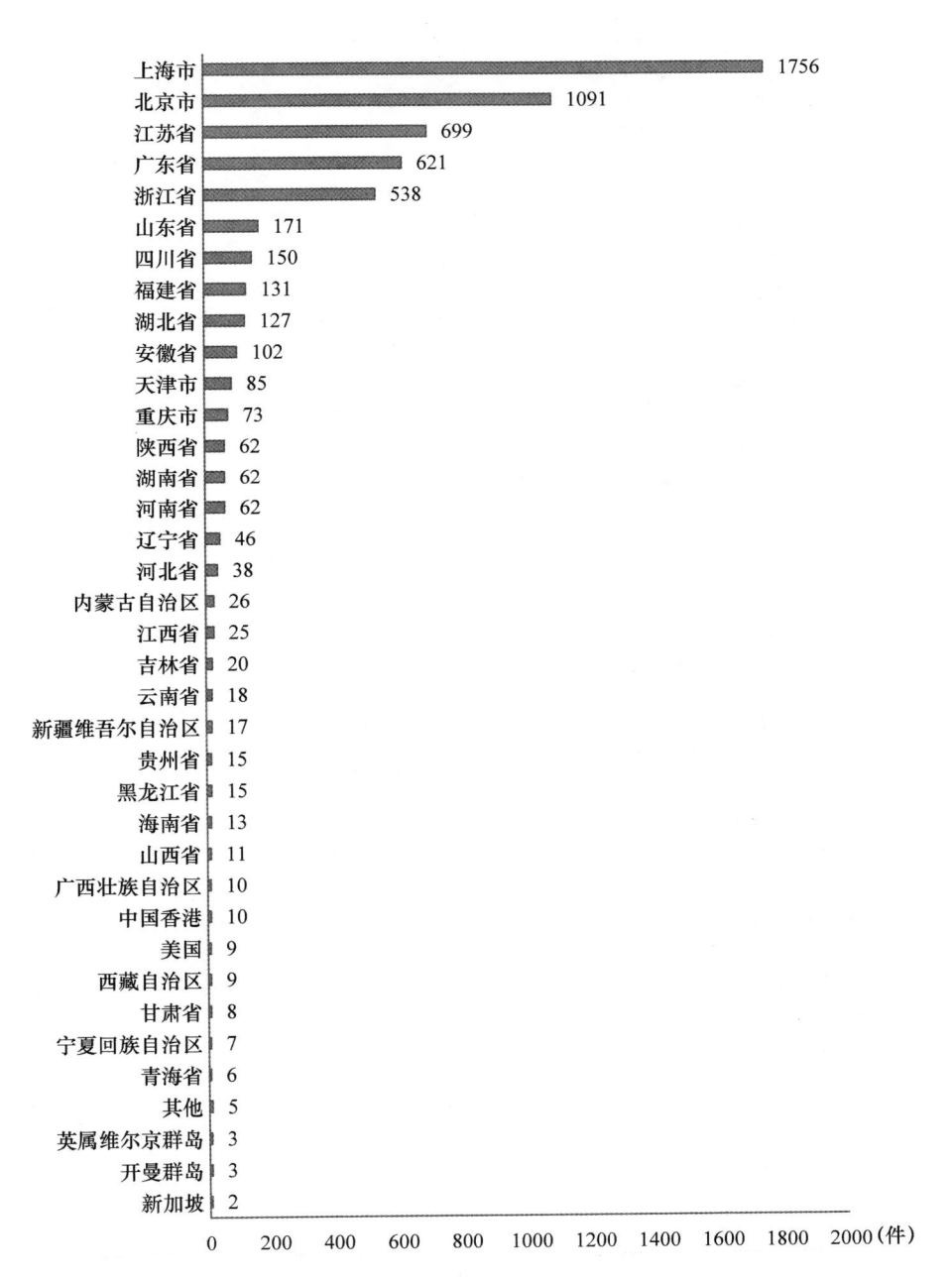

地区	数量(件)
上海市	1756
北京市	1091
江苏省	699
广东省	621
浙江省	538
山东省	171
四川省	150
福建省	131
湖北省	127
安徽省	102
天津市	85
重庆市	73
陕西省	62
湖南省	62
河南省	62
辽宁省	46
河北省	38
内蒙古自治区	26
江西省	25
吉林省	20
云南省	18
新疆维吾尔自治区	17
贵州省	15
黑龙江省	15
海南省	13
山西省	11
广西壮族自治区	10
中国香港	10
美国	9
西藏自治区	9
甘肃省	8
宁夏回族自治区	7
青海省	6
其他	5
英属维尔京群岛	3
开曼群岛	3
新加坡	2

图4-14 2010—2019年上海私募股权投资基金投资数量地区分布

数据来源：私募通。

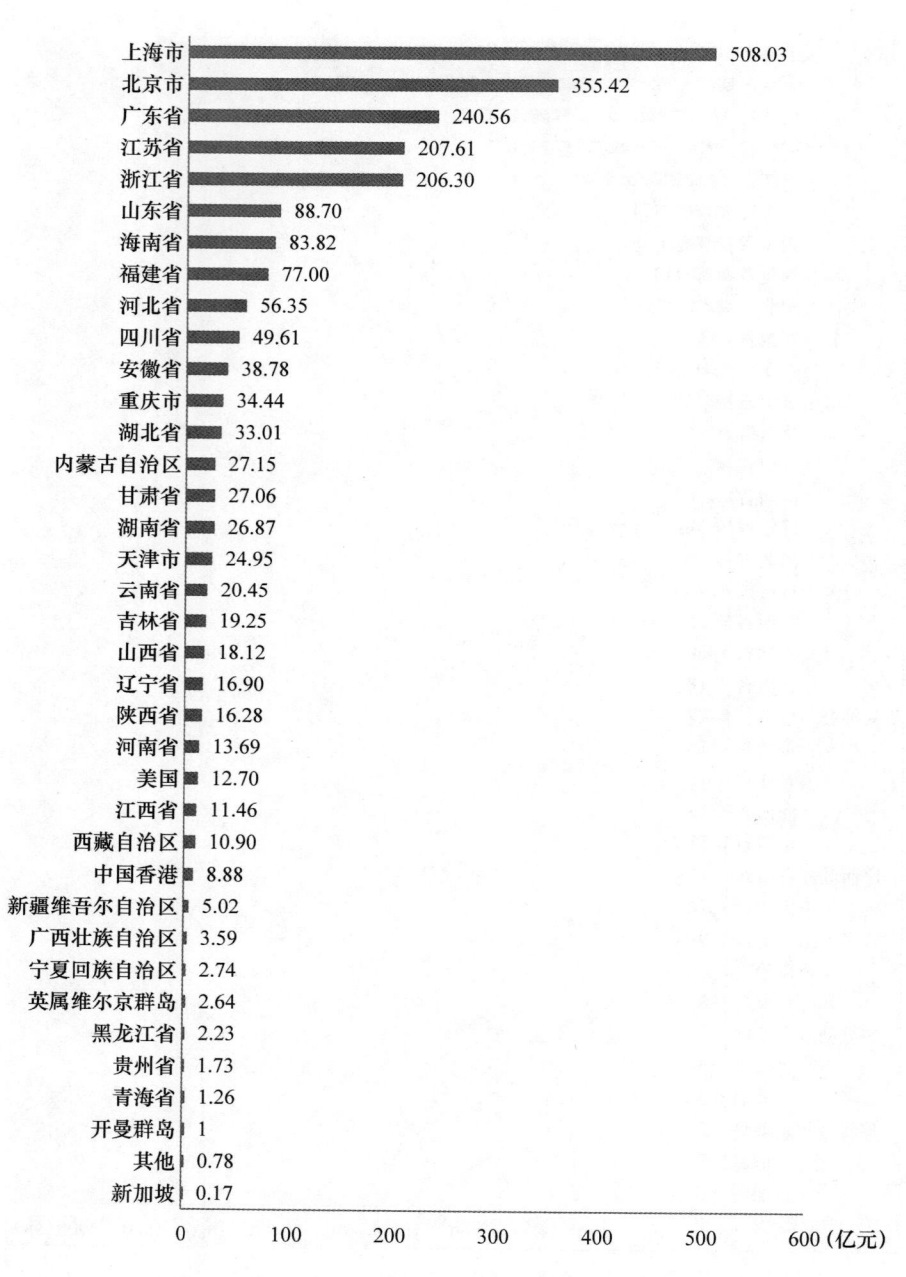

地区	金额（亿元）
上海市	508.03
北京市	355.42
广东省	240.56
江苏省	207.61
浙江省	206.30
山东省	88.70
海南省	83.82
福建省	77.00
河北省	56.35
四川省	49.61
安徽省	38.78
重庆市	34.44
湖北省	33.01
内蒙古自治区	27.15
甘肃省	27.06
湖南省	26.87
天津市	24.95
云南省	20.45
吉林省	19.25
山西省	18.12
辽宁省	16.90
陕西省	16.28
河南省	13.69
美国	12.70
江西省	11.46
西藏自治区	10.90
中国香港	8.88
新疆维吾尔自治区	5.02
广西壮族自治区	3.59
宁夏回族自治区	2.74
英属维尔京群岛	2.64
黑龙江省	2.23
贵州省	1.73
青海省	1.26
开曼群岛	1
其他	0.78
新加坡	0.17

图 4-15　2010—2019 年上海私募股权投资基金投资金额地区分布

数据来源：私募通。

三 上海私募股权投资退出分析

(一) 私募股权投资机构投资退出情况

2010年以来，上海私募股权投资机构投资退出经历了明显的繁荣、衰退两个阶段。2010—2019年，上海私募投资机构退出案例数3068例，2017年以前，退出案例数快速增长，2010年只有130件，2017年增长到620件，增长了376.9%。2014年，随着IPO重启，退出案例数迅速增加，增幅同比上年增长了102.6%。2017年后，退出案例数逐渐减少，2018年519件，2019年只有371件。2010—2019年，平均投资年限3.1年，平均回报倍数4.1倍。最近三年，随着竞争加剧等因素影响，投资期限整体更短，不但低于最高值（2016年投资期限3.76年），甚至低于平均值（3.1年）（见表4-2）。

表4-2 2010—2019年上海私募投资机构历年退出案例数及年限

退出年份	退出案例数（件）	占比	平均投资年限（年）	与平均年限相比
2010	130	4.24%	2.65	84.26%
2011	107	3.49%	2.91	92.71%
2012	133	4.34%	2.42	77.06%
2013	152	4.95%	3.05	97.06%
2014	308	10.04%	3.14	100.15%
2015	339	11.05%	3.65	116.16%
2016	389	12.68%	3.76	119.89%
2017	620	20.21%	3.23	102.82%
2018	519	16.92%	3.07	97.68%
2019	371	12.09%	2.62	83.49%

数据来源：私募通。

2010—2019年，上海私募股权投资基金投资回报率平均为4.1倍。随着对项目竞争的加剧，近五年来投资回报率相对下降，2015—2019年平均投资回报率只有3.7倍。从投资回报率的分布来看，回报倍数主要集中在10倍以下，占到总退出案例数的96.2%。只有小部分案例获得非常高的投资回报。获得10—50倍投资回报的退出案例数有96件、50—100倍投资回报的案例数有11件、100倍以上回报的投资案例数有11件，分别占比为3.1%、0.4%、0.4%，投资年限分别为4.2年、3.7年和6.1年，分别是所有退出案例平均投资年限的1.35倍、1.19倍和1.97倍（见图4-16、表4-3）。

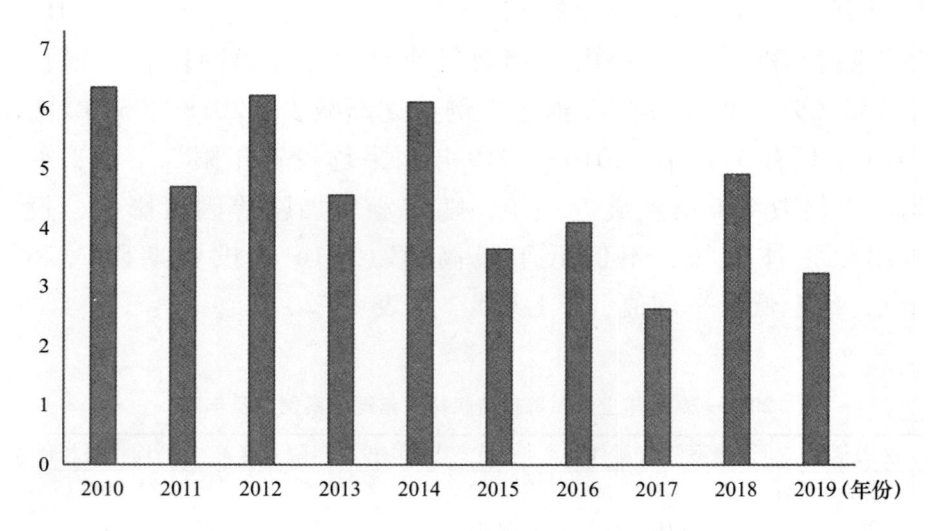

图4-16 2010—2019年上海私募投资机构退出回报率

数据来源：私募通。

表4-3　　2010—2019年上海私募投资机构退出案例概况

回报倍数	退出案例数（件）	平均退出年限（年）	平均回报倍数（倍）
1倍以下	1161	2.95	0.72
1—10倍	1789	3.17	2.64
10—50倍	96	4.16	19.02
50—100倍	11	3.69	72.56
100倍以上	11	6.07	174.69

数据来源：私募通。

从获得的回报金额来看，上海私募股权投资机构投资获利大部分在1亿元以下，占比达到95.8%。也有少数投资案例还获得了大金额回报，其中绝对回报金额在10亿元以上的退出案例就有10件（见图4-17）。

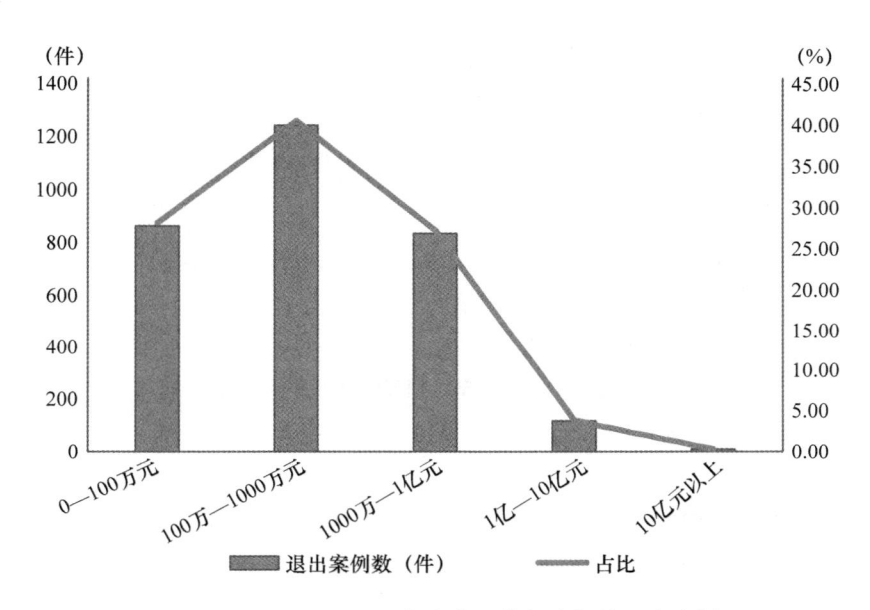

图4-17　2010—2019年上海私募投资机构退出案例回报金额分布及其占比

数据来源：私募通。

上海私募股权投资机构主要以IPO、并购、股权转让等方式退出。2010—2019年，上海私募投资机构以主IPO方式退出的案例数1292件，占比达到42.1%，是退出最普遍的方式；以并购方式退出的案例数777件，占比25.3%；以股权转让方式退出的案例数692件，占比22.6%。由于IPO程序相对复杂，等待年限通常要更长，通过这种方式退出的案例平均投资期限3.46年，分别是并购和股权转让的1.32倍和1.14倍；但通过IPO方式退出的回报率更高，平均回报率达到4.81倍，超过了并购（3.82倍）和股权转让（3.87倍）。回购也是一种比较普遍的退出方式，2010—2019年共有187件案例，占比达到6.1%，但这种方式的回报率相对较低，平均回报率只有1.73

倍（见图4-18）。

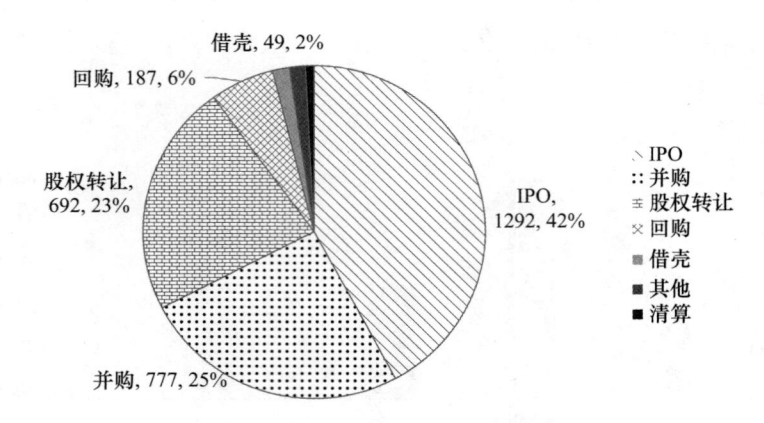

图4-18　2010—2019年上海私募投资机构退出方式

数据来源：私募通。

（二）私募股权投资基金投资退出情况

近些年，上海私募股权投资基金投资退出案例数呈震荡走高趋势。2010—2019年，上海私募股权投资基金退出案例数1578件，占私募股权投资机构投资总退出案例的51.4%。2010年，私募股权投资基金投资退出案例38件，缓慢增长到2013年的58件，2014年急剧上升到141件，比上年增长了1.4倍；此后波动上升，2019年进一步增长到272件。2010—2019年，私募股权投资基金投资平均退出年限2.8年，整体上前五年退出年限更短，平均退出年限2.4年；后期退出年限相对更长，平均退出年限3.3年（见图4-19）。

这期间，上海私募股权投资基金退出的平均回报倍数4.15倍，稍高于私募股权投资机构的退出回报率。2010—2019年，私募股权投资基金投资退出回报率绝大部分都在10倍以下，案例数有1332件，占到总退出案例数的97.2%，这些案例投资的年限也相对较短，平均只有2.9年；也有6件投资案例获得了50倍以上的回报（见图4-20）。

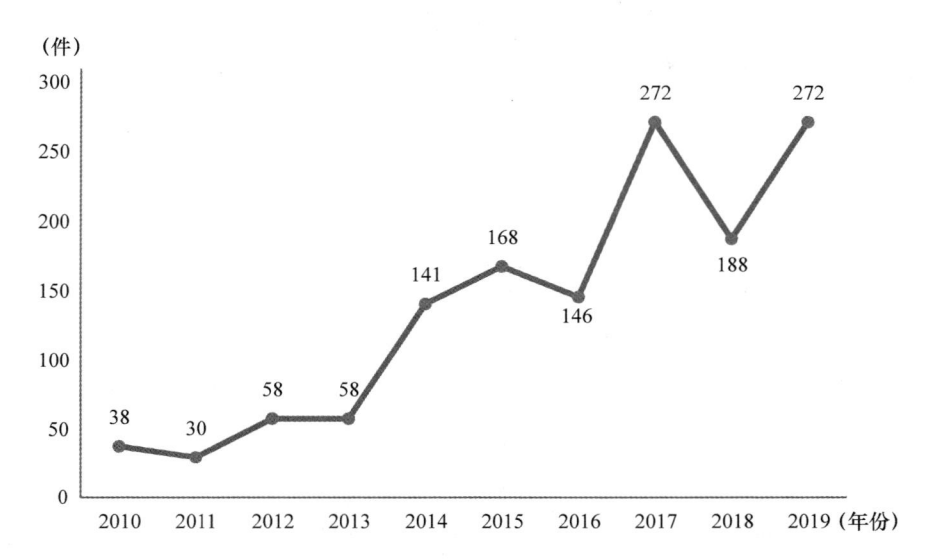

第四章 上海私募股权基金业发展　105

图 4-19　2010—2019 年上海私募股权投资基金历年退出案例数
数据来源：私募通。

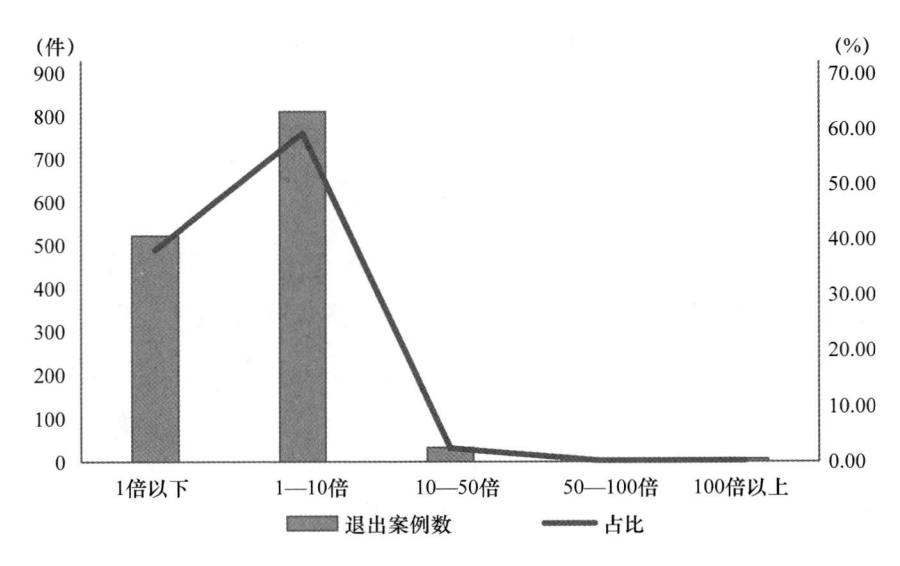

图 4-20　2010—2019 年上海私募股权投资基金退出案例回报率分布及其占比
数据来源：私募通。

上海私募股权投资基金退出获得回报金额绝大部分在 1 亿元以下。2010—2019 年，投资回报金额在 1 亿元以下的投资案例数 1316 件，占到总退出案例数的 96.0%。只有 2 件退出案例例获得 10 亿元以上的投资回报（见图 4-21）。

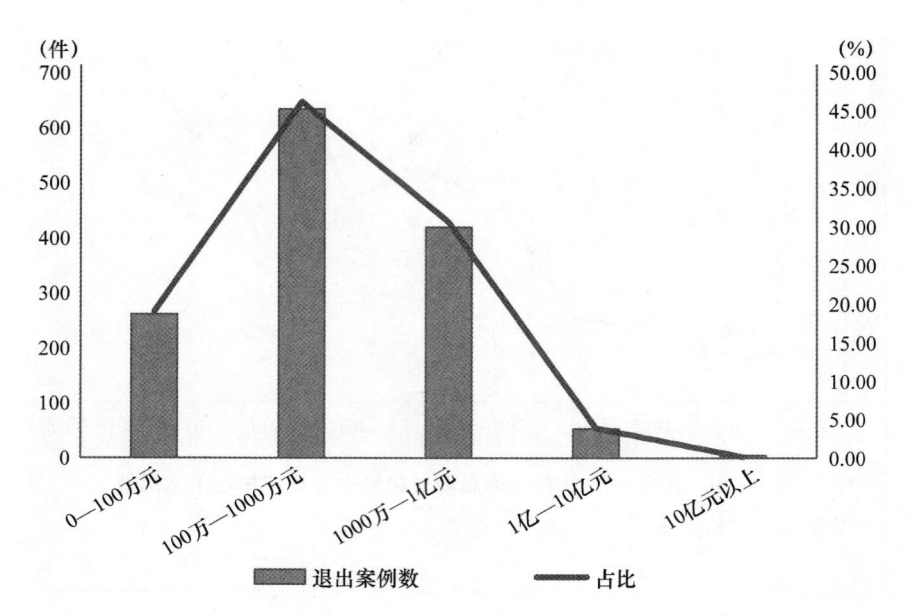

图 4-21　2010—2019 年上海私募股权投资基金退出案例回报金额分布及其占比

数据来源：私募通。

从退出方式看，上海私募股权投资基金投资退出的最主要方式就是 IPO。2010—2019 年，上海私募股权投资基金通过 IPO 退出的案例数达到 795 件，占到总退出案例的 58.0%；平均投资年限 3.32 年，是各种退出方式当中存续时间最长的；平均投资回报率 3.31 倍，仅次于并购，在各种退出方式中位居第二。并购、股权转让也是上海私募股权投资基金退出的主要方式，2010—2019 年通过并购、股权转让退出的案例数分别为 386 件和 121 件，占总退出案例的 28.2% 和 8.8%。在上海私募股权投资基金退出方式中，回报率最高的是并购，2010—2019 年平均投资回报率达到 3.81 倍，甚至高于 IPO 方式退出的回报率（见表 4-4）。

表 4-4　　　2010—2019 年上海私募股权投资基金退出方式

退出方式	退出案例数（件）	占比	平均退出年限（年）	平均回报倍数（倍）
IPO	795	57.99%	3.32	3.31
并购	386	28.15%	2.07	3.81
股权转让	121	8.83%	2.69	1.56
回购	37	2.70%	3.07	1.47
借壳	31	2.26%	1.55	1.65
其他	1	0.07%	5	3.43

数据来源：私募通。

（三）上海企业上市及并购情况

2010—2019 年，上海市企业上市案例数 291 件，筹资 4346.09 亿元，[①] 平均筹资 14.7 亿元。其中，有 163 家企业在上市前获得了 PE/VC 的投资，占总上市企业的 56.0%；上市时筹集资金 2821.34 亿元，占总筹资金额的 68.05%；平均单笔筹资金额 17.52 亿元，超过未获得 PE/VC 支持的上市企业（10.95 亿元）。2012 年 11 月到 2014 年 1 月的 A 股 IPO 暂停阶段，可以看到上海上市企业数量从 2012 年和 2013 年连续下滑，但从 2014 年后大幅增长，2017—2019 年分别达到 49 家、40 家、43 家（见图 4-22）。

除了上海证券交易所主板外，香港证券交易所主板也是上海企业上市的主要市场。2010—2019 年，在上海证券交易所主板上市的上海本地上市企业达到 82 家，在香港证券交易所主板上市的企业数量也达到 82 家，占比都为 28.2%。在深圳证券交易所创业板上市的上海企业数量也不少，2010—2019 年共有 48 家，占到企业上市总数的 16.5%。2019 年 6 月上海证券交易所科创板开板，有 13 家上海本地上市企业在该板块上市。随着我

[①] 根据已公布数据得到，有些企业当时并没有公布筹资数据。

108 私募股权市场发展及广州对策

国证券交易市场的不断发展、成熟，以及注册制等制度在创业板等其他板块的推行，未来将会有更多上海创新型企业在国内证券市场上市、交易（见图4-23）。

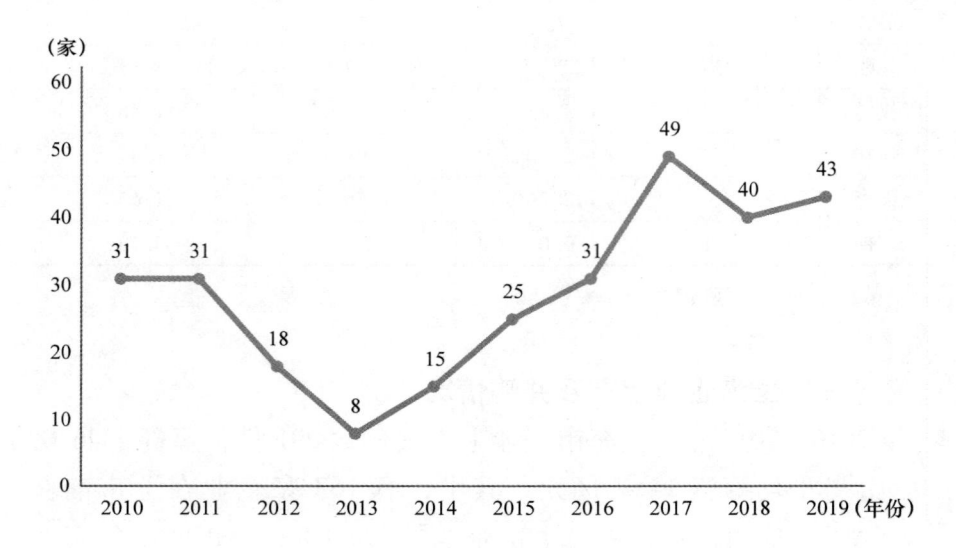

图4-22 2010—2019年上海市历年上市企业数量

数据来源：私募通。

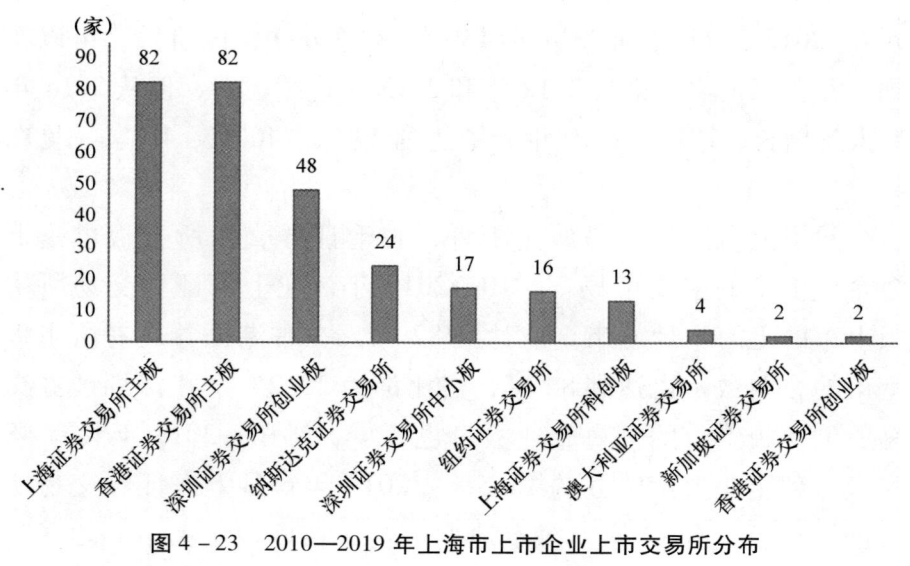

图4-23 2010—2019年上海市上市企业上市交易所分布

数据来源：私募通。

先进制造业和现代服务业企业是上海上市企业的主体。从上市企业数量角度分析，2010—2019年，"机械制造、半导体及电子设备、汽车"三大先进制造业行业的上市企业数量达到60家，占此期间总上市企业数量的20.6%；"生物技术/医疗健康、金融、IT、互联网、电信及增值业务"五大现代服务行业的上市企业数量112家，占比达到38.5%。其中"生物技术/医疗健康"行业是上市企业数量最多的单个行业，达到34家，占比11.7%。从上市企业筹资额角度分析，五类现代服务业募资金额达到2181.08亿元，占比高达52.6%。其中，募资金额最多的单一行业是金融业，金额达到1148.73亿元，占比27.7%（见表4-5）。

表4-5　2010—2019年上海市上市企业上市行业分布

行业	细分行业	上市案例数（件）	占比	筹集金额（亿元）	占比
生物技术/医疗健康	医药、医疗服务、医疗设备、生物工程、保健品	34	11.68%	606.28	14.62%
金融	互联网金融、金融服务、保险、证券、银行	28	9.62%	1148.73	27.71%
机械制造	电气机械及器材制造、仪器仪表制造	26	8.93%	256.88	6.20%
IT	IT服务、软件、硬件	22	7.56%	95.21	2.30%
半导体及电子设备	电子设备、光电、半导体	21	7.22%	157.84	3.81%
其他		19	6.53%	271.53	6.55%
化工原料及加工	化工原料生产、新材料、农药及肥料、日用化学	18	6.19%	117.49	2.83%
房地产	房地产开发经营、房地产中介服务、物业管理	14	4.81%	216.52	5.22%
互联网	网络服务、电子商务、网络营销	14	4.81%	88.26	2.13%

续表

行业	细分行业	上市案例数（件）	占比	筹集金额（亿元）	占比
电信及增值业务	无线互联网服务、电信设备及终端、电信运营、固网增值服务	14	4.81%	242.60	5.85%
汽车	汽车制造、汽车销售渠道、汽车租赁、汽车维修	13	4.47%	171.66	4.14%
连锁及零售	零售、餐饮、酒店、批发业	11	3.78%	154.24	3.72%
能源及矿产	电力、燃气及水的生产和供应业、冶炼/加工、石油和天然气开采、有色金属矿采选、煤炭开采和洗选、黑色金属矿采选、非金属矿采选	9	3.09%	61.57	1.49%
娱乐传媒	娱乐与休闲、影视制作及发行、文化传播、广告创意/代理、传统媒体、户外媒体	8	2.75%	42.39	1.02%
清洁技术	环保、新能源、新材料	8	2.75%	196.88	4.75%
物流	配送及仓储、物流管理、物流设备制造	8	2.75%	177.07	4.27%
纺织及服装	纺织业、服装业	8	2.75%	65.82	1.59%
建筑/工程	房屋和土木工程、建材、家具	7	2.41%	26.85	0.65%
食品&饮料	食品加工、食品制造业、饮料制造业	5	1.72%	23.79	0.57%
教育与培训	专业培训、学历教育、职业教育	3	1.03%	18.18	0.44%
农/林/牧/渔	农业、畜牧业、林业、渔业、农林牧渔服务业	1	0.34%	6.31	0.15%

数据来源：私募通。

2010—2019年，上海本地发生并购案例数2187件，公布的总并购金额10434.1亿元，平均并购金额5.98亿元。其中，国内交易案例数2090件，占比95.6%；并购金额9297.47亿元，占比89.10%。外资交易和海外交易分别为87件和6件，涉及并购金额分别为977.53亿元和157.33亿元。海外交易单笔并购案例平均金额31.47亿元，远超过国内交易（5.52亿元）和外资交易（18.1亿元）。2014—2018年是上海企业并购的高发期，五年间共发生1564件并购案例，占总并购案例数的71.5%；涉及并购金额7565.61亿元，占比72.5%。其中，2015年是并购金额最多的一年，达到2118.11亿元（见图4-24）。

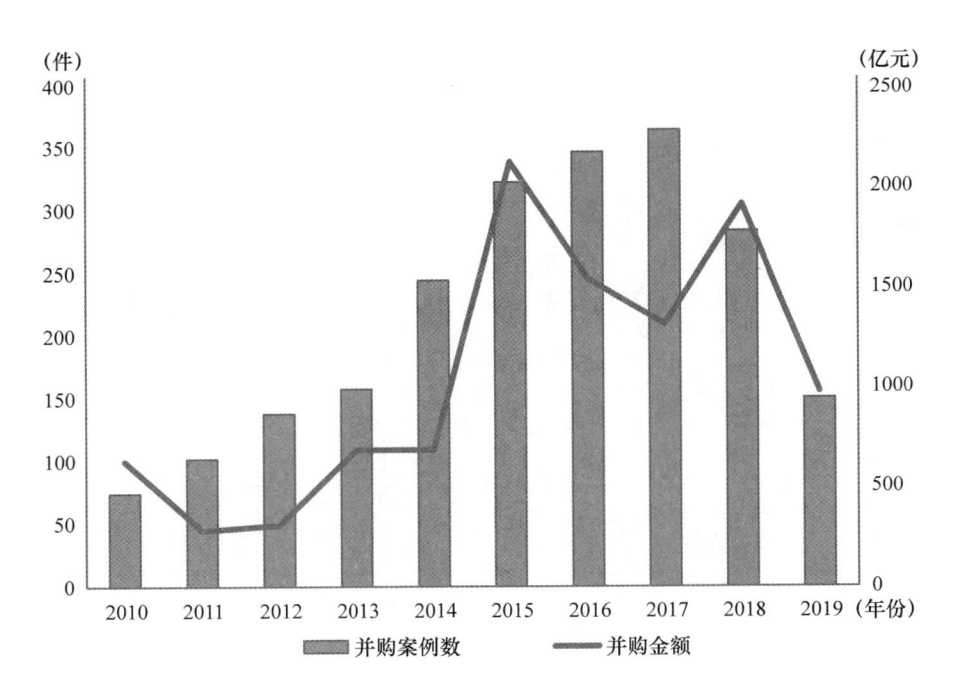

图4-24 2010—2019年上海市历年企业并购数量和金额

数据来源：私募通。

IT行业、金融行业、互联网行业是上海企业进行并购的主要行业。2010—2019年，上述三大行业是并购案例数前三的行业，案例数达到696件，占到总并购案例数的31.8%；三大行业的并购金额也达到 3371.06 亿元，占比 32.3%。其中，并购案例最多的行业是 IT 业，达到 276 件，占比 12.6%；并购金额最多的行业是房地产业，达到 1643.65 亿元，占比 15.8%，金融领域的并购金额稍微落后，达到 1624.2 亿元，占比 15.6%。从单个案例的平均并购金额分析，"电信及增值业务"单笔并购平均金额最多，达到 14.11 亿元，为所有并购平均金额的 2.36 倍（见表 4-6）。

表 4-6　　2010—2019 年上海市企业并购行业分布

被并购方行业	细分行业	并购案例数（件）	占比	并购金额（亿元）	占比
IT	IT 服务、软件、硬件	276	12.62%	421.77	4.04%
金融	互联网金融、金融服务、保险、证券、银行	214	9.79%	1624.2	15.57%
互联网	网络服务、电子商务、网络营销	206	9.42%	1325.09	12.70%
机械制造	电气机械及器材制造、仪器仪表制造	191	8.73%	322.97	3.10%
生物技术/医疗健康	医药、医疗服务、医疗设备、生物工程、保健品	170	7.77%	415.82	3.99%
房地产	房地产开发经营、房地产中介服务、物业管理	150	6.86%	1643.65	15.75%
其他		139	6.36%	636.85	6.10%
娱乐传媒	娱乐与休闲、影视制作及发行、文化传播、广告创意/代理、传统媒体、户外媒体	109	4.98%	552.03	5.29%
半导体及电子设备	电子设备、光电、半导体	100	4.57%	297.91	2.86%
连锁及零售	零售、餐饮、酒店、批发业	88	4.02%	462.58	4.43%

续表

被并购方行业	细分行业	并购案例数（件）	占比	并购金额（亿元）	占比
建筑/工程	房屋和土木工程、建材、家具	85	3.89%	209.46	2.01%
电信及增值业务	无线互联网服务、电信设备及终端、电信运营、固网增值服务	81	3.70%	832.72	7.98%
化工原料及加工	化工原料生产、新材料、农药及肥料、日用化学	79	3.61%	232.65	2.23%
汽车	汽车制造、汽车销售渠道、汽车租赁、汽车维修	74	3.38%	353.81	3.39%
清洁技术	环保、新能源、新材料	60	2.74%	184.72	1.77%
物流	配送及仓储、物流管理、物流设备制造	50	2.29%	387.10	3.71%
能源及矿产	电力、燃气及水的生产和供应业、冶炼/加工、石油和天然气开采、有色金属矿采选、煤炭开采和洗选、黑色金属矿采选、非金属矿采选	25	1.14%	256.21	2.46%
教育与培训	专业培训、学历教育、职业教育	23	1.05%	34.03	0.33%
食品＆饮料	食品加工、食品制造业、饮料制造业	22	1.01%	127.70	1.22%
纺织及服装	纺织业、服装业	20	0.91%	75.20	0.72%
农/林/牧/渔	农业、畜牧业、林业、渔业、农林牧渔服务业	12	0.55%	11.83	0.11%
其他制造业	金属/非金属、文教体育用品制造业	5	0.23%	0.47	0.00%
广播电视及数字电视	终端设备及技术服务、内容提供商、运营商、网络传输	3	0.14%	17.52	0.17%

续表

被并购方行业	细分行业	并购案例数（件）	占比	并购金额（亿元）	占比
科学研究/技术服务和地质勘查业	科学研究、专业技术服务	2	0.09%	1.64	0.02%
租赁及商务服务业	租赁服务、商务服务	2	0.09%	4.60	0.04%
文化/体育和娱乐业	文化、体育、娱乐业	1	0.05%	1.98	0.02%

数据来源：私募通。

四 上海私募股权基金业发展的政策支持

上海作为我国的直辖市之一，是长江三角洲世界级城市群的核心城市，明确提出建设国际经济、金融、贸易、航运、科技创新中心。发展私募股权投资业，是支撑上海国际金融、科技创新中心建设的重要内容，上海出台了一系列政策促进本地私募股权投资业发展。这些政策主要有以下几方面特点。[1]

国家赋予的战略定位高，代表国家参与国际竞争与合作。上海是目前唯一公认的我国国际金融中心，有关私募股权发展的政策也能享受到高起点和高目标的政策红利。2009年5月，为贯彻《国务院关于推进上海加快发展现代服务业和先进制造业建设国际金融中心和国际航运中心的意见》（国发〔2009〕19号），上海市人民政府出台《上海市人民政府贯彻国务院关于推进上海加快发展现代服务业和先进制造业建设国际金融中心和国际航运中心意见的实施意见》（沪府发〔2009〕25号）；2009年8月，上海从建设国际金融中心的高度出发，为继续优

---

[1] 政策具体内容见本书附件。

化上海金融发展环境，集聚高端金融人才和金融机构，上海市人民政府印发《上海市集聚金融资源加强金融服务促进金融业发展的若干规定》（沪府发〔2009〕40号）；等等。

上海私募股权投资业国际化程度较高。在私募股权领域，上海积极鼓励和引导国外机构和国外资本参与上海发展。2009年1月，上海市人民政府印发《关于进一步做好本市促进创业带动就业工作的若干意见》（沪府发〔2009〕1号），就加强融资支持，改善融资环境问题，提出"积极鼓励利用外资和国内社会资本投资创业企业"。2010年8月，上海市人民政府办公厅印发《关于加强金融服务促进本市经济转型和结构调整的若干意见》（沪府办发〔2010〕32号），提出"鼓励中、外资股权投资基金管理公司与本市行业龙头企业、自主创新和高新技术发展专项资金等方面的合作，在本市发起设立符合产业发展规划方向的各个专门领域内投资的专业投资基金。继续推进外商投资股权投资企业的相关试点，吸引更多国际资本投入本市高新技术产业和文化创意产业领域"。2017年4月，为全面深化中国（上海）自由贸易试验区改革，建立同国际投资和贸易通行规则相衔接的制度体系，上海市人民政府发布了《关于进一步扩大开放加快构建开放型经济新体制的若干意见》（沪府发〔2017〕26号），就争取更多扩大开放措施先行先试问题，提出"在自贸试验区外商投资准入特别管理措施（负面清单）基础上，在金融、电信、互联网、文化、文物、维修、航运服务等专业服务业和先进制造业领域争取更多的扩大开放措施先行先试。对符合条件的外资创业投资企业和股权投资企业开展境内投资项目，探索实施管理新模式"；就拓宽外商投资企业融资渠道问题，提出"在自贸试验区外商投资准入特别管理措施（负面清单）基础上，在金融、电信、互联网、文化、文物、维修、航运服务等专业服务业和先进制造业领域争取更多的扩大开放措施先行先试。对符合条件的外资创业投资企业和股权投资企业开展境内投资项目，探索实施管理新模式"等。

　　自贸试验区是上海私募股权发展政策的重要发力点。上海自贸试验区在包括私募股权在内的诸多金融领域领全国之先，离不开上海市相关政策的支持。如 2016 年 11 月，为使中国（上海）自由贸易试验区进一步拓展跨境金融服务功能，支持上海科创中心建设和实体经济发展，中国人民银行上海总部印发《关于进一步拓展自贸区跨境金融服务功能支持科技创新和实体经济的通知》（银总部发〔2016〕122 号）；2019 年 3 月，为推动中国（上海）自由贸易试验区在新的起点上实现更高质量的发展，促进上海自贸试验区与全市改革联动发展，上海市人民政府印发《本市贯彻〈关于支持自由贸易试验区深化改革创新若干措施〉实施方案》（沪府规〔2019〕12 号），提出"支持上海的服务平台类机构按规定向中国证券投资基金业协会申请登记，开展私募投资基金服务业务"；等等。

第五章　深圳私募股权基金业发展

一　深圳私募股权投资机构和基金基本情况

（一）私募股权投资机构状况

2010—2019年，深圳私募投资机构新增7773家。在新增机构中，境内资本设立的投资机构共有7654家，占所有投资机构的98.5%，但仍有少量外资、合资的私募股权投资机构。大部分新增投资机构采用公司制组织形式。2010—2019年，采用公司制的新增私募股权投资机构6782家，占比高达87.3%；有限合伙制机构数量增多，达到618家，占比也达到8.0%（见表5-1）。

表5-1　2010—2019年深圳新增私募投资机构基本概况

资本类型	数量（家）	占比	组织形式	数量（家）	占比
本土	7654	98.47%	公司制	6782	87.3%
外资	70	0.90%	有限合伙制	618	8.0%
合资	26	0.33%	其他	370	4.8%
其他	23	0.30%	普通合伙	3	0.0%

数据来源：私募通。

深圳私募股权投资机构新增数量走出了一个明显的倒"V"形。2010—2015年，深圳私募投资机构新增数量稳步上升，在2015年达到顶峰，当年新增机构3001家，此后新增数量逐渐减少，2016年暴减到1184家，到2019年新城数量只有48家，创

118 私募股权市场发展及广州对策

下 2010—2019 年十年新低（见图 5-1）。

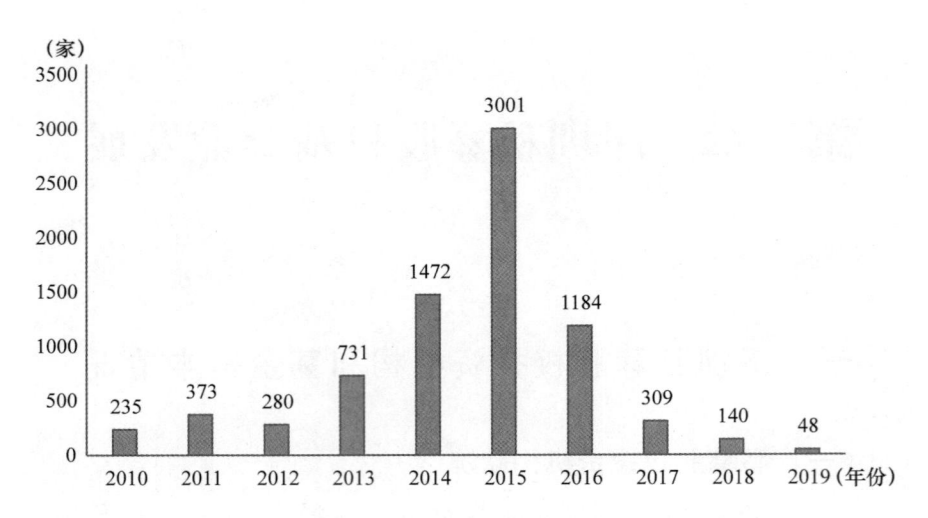

图 5-1 2010—2019 年深圳私募投资机构历年新增数量

数据来源：私募通。

深圳新增设立的内资私募投资机构中，PE 和 VC 占大多数（见图 5-2）。2010—2019 年，新设立 PE3146 家，占比达到

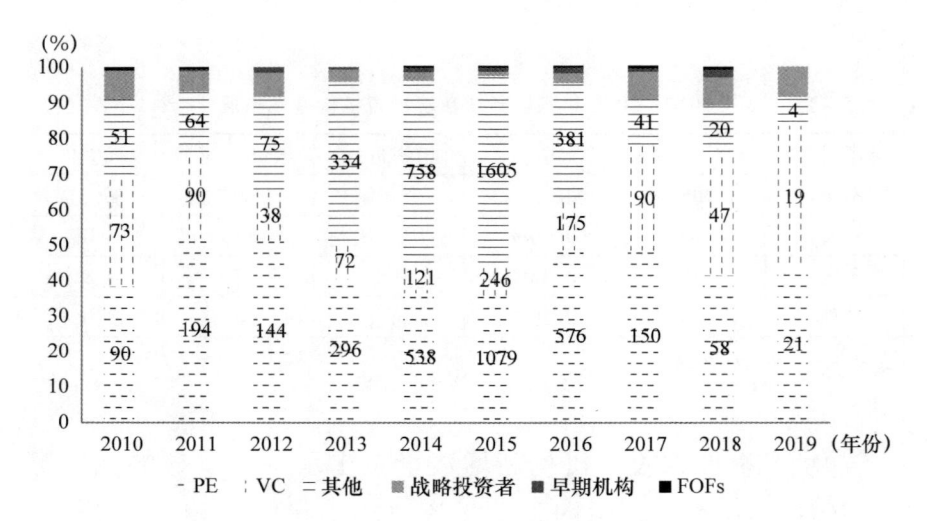

图 5-2 2010—2019 年深圳私募投资机构历年新增类型分布

数据来源：私募通。

41.1%；新设立 VC971 家，占比达到 12.7%。在多数年份，新设立的 PE/VC 都占到全部新设机构的 50% 以上，2017—2019 年更是达到 70% 以上。战略投资者数量也越来越多，逐渐成为当地私募股权投资行业的一股重要力量。

（二）私募股权投资基金状况

2010—2019 年，深圳私募股权投资基金新增 8231 只；公布的募资目标规模 33874.08 亿元，平均单只基金规模 8.68 亿元。2015 年开始大规模上涨，全年新设立基金 1328 只，比上一年增长 196.43%。基金目标规模也不断攀升，2017 年全年新设立 1746 只新基金，总体规模达到 10669.84 亿元，占十年总目标规模的 31.5%（见图 5-3）。

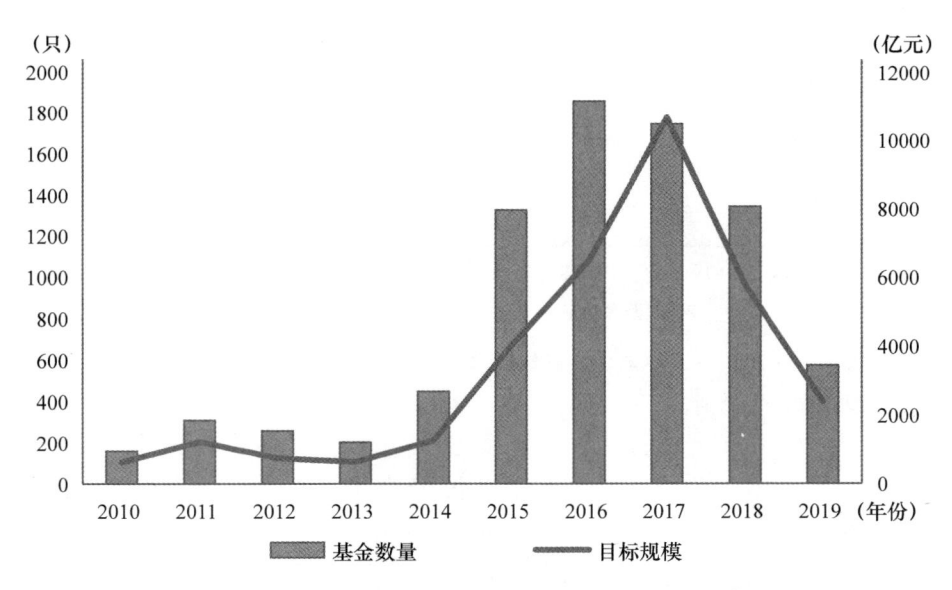

图 5-3 2010—2019 年深圳私募股权投资基金历年新增数量和募集金额（亿元）
数据来源：私募通。

2010—2019 年，深圳新成立私募股权投资基金中，成长基金和创业基金是最主要的基金类型。无论是在新增基金数量还是目标募资额成长基金和创业基金都占据前两位，在这期间两类基金新设总数达到7698只，公布的募资目标规模达20983.46亿元，分别占新设私募股权投资基金总数的93.5%，总募资额的61.9%。其中，成长基金的新设数量以及目标募资额都是最多的，2010—2019年新设基金数量达到5959只，占比72.4%；目标募资额16172.28亿元，占比47.7%。但分析单只基金的平均目标募资额，并购基金、FOF基金、夹层基金的平均金额分别为24.81亿元、49.32亿元、22.57亿元，远远高于成长基金（7.17亿元）和创业基金（3.91亿元）（见图5-4）。

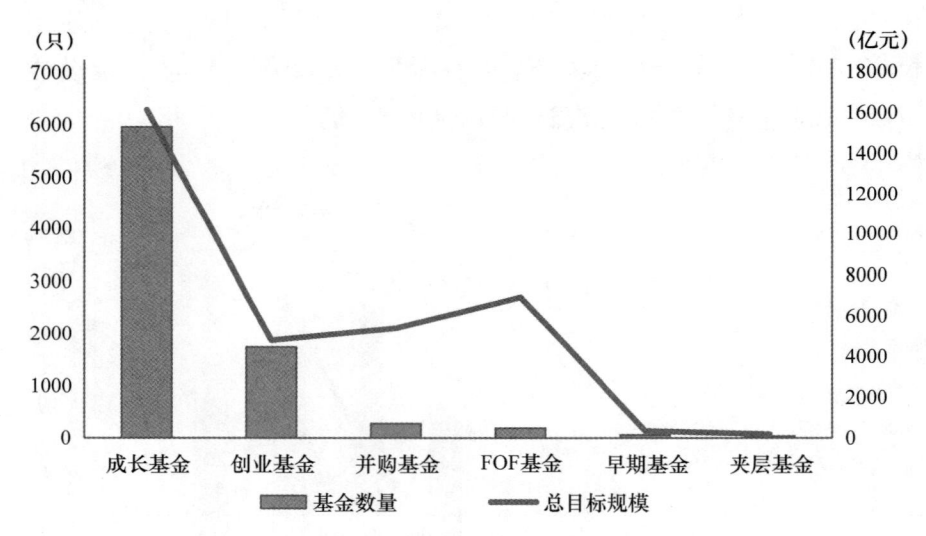

图 5-4 2010—2019年深圳新增私募股权投资基金类型数量与目标规模
数据来源：私募通。

2015—2019年是深圳私募股权投资基金新增数量有史以来最多的五年。2014年，深圳私募股权投资基金数量相比上年实现了翻倍的增长，但基数相对较小。2015年，深圳私募股权投资基金新增数量进一步实现差不多2倍的增长，达到1328只，此后几年新增数量一直维持在高位（见图5-5）。

深圳近十年新增私募股权投资基金几乎全由国内资本设立。2010—2019年，由国内资本设立的新增私募股权投资基金数量达到8170只，占比高达99.3%；在国内资本设立的新增私募股

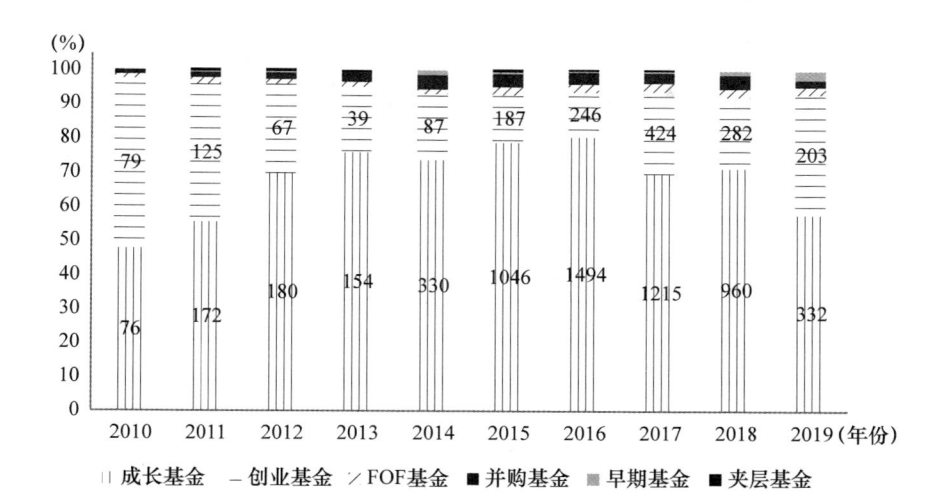

图 5-5　2010—2019 年深圳历年新增私募股权投资基金及类型

数据来源：私募通。

权投资基金中，公布的募资总目标规模达到 33252.74 亿元，占比同样高达 98.2%。合资资本和外资资本设立的基金数量较少，分别只有 26 只和 11 只；但它们的单只基金平均目标私募规模要更大，合资基金高达 24.47 亿元，为境内资本的 2.84 倍（见表 5-2）。

表 5-2　2010—2019 年深圳新增私募股权投资基金资本类型

资本类型	数量（只）	占比	总目标规模（亿元）	占比
本土	8170	99.3%	33252.74	98.2%
合资	26	0.3%	464.91	1.4%
其他	24	0.3%	93.71	0.3%
外资	11	0.1%	62.72	0.2%

数据来源：私募通。

有限合伙制是深圳新设的私募股权投资基金主要组织形式。2010—2019 年，采用有限合伙制的私募股权投资基金数量达到 6206 只，占比 75.4%；它们公布的目标募资额达到 30331.58

亿元，占比89.5%。采用公司制形式的私募股权投资基金虽然只有116只，占比只有1.4%，但目标募资规模达到2954.25亿元，占比达到8.7%；平均单只基金目标募资规模达到32.83亿元，为所有基金平均规模的3.78倍（见表5-3）。

表5-3　2010—2019年深圳新增私募股权投资基金组织形式

组织形式	数量（只）	占比	总目标规模（亿元）	占比
有限合伙制	6206	75.4%	30331.58	89.5%
其他	1108	13.5%	494.35	1.5%
信托制	801	9.7%	93.91	0.3%
公司制	116	1.4%	2954.25	8.7%

数据来源：私募通。

近五年是深圳私募股权投资基金募资额最多的五年（见图5-6）。2010—2019年，深圳私募股权投资基金完成资金募集目标的基金总数为5111只；公布的总募集金额16725.36亿元，单只基

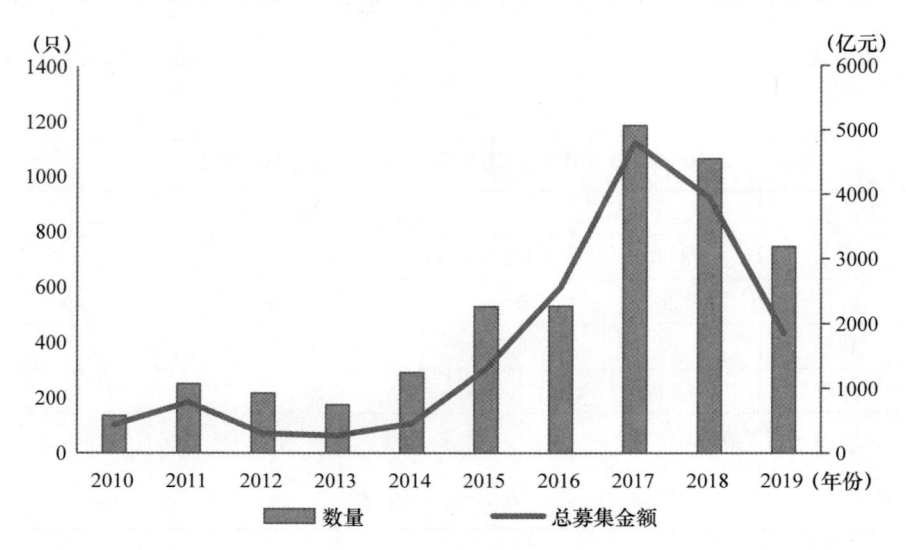

图5-6　2010—2019年深圳历年完成募集基金情况

数据来源：私募通。

金平均募集金额 4.08 亿元。2015 年，完成募资的深圳私募股权投资基金数量达到 528 只，同比上年增长了 81.4%；完成募资额 1307.7 亿元，同比增长了 185.6%。此后一直到 2019 年，无论是完成募资额的基金数量还是金额，都维持在相对高位。其中，2017 年深圳私募股权投资基金完成募集的数量达到 1183 只，共募集到金额 4799.57 亿元，双双创造了迄今为止的最高纪录，分别占比 23.15% 和 28.7%。

深圳大力发展政府引导基金，促进私募股权投资业发展。2010—2019 年，深圳新增政府引导基金 35 只，募资总目标规模 4597.3 亿元。其中，区县级引导基金 15 只，占比 42.86%；地市级引导基金 10 只，总目标规模 2883 亿元；一批国家级产业发展引导基金也在深圳设立，进一步促进了深圳私募股权投资业发展以及产业创新发展。在深圳政府引导基金中，大部分是以促进创新创业为目的，新设的产业基金和创业基金合计 30 只，占新设的总基金数 85.7%，另有 1 只 PPP 基金，目标规模 20 亿元（见表 5-4）。

表 5-4　　　　2010—2019 年深圳政府引导基金新增概况

基金级别	数量（只）	占比	总目标规模（亿元）	占比
区县级	15	42.86%	348	7.57%
地市级	10	28.57%	2883	62.71%
国家级	6	17.14%	1259.3	27.39%
其他	4	11.43%	107	2.33%

数据来源：私募通。

二　深圳私募股权投资分析

（一）私募股权投资机构投资情况

十年期间，深圳私募股权投资呈现明显的"先升后降"现象。2010—2019 年，深圳私募投资机构投资案例数 16021 件，共投资企业 9860 家；公布投资总金额 9420.65 亿元，单笔投资平均金额 0.71 亿元。随着 2014 年我国对私募股权投资业规范发展系列政策的执行，2015 年深圳私募股权投资案例数大幅度增长，增幅达到 93.8%；投资金额也大幅度增长到 45.3%。2015—2018 年四年期间深圳私募投资机构保持高活跃度，四年投资案例合计 10055 件，占总投资案例数的 62.8%，涉及投资金额 6629.36 亿元，占比达到 70.4%。2019 年，由于宏观经济环境影响，深圳私募股权投资降温，只进行了 1188 件投资，投资金额 830.04 亿元，相比前一年均下降明显（见图 5-7）。

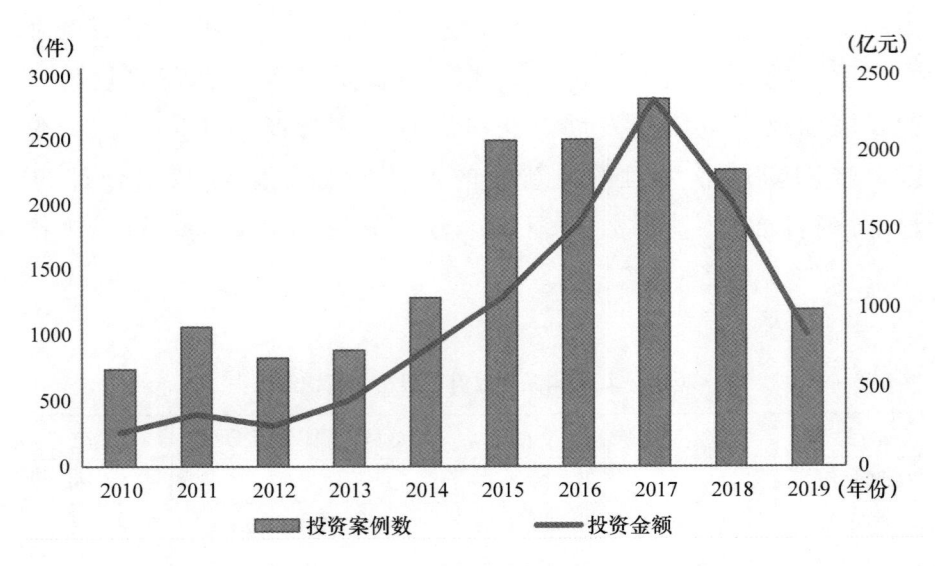

图 5-7　2010—2019 年深圳私募投资机构投资案例数和金额
数据来源：私募通。

深圳私募股权投资机构更加注重对企业发展前期阶段投资。与北京、上海不同，无论是投资案例数还是投资金额，2010—2019 年深圳私募投资机构投资最多的发展阶段是企业扩张期。2010—2019 年，深圳私募股权投资机构投资于企业扩张期的案例数达到 6323 件，占比达到 39.5%；投资金额达到 3776.28 亿元，占比达到40.1%。对初创期、种子期的投资案例数也分别达到3498件和2392件，占比分别达到21.8%和14.9%；投资金额分别达到1501.13亿元和608.34亿元，占比分别为15.9%和6.5%（见图5-8）。

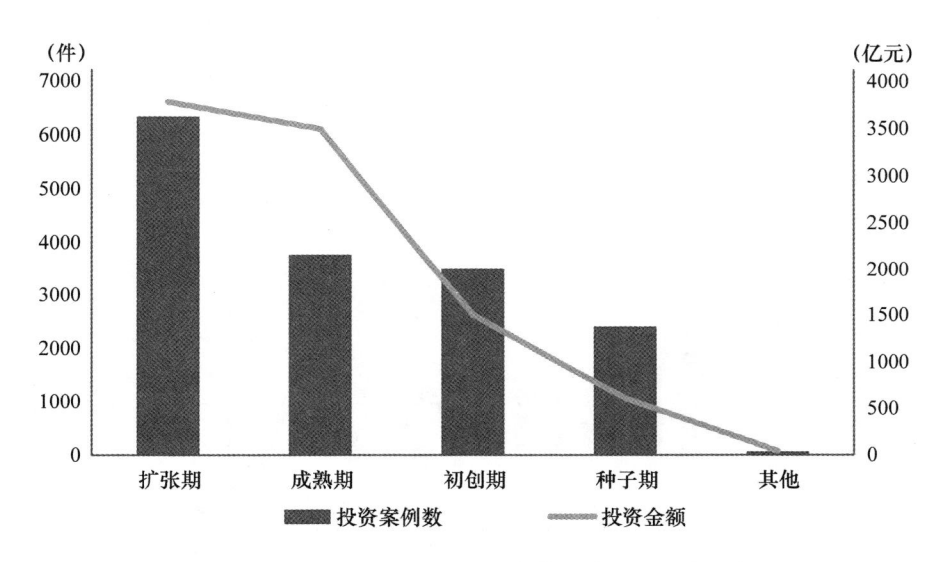

图5-8 2010—2019年深圳私募投资机构投资阶段

数据来源：私募通。

与北京、上海一样，深圳私募股权投资机构主要投资于高技术和现代服务业。从投资案例分析，2010—2019年深圳私募投资机构投资热点行业包括以"IT服务、软件、硬件"为主的IT、以"网络服务、电子商务、网络营销"为主的互联网、以"医药、医疗服务、医疗设备、生物工程、保健品"为主的生物技术/医疗健康、以"电子设备、光电、半导体"为主的半导体及电子设备、以"电气机械及器材制造、仪器仪表制造"为主的机械制造，这前五大行业的投资案例9358件，占所有投资案例数的58.4%。其中IT、互联网两个行业获得的投资次数几乎同等，分别获得2637次和2621次投资，占比分别为16.5%和16.4%。从投资金额分析，互联网、以"无线互联网服务、电信设备及终端、电信运营、固网增值服务"为主的电信及增值业务、IT、生物技术/医疗健康、金融五大行业位居前五,获得总投资5137.89亿元,占比达到54.5%。其中获得投资最多的行业是互联网行业,投资额达到1704.35亿元,占比达到18.1%(见图5-9)。

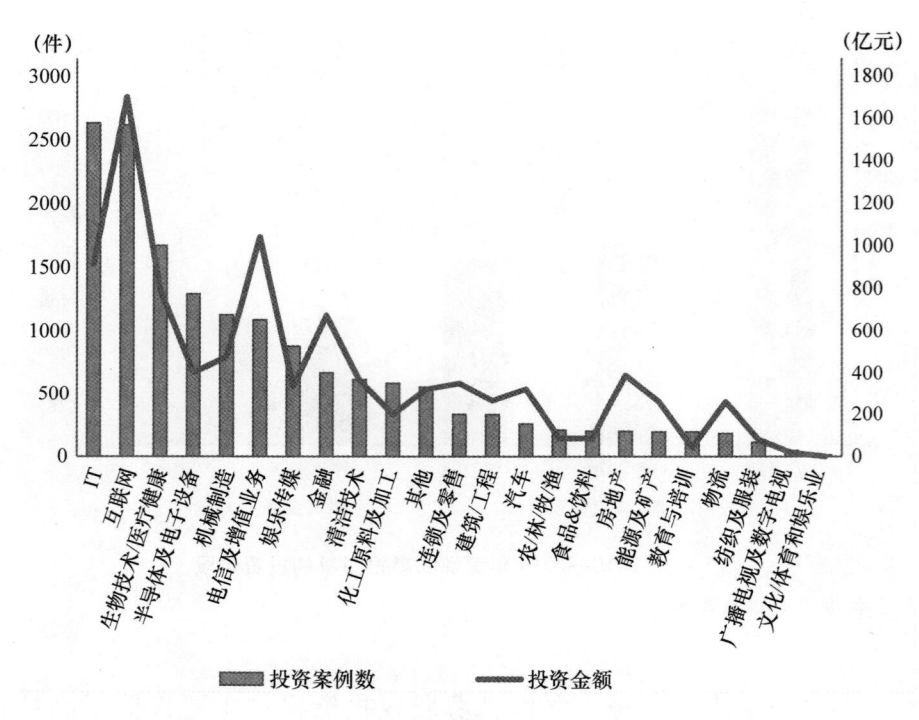

图5-9 2010—2019年深圳私募投资机构主要投资行业

数据来源:私募通。

深圳私募投资机构主要投资于省内及东部发达地区。2010—2019年,深圳私募股权投资机构投资于广东、北京、上海、江苏、浙江五个省市的案例数达到12354件,占比达到72.1%;投资金额达到6470.29亿元,占比68.7%。其中,获得投资次数最多的省(市)是广东,投资案例数共有5787件,占所有投资案例数的36.1%,北京、上海、江苏、浙江获得的投资次数分别有3004件、1581件、1141件和841件;获得投资金额的省(市)是北京,投资金额达到2589.28亿元,占比27.5%,广东、上海、江苏、浙江获得的投资额分别为2073.75亿元、854.02亿元、532.56亿元和410.68亿元（见图5-10）。

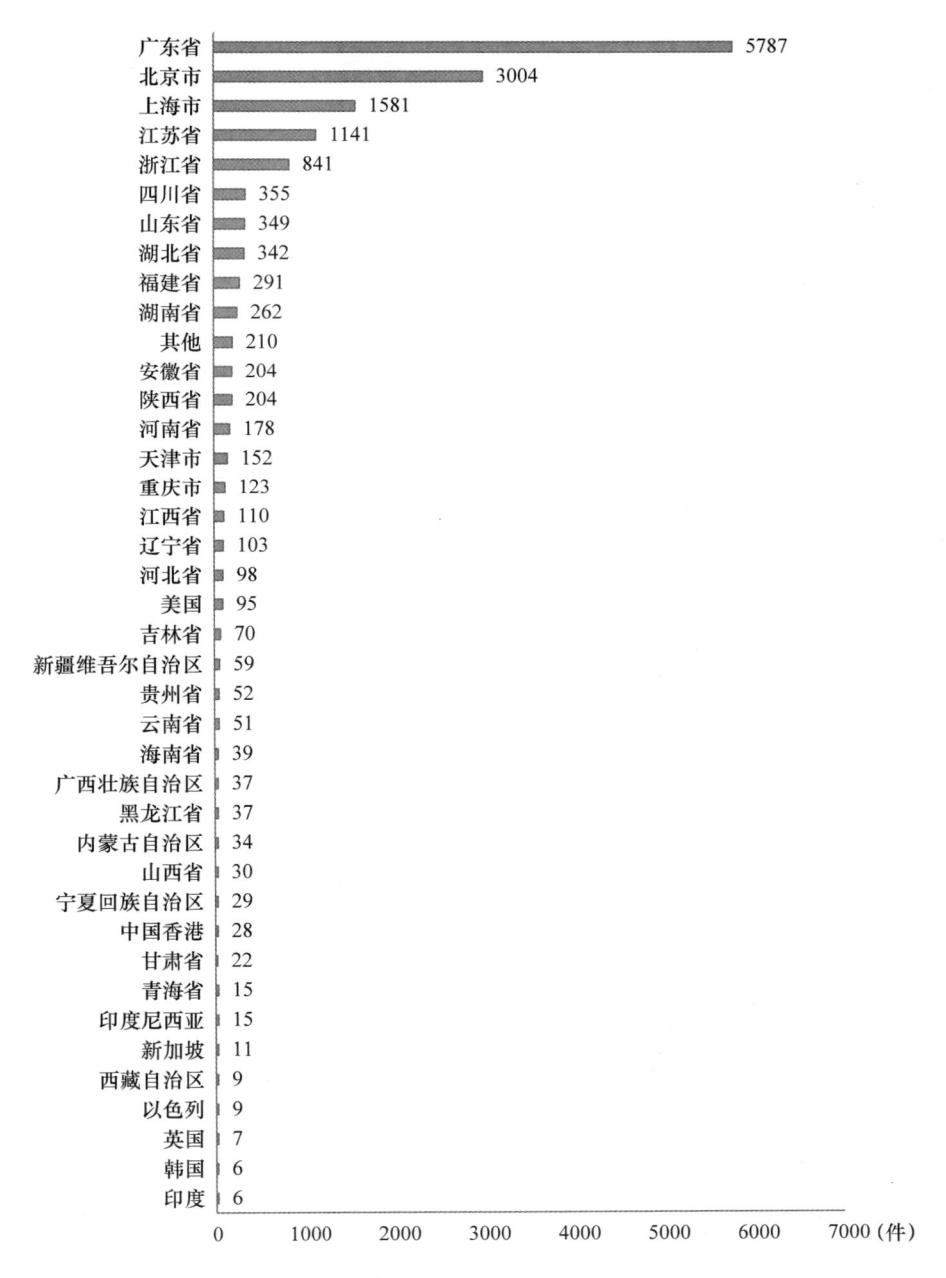

地区	数量（件）
广东省	5787
北京市	3004
上海市	1581
江苏省	1141
浙江省	841
四川省	355
山东省	349
湖北省	342
福建省	291
湖南省	262
其他	210
安徽省	204
陕西省	204
河南省	178
天津市	152
重庆市	123
江西省	110
辽宁省	103
河北省	98
美国	95
吉林省	70
新疆维吾尔自治区	59
贵州省	52
云南省	51
海南省	39
广西壮族自治区	37
黑龙江省	37
内蒙古自治区	34
山西省	30
宁夏回族自治区	29
中国香港	28
甘肃省	22
青海省	15
印度尼西亚	15
新加坡	11
西藏自治区	9
以色列	9
英国	7
韩国	6
印度	6

图5-10　2010—2019年深圳私募投资机构投资数量地区分布

数据来源：私募通。

深圳私募股权投资机构对投资境外、国外也比较积极（见图 5-10、图 5-11）。2010—2019 年，投资美国的案例数达到

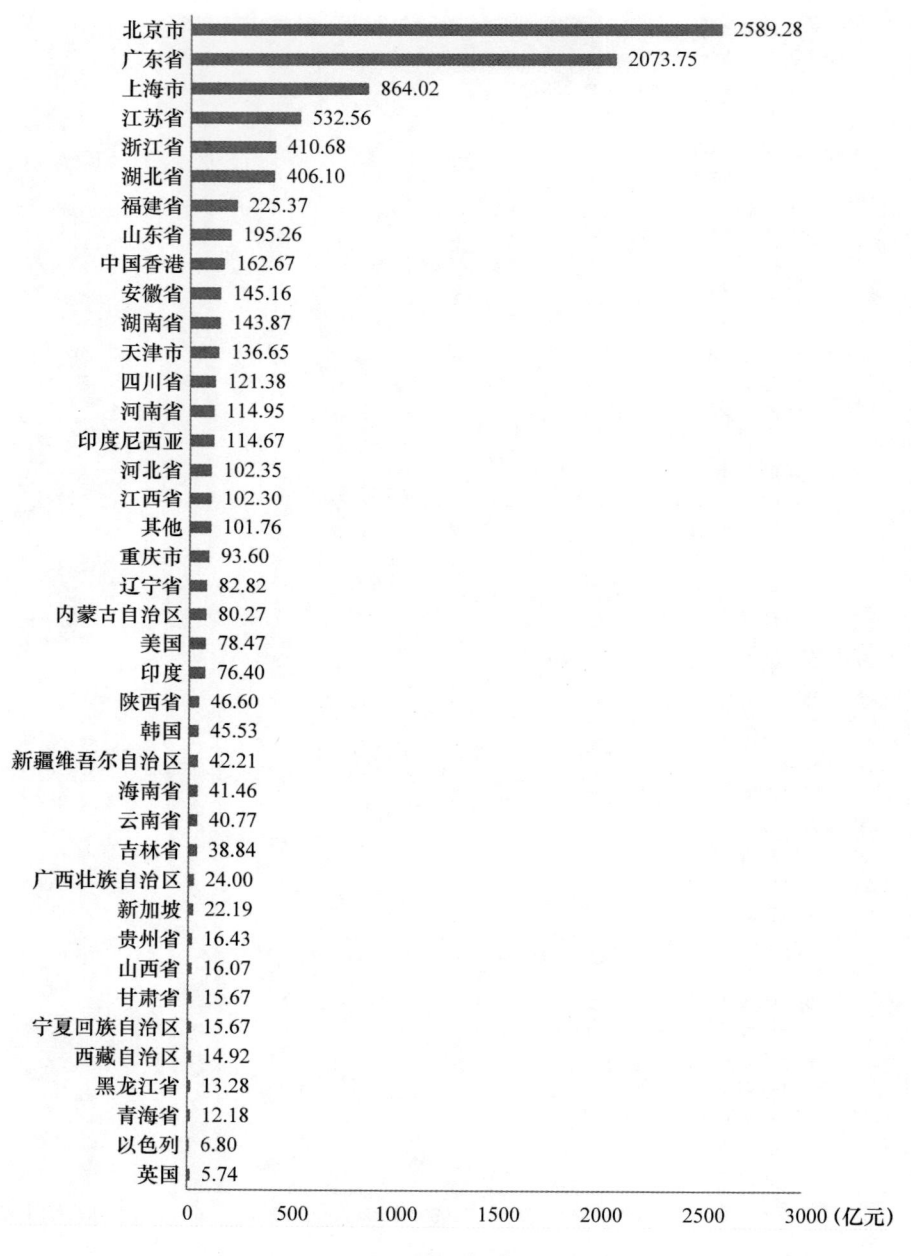

地区	金额（亿元）
北京市	2589.28
广东省	2073.75
上海市	864.02
江苏省	532.56
浙江省	410.68
湖北省	406.10
福建省	225.37
山东省	195.26
中国香港	162.67
安徽省	145.16
湖南省	143.87
天津市	136.65
四川省	121.38
河南省	114.95
印度尼西亚	114.67
河北省	102.35
江西省	102.30
其他	101.76
重庆市	93.60
辽宁省	82.82
内蒙古自治区	80.27
美国	78.47
印度	76.40
陕西省	46.60
韩国	45.53
新疆维吾尔自治区	42.21
海南省	41.46
云南省	40.77
吉林省	38.84
广西壮族自治区	24.00
新加坡	22.19
贵州省	16.43
山西省	16.07
甘肃省	15.67
宁夏回族自治区	15.67
西藏自治区	14.92
黑龙江省	13.28
青海省	12.18
以色列	6.80
英国	5.74

图 5-11　2010—2019 年深圳私募投资机构投资金额地区分布

数据来源：私募通。

95 件，超过了国内的很多省份，排名位居第 20；投资金额 78.47 亿元，排名第 22。

这期间投资中国香港的案例数达到 28 件，投资金额更是高达 162.67 亿元，排名第九。深圳私募股权投资机构对印度、韩国、印度尼西亚、英国、以色列、新加坡等国也进行了投资。

深圳私募股权投资市场活跃着一批机构投资者。2010—2019 年，深创投投资案例达到 1223 件，占比达到 7.6%；达晨创投（741 件）、腾讯投资（672 件）、东方富海（605 件）、同创伟业资管（581 件）、时代伯乐（530 件）等也是活跃在深圳私募股权投资领域的活跃者。从投资金额看，2010—2019 年腾讯投资是深圳地区投资金额最多的私募股权投资机构，总投资额达到 2269.93 亿元，占比达到 24.1%；深创投（445.28）、东方富海（250.18）、达晨创投（190.99）、招商局资本（187.86）投资金额也很大。

（二）私募股权投资基金投资情况

深圳私募股权投资基金发展较早，各年投资案例数相对平稳。2010—2019 年，深圳私募股权投资基金投资案例数 5211 件，投资企业 3241 家；公布的总投资金额 2129.8 亿元，平均单笔投资金额为 0.51 亿元。除了 2010 年投资案例数相对较少，只有 279 件外，其他年份的投资案例数都超过 400 件，但最高纪录也只有 768 件，总体各年的波动不是太大。但与案例数不同，此期间投资金额波动很大。2014 年深圳私募股权投资基金投资金额 96.73 亿元，次年则大幅增加到 212.21 亿元，增速达到 119.4%；2017 年则更是达到了 566.34 亿元，同比 2014 年增长了差不多 5 倍；但 2018 年投资额则急剧下降到 236.8 亿元，只有 2017 年一半不到，2019 年仍然保持低位，只有 233.82 亿元（见图 5-12）。

与北京、上海不同，深圳私募股权投资基金对企业成熟期

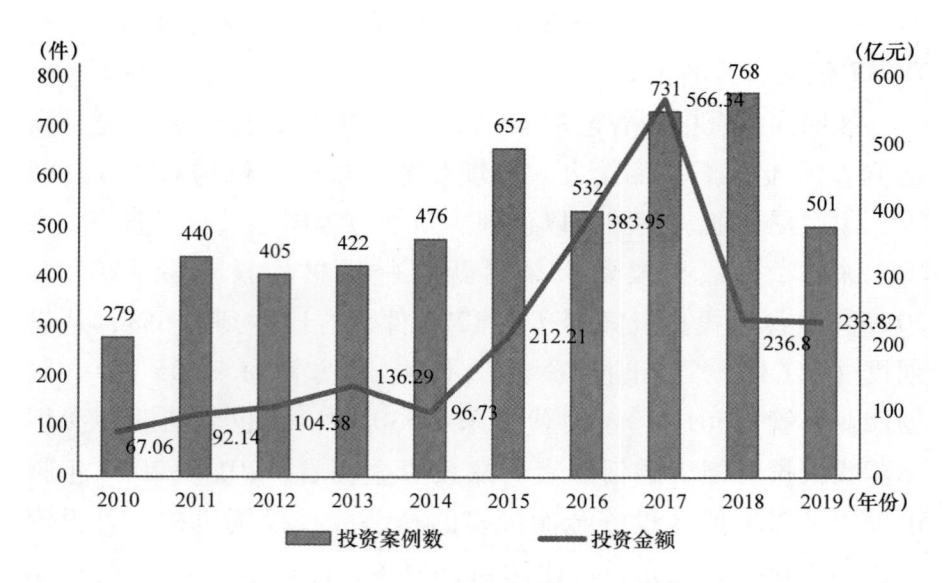

图 5-12 2010—2019 年深圳私募股权投资基金投资数量和金额

数据来源：私募通。

投资更多。从投资案例数分析，扩张期是深圳私募股权投资基金投资的主要企业发展阶段，案例数达到 2407 件，占比达到 46.2%；对企业成熟期的案例数也很多，位居第二，达到 1582 件。从投资金额分析，企业成熟期的投资金额达到 1017.2 亿元，占总投资额的 47.8%，单笔平均投资额 0.73 亿元，为所有投资平均投资额的 1.42 倍；投资于扩张期的金额仅次于投资成熟期的金额，达到 736.67 亿元，占比达到 34.6%（见图 5-13）。

与北京、上海一样，深圳私募股权投资基金主要投资于高技术和现代服务业。2010—2019 年，深圳私募股权投资基金投资项目最多的五个行业分别是 IT（802 件）、生物技术/医疗健康（659 件）、半导体及电子设备（574 件）、互联网（546 件）、机械制造（544 件），占比分别为 15.4%、12.6%、11.0%、10.5% 和 10.4%；获得投资金额最多的五个行业是生物技术/医疗健康（226.32 亿元）、清洁技术（219.17 亿元）、IT（197.61 亿元）、机械制造（192.55 亿元）、半导体及电子设备（157.18 亿元），占比分别为 10.6%、10.3%、9.3%、9.0%、7.4%（见图 5-14）。

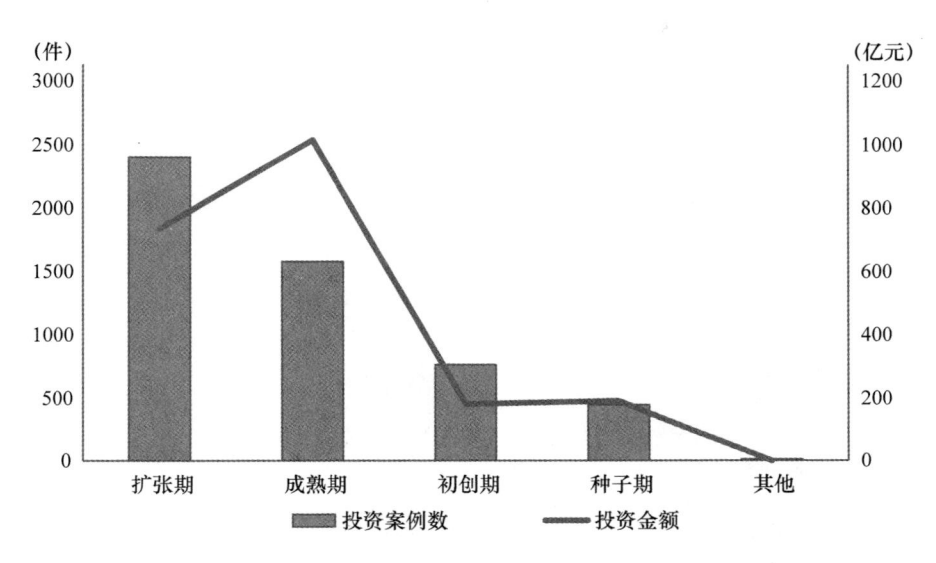

图 5-13　2010—2019 年深圳私募股权投资基金投资阶段

数据来源：私募通。

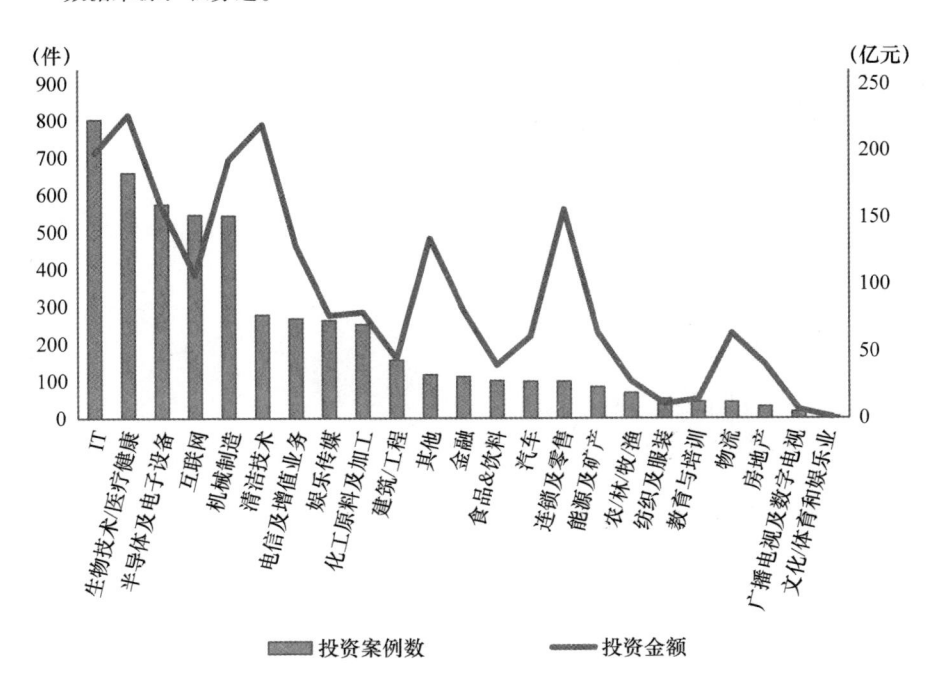

图 5-14　2010—2019 年深圳私募投资机构主要投资行业

数据来源：私募通。

132　私募股权市场发展及广州对策

　　与深圳私募股权投资总体情况不同，无论是投资案例数还是投资金额，广东都位居第一。2010—2019 年，深圳私募股权

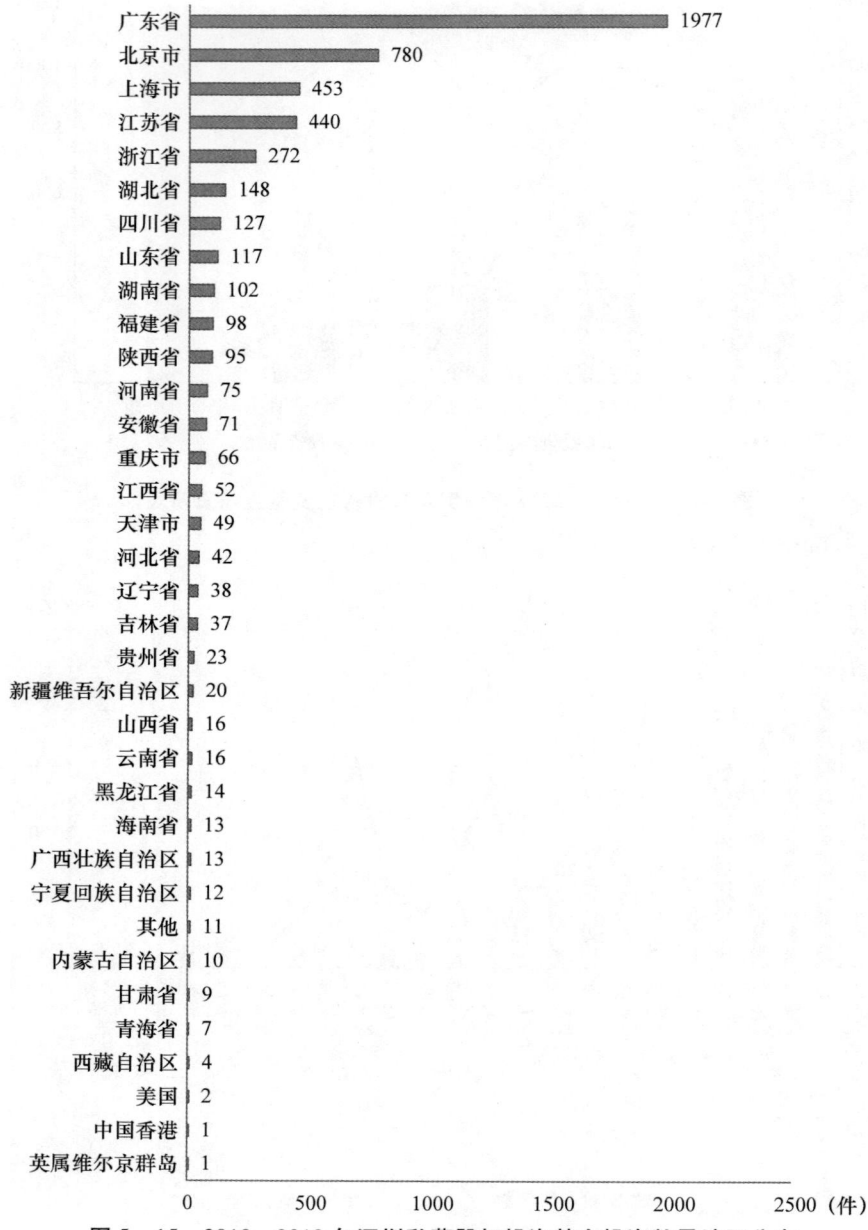

地区	数量（件）
广东省	1977
北京市	780
上海市	453
江苏省	440
浙江省	272
湖北省	148
四川省	127
山东省	117
湖南省	102
福建省	98
陕西省	95
河南省	75
安徽省	71
重庆市	66
江西省	52
天津市	49
河北省	42
辽宁省	38
吉林省	37
贵州省	23
新疆维吾尔自治区	20
山西省	16
云南省	16
黑龙江省	14
海南省	13
广西壮族自治区	13
宁夏回族自治区	12
其他	11
内蒙古自治区	10
甘肃省	9
青海省	7
西藏自治区	4
美国	2
中国香港	1
英属维尔京群岛	1

图 5-15　2010—2019 年深圳私募股权投资基金投资数量地区分布

　　数据来源：私募通。

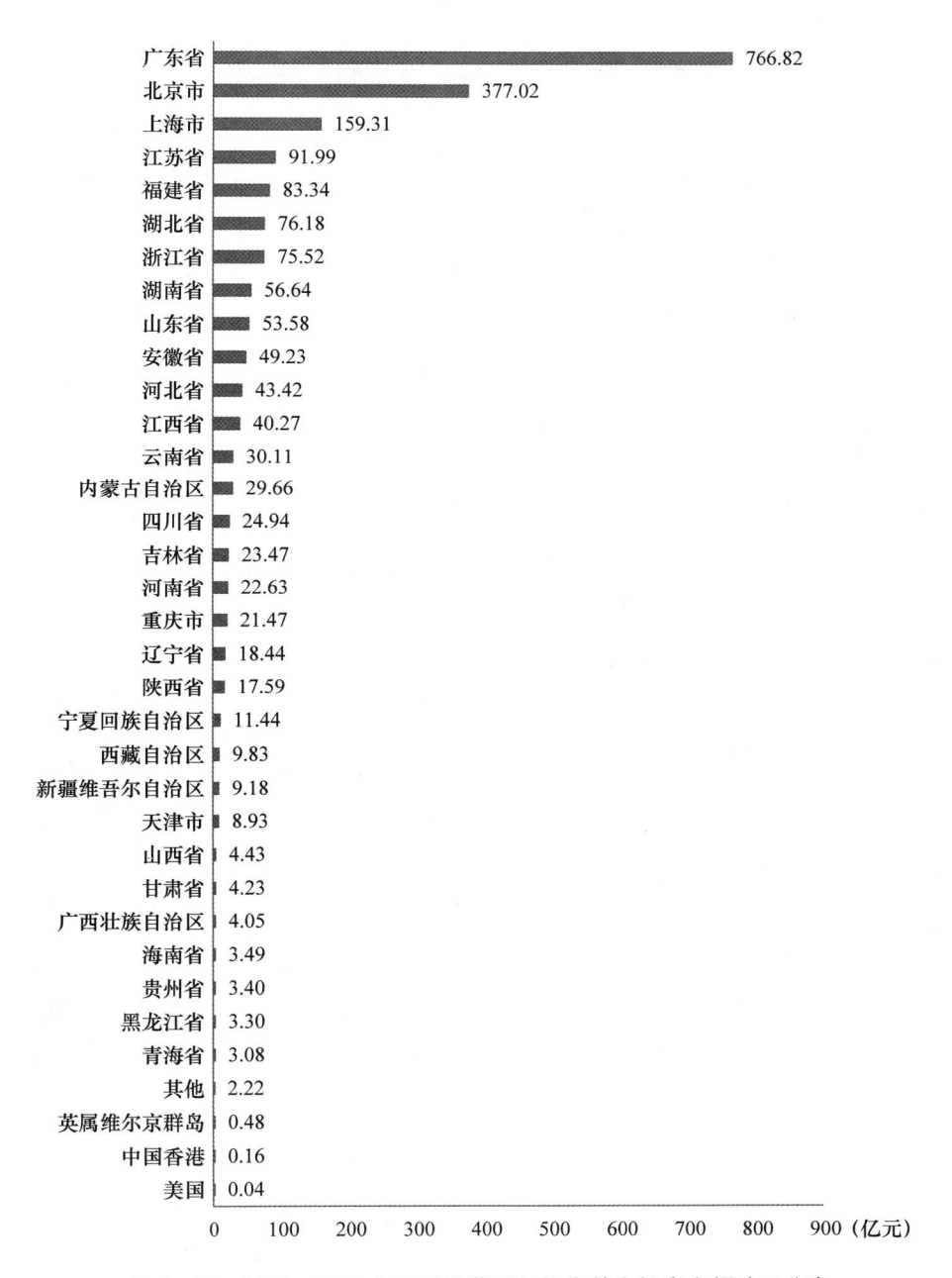

地区	金额（亿元）
广东省	766.82
北京市	377.02
上海市	159.31
江苏省	91.99
福建省	83.34
湖北省	76.18
浙江省	75.52
湖南省	56.64
山东省	53.58
安徽省	49.23
河北省	43.42
江西省	40.27
云南省	30.11
内蒙古自治区	29.66
四川省	24.94
吉林省	23.47
河南省	22.63
重庆市	21.47
辽宁省	18.44
陕西省	17.59
宁夏回族自治区	11.44
西藏自治区	9.83
新疆维吾尔自治区	9.18
天津市	8.93
山西省	4.43
甘肃省	4.23
广西壮族自治区	4.05
海南省	3.49
贵州省	3.40
黑龙江省	3.30
青海省	3.08
其他	2.22
英属维尔京群岛	0.48
中国香港	0.16
美国	0.04

图 5-16　2010—2019 年深圳私募股权投资基金投资金额地区分布

数据来源：私募通。

投资基金投资于广东的案例数达到1977件，占所有投资案例数的37.9%；投资金额766.82亿元，占总投资金额的36.0%。北京、上海、江苏、浙江等东部省市成为深圳私募股权投资基金投资的省外热点地区。2010—2019年，北京、上海、江苏、浙江获得投资的案例数分别为780件、453件、440件、272件，占比分别为15.0%、8.7%、8.4%和5.2%；获得投资金额377.02亿元、159.31亿元、91.99亿元、75.52亿元，分别占到总投资金额的17.7%、7.5%、4.3%、3.5%。深圳私募股权投资基金还少量投资于境外、国外地区，如美国、中国香港、英属维尔京群岛等（见图5-15、图5-16）。

三 私募股权投资退出分析

（一）私募股权投资机构投资退出情况

2010—2019年，深圳私募投资机构退出案例数2630例（见图5-17）。2014年A股重启IPO后，深圳私募投资机构迎来投资退出高发期，每年退出案例维持在较为理想的水平。2018年、2019年虽然退出案例数较前一年有所下降，但仍然维持在较高水平。2010—2019年，平均投资年限3.21年。由于前期投资退出大环境不是很好，随着2014年IPO重启后这些项目才逐渐退出，2014—2016年项目退出年限相对较涤，近些年随着竞争加剧，以及市场环境好转，投资期限整体更短，2018年、2019年的退出年限只有2.84年和2.97年，甚至低于平均值（3.21年）。

2010—2019年，深圳私募股权投资机构投资回报率平均为4.31倍。其中2010年、2011年两年的投资回报率最高，达到10.0倍和10.5倍，随着回报率下降，基本稳定在3倍左右。绝大部分项目的投资回报率都在10倍以下，案例数达到了2510件，占比达到95.4%。也有小部分投资项目能够获得非常高的投资回报。获得10—50倍投资回报的退出案例数有108件、

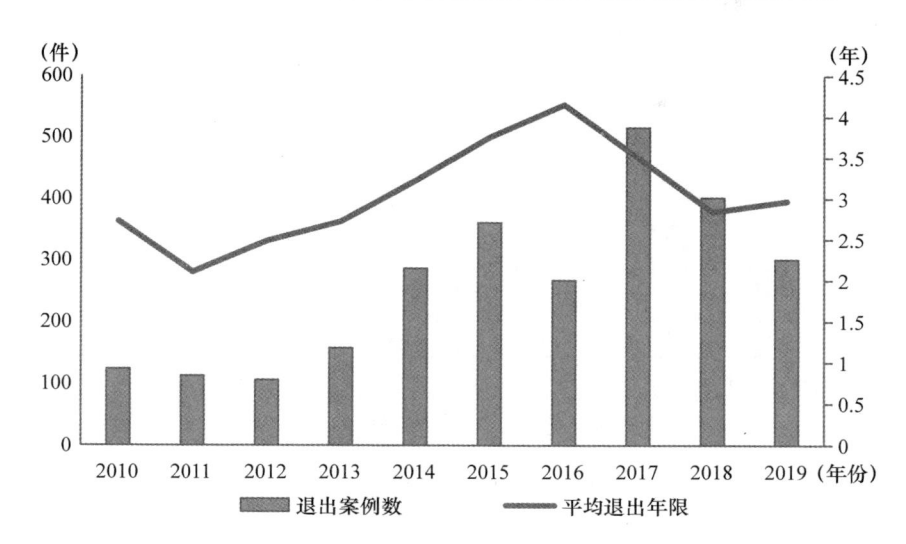

图 5 - 17　2010—2019 年深圳私募投资机构历年退出案例数和平均年限
数据来源：私募通。

50—100 倍投资回报的案例数有 7 件、100 倍以上回报的投资案例数有 5 件，分别占比为 4.1%、0.3%、0.2%；这些投资项目之所以能获得高回报，是与长投资期密切相关的，它们的平均投资年限分别为 4.29 年、4.56 年和 6.5 年（见图 5 - 18、表 5 - 5）。

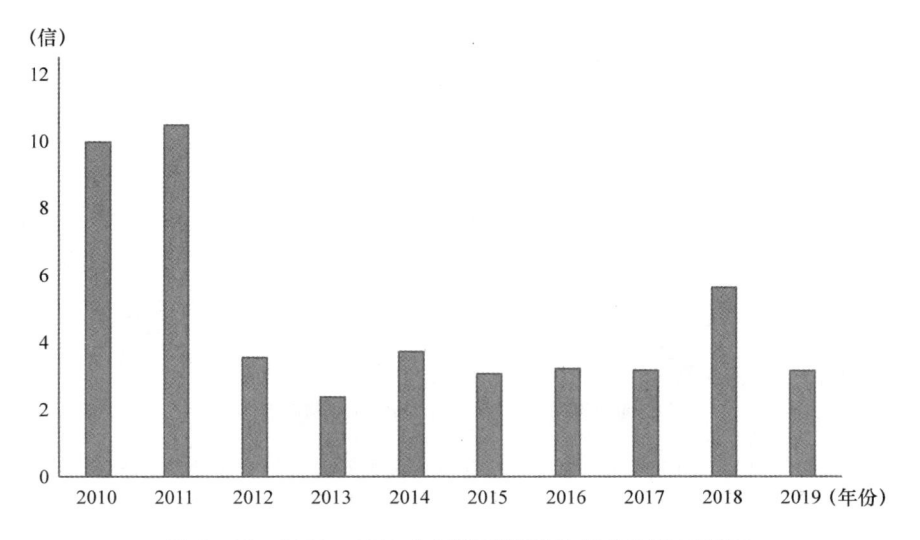

图 5 - 18　2010—2019 年深圳私募投资机构退出回报率
数据来源：私募通。

表 5-5　　2010—2019 年深圳私募投资机构退出案例概况

回报倍数	退出案例数（件）	平均退出年限（年）	平均回报倍数（倍）
1 倍以下	930	3	0.71
1—10 倍	1580	3.23	2.79
10—50 倍	108	4.29	17.58
50—100 倍	7	4.56	61.68
100 倍以上	5	6.5	347.63

数据来源：私募通。

从投资获得的回报额来看，大部分投资项目的回报额在 1 亿元以下。2010—2019 年，深圳私募投资机构退出案例中，退出案例回报金额在 1000 万元以下的有 1948 件，占比 74.1%；回报金额在 1000 万—1 亿元的案例有 606 件，占比 23.0%。获得 10 亿元以上回报的案例也有 8 件（见图 5-19）。

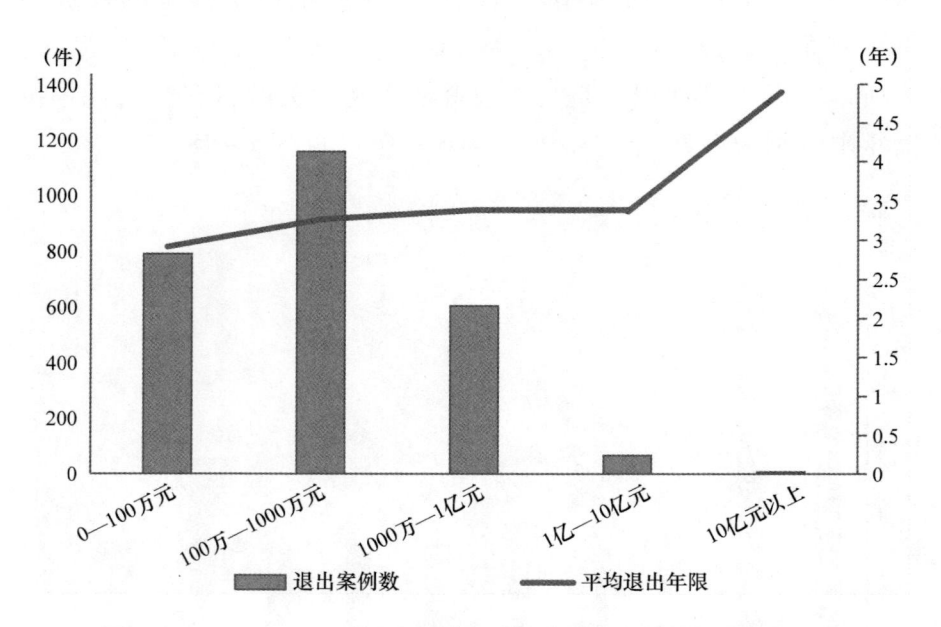

图 5-19　2010—2019 年深圳私募投资机构退出回报金额及退出年限

数据来源：私募通。

与北京、上海一样，深圳私募股权投资也主要通过 IPO、并购和股权转让三种方式退出。2010—2019 年，深圳私募投资机构通过 IPO、并购、股权转让退出的案例数分别为 1070 件、709 件、501 件，合计占到总退出案例的 86.7%。IPO 虽然流程复杂，等待年限较长，平均 3.47 年退出年限，但由于能获得高收益（4.67 倍），且退出渠道相对稳定，很大一部分项目希望以这种方式退出。并购和股权转让的平均退出年限都是 2.92 年，退出的回报率分别为 3.54 倍和 5.89 倍。回购也是较为常见退出方式，退出案例数达到 262 件，占比达到 10.0%（见表 5-6）。

表 5-6　　　　　2010—2019 年深圳私募投资机构退出方式

退出方式	退出案例数（件）	占比	平均退出年限（年）	平均回报倍数（倍）
IPO	1070	40.7%	3.47	4.67
并购	709	27.1%	2.92	3.54
股权转让	501	19.0%	2.92	5.89
回购	262	10.0%	3.6	1.3
其他	54	2.0%	2.44	4.89
借壳	17	0.6%	1.66	1.52
清算	17	0.6%	1.26	1.34

（二）私募股权投资基金投资退出情况

2010—2019 年，深圳私募股权投资基金退出案例数 1081 件，占私募股权投资退出案例数的 41.1%。2010—2013 年，深圳私募股权投资基金退出案例数整体较少，平均每年只有 40 件；2014 年随着宏观环境的好转，退出案例数同比上年大幅度增长了 1.4 倍，达到 130 件，此后几年一直维持在高位，2014—2019 年平均每年退出案例数达到 153.5 件。2010—2019 年，深圳私募股权投资基金平均退出年限 3.06 年，2010—2013 年平均退出年限 1.8 年，2014—2019 年平均退出年限 3.3 年（见图 5-20）。

这期间，深圳私募股权投资基金回报率相对稳定，平均达

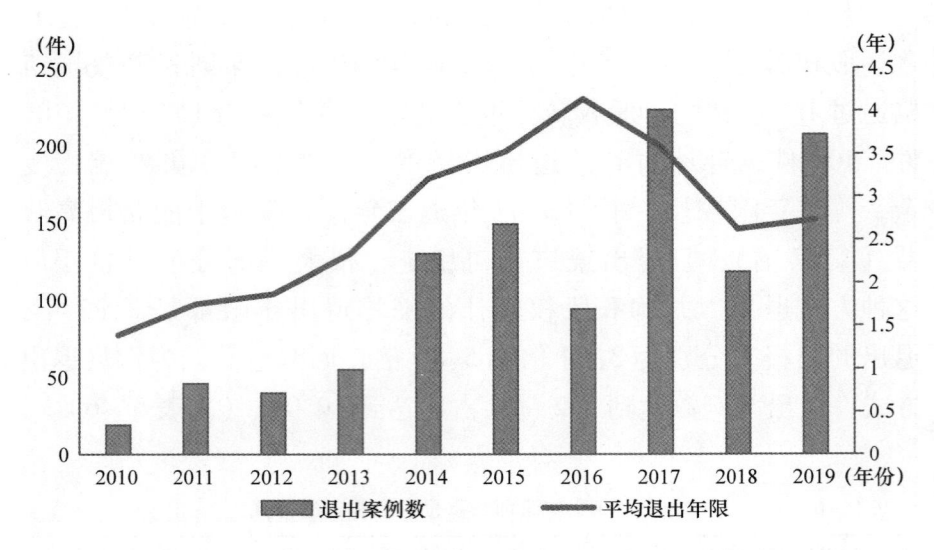

138　私募股权市场发展及广州对策

图 5-20　2010—2019 年深圳私募股权投资基金历年退出案例数及年限
数据来源：私募通。

到 2.67 倍。2010 年的投资回报率最高，达到 5.91 倍，随后下降；整体上 2010—2012 年三年的回报率较高，平均达 4.4 倍，此后几年回报率都维持在 2 倍多，2013—2019 年平均只有 2.4 倍。2010—2019 年，私募股权投资基金投资退出回报率绝大部分在 10 倍以下，案例数 1052 件，占到总退出案例数的 97.3%，这些案例投资的年限也相对较短，平均只有 2.9 年，甚至有 353 起投资获得的投资回报只有 1 倍不到；也有 1 件投资案例获得了 50 倍以上的回报（见表 5-7）。

表 5-7　2010—2019 年深圳私募股权投资基金退出案例概况

回报倍数	退出案例数（件）	平均退出年限（年）	与平均年限相比
1 倍以下	353	2.73	89.2%
1—10 倍	699	3.14	102.6%
10—50 倍	28	4.64	151.8%
50—100 倍	1	0	0.0%

数据来源：私募通。

深圳私募股权投资基金获得的回报额普遍较低。2010—2019年，深圳私募股权投资基金退出案例中，没有获得10亿元以上回报金额的投资项目，主要都集中在1亿元以下，共有1029件，占总案例数的98.0%；甚至有222件退出案例获得的投资回报在100万元以下，占比20.5%。有22件退出案例获得了1亿—10亿元的回报金额，占比只有2.0%（见图5-21）。

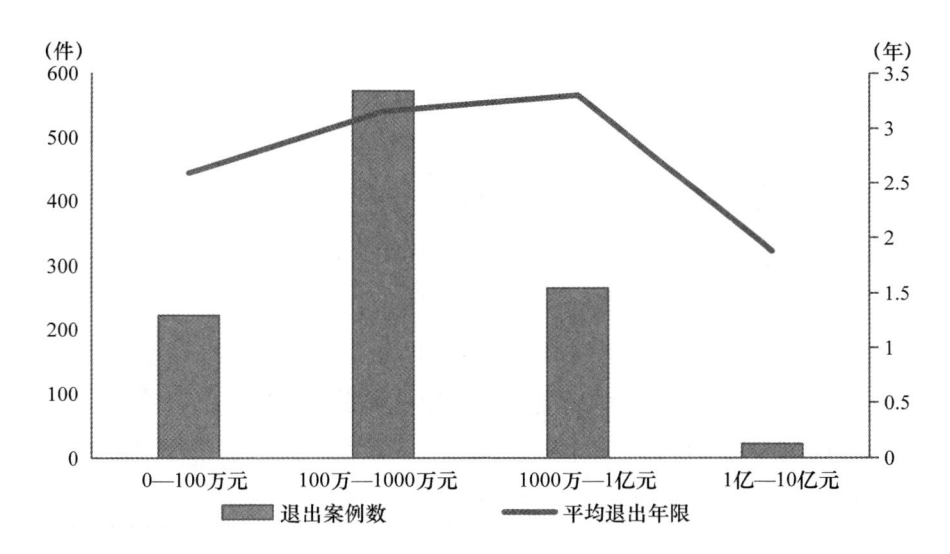

图5-21 2010—2019年深圳私募股权投资基金退出回报金额及退出年限
数据来源：私募通。

IPO是深圳私募股权投资基金投资退出的最主要方式。2010—2019年，有55.0%的深圳私募股权投资基金退出方式选择了IPO。虽然IPO退出等待年限在所有退出方式中最长（3.41年），但回报更高，平均回报倍数2.93倍，超过其他退出方式。并购也是投资退出的重要方式，2010—2019年有349件投资案例选择这种方式退出，占比32.3%。并购退出的等待时间比IPO更短，只要2.49年，回报率也稍低于IPO方式，达到2.43倍。通过股权转让等其他方式退出的案例数较少，占比总共只有12.8%（见表5-8）。

表 5-8　　　　2010—2019 年深圳私募股权投资基金退出方式

退出方式	退出案例数（件）	与平均年限相比	平均回报倍数（倍）
IPO	595	111.35%	2.93
并购	349	81.47%	2.43
股权转让	85	74.85%	1.92
回购	39	109.76%	1.33
借壳	12	50.61%	1.55
其他	1	0.00%	1.51

数据来源：私募通。

（三）深圳企业上市及并购情况

2010—2019 年，深圳企业上市案例数 279 件，公布的总筹集金额 3230.26 亿元，平均筹资 12.01 亿元（见图 5-22）。其中，146 家上市企业在上市前获得 PE/VC 的资金支持，占比 52.3%；公布的筹集资金共 1934.43 亿元，占总募集金额的 59.9%。这些上市前获得 PE/VC 投资的上市企业，平均单笔筹资金额 13.34 亿元，超过未获得 PE/VC 支持的上市企业（10.45 亿元）。2010—2019 年，深圳市企业上市数量经历了较大的波动，从 2010 年的

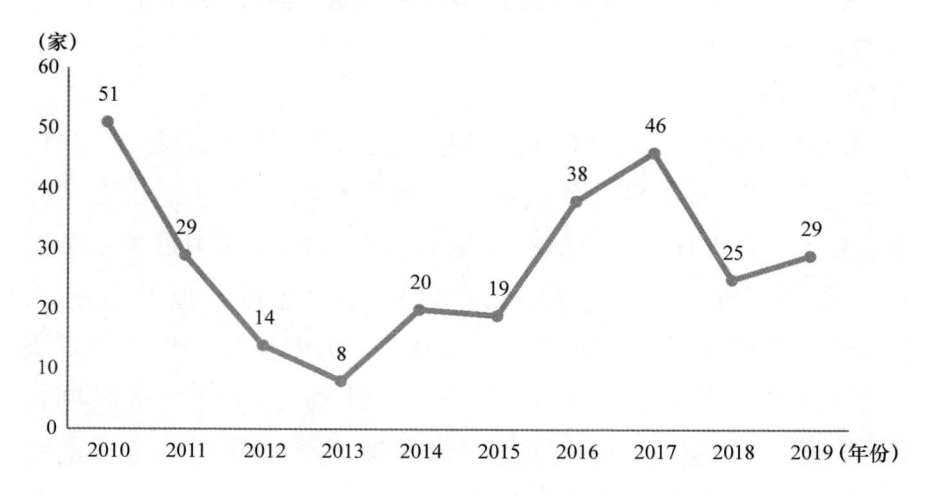

图 5-22　2010—2019 年深圳市历年上市企业数量

数据来源：私募通。

51家企业上市,下降到2013年只有8家企业上市;2014年A股IPO重启后开始好转,并在2017年升高到46家企业上市。

深圳上市企业主要在深圳证券交易所上市。2010—2019年,在深圳证券交易所创业板上市的企业有92家,是深圳企业上市最多的证券交易所板块;还有83家深圳企业在深交所中小板上市,以及1家企业在深交所主板上市。在深圳证券交易所上市的深圳本地企业达到了63.1%。香港证券交易所也是深圳企业上市的重要平台,2010—2019年在香港证券交易所主板和创业板上市的企业数达到68家,占比达到24.4%。还有零星的企业在上海证券交易所、纳斯达克证券交易所、纽约证券交易所等上市(见图5-23)。

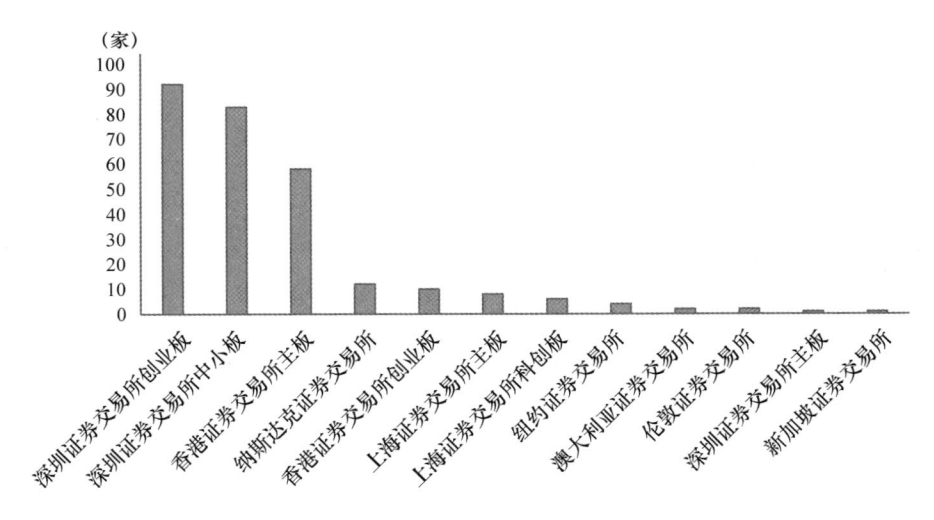

图5-23 2010—2019年深圳市上市企业上市交易所分布
数据来源:私募通。

作为电子信息产业优势突出城市,电子信息类企业占了深圳上市企业很大部分。2010—2019年,深圳市上市企业中,半导体及电子设备行业上市企业65家,占此期间上市企业总数的23.3%;IT业上市企业30家,占上市企业总数的10.8%。排名前五的行业还有机械制造、建筑/工程、生物技术/医疗健康,这期间这些行业的上市企业数分别为 25 家、21 家、20 家。半导体及电子设备、房地产业、金融业、能源及矿产、生物技术/医疗健康是募集资金前五的行业。2010—2019 年，半导体及电子设备业也是募集资金最多的行业，达到 720.02 亿元，占所有上市企业筹集金额的 22.3%；房地产业、金融业、能源及矿产、生物技术/医疗健康四大行业的募集金额也分别达到 563.03 亿元、427.49 亿元、348.22 亿元、196.37 亿元（见表 5–9）。

表 5–9　2010—2019 年深圳市上市企业上市行业分布

行业	细分行业	上市案例数（件）	占比	筹集金额（亿元）	占比
半导体及电子设备	电子设备、光电、半导体	65	23.30%	720.02	22.29%
IT	IT 服务、软件、硬件	30	10.75%	139.02	4.30%
机械制造	电气机械及器材制造、仪器仪表制造	25	8.96%	135.95	4.21%
建筑/工程	房屋和土木工程、建材、家具	21	7.53%	97.22	3.01%
生物技术/医疗健康	医药、医疗服务、医疗设备、生物工程、保健品	20	7.17%	196.37	6.08%
金融	互联网金融、金融服务、保险、证券、银行	18	6.45%	427.49	13.23%
互联网	网络服务、电子商务、网络营销	15	5.38%	101.29	3.14%
电信及增值业务	无线互联网服务、电信设备及终端、电信运营、固网增值服务	15	5.38%	147.49	4.57%
清洁技术	环保、新能源、新材料	13	4.66%	83.70	2.59%
连锁及零售	零售、餐饮、酒店、批发业	9	3.23%	103.90	3.22%

续表

行业	细分行业	上市案例数（件）	占比	筹集金额（亿元）	占比
化工原料及加工	化工原料生产、新材料、农药及肥料、日用化学	8	2.87%	30.85	0.96%
房地产	房地产开发经营、房地产中介服务、物业管理	7	2.51%	563.03	17.43%
能源及矿产	电力、燃气及水的生产和供应业、冶炼/加工、石油和天然气开采、有色金属矿采选、煤炭开采和洗选、黑色金属矿采选、非金属矿采选	6	2.15%	348.22	10.78%
汽车	汽车制造、汽车销售渠道、汽车租赁、汽车维修	6	2.15%	38.21	1.18%
物流	配送及仓储、物流管理、物流设备制造	5	1.79%	21.46	0.66%
纺织及服装	纺织业、服装业	5	1.79%	36.72	1.14%
其他		4	1.43%	17.29	0.54%
广播电视及数字电视	终端设备及技术服务、内容提供商、运营商、网络传输	2	0.72%	6.67	0.21%
娱乐传媒	娱乐与休闲、影视制作及发行、文化传播、广告创意/代理、传统媒体、户外媒体	2	0.72%	4.65	0.14%
教育与培训	专业培训、学历教育、职业教育	1	0.36%	6.03	0.19%
租赁和商务服务业	租赁业、商务服务业	1	0.36%	4.04	0.13%
食品＆饮料	食品加工、食品制造业、饮料制造业	1	0.36%	0.64	0.02%

数据来源：私募通。

144 私募股权市场发展及广州对策

2010—2019 年，深圳市发生并购案例数 1377 件；公布总并购金额 6873.47 亿元，平均每起并购金额 5.93 亿元。其中，国内交易 1343 件，占比 97.5%；并购金额 6228.35 亿元，占比 90.6%。外资交易和海外交易分别为 26 件和 1 件，涉及并购金额分别为 641.29 亿元和 1.61 亿元。外资交易单笔并购案例平均金额 33.75 亿元，远超过国内交易（5.49 亿元）和海外交易（1.61 亿元）。2010—2017 年，深圳并购案例逐年递增，从 2010 年的 36 件增加到 2017 年 229 件；此后两年有所下降，2018 年、2019 年分别为 183 件、118 件。2013 年，深圳并购金额 1291.11 亿元，同比上年暴增了 13.4 倍，此后一直到 2019 年都维持在相对高位，2013—2019 年并购金额 6670.57 亿元，占总并购金额的 97.0%（见图 5-24）。

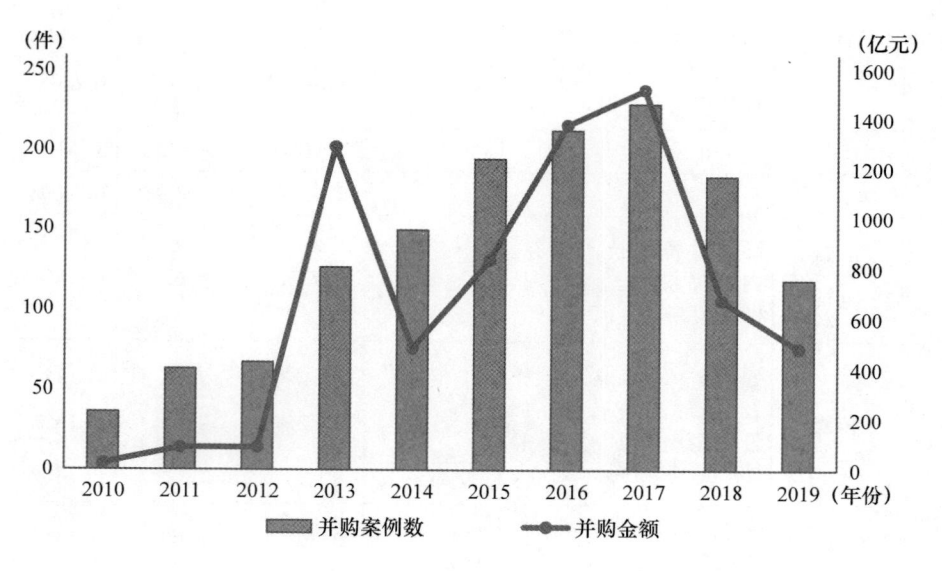

图 5-24 2010—2019 年深圳市历年企业并购数量

数据来源：私募通。

与上市企业的行业分布一样，电子信息领域也是并购的主要领域。2010—2019 年，深圳半导体及电子设备业、IT 业两个行业发生并购案例数分别为 211 件和 189 件，合计占比达到

29.0%；排名前五的其他三个行分别为金融、互联网、机械制造，并购案例分别有179件、111件、97件，前五位行业的并购案例数合计占比达到57.2%。金融业是并购金额最多的行业，2010—2019年并购金额达到1953.78亿元，达到28.4%；房地产业、半导体及电子设备行业的并购金额也较高，分别达到1420.04亿元、740.1亿元，占比20.7%和10.8%（见表5-10）。

表5-10　　　　2010—2019年深圳市企业并购行业分布

被并购方行业	细分行业	并购案例数（件）	占比	并购金额（亿元）	占比
半导体及电子设备	电子设备、光电、半导体	211	15.32%	740.1	10.77%
IT	IT服务、软件、硬件	189	13.73%	291.52	4.24%
金融	互联网金融、金融服务、保险、证券、银行	179	13.00%	1953.78	28.42%
互联网	网络服务、电子商务、网络营销	111	8.06%	290.09	4.22%
机械制造	电气机械及器材制造、仪器仪表制造	97	7.04%	171.61	2.50%
其他		88	6.39%	371.69	5.41%
房地产	房地产开发经营、房地产中介服务、物业管理	77	5.59%	1420.04	20.66%
电信及增值业务	无线互联网服务、电信设备及终端、电信运营、固网增值服务	72	5.23%	198.19	2.88%
生物技术/医疗健康	医药、医疗服务、医疗设备、生物工程、保健品	67	4.87%	173.72	2.53%
建筑/工程	房屋和土木工程、建材、家具	47	3.41%	62.57	0.91%
连锁及零售	零售、餐饮、酒店、批发业	46	3.34%	159.33	2.32%

续表

被并购方行业	细分行业	并购案例数（件）	占比	并购金额（亿元）	占比
清洁技术	环保、新能源、新材料	38	2.76%	93.22	1.36
娱乐传媒	娱乐与休闲、影视制作及发行、文化传播、广告创意/代理、传统媒体、户外媒体	35	2.54%	81.34	1.18%
汽车	汽车制造、汽车销售渠道、汽车租赁、汽车维修	28	2.03%	91.12	1.33%
化工原料及加工	化工原料生产、新材料、农药及肥料、日用化学	22	1.60%	53.93	0.78%
物流	配送及仓储、物流管理、物流设备制造	18	1.31%	460.88	6.71%
能源及矿产	电力、燃气及水的生产和供应业、冶炼/加工、石油和天然气开采、有色金属矿采选、煤炭开采和洗选、黑色金属矿采选、非金属矿采选	14	1.02%	39.87	0.58%
食品&饮料	食品加工、食品制造业、饮料制造业	11	0.80%	142.26	2.07%
纺织及服装	纺织业、服装业	9	0.65%	15.03	0.22%
农/林/牧/渔	农业、畜牧业、林业、渔业、农林牧渔服务业	6	0.44%	50.92	0.74%
广播电视及数字电视	终端设备及技术服务、内容提供商、运营商、网络传输	4	0.29%	8.79	0.13%
教育与培训	专业培训、学历教育、职业教育	3	0.22%	0.93	0.01%
租赁及商务服务业	租赁服务、商务服务	2	0.15%	0	0.00%

续表

被并购方行业	细分行业	并购案例数（件）	占比	并购金额（亿元）	占比
文化/体育和娱乐业	文化、体育、娱乐业	2	0.15%	2.51	0.04%
其他制造业	金属/非金属、文教体育用品制造业	1	0.07%	0.05	0.00%

数据来源：私募通。

四　深圳私募股权基金业的政策支持

深圳作为我国经济特区、全国性经济中心城市和国家创新型城市，其技术创新氛围浓厚，产业化土壤肥沃。在深圳创新型经济发展过程中私募股权投资业发挥了重要作用。为了更好发挥私募股权投资业对国家创新型城市的支撑作用，深圳出台了一系列支持本地私募股权投资业发展政策。这些政策主要有以下几方面特点。[①]

与实体经济融合度较高，相关政策延伸到每一个重点产业。深圳市支持私募股权发展的相关政策重视服务实体经济，和实体产业的融合度较高，其中比较典型的是2013年11—12月先后出台的六项政策：《深圳市海洋产业发展规划（2013—2020年）》（深府〔2013〕112号）、《深圳市航空航天产业发展规划（2013—2020年）》（深府〔2013〕118号）、《深圳市关于进一步促进电子商务发展的若干措施》（深府〔2013〕119号）、《深圳市关于鼓励和支持大型骨干企业加快发展的若干措施》（深府〔2013〕120号）、《深圳市生命健康产业发展规划（2013—2020年）》、《深圳市未来产业发展政策》（深府〔2013〕122号）。这些文件都把私募股权市场发展作为产业发展的重要支撑。由

---

① 政策具体内容参见本书附件。

此不仅促进了私募股权市场的持续健康发展，同时也服务了实体经济，特别是为深圳的战略性新兴产业的发展提供了有力的支持，做出了重要贡献。

毗邻香港，重视与香港合作。2012年11月，为促进科技和金融结合，构建充满活力的科技创新生态体系，充分发挥科技对经济社会的支撑引领作用，深圳市人民政府印发了《关于促进科技和金融结合的若干措施》（深府〔2012〕125号），提出"探索符合条件的高新技术企业和金融机构在香港发行人民币债券，拓宽企业债务融资渠道。探索设立前海科技银行等各种创新型金融机构。推进前海金融资产交易所、前海股权交易中心等各类新型要素市场建设，促进高新技术企业以非公开方式进行股权融资"；2017年4月，深圳市人民政府印发《深圳市关于进一步扩大利用外资规模提升利用外资质量的若干措施》（深府函〔2017〕74号），明确提出鼓励和支持"香港金融机构设立合资证券公司、合资证券投资咨询公司和基金管理公司"发展；等等。在粤港澳大湾区上升为国家政策后，深圳和香港间私募股权行业的合作必然会再上新台阶。

对私募股权发展的财政支持力度大。得益于深圳市较好的财政能力和对金融业作为支柱产业的高度重视，深圳市对包括私募股权在内的金融业发展的财政支持较为扎实。如，2010年7月，为加快深圳市股权投资基金业发展，巩固提升深圳区域金融中心城市地位，深圳市人民政府印发《关于促进股权投资基金业发展的若干规定》（深府〔2010〕103号），明确了加强对股权投资基金的支持力度，对以公司制形式设立的股权投资基金，根据其注册资本的规模，给予一次性落户奖励：注册资本达5亿元的，奖励500万元；注册资本达15亿元的，奖励1000万元；注册资本达30亿元的，奖励1500万元。2013年2月，为吸引更多有利于增强市场功能的创新型金融机构聚集，深圳市人民政府印发《深圳市支持金融业发展若干规定实施细则补充规定》(深府〔2013〕12号),针对包括基金管理公司在内的部分金融机构出台了一系列扶持和奖励政策,如"对基金管理、期货公司总部在满足金融监管规定的基础上,因业务发展需要增加注册资本金的,给予一次性增资奖励:注册资本金增加5亿元以上(含5亿元)的,奖励500万元;5亿元以下、2亿元以上的,奖励200万元;2亿元以下、1亿元以上的,奖励100万元"。

第六章　国际私募股权基金业发展

一　全球私募股权基金发展历程及现状

(一) 全球私募股权基金发展历程

在现代私募股权基金发展之前，欧美出现了私募股权投资的早期萌芽。第一次工业革命的爆发，极大地促进了英国生产力发展，国力得到迅速提升，同时社会和个人财富迅速增长。由于国内资金积累过多，对项目的竞争日益激烈，投资回报逐渐走低，促使许多商人逐渐将个人财产和资金转移到海外殖民地。由于个人缺乏国际投资知识，对海外殖民地投资环境不熟，再加上英国政府需要资金对海外殖民地进行开发，于是由政府出面组成投资公司，委托专门人员代为投资，让投资者可以分享海外殖民地投资的丰厚收益。于是，早期的信托投资公司便应运而生。1868年11月，英国组建的"海外和殖民地政府信托"组织在英国《泰晤士报》刊登招股书，公开向社会发售认股凭证，以分散投资于国外殖民地的公司债为主，它是公认的设立最早的投资基金机构。

美国是世界上现代私募股权投资起步最早、规模最大、发展最成熟的国家。早在19世纪末20世纪初，美国就出现了现代私募股权基金的早期雏形。当时，有不少富有的私人投资者通过律师、会计师的介绍和安排，将资金投资于当时风险较大的石油、钢铁、铁路等新兴产业，只是这类投资完全是由投资者个人决策，没有专门的机构进行组织，且资金也不是向符合条件的投资者募集；还有一些理财办公室，专门帮助洛克菲勒（Rockefellers）、惠特尼（Whitneys）、沃伯格（Warburgs）、范德比尔特（Vanderbilts）等富裕家族进行理财，当时施乐公司等就接受过这些家族的投资，这些私人投资者、理财办公室等就是私募股权基金的雏形。1901 年 J. P. 摩根以 4.8 亿美元并购卡内基和菲普斯拥有的卡内基钢铁公司，这是第一个现代意义上的并购活动。

1946 年，美国研发集团（ARDC）的成立，标志着第一家真正现代意义上的私募股权基金公司诞生，从此私募股权投资开始专业化和制度化。现代私募股权基金业的发展，大致可以分为四个阶段，分别是成长阶段、快速发展阶段、调整发展阶段和规范发展阶段。

1. 成长阶段（"二战"后—20 世纪 70 年代）

这一时期，现代私募股权基金诞生并不断成长。1946 年，美国研究与发展公司（American Research and Development Corporation）成立，标志着真正意义上的现代私募股权投资形式出现。美国研究与发展公司由原哈佛商学院院长、"风险资本之父" Georges Doriot 与 Ralph Flanders 和 Karl Compton 创办，目的在于鼓励私人资本进入小企业。美国研究与发展公司的资金不再单纯来自个人，还来自于保险、信托等机构投资者，它们采取发行股票等新办法公开募集资金，再投给初创企业等，为这些企业寻求股权资金的支持开辟了新路，标志着美国股权投资模式由个人直接投资向专业机构管理投资转变，私募股权投资真正诞生。美国研究与发展公司第一个投资成功案例是 1957 年对美国数字设备公司（Digital Equipment Corporation）7 万美元的投资，1968 年数字设备公司首发上市后变成了 3.55 亿美元，投资回报率 500 倍。美国研究与发展公司的员工后来创办了几个著名的风险投资公司，如 Greylock Parters（1965 年创立），Flagship

Ventures（1982年创立）。几乎美国研究与发展公司创立同时，惠特尼（Whitney）家族也脱离原来的投资方法，设立惠特尼公司（J. H. Whitney），注资500万美元，开展更为系统化的风险投资。他们将这个新方式定义为"风险投资"（Venture Capital），这是VC一词的正式由来。到了20世纪50年代，随着美国相关法律的调整，以"小型企业投资公司"为代表的私募股权投资机构数量迅速增长。当时美国小型企业融资困难，导致大量的小企业生存陷入困境；1957年，苏联发射了世界第一颗人造卫星，也震动了美国。为了帮助解决小企业融资难题，同时为了夺取科技和军事优势，扶持中小科技企业创新，1958年美国国会通过了《小企业投资公司法案》（Small Business Investment Companies Act），允许设立"小企业投资公司"（SBIC），并允许美国小企业管理局以低息贷款等形式参与"小企业投资公司"（SBIC）的融资活动，从而推动对美国中小企业的投资。[①] 该法案实施促进了美国私募股权及风险投资业形成与发展，1958—1963年间就有629家获准成立。随着现代私募股权基金及投资业务的诞生，其投资领域、组织形式、资金来源渠道也不断丰富，在经济发展中扮演的角色越来越重要。1973年，美

---

① 通过对法案的修订，美国中小企业局调整了SBIC计划，一是进一步明确了低息贷款内容，二是1994年创立了杠杆融资方式。政府提供低息贷款包括以下几方面：对于私人资本不超过1500万美元的小企业投资公司，政府贷款金额与自身资本的比例为3∶1，对于更大的小企业投资公司，比例降低到2∶1；并且当小企业投资公司将其"可用于投资的全部资金"的50%委托或进行风险投资时，每投入1美元就可从政府获得4美元的低息贷款；并且对于专业的特别小企业投资公司（SSBIC）还有额外的优惠政策。融资担保方式是美国小企业管理局（SBA）以美国政府信用对小企业投资公司发行的信托凭证本息偿还做出担保，而以机构投资者为主的投资者通过购买信任凭证提供资金。美国小企业管理局基于"小企业投资公司"（SBIC）的投资类型提供两种形式的融资担保，第一类是对于投资可转债的活动，小企业投资公司可以获得最高3倍于私人缴付资金的担保。第二类是对于投资于初创和早期企业进行股权投资的小企业投资公司，美国小企业管理局可以采用有限合伙人股份、优先股和根据盈利支付债券的形式购买或担保小企业投资公司的参与式证券，最高可获得2倍于私人缴付资金的担保。

国"国家风险资本协会"（NVCA）成立，标志着风险投资在美国发展成为专门行业，私募股权投资（风险投资）的自律性、规范性得到进一步加强。

在这个阶段，私募股权基金的投资领域不断丰富。早期私募股权基金以投资中小企业为主。美国1958年通过《小企业投资公司法案》后，鼓励"小企业投资公司"增加对小企业的股权投资。到了20世纪60年代，并购逐渐增多，并购基金逐渐发展。1965年，杰尔姆·科尔伯格（Jerome Kohlberg）用杠杆收购方式收购了一家牙科产品制造厂。他们投入自有资金150万美元，其余来自抵押借款。60年代，基金公司收购后普遍都会保留小企业管理层，促进小企业进一步发展。1976年，克拉维斯（Henry Kravis）和罗伯茨（George Roberts）以及科尔博格（Jerome Kohlberg）创建了Kohlberg Kravis Roberts & Co. L. P.（简称KKR公司），这是第一家主要以并购为主业的私募股权基金公司，标志着大规模并购业务开始逐渐成为私募股权投资行业的主要业务，私募股权基金的投资领域也逐渐向大公司、大项目扩展。

这个阶段，私募股权基金公司组织形式不断发展完善。为了促进私募股权基金的进一步发展，在出台《小企业投资公司法案》后，由于1956年出台的《银行控股公司法案》并没有规定禁止银行资金投资于小企业投资公司，越来越多的银行逐渐投资于小企业投资公司，甚至通过购买小企业投资公司发行的可转债实现对小企业投资公司的间接控股。由银行控股的小企业投资公司逐渐成为一种主要形式。到了六七十年代，针对私募股权投资行业特点，为了有效规避道德风险，提升激励力度，同时为了吸引专业人士和更多资金，私募股权基金公司组织形式逐渐由公司制转变为以有限合伙人制为主，有限合伙人制逐渐取代公司制成为美国私募股权投资的主流形式。私募股权基金职业投资人作为普通合伙人（GP）投入小部分资金，其他投资人作为有限合伙人（LP）投入大部分资金。1959年，美国西部第一家风险投资公司 DGA（Draper, Gaither & Anderson）创立。DGA 不仅开创了美国西海岸风险投资活动，更是史上第一家有限合伙制的 VC 基金；Rock & Davis 是第二家采用有限合伙制的 VC 基金，两家公司奠定了今日私募股权基金公司的基本组织形式，即私募股权基金采用有限合伙制进行投资，职业投资人作为一般合伙人和投资者，基金公司收取1%—2%的管理费，并且获得20%左右的投资收益。

这个阶段，私募股权基金资金来源进一步丰富。1978年，美国劳工部修订了《雇员退休收入保障法》（ERISA）中"谨慎人"（Prudent man）规则，明确了养老基金可以以有限合伙人（LP）的身份投资于私募股权基金，从此养老基金逐渐成为美国私募股权基金最主要的投资者。在此之前，受限于"谨慎人"规则，养老基金不能投资于风险较高的新兴小企业和风险投资基金，私募股权基金的主要出资人多为个人、政府和少数银行和保险机构等。修订后的"谨慎人"规则，允许养老基金投向风险基金，并且越来越多的机构投资人竞相效仿，成为私募股权基金的出资人。同样在20世纪70年代，英国政府逐渐放宽政策限制，允许养老基金、银行和保险公司等金融机构参与私募股权基金投资，英国的私募股权投资业才得以迅速发展。

这个阶段，税收政策发生调整，极大鼓励了私募股权基金发展。1978年《税收改革法案》通过，资本利得税税率下调，规定资本利得税由49.5%下降到28%，以及到1982年进一步下降到20%。资本利得税的下降，极大地激励了个人、机构投资者加大对私募股权基金进行投资。

这个阶段，资本市场的进一步完善拓展了私募股权投资退出渠道。1971年，美国推出了更适合小企业的纳斯达克股票市场，为中小企业上市直接融资创造了便利条件，亦为风险资本提供了优质的退出途径，缩短了投资周期，提高了回报水平，调动了美国风投产业的积极性。

作为欧洲私募股权投资的发源地，1945年，英国清算银行和英格兰银行投资成立了"工商金融公司"（ICFC，3i的前身），英国诞生了欧洲第一家创业投资公司。"工冷商金融公司"主要是为了解决中小企业发展的长期资本短缺问题。不过，由于相关法律法规限制，英国私募股权投资仅开展了一些小规模的投资活动。到20世纪70年代后，英国开始实施新的银行竞争和信用控制政策，银行拥有了更大的投资决策权，养老基金、保险公司等金融机构也相继放开，可以成为PE的投资者，带动了英国私募股权产业的初步发展。

2. 快速发展阶段（20世纪80—90年代）

随着资金规模的不断扩大，组织形式、投资方式不断丰富，以及70年代两次石油危机对全球经济发展负面影响逐渐消除，新兴经济快速发展，全球经济迅速复苏，私募股权基金行业迎来了快速发展期。

自20世纪80年代以来，一批知名的私募股权基金公司成立，私募股权基金规模迅速扩大。1976年KKR成立标志着出现了专业化运作的并购投资基金。20世纪80年代，一大批从事风险投资、并购投资的著名私募基金公司成立，如1984年成立的贝恩资本、1985年成立的黑石集团、1987年成立的凯雷资本等，极大地促进了私募股权基金业发展。此时机构投资人尤其是养老基金取代个人和家庭投资人成为私募股权资本的主要来源。这一时期，英国政府相继出台了"税收优惠""贷款担保计划"等一系列法律政策，使得英国的私募基金得到了较快的发展，1983年，英国创业投资与股权投资协会（British Private Equity & Venture Capital Association，BVCA）成立，标志着英国私募股权基金逐渐走向规范化。中国私募股权基金业开始萌芽，随后与中国经济一道步入快速发展轨道。1984年我国引进风险投资概念，1986年，当时国家科委和财政部联合几家股东于1986年共同投资设立了中国新技术创业投资公司，成为中国第一家专营风险投资的股份制公司。

　　这一阶段，并购投资逐渐成为最主要的私募股权投资方式。20世纪80年代以来，兴起了以杠杆为特征的并购热潮，与这阶段法规、政策的调整有密切关系。在美国，自70年代末开始了资本利得税的大幅降低，1981年里根当选总统后，对美国的税制进行了持续改革，如降低个人所得税，同时也把公司所得税的最低税率降低到15%，而且把资本利得税率由28%降低到20%；里根政府经济复兴计划使企业的新购资产可以加速折旧；美国相关法律明确高负债的债务利息在税前扣除；养老基金投资私募股权基金条件放松，以及宽松的监管环境和利率市场化为"垃圾债"提供了有利的市场环境等。受惠于美国法律政策的调整，1979—1989年间交易金额超过2.5亿美元的杠杆收购案例超过2000宗，包括著名的Wometco Enterprises并购案。1984年KKR完成了第一宗10亿美元的杠杆收购，兼并了在电视、电影院和旅游景点领域拥有股权的休闲企业Wometco。1983—1984年美国股票牛市也成就了私募股权投资者的获利退出，公众首次意识到私募股权资本对主流市场的影响。受1987年美国股灾等影响因素，到了90年代，私募股权基金公司开始注重提升自身治理水平与管理水平；私募股权的投资者越来越重视被并购企业的长期发展，并购使用的杠杆较少。80年代的杠杆比例一般是交易价格的85%—95%，90年代仅为20%左右，且为了推动并购企业持续发展，从而为自身带来更大回报，私募股权基金在并购后一般都会保留企业管理团队并且予以长期激励。90年代，私募股权基金募资额也不断创新高，1992年到2000年，私募股权基金募资额从208亿美元增加到3057亿美元，私募股权基金的发展速度远远超过了同期其他投资资产类别。

　　这个阶段，大量的私募股权基金投资于计算机、软件、互联网、生物技术等领域。80年代，硅谷的微机产业继续高速增长，同时配套的软件行业开始蓬勃发展，苹果公司、英特尔、微软、思科、联邦快递等一批大企业因为得到私募股权投资而迅速成长。1987年美国股灾发生，也促使风险投资机构转向并购投资基金、增长型基金。随着美国资本市场的日益震荡，从1985年到1992年间，美国VC进入萧条期。进入20世纪90年代后，美国经济持续保持了较高的增长速度，股市又逐渐恢复了昔日的繁荣，促进了私募股权投资业的进一步发展。到了90年代中后期，以亚马逊、谷歌、戴尔、雅虎、美国在线、美国易贝等为代表的一大批互联网、高科技公司等在私募股权基金的支持下获得了巨大的成功，它们登陆股票市场为私募股权投资基金带来了巨额回报，并进一步刺激了私募股权基金发展。

私募股权投资在欧洲日益繁荣。自从20世纪80年代开始，在之后的十多年时间里，欧洲私募股权投资取得了较大的发展，成为仅次于北美（美国）的全球第二大私募股权投资区域。在欧洲的私募股权投资市场中，英国的私募股权投资增长迅速且业绩表现良好，其年度投资额占整个欧洲的近50%，在全球的影响仅次于美国。

3. 调整发展阶段（2000年—国际金融危机）

2000年前后随着高科技网络泡沫的破裂，纳斯达克指数从2000年3月的5000多点跌到2002年的1100多点，IPO市场大幅萎缩，私募股权投资受到严重影响。2000年以来两年多纳斯达克指数的持续下跌和技术股股价的暴跌，对私募股权基金的投资收益造成极大影响，特别是风险资本损失惨重，投资规模急剧下降，2001年美国风险资本投资规模仅及上年一半；2000年风险投资占GDP比重1.087%，2003年只有0.164%，2004年也只有0.182%；同期并购规模也大幅度下降。

尽管2000年互联网泡沫破灭私募股权投资行业出现一定调整，但行业很快就走出了发展困境。2002年起，众多的资本又开始进入这个行业。特别是进入2003年后，随着全球经济回暖，以及低利率、宽松的借贷环境，以及2004年全球不动产价格达到高峰，投资者普遍高点获利了结，为私募股权投资筹集了大量资金，私募股权基金投资又重新进入上升期，私募股权投资市场逐渐恢复。到了2005年，美国私募股权投资的金额几乎超越2000年网络泡沫之前创下的历史纪录。

2003年后，并购交易逐渐向大型化转变。2004年，贝恩资本、KKR和房地产开发商Vornado Realty信托公司以66亿美元并购玩具零售商Toys"R"Us；2006年，美林证券、贝恩资本以及KKR三方共投入私人资金约45亿美元，杠杆资金约185亿美元（128亿贷款57亿债券）收购HCA。其中公司管理层和原公司创始人也参与了收购。2006年，美国私募股权基金公司以3750亿美元购买了654家美国公司，是2003年的18倍。2003年后，大型甚至巨型收购是私募股权投资的显著特点，一系列外部环境和政策条件促进了巨型收购的发展。一是低利率环境。由于互联网经济泡沫破裂，以及"9·11"事件的发生，为了促进经济回暖，那段时间美国持续维持低利率。二是优惠的税收环境，当时美国私募股权基金的资本利得税按投资持有期的时间长短及金额大小征收15%或者20%，而公司所得税最高达到35%。三是新兴市场投资机会的显现。据新兴市场私募股权协会（EMPEA）统计，2007年亚洲、东欧、拉美、中东以及非洲等新兴市场中的私募股权投资比2006年增长了29%，总值达到332亿美元。四是美国贷款条件的放宽，以及公司上市成本的增加。

进入21世纪后，私募股权资本与公开市场结合更加紧密，私募股权基金公司开始通过公开市场募集资金。2007年6月，黑石集团成功登陆纽约证券交易所（NYSE：BX）。其作为美国第一家整体进行公开募股的私募股权基金公司，成为美国资本市场的标志性事件，是PE和VC史上一个开创先河之举。私募股权基金二级投资市场逐渐发展，市场流动性也越来越强，越来越多的投资者利用二级市场平衡其私募股权资产组合。

欧洲私募股权投资市场在2000年科技泡沫破灭后市场急剧下滑，随后又重拾增长态势。自2002年开始，欧洲私募股权投资金额又逐年上升，一直至国际金融危机前2007年的729亿欧元。由于2008年国际金融危机的影响，2008年、2009年欧洲股权投资金额逐年下降，2009年仅有234亿欧元。随着欧洲区域合作的深入，欧洲的私募股权基金已经日趋成为一个整体，其影响与实力正日趋扩大，一定程度上已可以与美国相媲美（见图6-1）。

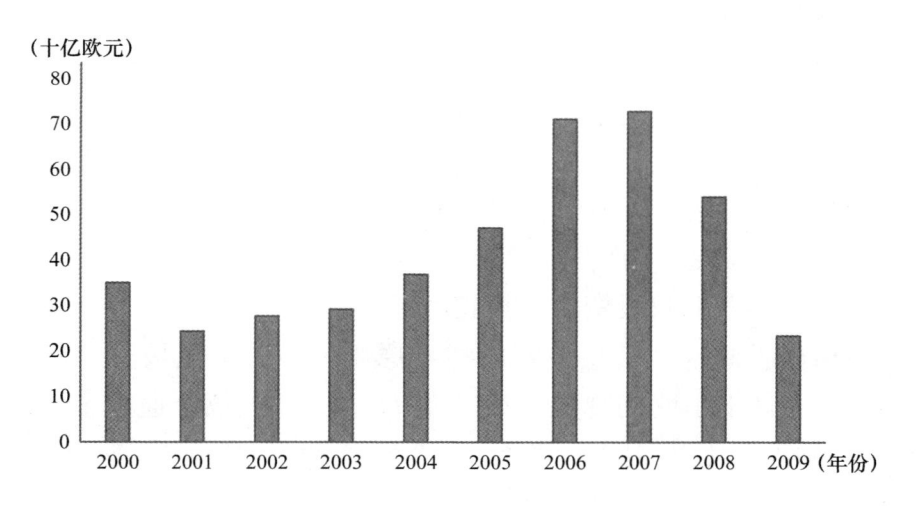

图6-1 2000—2009年欧洲私募股权投资金额

资料来源：欧洲风险投资协会（EVCA）。

我国私募股权基金快速发展，逐渐成为国际私募股权投资市场的重要力量。这一阶段，国际私募股权资本及创业风险资本开始进入我国，并且初期主要以投资国有企业为主。我国出台了《关于建立我国风险投资机制的若干意见》《中华人民共和国合伙企业法》《关于促进创业投资引导基金规范设立与运作的指导意见》等系列法律法规及政策文件，相继成立了上海联创、中科招商等一大批风险投资机构，极大地推动了中国私募股权投资的发展，到2008年全年发行私募投资基金404只，发行规模 2823.01 亿元。

4. 规范发展阶段（国际金融危机后至今）

国际金融危机爆发，全球实体经济和资本市场受到重创。2008 年，雷曼兄弟轰然垮台，美林公司被仓促出售给美国银行，美国国际集团（AIG）靠政府救援才苟且残喘，高盛和摩根士丹利几近垮台，美国政府决定执行 7000 亿美元的问题资产救助计划（TARP）以帮助整个银行业脱离困境。在由美国次贷危机引发的这场国际金融危机中，大型私募股权基金公司破产，大量的私募股权基金公司倒闭。

2008 年金融危机后，各国政府普遍认识到私募基金包括私募股权基金缺乏监管隐含的巨大风险，对私募基金及其管理人员的监管逐渐加强。美国奥巴马政府于 2009 年 6 月正式提出全面的金融监管改革方案，并于 2010 年 7 月签署了《2010 年华尔街改革和消费者保护法》。2007 年底，英国创业投资协会制定了《英国私募股权投资信息披露和透明度的指导方针》，明确了英国私募股权基金信息披露的指导原则，并对信息披露主体和披露内容做出了明确规定。2010 年 11 月，欧洲议会通过了《欧盟对冲基金监管法》，出台了"另类投资基金经理指令"（AIFMD），对包括对冲基金在内的另类投资基金加强监管。

在加强监管的同时，全球私募股权基金也迅速恢复发展。2018 年，全球私募股权基金并购交易虽然数量同比上年下降到只有 2936 宗，但总交易价值上升了 10%，达到 5820 亿美元；2014—2018 年五年周期内并购交易总额创历史新高，达到 2.5 万亿美元。[1] 至 2018 年底，私募股权基金手中储备的可投资资金规模创下 2 万亿美元的历史新高，仅并购基金一项就达到 6950 亿美元。[2] 全球私募股权基金业进入规范、高速发展阶段（见表 6-1）。

---

[1] 数据来源：Bain & Company, GLOBAL PRIVATE EQUITY REPORT 2019.

[2] 同上。

表 6-1　　　　　　　　　全球私募股权基金发展历程

阶段	时间	特点
成长阶段	"二战"之后—20世纪70年代	1946年，美国研究与发展公司成立，标志着真正意义上的现代私募股权投资形式出现。相关法律法规及政策，私募股权基金规模迅速扩大，投资对象主要有中小企业扩大到对大企业进行并购，有限合伙制成为主要组织形式、机构投资者逐渐成为私募股权基金主要投资者。欧洲私募股权投资得到发展。
快速发展阶段	20世纪80年代—90年代中期	私募股权基金规模进一步扩大，私募股权投资逐渐成为一种主要的融资方式；并购逐渐成为最主要的私募股权投资方式。私募股权基金投资于计算机、软件、互联网、生物技术等领域，并培育出了一批世界级企业。欧洲私募股权基金成为全球私募股权市场的主要力量之一，我国私募股权市场逐渐成长。
调整发展阶段	2000年—国际金融危机	受2000年的全球网络科技泡沫破裂影响，全球私募股权市场快速衰退，但也很快走出了衰退阴影，2005年基本就恢复2000年水平。并购交易规模越来越大；私募股权资本与公开市场结合更加紧密，私募股权基金公司开始通过公开市场募集资金。我国成为全球私募股权市场的重要力量之一。
规范发展阶段	国际金融危机后	各国普遍加强了对私募基金及其管理人的监管。在加强监管的同时，全球私募股权基金也迅速恢复发展，我国逐渐成为全球私募股权投资市场的主要力量之一。

（二）全球私募股权基金发展现状

2018年，全球经济面临分化，美国经济保持相对强势，而欧元区和中国经济则放缓，2019年全球宏观经济则更加低迷。然而面对国际贸易争端、英国脱欧不确定性，以及全球经济的不乐观，全球私募股权基金发展则继续保持前几年的良好发展态势。

1. 全球私募股权基金募资保持在高位

受国际金融危机影响，2009 年全球私募股权基金[①]募资额由上一年的 6990 亿美元直线下跌到只有 3230 亿美元（见图 6-2）。此后逐渐恢复，2013 年已基本恢复到危机前水平，达到 5860 亿美元。自 2014 年以来，全球私募股权基金募资金额一直保持在高位，2017 年则创造了新纪录，达到了 9300 亿美元。2018 年、2019 年，全球私募基金募资额同比 2017 年有所下降，但仍保持在一个较高水平，分别达到 8610 亿美元、8940 亿美元。作为最主要的一种私募股权基金，并购型私募股权基金的募资额一直占有很高比重，2019 年达到全部募资额的 40%。从募资的地区分布看，欧美地区仍是资金的主要来源地区，而自 2018 年以来新兴市场和亚太地区占比则有所下降。主要是由于新兴市场和

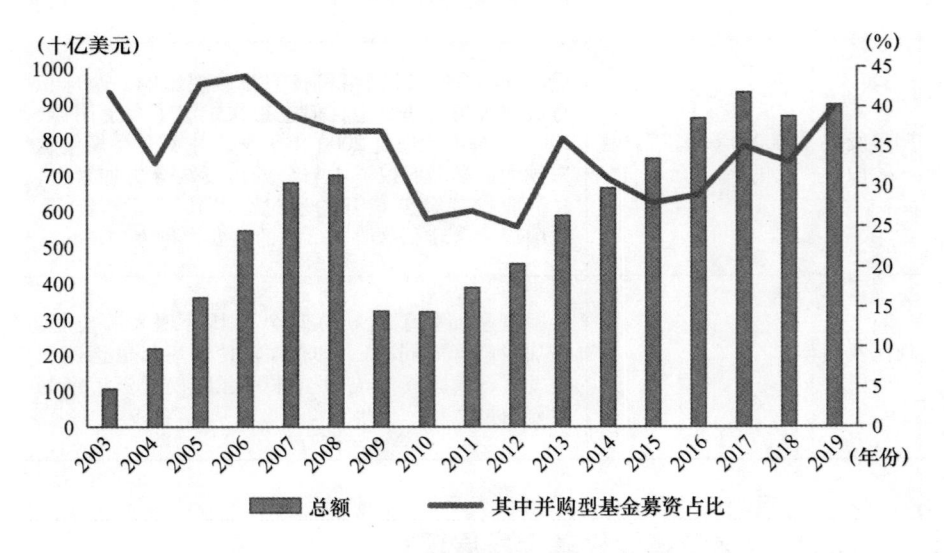

图 6-2 全球私募股权基金公司募资额

数据来源：Bain & Company, GLOBAL PRIVATE EQUITY REPORT 2020.

[①] 本节（第四篇一、（二））中"私募股权基金"的统计数据包括并购基金、房地产基金、风险资本基金、成长基金、基础设施基金、私募债权基金（包括不良债权、直接贷款、夹层基金等，它们最终都有可能转化为股权，所以也把它们纳入私募股权基金中）和其他类型私募股权基金的数据。

大中华区整体经济形势近些年面临较大挑战，特别是中国政府为了更好应对金融风险，出台了《关于规范金融机构资产管理业务的指导意见》（简称"资管新规"），加强了对私募股权基金的监管，使得私募股权基金募资面临更加严格的规定。

为了吸引更多投资者，更容易募到更多资金，当前全球私募股权基金业有一个明显的趋势，就是管理公司管理的基金产品越来越多，产品类型也越来越多样，越来越专业，如很多私募股权基金公司提供专门投资于某一细分领域的基金产品。2007年，全球私募股权基金公司的产品数平均为2.2支，2018年增加到3.9支。从这些专业化的基金产品来看，普遍也获得较大的回报，特别是专注投资于医疗健康和科技的私募股权基金获得的投资回报更大。根据CEPRES数据分析，在当前周期内，投资于医疗保健行业的私募股权基金每投资1美元的回报为2.2美元，投资于科技领域的回报为2.1美元（见图6-3）。[①]

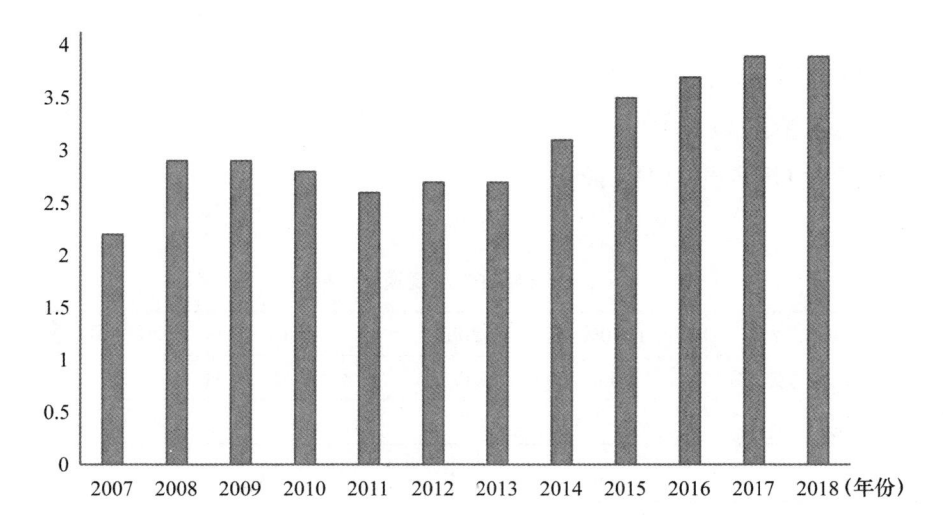

图6-3 全球私募股权基金公司平均产品数量（支）

数据来源：Bain & Company，GLOBAL PRIVATE EQUITY REPORT 2019.

---

① 数据来源：Bain & Company，GLOBAL PRIVATE EQUITY REPORT 2019.

2. 全球私募股权投资持续强劲

近些年，全球私募股权投资一直保持强劲势头。与私募股权基金募资过程不同，国际金融危机爆发当年全球私募股权基金投资受到重创，2008年并购项目投资额从前一年的7800亿美元下降到只有2240亿美元，且2009年进一步下降到1180亿美元。随后，全球并购交易市场逐渐恢复，2014年已恢复到危机前的正常水平，此后一直保持较高水平。2019年，全球并购私募股权交易数量3600宗，同比2018年增加了5%，并购交易总金额达到5510亿美元，继续保持着强劲的势头；从地区分布看，北美地区并购交易数量减少6%，但其他地区交易数量都保持增长，其中欧洲增加了4%，亚太增加了24%，世界其他地区增加139%。自2014年以来，全球私募股权基金投资金额不断创出新高，这主要得益于全球市场普遍的低利率、股市的良好走势、投资者高涨的热情，以及相对稳定的经济增长。过去25年来，金融工程的快速发展，高速计算能力的快速提升，以及金融监管的放松，创造了大量的金融资产。从2000年到2010年，全球金融资本增长了53%，达到约600万亿美元，相当于全球实际GDP的10倍（见表6-2）。

表6-2　　　　　　　　　　全球金融资产规模

年份	1990	2000	2010	2020（预估）
金额（万亿美元）	221	393	600	900
增幅（%）	—	78	53	50

数据来源于 Bain & Company, GLOBAL PRIVATE EQUITY REPORT 2019，全部金额均为2010年实际美元。

伴随着近些年募资额、投资额逐年增加，私募股权基金管理人手中拥有可投资的资金同样越来越多。2019年达到了创纪录的2.5万亿美元，同比上年增长了4.2%。其中，占比最高的并购型私募股权基金拥有的可投资资金同比上年增长了4.5%,达到8320亿美元。近些年,由于资本市场的相对宽松,新设立了很多基金公司,这些公司大规模募资,极大地壮大了全球可投资资金规模,它们在其中占有的比重也越来越高。在并购类私募股权基金公司中,2018年成立2年以下公司拥有的可投资资金占比达到了67%左右,比2010年大约提高了47个百分点;成立2—5年及成立时间更长的基金公司占比则相对降低(见图6-4、图6-5)。

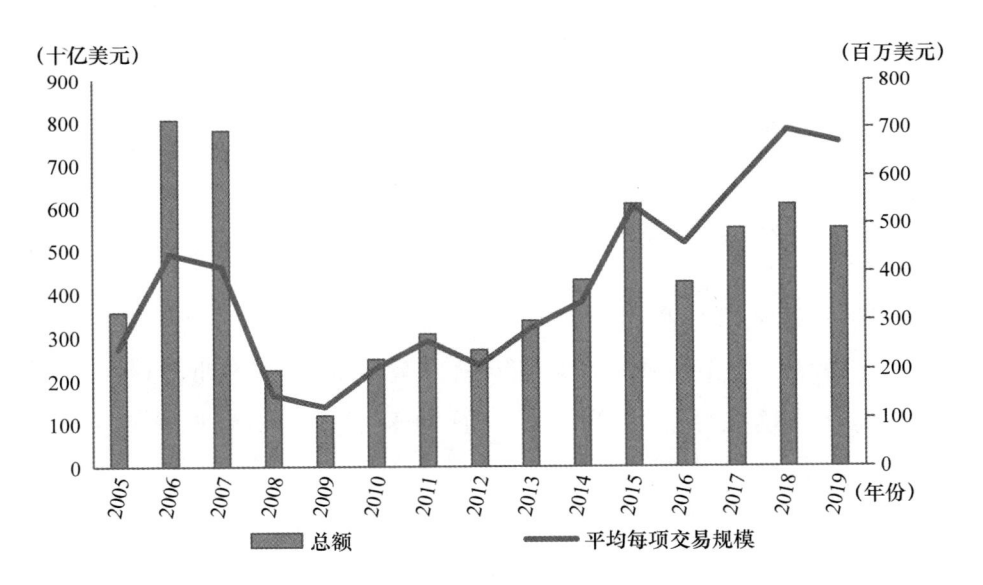

图6-4　全球私募股权基金并购交易规模

数据来源:Bain & Company,GLOBAL PRIVATE EQUITY REPORT 2020.

随着对优秀项目竞争越来越激烈,交易估值越来越高,对私募股权基金管理人的考验也越来越大。特别是随着全球技术创新不确定性增加,我国经济增长放缓,全球贸易局势紧张,以及全球新冠肺炎疫情的暴发及持续,将会对全球私募股权投资造成巨大负面影响,私募股权投资繁荣周期正在结束。为了应对新一轮周期的到来,私募股权基金必须加强自身能力培养,培育数据分析能力等,并且寻求合并整合提升现有的能力。

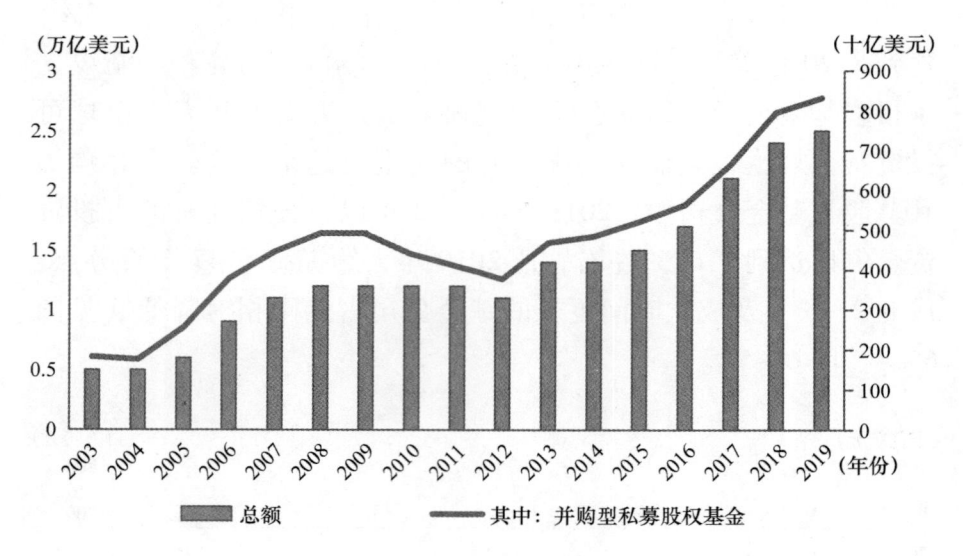

166　私募股权市场发展及广州对策

图 6-5　全球私募股权基金管理人可投资金额

数据来源：Bain & Company，GLOBAL PRIVATE EQUITY REPORT 2020.

3. 全球私募股权投资退出规模大

与募资、投资一样，这些年全球私募股权投资退出也一直处于高位。这些年，由于项目估值越来越高，私募股权基金管理人对项目投资也日益谨慎，项目交易案例数量也相对减少。2019年，全球并购交易数1078宗，同比2018年进一步减少，主要是由于英国脱欧等因素影响，欧洲的交易活动普遍下降；但退出金额仍保持在高位，高达4050亿美元。2016年以来，亚太地区、北美地区的退出金额呈明显上升，而欧洲地区的退出额则呈下降趋势。

尽管连续二年全球退出案例数略低于上一年，但近几年的退出金额都居高位，自2014年以来退出总金额达到2.5万亿美元左右，是迄今为止有记录以来最高的周期退出记录。在这段时期里，私募股权基金投资的总体退出强劲而稳定，投资者获得了稳定的资本回流，投资者连续第八年现金流为正（见图6-6、图6-7）。

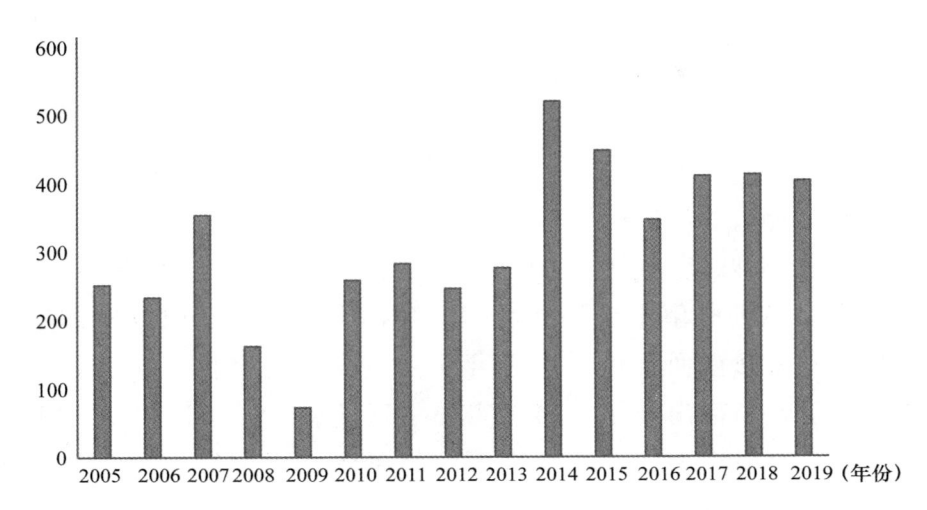

图 6-6 全球私募股权基金并购型交易退出金额（十亿美元）

数据来源：Bain & Company, GLOBAL PRIVATE EQUITY REPORT 2020.

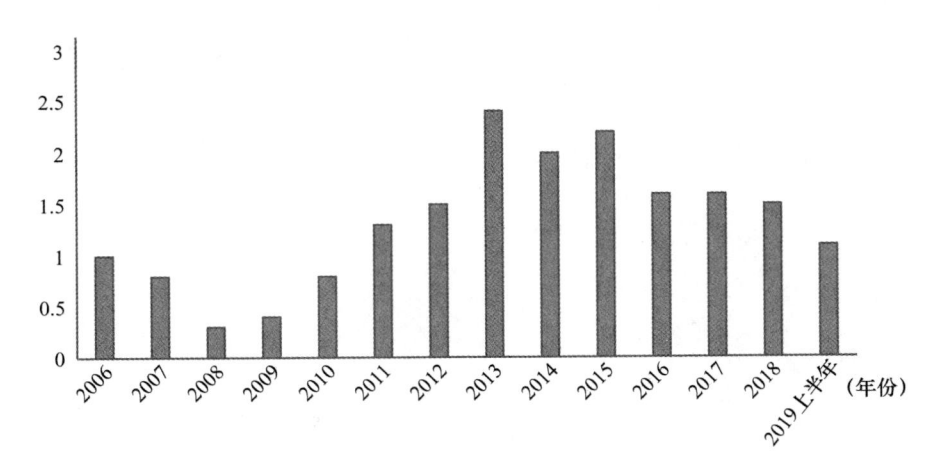

图 6-7 全球并购型私募股权基金公司分配额与出资额比

数据来源：Bain & Company, GLOBAL PRIVATE EQUITY REPORT 2020.

长期以来，私募股权基金退出方式主要有 IPO、并购（包括出售股权给战略投资者、出售股权给其他私募股权基金）、资本重组、部分股权退出等。但近些年，并购退出的重要性在上升，这种交易方式日益活跃，特别是出售股权给战略投资者，成为最主要的并购交易方式。这些手中拥有大量现金的战略买家或者企业,为了扩大市场占有率,提升市场竞争力,而积极寻找潜在的并购对象,那些由私募股权基金投资的企业成为它们的主攻并购对象之一。

在过去几年,私募股权基金的投资回报显著高于公开证券市场回报(见图6-8)。近几年,全球股市表现比较波动,2016年,欧洲股市由于英国脱欧影响而大跌,亚洲股市则因中国股市泡沫修正而下跌;2017年,随着全球经济同步扩张,各地区股票市场都出现了逆转,实现了正的收益;2018年,欧洲股票市场表现乏力,而亚洲则因贸易紧张和中国经济增长放缓而承压;2019年全球主要股指则都实现了正向上涨,但总体来看近几年私募股权投资回报率远高于证券市场回报率。同时,对比国际金融危机前后的私募股权投资回报,可以发现当前周期的私募股权基金投资回报率比起国际金融危机前的投资回报率要显著更低。利用CEPRES数据,贝恩咨询对通过并购方式退出的私募股权基金的总体投资回报率进行了测量,发现与国

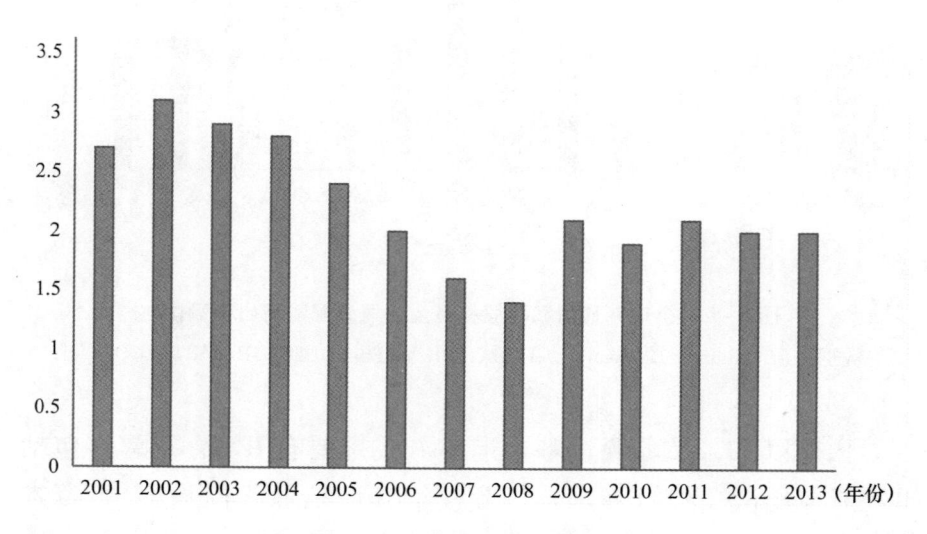

图6-8 私募股权投资总体投资回报率(倍)

数据来源:Bain & Company, GLOBAL PRIVATE EQUITY REPORT 2019.

际金融危机前相比，金融危机后完成交易的平均回报率下降了。其中一个非常重要的原因在于随着私募股权投资行业更加成熟，竞争更加激烈，越来越多的参与者和大量资本争夺着一系列有限的交易，基金管理人已很难通过发现大量被低估的资产从而赚取巨额回报。但也有一个非常有意思的现象，即虽然行业平均回报率总体有所下降，但业绩最好的一些基金仍较大幅度超过平均水平，且过往业绩较好的私募股权基金当前业绩表现也较好；对于管理过顶级基金的普通合伙人来讲，其后继管理的基金表现有较大概率高于平均水平。

二 美国私募股权基金发展现状

美国是现代私募股权基金发展最早的国家，也是当今世界私募股权投资最发达的国家，近些年，无论其私募股权投资金额、募资额等都仍占全球一半左右。

（一）私募股权基金管理人状况

美国私募基金管理人数量持续增长。截至2018年四季度末，在美国证券交易委员会注册登记的私募基金公司达3138家，[①] 同比增长4.7%，是近几年增速最高年份；环比三季度末增长3.09%（见图6-9）。

私募股权基金管理人占比大。从开展各项业务的基金公司数量来看，管理对冲基金的公司数量最多，2018年达到1747家，同比增加1.5%；管理私募股权基金的公司数量次之，共1132家，同比增长1.0%。从广义的角度分析私募股权基金公司，风

---

① 数据来源于 Private Funds Statistics：Fourth Calendar Quarter 2017，*Private Funds Statistics*：*Fourth Calendar Quarter* 2018，本章如不做特别说明，数据都来源于这两份报告。其统计的对象为规模达到1.5亿美元及以上的私募基金管理人，因为只有这些基金需向美国证券交易委员会（SEC）提交私募基金监测报表（PF表）。

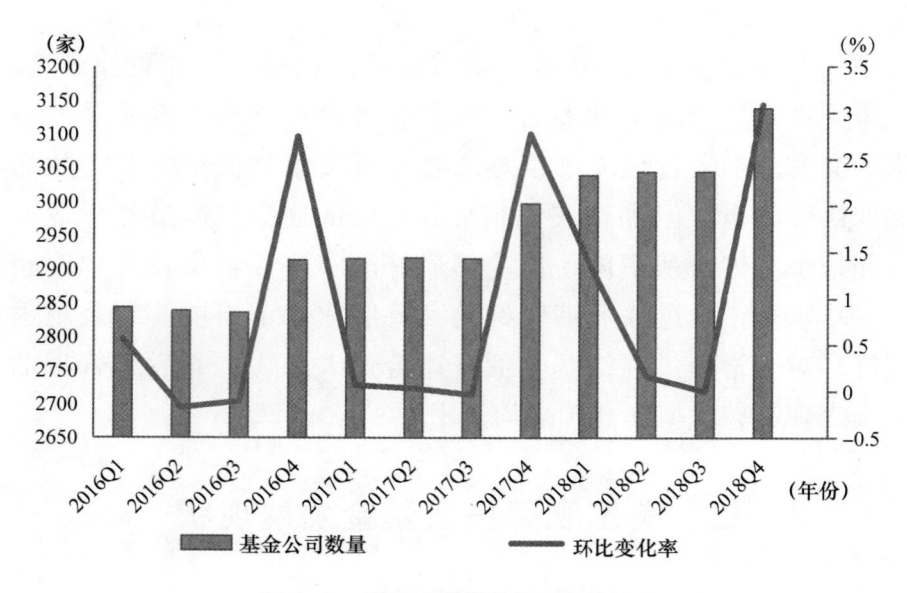

170 私募股权市场发展及广州对策

图 6-9 美国私募基金管理公司情况

险投资基金也属于重要的一类。2018 年,美国风险投资基金公司数量达到 133 家,同比大幅增长,增速达到 17.7%(见表 6-3)。

表 6-3 2017 年、2018 年美国各类私募基金管理人情况(家)[①]

私募基金管理人类型	2017 年	2018 年
对冲基金	1722	1747
私募股权基金	1132	1243
其他私募基金[②]	579	625

---

① 在美国证监会统计报告中,分别统计了开展对冲基金、流动性基金、私募股权基金、房地产基金、资产证券化基金、风险投资基金、合格对冲基金、第 3 章流动性基金、第 4 章私募股权基金以及其他私募基金十类私募基金业务类型的私募基金管理公司,但私募基金管理公司总数并不等于开展不同业务类型的基金公司数量加总,这是因为同一基金公司可能是同时开展不同业务类型的管理公司,既可能是对冲基金管理人,同时也有可能是私募股权基金管理人等其他类型基金管理人,导致基金管理人数量无法分类累加。

② 其他私募基金,指不能归类为表格中具体类型的基金。

续表

私募基金管理人类型	2017 年	2018 年
第 4 章私募股权基金①	292	306
房地产基金	322	345
合格对冲基金②	551	553
资产证券化基金	115	153
风险投资基金	113	133
流动性基金	39	40
第 3 章流动性基金③	25	23

私募基金数量及规模持续增长。2018 年四季度末，美国私募基金合计 32202 支，同比 2017 年末增长了 7.2%，连续保持增长；环比上个季度增长了 5.0%，连续 5 个季度保持增长。2018 年四季度末，全美私募基金总资产（GAV）13.53 万亿美元，净资产（NAV）8.69 万亿美元，分别同比上年末增长了 7.8% 和 4.6%，持续保持较快速度增长，但与 2017 年的增速比较，可以发现明显下降，这与 2018 年全球以及美国经济环境不确定性加大有很大关系。2018 年，单只私募基金平均资产 4.20 亿美元，同比上一年度稍有上升；平均每个管理人管理私募基金 10.7 支，连续几年基本保持平稳。2016—2018 年，美国私募基金资产负债率

---

① 第 4 章私募股权基金指由大型私募股权基金管理人所管理的私募股权基金。大型私募股权基金管理人是指正在管理的私募股权基金规模达到 20 亿美元及以上的管理人。它属于"私募股权基金"的一部分。

② 合格对冲基金是指在截至最近完整会计年度之前的会计季度的任何月份的最后一日净资产达到至少 5 亿美元（单独或与任何联接基金、平行基金、和/或相关的平行管理账户合计）的大型对冲基金管理人所管理的对冲基金。大型对冲基金管理人是指正在管理的对冲基金规模达到 15 亿美元及以上的管理人。它属于"对冲基金"的一部分。

③ 第 3 章流动性基金指由大型流动性基金管理人所管理的流动性基金。大型流动性基金管理人是指正在管理的流动性基金和货币市场基金规模达到 10 亿美元及以上的管理人。它属于"流动性基金"的一部分。

分别为33.2%、33.7%和35.8%，呈逐年上升趋势，说明借贷或者债权融资是美国私募基金一个重要融资方式。分析美国私募基金发展，可以发现无论是私募基金单只基金规模还是管理人管理基金数量，美国的数值都较大，美国以大型私募基金为主，它们的综合实力、专业水平、投资策略更能受到市场认可。向大型化私募基金发展是我国私募基金发展的一个重要方面。同时，我国私募基金也急需拓展融资方式，借贷或者债权融资也是我国私募基金应该大力发展的一种方式（见图6-10、表6-4）。

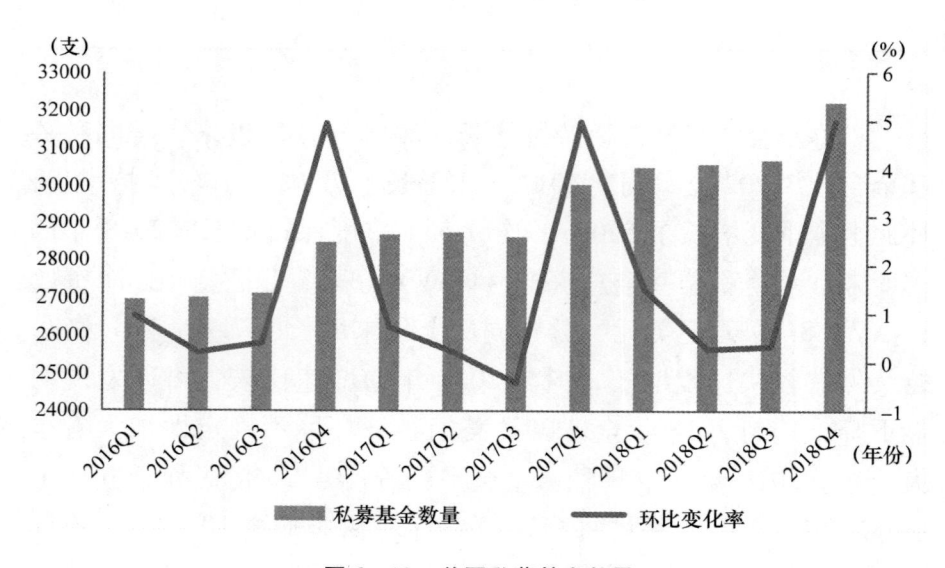

图6-10 美国私募基金数量

表6-4　　　　　　　　　美国私募基金规模情况

年份	2016	2017	2018
私募基金数量（支）	28290	30031	32202
管理资产总额（GAV）（万亿美元）	11.01	12.54	13.53
管理净资产金额（NAV）（万亿美元）	7.35	8.31	8.69
单只基金美元规模（亿美元）	3.89	4.18	4.20
平均每个管理人管理私募基金数量（支）	10	10	10.7

注：各年四季度数据。

私募股权基金数量最多，资产规模位居第二。①从私募基金类型上看，截至2018年四季度末，美国私募基金数量最多的是私募股权基金，共有12685支，占比39.4%；同比2017年数量进一步增加了1225支，占比提升了1.2个百分点。对冲基金数量位居第二，2018年四季度末有9193支，占比28.5%。从管理的基金资产看，则对冲基金最多，2018年资产总额达到了75930亿美元，占比达到了56.1%，比2017年微降了1.9个百分点；私募股权基金资产则远低于对冲基金，2018年占比只有23.5%，虽然同比2017年提升了1.8个百分点，但比对冲基金少了32.6个百分点。风险投资基金作为广义私募股权基金的重要类型之一，2018年其基金数量同比2017年增加了115支，增幅达到了13.6%；基金资产也达到了平均1110亿美元，比2017年增加了310亿美元，增幅则高达38.8%（见表6-5）。

表6-5　2017年、2018年四季度美国各类私募基金情况

私募基金类型	2017年 基金数量（支）	2017年 基金资产（GAV）（十亿美元）	2018年 基金数量（支）	2018年 基金资产（GAV）（十亿美元）
对冲基金	9007	7274	9193	7593
合格对冲基金	1803	5903	1827	6153
私募股权基金	11460	2722	12685	3173
第4章私募股权基金	3480	1941	3932	2328
其他私募基金	4512	1186	4893	1219
资产证券化基金	1504	485	1564	570

---

① 在美国证监会统计报告中，分别统计了对冲基金、流动性基金、私募股权基金、房地产基金、资产证券化基金、风险投资基金、合格对冲基金、第3章流动性基金、第4章私募股权基金以及其他私募基金十类私募基金，但报告中显示的私募基金总数量（资产、净资产）并不是全部这些基金相加，而是等于对冲基金、流动性基金、私募股权基金、房地产基金、资产证券化基金、风险投资基金和其他私募基金七类的数量（资产、净资产）加总。

续表

私募基金类型	2017 年 基金数量（支）	2017 年 基金资产（GAV）（十亿美元）	2018 年 基金数量（支）	2018 年 基金资产（GAV）（十亿美元）
房地产基金	2632	499	2833	567
流动性基金	70	291	73	297
第3章流动性基金	48	289	46	292
风险投资基金	846	80	961	111

（二）私募股权基金受益所有权

分析私募基金的受益所有权[①]结构，可以发现私募基金（FOF）为最大的私募基金投资者，其他中长期资金也位于重要地位。2018 年，私募基金的主要投资者有私募基金（FOF）、其他、州/市政府养老金计划、养老金计划、非营利机构、美国个人、主权财富基金或外国政府、保险公司等。截至 2018 年四季度末，在美国私募基金受益所有权中，私募基金（FOF）达到 15150 亿美元，同比 2017 年四季度末增加了 240 亿美元；占比为 17.4%，同比 2017 年则下降了 0.5 个百分点，私募基金（FOF）依然是美国私募基金的重要资金来源。但从大类上分析，"长期资金"来源渠道是美国私募基金最主要的资金来源，对于美国私募基金的发展具有决定性影响。2018 年，"州/市政府养老金计划""养老金计划""主权财富基金或外国政府""保险公司"四类长期资金主要来源渠道受益所有权占比分别达到了 14.2%、12.0%、6.4% 和 4.6%，累计达到 37.1%，同比 2017 年占比提高了 0.3 个百分点（见表 6 – 6）。

---

① 这里受益所有权（beneficial ownership）指私募基金投资者享有的受益权，全部受益所有权累加等于私募基金净资产。

表 6-6 2017 年、2018 年四季度美国私募基金受益所有权

投资者类型	投资额（十亿美元）		占净资产（NAV）比重（%）	
	2017Q4	2018Q4	2017Q4	2018Q4
私募基金（FOF）	1491	1515	17.9	17.4
其他	1189	1331	14.3	15.3
州/市政府养老金计划	1154	1230	13.9	14.2
养老金计划	1037	1043	12.5	12.0
非营利机构	849	846	10.2	9.7
美国个人	818	842	9.8	9.7
主权财富基金或外国政府	515	555	6.2	6.4
保险公司	349	399	4.2	4.6
未知非美国投资者	194	204	2.3	2.3
非美国个人	187	205	2.3	2.4
银行/储蓄机构	161	169	1.9	1.9
州/市政府投资者	122	122	1.5	1.4
SEC 注册投资机构	129	118	1.6	1.4
经纪自营商	112	108	1.3	1.2

美国私募股权基金不同受益所有权人享有的权益迅速增加。截至 2018 年四季度末，美国"第四章私募股权基金"[①] 各类受益所有权人享有的总权益（净资产）达到 20830 亿美元，同比 2017 年四季度末增长 16.2%，同比 2017 年一季度末则增长了 39.1%。受益所有权人享有的权益大幅度增长，与美国国内宏观经济整体向好、利率水平低、流动性整体宽裕，投资者大量投资等因素有非常密切联系。分析"州/市政府养老金计划""养老金计划""主权财富基金或外国政府""保险公司"四类主要长期资金来源，2018 年四季度末它们享有的受益所有权益达到了 9810 亿美元，比 2017 年四季度末增加了 1120 亿美元，增长了 12.9%；比 2017 年一季度末增加了 2250 亿美元，增长

---

① 第四章私募股权基金是指由美国大型私募股权基金管理人管理的私募股权基金。

了 29.8%。作为私募基金最主要的单一投资者,私募基金（FOF）也是美国"第四章私募股权基金"的重要投资者,投资额不断增加。2018 年四季度末,私募基金（FOF）享有受益所有权 3970 亿美元,同比 2017 年四季度末增长了 12.5%,同比 2017 年一季度末增长了 39.3%（见表 6-7）。

表 6-7　　美国"第四章私募股权基金"2017 年、
2018 年季度受益所有权额　　　　　　（十亿美元）

投资者类型	2017Q1	2017Q2	2017Q3	2017Q4	2018Q1	2018Q2	2018Q3	2018Q4
州/市政府养老金计划	366	366	366	415	416	416	416	454
私募基金（FOF）	285	284	284	353	356	356	356	397
其他	162	161	161	212	225	225	225	321
主权财富基金或外国政府	154	154	153	186	203	203	203	225
养老金计划	142	142	139	159	159	159	159	175
保险公司	94	94	94	109	109	109	109	127
美国个人	88	88	88	94	94	94	94	118
非营利机构	92	92	90	104	104	104	104	116
非美国个人	34	34	34	36	36	36	36	48
州/市政府投资者	22	22	22	28	28	28	28	36
银行/储蓄机构	31	31	31	29	29	29	29	31
SEC 注册投资机构	12	12	12	16	16	16	16	17
未知非美国投资者	14	14	13	14	14	14	14	1
经纪自营商	1	1	1	1	1	1	1	1
合计	1497	1495	1488	1756	1790	1790	1790	2083

美国私募股权基金长期资金占比更高。"州/市政府养老金计划"是美国"第四章私募股权基金"的最主要投资者，2018年四季度末其享有的受益所有权超过五分之一，达到21.8%，但仍比前几个季度有所下降，比2017年四季度末下降了1.8个百分点。2018年末，"州/市政府养老金计划"和"养老金计划"两者合计享有的受益所有权占比约三分之一，达到30.2%，养老金是美国大型私募股权基金管理人最主要的资金来源。与美国私募基金比较，"第四章私募股权基金"的长期资金占比更高，2018年四季度末，"州/市政府养老金计划""养老金计划""主权财富基金或外国政府""保险公司"四类长期资金享有的受益所有权占比达到47.1%，比私募基金中的占比高10个百分点。私募股权基金作为主要投资于企业股权的基金，其投资期限一般较长，因此需要长期投资资金才能匹配。较高的长期资金占比，说明了美国私募股权投资业发展相对成熟，而提升长期资金占比则是我国私募股权投资业发展的重要任务之一（见表6-8）。

表6-8　　美国"第四章私募股权基金"2017年、2018年季度受益所有权占比（%）

投资者类型	2017Q1	2017Q2	2017Q3	2017Q4	2018Q1	2018Q2	2018Q3	2018Q4
州/市政府养老金计划	24.5	24.5	24.6	23.6	23.3	23.3	23.3	21.8
私募基金（FOF）	19.0	19.0	19.1	20.1	19.9	19.9	19.9	19.0
其他	10.8	10.8	10.8	12.1	12.6	12.6	12.6	15.4
主权财富基金或外国政府	10.3	10.3	10.3	10.6	11.3	11.3	11.3	10.8
养老金计划	9.5	9.5	9.4	9.1	8.9	8.9	8.9	8.4
保险公司	6.3	6.3	6.3	6.2	6.1	6.1	6.1	6.1
美国个人	5.9	5.9	5.9	5.3	5.2	5.3	5.2	5.7
非营利机构	6.1	6.2	6.1	5.9	5.8	5.8	5.8	5.6

续表

投资者类型	2017Q1	2017Q2	2017Q3	2017Q4	2018Q1	2018Q2	2018Q3	2018Q4
非美国个人	2.3	2.3	2.3	2.1	2.0	2.0	2.0	2.3
州/市政府投资者	1.5	1.5	1.5	1.6	1.5	1.5	1.5	1.7
银行/储蓄机构	2.0	2.0	2.1	1.7	1.6	1.6	1.6	1.5
SEC注册投资机构	0.8	0.8	0.8	0.9	0.9	0.9	0.9	0.8
未知非美国投资者	0.9	0.9	0.9	0.8	0.8	0.8	0.8	0.8
经纪自营商	0.1	0.1	0.1	0.1	0.1	0.1	0.1	0.1

（三）第四章私募股权基金状况

美国的私募股权基金主要投资于软件信息以及医药健康行业，这也是近些年全球私募股权基金投资的主要领域。"软件业"是私募股权基金投资相对最多的行业，也是近些年投资相对增速最快的行业。2018年四季度末，美国私募股权基金控制的投资组合公司资产占到这个行业总资产的8.0%，比排名第二的"石油和天然气开采"高3.1个百分点，更是远高于投资于其他行业的金额占比。且投资于软件业的金额近些年呈显著的上升趋势，2013年四季度末，私募股权基金控制的投资组合公司资产占比还只有2.8%，此后逐年上升，到了2018年四季度末已提升了5.2个百分点。在其他软件信息相关行业里，由私募股权基金控制的投资组合公司资产占比也更多地呈现上升趋势。私募股权基金对"数据处理、存储及相关服务"投资的受控投资组合公司资产占比从2013年四季度末的2.9%上升到2018年四季度末的3.5%，提升了0.6个百分点；"特殊电脑编程服务"的占比则由0.9%上升到1.8%；"电信数据处理等相关服务""其他信息服务"两个领域则保持相对稳定但稍有下降，2018年四季度末的占比分别比2013年四季度末的占比下降了 0.2 个、0.3 个百分点。医疗健康领域也是私募股权基金近些年的投资重点。2018 年四季度末,"医药制造"领域的由私募股权基金控制的投资组合公司资产占比达到 2.4%,同比 2013 年四季度末增加了 1.4 个百分点;"医疗设备及用品制造"领域的占比则从 1.1% 上升到 2.0%,增加了 0.9 个百分点。

对其他技术领域的投资也有增加,占比也呈稳中有升态势。通过大量对光伏等太阳能、风能、潮汐能,以及锂电等行业投资,美国私募股权基金对"发电及相关行业"的投资金额相对升幅较大,2018 年四季度末私募股权基金控制的投资组合公司资产占比较 2013 年上季度末增加了 0.7 个百分点;2013 年至 2018 年期间,"科技研发活动"领域的比也整体微升了 0.1 个百分点。对"石油和天然气开采""管道运输""采矿支持活动"等传统行业投资金额则相对有所下降,2013—2018 年占比分别下降了 3 个、0.6 个和 0.3 个百分点,这主要是受对页岩气开发投资的影响(见表 6-9)。

表 6-9 私募股权基金控制的投资组合公司资产占本行业总资产比重(%)

Gross Assets in CPC[①] Industries (Percent of Total)

行业	2013Q4	2014Q4	2015Q4	2016Q4	2017Q4	2018Q4
软件业	2.8	3.8	4.9	6.1	6.0	8.0
石油和天然气开采	7.9	7.8	5.8	6.7	6.2	4.9
发电及相关行业	3.8	3.8	3.7	4.1	4.2	4.5
数据处理、存储及相关服务	2.9	2.3	1.8	2.0	2.3	3.5

---

① CPC(Controlled Portfolio Company):受控的投资组合公司,是指私募股权基金单独投资或者与关联公司联合投资从而获得控制权的公司,这个公司对于私募股权基金来讲,是其众多投资中的一个,所以对它们来讲又称为"投资组合"。受控的是指通过股权或者协议直接或者间接控制公司管理和人事安排,一般来讲拥有组合公司的 25% 及以上的所有权。

续表

行业	2013Q4	2014Q4	2015Q4	2016Q4	2017Q4	2018Q4
电信数据处理等相关服务	2.6	2.5	2.7	2.3	2.2	2.4
医药制造	1.0	1.3	1.5	1.4	1.5	2.4
其他金融投资活动	2.0	1.8	1.8	1.7	1.4	2.1
医疗设备及用品制造	1.1	1.3	0.9	0.6	0.7	2.0
管道运输	2.4	2.6	2.4	2.2	1.9	1.8
特殊电脑编程服务	0.9	1.0	1.5	1.5	1.5	1.8
其他信息服务	2.0	2.1	1.9	1.8	2.0	1.7
其他专业服务	0.4	0.6	0.6	0.9	0.8	1.4
管理与科学咨询服务	1.0	1.2	1.1	1.3	1.6	1.4
信用管理等相关活动	1.2	1.2	1.4	1.0	1.2	1.3
其他金融工具	0.4	0.4	0.6	1.8	1.6	1.3
教育服务	1.4	1.3	1.3	1.2	1.4	1.2
保险及经纪业务	0.9	1.0	1.0	1.2	1.1	1.0
科技研发活动	0.9	0.9	1.0	0.7	1.0	1.0
采矿支持活动	1.3	1.6	1.2	1.0	1.0	1.0

美国私募股权基金主要投资于北美和欧洲地区，这与这两个地区的经济发展具有非常密切的关系；亚洲地区也越来越受到重视。长期以来，北美地区一直是美国私募股权基金投资的最主要地区。截至2013年四季度末，北美地区私募股权基金控制的投资组合公司总资产达到52490亿美元，占私募股权基金控制的投资组合公司总资产的71.7%，此后几年虽然受到宏观经济环境等因素影响，私募股权投资有所波动，但其占比一直在高位。2018年四季度末，投资于北美地区的私募股权基金控

制的投资组合公司总资产 42180 亿美元，占比仍达到 68.3%。截至 2013 年末，欧洲经济区（EAA）中由私募股权基金控制的投资组合公司总资产达到 14320 亿美元，占比达到 19.6%，此后几年有所波动，但整体平稳，截至 2018 年末投资额占 20.3%。近几年，美国私募股权基金对亚洲地区的投资力度有所加大，越来越重视亚洲市场。2013 年末，其占比只有 6.1%，是近几年最低的；2015 年四季度末最高，达到 7.9%，2018 年四季度末也达到 7.0%（见表 6-10）。

表 6-10 私募股权基金控制的投资组合公司资产在各地区分布情况

地区	2013Q4 总额（十亿美元）	2013Q4 占比（%）	2014Q4 总额（十亿美元）	2014Q4 占比（%）	2015Q4 总额（十亿美元）	2015Q4 占比（%）	2016Q4 总额（十亿美元）	2016Q4 占比（%）	2017Q4 总额（十亿美元）	2017Q4 占比（%）	2018Q4 总额（十亿美元）	2018Q4 占比（%）
北美	5249	71.7	4506	70.3	4132	73.2	3942	73.0	3961	70.5	4218	68.3
欧洲经济区（EAA）	1432	19.6	1259	19.6	941	16.7	848	15.7	963	17.1	1256	20.3
亚洲	445	6.1	462	7.2	447	7.9	406	7.5	379	6.8	435	7.0
南美	75	1.0	85	1.3	58	1.0	111	2.0	184	3.3	140	2.3
跨国家的	65	0.9	67	1.0	23	0.4	37	0.7	49	0.9	55	0.9
其他欧洲地区	25	0.3	9	0.1	21	0.4	22	0.4	40	0.7	46	0.7
中东	8	0.1	12	0.2	9	0.2	15	0.3	23	0.4	16	0.3
非洲	21	0.3	12	0.2	12	0.2	18	0.3	14	0.3	10	0.2
合计	7320	100	6412	100	5643	100	5399	100	5613	100	6176	100

美国是美国私募股权基金最主要投资国。2013 年四季度末，美国由私募股权基金控制的投资组合公司总资产达到 50020 亿

美元，占当年私募股权基金控制的投资组合公司总资产的68.3%，此后几年也一直维持在高水平。2018年四季度末，美国由私募股权基金控制的投资组合公司总资产也达到40220亿美元，占比65.1%。中国（含中国香港）是美国私募股权基金在国外的一个重要投资目的地，这与我国经济的快速发展具有非常密切的关系。2013年四季度末，中国由私募股权基金控制的投资组合公司总资产达到了1710亿美元，占比达到2.3%。此后几年一直保持相对稳定水平，2018年四季度末，投资组合公司总资产微降到1540亿美元，占比小幅提高0.2个百分点，达到2.5%。美国私募股权基金这几年对印度、巴西的投资力度加大，私募股权基金控制的投资组合公司总资产占比快速上升，分别从2013年四季度末的0.9%、0.6%上升到2018年四季度末的1.7%和1.6%，分别提高了0.8个和1个百分点（见表6-11）。

表6-11 私募股权基金控制的投资组合公司资产在各国分布情况

国家	2013Q4 总额（十亿美元）	2013Q4 占比（%）	2014Q4 总额（十亿美元）	2014Q4 占比（%）	2015Q4 总额（十亿美元）	2015Q4 占比（%）	2016Q4 总额（十亿美元）	2016Q4 占比（%）	2017Q4 总额（十亿美元）	2017Q4 占比（%）	2018Q4 总额（十亿美元）	2018Q4 占比（%）
美国	5002	68.3	4305	67.1	3943	69.9	3776	69.9	3794	67.6	4022	65.1
中国（含中国香港）	171	2.3	186	2.9	173	3.1	114	2.1	147	2.6	154	2.5
印度	63	0.9	83	1.3	89	1.6	92	1.7	73	1.3	104	1.7
巴西	45	0.6	58	0.9	41	0.7	88	1.6	131	2.3	96	1.6
日本	108	1.5	98	1.5	85	1.5	79	1.5	52	0.9	52	0.8
俄罗斯	3	0.0	2	0.0	5	0.1	4	0.1	4	0.1	2	0.0

三 欧洲私募股权基金发展现状

(一) 欧洲私募股权基金[①]募资状况

近些年，欧洲私募股权基金募资额一直在高位，2018年达到史无前例的973亿欧元，在2017年创造纪录（966亿欧元）的基础上又创出新高，其中风险投资基金融资达到114亿欧元，也是迄今为止的最高水平。[②] 在各种类型的私募股权基金中，与全球普遍情况一样，并购基金募资额最多，占比最大，近些年其占比都在60%以上（见表6-12）。

表6-12　　　欧洲不同类型私募股权基金募资额　　　（十亿欧元）

年份	风险投资基金	并购基金（包括重振资本[③]、替代资本[④]等）	成长基金[⑤]	夹层基金[⑥]	普通基金[⑦]	合计
2014	5.2	38.0	3.8	1.6	8.3	56.9
2015	6.7	33.5	3.3	3.4	7.8	54.7
2016	9.1	62.7	4.8	0.8	6.8	84.2
2017	10.3	72.6	7.4	1.0	5.3	96.6
2018	11.4	66.5	7.8	1.0	10.6	97.3

---

① 欧洲私募股权基金不包括俄罗斯数据，本章所指的私募股权基金包括进行直接私募股权投资的私募股权基金、夹层基金、共同投资基金和救援/重组基金（重振基金）。

② 数据来源于 The European Data Cooperative (EDC)：2018 *European Private Equity Activity* (2018)，这一章如不做特别说明，数据都来源于这份报告。

③ 重振资本（Rescue/Turnaround capital）是指为经历财务困境的现有企业提供融资，以期重建繁荣。

④ 替代资本是指从其他私募股权投资机构或其他股东处购买少数股权。

⑤ 成长基金是指对相对成熟的公司进行私募股权投资（通常是少数股权投资）的基金，这些公司正在寻找主要资本以扩大和改善业务或进入新的加快市场业务增长。

⑥ 夹层基金是指采用债务和股权混合融资的基金，包括基于股权的期权（如认股权证）和较低优先级（次级）债务。

⑦ 普通基金（Generalist fund）是指投资于私募股权投资企业所有阶段的基金。

长期以来，养老基金都是私募股权基金最主要的投资者。2018年，养老基金投资额占欧洲私募股权基金募资额的31%，是最主要的资金来源。母基金（FOF）和其他资产管理公司对私募股权基金的投资也很大，2018年占比达到18%；其他主要投资者还有家族及个人（11%）、保险公司（11%）、主权财富基金（9%）和政府资金（7%）。在并购基金中，养老基金的投资额占比更大，达到37%，其次分别是母基金（FOF）和其他资产管理公司（19%）、保险公司（11%）、主权财富基金（11%）和家族及个人（8%）。政府资金在风险投资基金中扮演着重要角色。2018年，欧洲风险投资基金募资额增加了11%达到114亿欧元，其中政府财政贡献了18%，这还是十年来的最低比例；家族和个人资金贡献20%，这是占比最大的；其次是母基金和其他资产管理公司（19%）、企业投资者（12%）和养老基金（9%）。

"法国、比利时、荷兰、卢森堡"和北美分别是欧洲私募股权基金最大的欧洲区域内、外投资来源地。2018年，在其全部973亿欧元的募资额中，来自欧洲本土（除俄罗斯）[①]的金额占53.9%，其中"法国、比利时、荷兰、卢森堡"和"英国及爱尔兰"两个区域是主要资金来源地，分别占比20.6%和7.9%；在来自欧洲以外的46.1%占比中，来自北美的机构投资者贡献了25.5%，亚洲投资者则贡献了15.1%。2018年，欧洲并购基金募资额下降8%至665亿欧元，其中有55.1%来自欧洲以外的投资者，比私募股权基金的比重高了9个百分点，北美占28.5%，其次是亚洲占19.1%；在欧洲投资者中，同样来自于"法国、比利时、荷兰、卢森堡"区域占比最高，是主要资金来源地，占比达到10.7%。2018年，欧洲风险投资基金募资额增

---

① 主要分为UK & Ireland（英国和爱尔兰）、France & Benelux（法国、比利时、荷兰、卢森堡）、Nordics（丹麦、芬兰、挪威、瑞典）、DACH（奥地利、德国、瑞士）、Southern Europe（希腊、意大利、葡萄牙、西班牙）、CEE（中东欧）和Unclassified Europe几个区域。

加了 11% 达到 114 亿欧元，大部分来源于欧洲地区，其中来源于"法国、比利时、荷兰、卢森堡"区域的资金最多，占比超过三分之一，达到 39.1%；有创纪录的 19.7% 的资金是在欧洲以外地区筹集的。2018 年，欧洲成长资本基金筹资增长 5%，达到 78 亿欧元，达到有记录以来的最高水平（见图 6-11）。

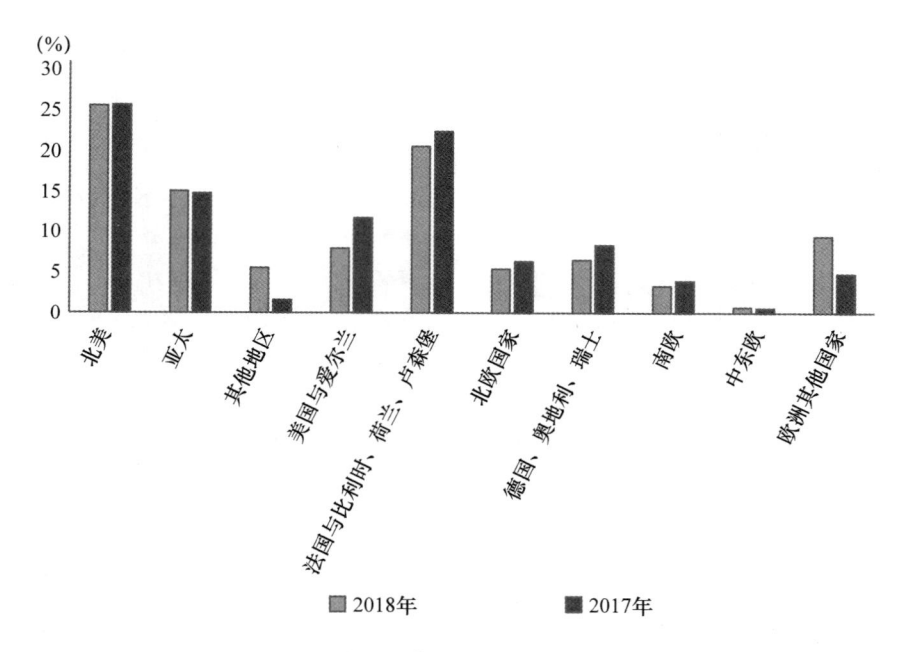

图 6-11 欧洲私募股权基金募集资金来源

在欧洲，2014—2018 年办公总部在"英国和爱尔兰"区域的私募股权基金募资额最多，占比维持在 50% 左右。2018 年，办公总部在"英国和爱尔兰"区域的私募股权基金募资额达到 494 亿欧元，同比 2014 年增加了 225 亿欧元，占比达到 50.7%。后面依次是"法国、比利时、荷兰、卢森堡"区域，达到 212 亿欧元，占比 21.8%；北欧（丹麦、芬兰、挪威、瑞典）区域 135 亿欧元，占比 13.9%；"奥地利、德国、瑞士"区域 66 亿欧元，占比 6.8%；南欧（希腊、意大利、葡萄牙、西班牙）56 亿欧元，占比 5.7%；中东欧 11 亿欧元，占比 1.1%（见图 6-12）。

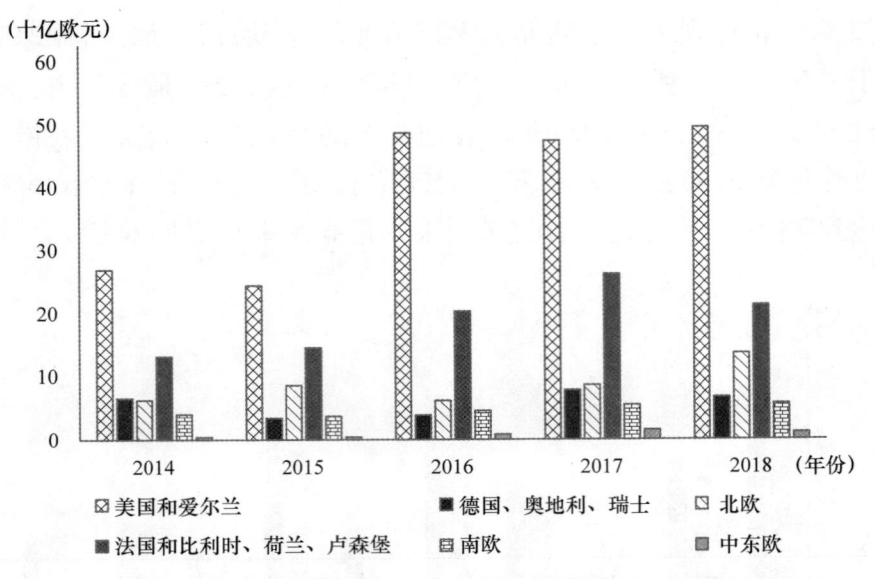

图 6-12 按办公总部所在地划分的欧洲各区域私募股权基金募资额

（二）欧洲私募股权基金投资情况

私募股权基金投资额[①]持续增长。2014 年，私募股权基金投资额 487 亿欧元，2018 年增长到 806 亿欧元，创下历史新高，5 年时间增长了 65.5%。2001 年至国际金融危机，私募股权基金投资额占欧洲生产总值比重快速上升，2007 年达到 0.57% 的新高水平；2008 年、2009 年受国际金融危机影响，占比快速下降；国际金融危机后，私募股权投资水平逐渐上升，占欧洲生产总值比重从 0.20%（2009 年）上升到 2018 年 0.47%。2018 年，欧洲接受私募股权基金投资的公司数量增加了 7%，达到 7816 家，[②] 再创历史新高，其中 86% 是中小企业。私募股权基金主要投资于技术和商务行业。2018 年，私募股权基金在欧洲投资最多的行业是商务业，占比达到 22.2%，其后依次是信息通信技术（通信、计算机和电子）（21.2%）、消费品与服务行

---

① 是指投资于欧洲的私募股权基金投资额，包括注册于欧洲之外的私募股权基金在欧洲的投资。

② 由于有的公司同时接受了不同类型的基金投资，所以接受投资的公司数量不能简单认为就是不同类型基金投资的公司数量加总。

业（19.1%）、生物技术与医疗行业（14.2%），其他行业的占比都在10%以下（见图6-13）。

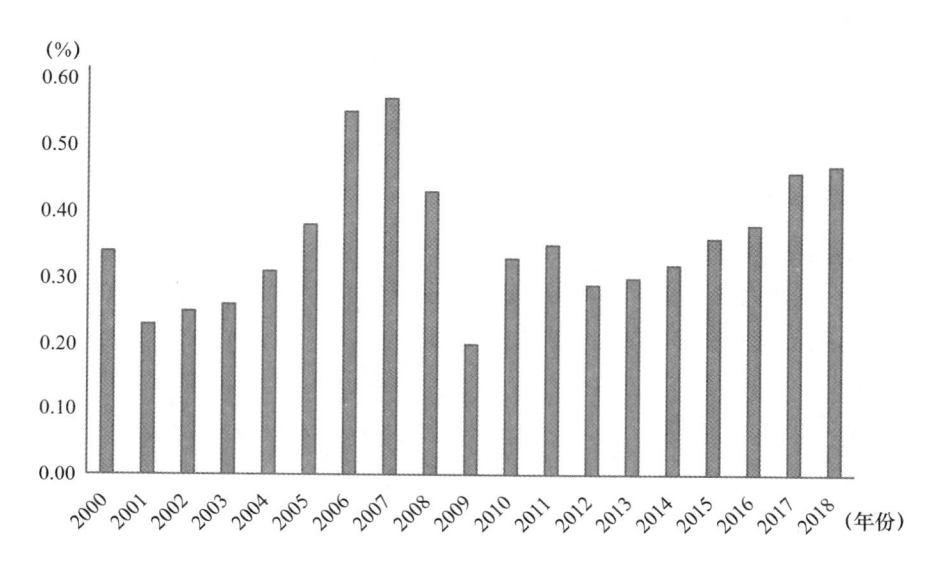

图6-13 办公总部在欧洲的私募股权基金投资额占欧洲GDP比重

并购交易是欧洲私募股权投资的主要形式。2014—2018年，并购交易额持续增长，2014年并购交易额331亿欧元，2018年增长到588亿欧元，增长了77.6%；占欧洲私募股权基金投资总额的比重都在三分之二以上，2018年占比达到73.0%；2018年并购交易标的公司数量同比2014年增长了20.9%，达到1285家。2018年，金额超过1.5亿欧元的大型并购交易总额达314亿欧元，比上年增长了14%，占并购交易总额的53%；中等规模的并购交易额（金额1500万欧元至1.5亿欧元）增长8%，至231亿欧元，市场份额为39%。

风险资本投资规模相对较小，增速快。2014年，欧洲风险投资基金投资额38亿欧元，2018年增长到82亿欧元，五年时间增加了115.8%，增速比私募股权投资额整体增速快了50.3个百分点；占私募股权投资额的比重微幅增长，2018年达到10.2%，同比2014年增加了2.4个百分点。2018年，总共有

4437家公司获得了风险投资支持,同比2014年增长了18.6%。

成长基金投资额保持相对稳定。2014年,欧洲成长基金投资额98亿欧元,2018年增长到119亿欧元,小幅提升了21亿欧元,占比由2014年的20.1%下降到14.8%,下降了5.3个百分点。2018年,欧洲共有2106家公司获得成长基金投资,同比2014年下降了207家企业(见图6-14)。

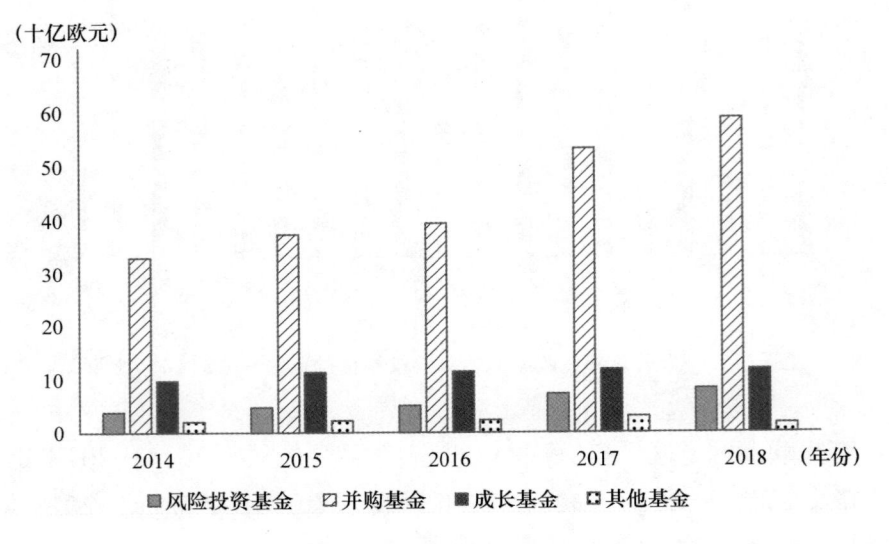

图6-14 全球私募股权基金投资于欧洲金额

从行业角度进行统计分析①,总部在"英国和爱尔兰"区域的私募股权基金投资额最多。2018年,欧洲私募股权基金投资欧洲外区域项目42亿欧元、投资欧洲区域内国家512亿欧元、欧洲区域内跨国投资250亿欧元。分区域看,办公总部在"英国和爱尔兰"区域的私募股权基金投资额占比最高,达到38%;其次是"法国、比利时、荷兰、卢森堡"区域,占比达到28%;最后依次是"奥地利、德国、瑞士"区域(13%)、"希腊、意大利、葡萄牙、西班牙"区域(12%)、"丹麦、芬兰、挪威、瑞

---

① 即指办公总部在欧洲的私募股权基金。

典"区域（8%）和中东欧（1%）。

从市场角度进行统计分析①,"法国、比利时、荷兰、卢森堡"区域投资额最高。2018年，办公总部不在欧洲的私募股权基金投资欧洲项目45亿欧元；办公总部在欧洲的私募股权基金投资欧洲区内国家512亿欧元，跨国投资250亿欧元。在欧洲各区域中，"法国、比利时、荷兰、卢森堡"区域获得的投资额最多，占比最高，2018年达到30%；其次是"英国和爱尔兰"区域，占比达到22%，其后依次是"奥地利、德国、瑞士"区域（18%）、"希腊、意大利、葡萄牙、西班牙"区域（17%）、"丹麦、芬兰、挪威、瑞典"区域（10%）、中东欧（3%）。

欧洲各国私募股权基金投资水平差异较大。分析办公总部在本国的私募股权基金投资金额，发现占本国生产总值比重最高的国家是最低国家的2000多倍。2018年卢森堡、英国、瑞典、法国、丹麦、荷兰六国的本地私募股权基金投资额占比超过欧洲的平均水平，其中卢森堡占比最高，达到2.088%；中东欧国家占比普遍较低，最低的国家罗马尼亚，只有0.001%（见图6-15）。

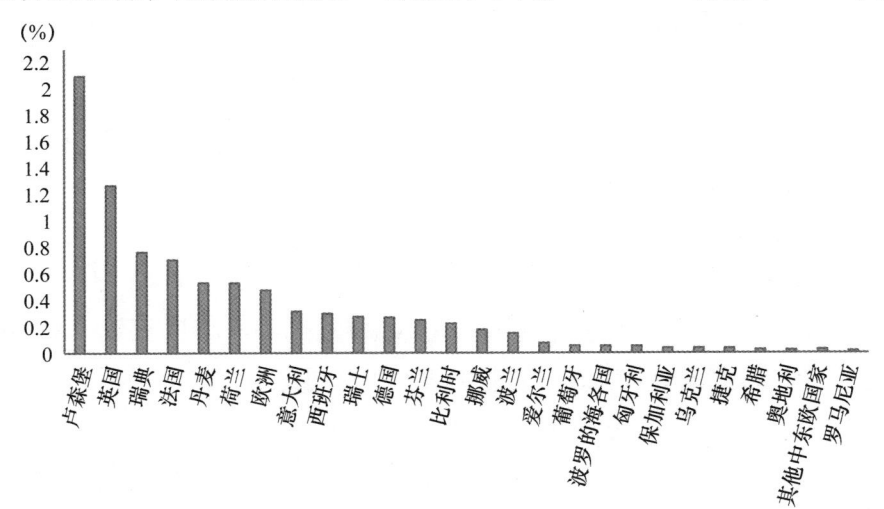

图6-15 2018年总部在本国的欧洲各国私募股权基金投资额占本国GDP比重

---

① 即指私募股权基金在欧洲各区域的投资。

分析各国私募股权基金投资额，经济水平相对发达国家获得的投资更多。2018年丹麦、荷兰、英国、法国、芬兰、瑞典、西班牙七国的私募股权基金投资额占比超过欧洲的平均水平，其中丹麦占比最高，达到1.037%；经济强国的占比普遍水平较高，即使比利时、意大利、瑞士、德国的私募股权基金投资占比低于欧洲整体水平，但仍处于较高水平，分别为0.433%、0.394%、0.372%和0.338%。中东欧国家占比普遍较低，最低的国家保加利亚，只有0.018%（见图6-16）。

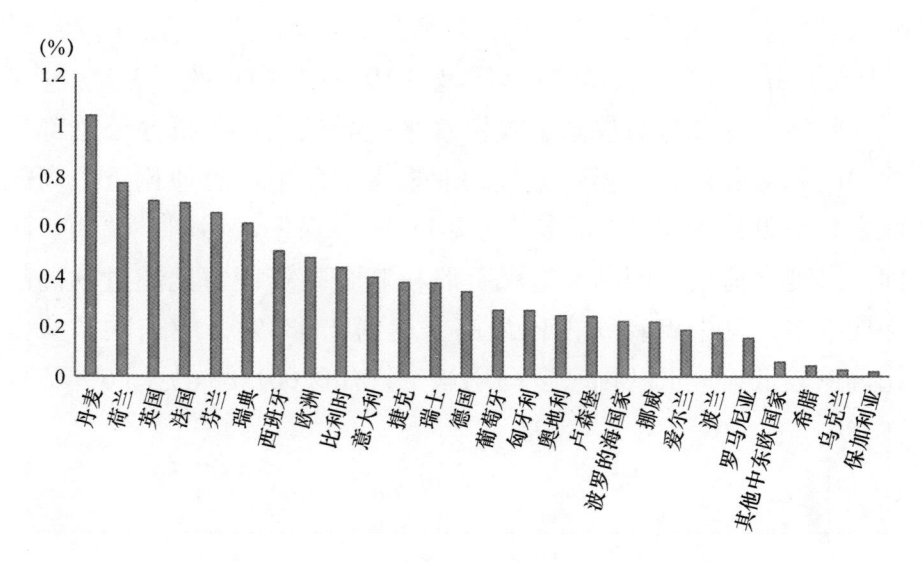

图6-16 2018年私募股权基金在欧洲各国投资额占本国GDP比重

（三）欧洲私募股权基金退出情况

私募股权基金投资在欧洲退出金额下降。2018年，欧洲共有3750家获得私募股权基金投资的公司退出，比2017年减少3%；按成本（按初始股权投资额）计算退出额下降了28%，至320亿欧元，且是自2014年以来的最低值。其中，并购基金退出金额在2018年下降了34%至224亿欧元，占总退出金额的70.0%，按公司数量计算下降12%至863家；风险基金投资退出额下降5.0%至20亿欧元，占总退出金额的6.3%，而按公司数量计算，仍稳定在1193家；成长型基金退出金额减少了14.7%至58亿欧元，占总退出金额的18.1%，而按公司数量计算，减少了2%至1571家。

私募股权基金投资在欧洲退出方式相对集中。近二三十年来，私募股权基金投资退出的主要方式分别为"出售给另一家公司、出售给另一家私募股权基金和公开募股"，2014年以来三种方式的退出金额占比都在三分之二左右。2018年，通过"出售给另一家公司（出售给战略投资者）"退出金额占比达到了32%，通过"出售给另一家私募股权基金"方式退出的金额占比达到了31%，通过"公开上市"退出的金额占比则相对更小，只有10%。在并购基金、风险投资基金和成长基金三种主要的私募股权基金类型中，各种退出方式的重要性稍微有点不同，2018年并购基金最主要的退出方式是"出售给另一家公司"和"出售给另一家私募股权基金"，退出金额占比都是35%；风险投资基金最主要的退出方式是"出售给另一家企业"，占比达到35%；成长基金最主要的退出方式是"出售给另一家公司"和"出售给另一家私募股权基金"，占比都是25%（见图6-17）。

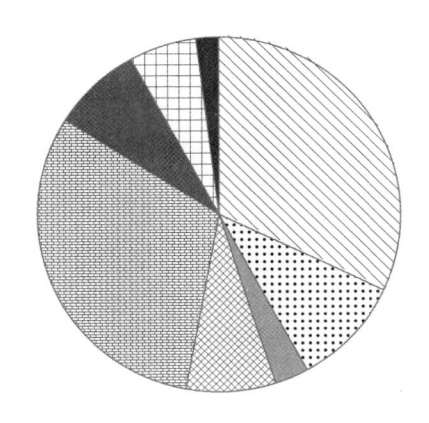

图6-17 2018年私募股权基金在欧洲退出方式

与私募股权投资的主要行业分布一样,退出的行业分布也是以商务业、信息通信技术(通信、计算机和电子)和消费品与服务行业为主。2018年,三个行业的退出金额分别达到了79亿欧元、79亿欧元和63亿欧元,占比分别达到24.7%、24.7%和19.7%。生物技术和健康行业也是私募股权基金退出金额较多的一个行业,退出额排名第四,达到了27亿欧元,占比8.4%。

在投资于欧洲各国的全球私募股权基金中,2018年退出金额达到320亿欧元,退出金额最多的区域是France & Benelux(法国、比利时、荷兰、卢森堡),达到107亿欧元,占比33.4%。其后依次是UK & Ireland(英国和爱尔兰)66亿欧元(20.6%)、DACH(奥地利、德国、瑞士)51亿欧元(15.9%)、Nordics(丹麦、芬兰、挪威、瑞典)43亿欧元(13.4%)、Southern Europe(希腊、意大利、葡萄牙、西班牙)42亿欧元(13.1%),以及CEE(中东欧)11亿欧元(3.4%)(见图6-18)。

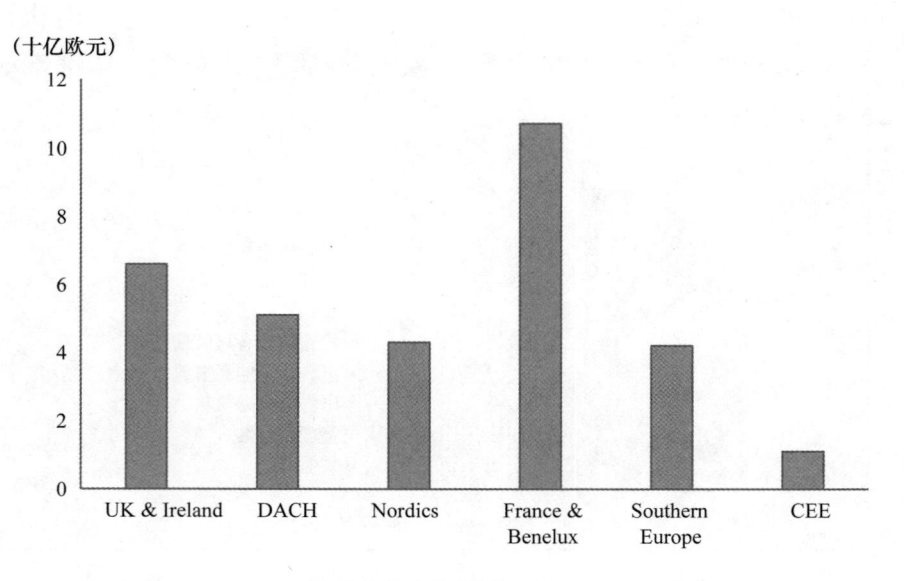

图6-18 2018年私募股权基金在欧洲各区域退出金额

四 国际社会对私募股权基金的监管

(一) 国际金融危机前

国际金融危机前,美国、英国①等各国法律基本都豁免了对私募股权基金的登记注册,对其监管都较弱。作为典型代表,本节主要对美国私募股权基金受到较少监管的法律基础进行阐述、分析。

美国政府对私募股权基金的监管源于其对证券行业的监管。1929年"股灾"及经济"大萧条"后,美国于1933年制定了《证券法》,加强了对金融市场监管。《证券法》明确规定,任何发行人只要是公开募集或者面向美国公民募集证券都必须向美国证券交易委员会(SEC)进行登记注册,严格按照初始披露及后续披露程序披露相关信息。但《证券法》也规定有豁免条款,在第4节第2款就明确,不涉及公开发行的证券交易无须在SEC注册。然而,对于何为"不涉及公开发行",《证券法》中并没有明确规定,必须根据法院的判例以及是否符合SEC明确的要素条件进行认定,但在实际执行过程中仍存在较大争议。针对这种情形,美国证券交易委员会(SEC)于1982年制定了《D条例》(Regulation D),它由"501—508规则"组成,其中的"506规则"进一步明确了基金豁免登记注册的条件,其要求主要有两条:一是基金的购买者全是合格投资者

---

① 英国"集合投资计划"主要受1986年《金融服务法案》、2000年《金融服务与市场法案》、2001年《集合投资(豁免)发起条例》等法律法规管制。作为"集合投资计划"的一种,法律基本对私募股权基金的登记注册予以豁免。

(accredited investor)；① 或者部分购买者是非合格但理性投资者，且这部分投资者人数不超过35位。二是不得使用广告或公开劝诱的方式要约或销售基金。"506规则"还明确，基金发行应符合《证券法》第4节第2款对证券的规定，基金购买者不是《证券法》上的"承销商"。尽管《证券法》及《D条例》的豁免登记注册条款对于"合格投资者"人数没有限制，但如要符合《投资公司法》《证券交易法》等其他法律的豁免条件，则仍然有投资者人数限制。

在1940年制定的《投资公司法》中，规定作为"主要从事，或对外声称主要从事，或打算主要从事证券的投资、再投资或交易业务的发行人"，投资公司必须在SEC登记注册并向它提交报告，除非获得豁免。《投资公司法》第3（c）（1）节规定，要获得豁免，则基金受益所有权人（beneficial owners）不超过100人。1996年，《投资公司法》进行了修改，增加了第3（c）（7）节，该节规定如果基金投资者都是合格购买人（qualified purchaser），则对投资者人数不再限制，同样可以获得豁免。

在1940年制定的《投资顾问法》中，规定投资顾问作为"以直接方式或者通过出版物等间接方式对证券价值或对证券投资、购买、出售可行性向别人进行建议，并获取报酬的专业人士；或通过发行或出版有关证券分析报告，并获取报酬的专业人士"，在没有获得豁免或排除的情况下，必须在SEC或相应的

---

① 《D条例》明确的合格投资人有专业投资机构、发行人内部人、高净值投资者三种基本类型。"501规则"（a）款明确指出，合格投资者包含下列机构或个人：(1) 银行、保险公司、注册的投资公司、企业发展公司或小企业投资公司；(2) 雇员退休收入保障法中的雇员福利计划，并且是由银行、保险公司或注册的投资公司为其做投资决策，或者该计划的总资产超过500万美元；(3) 慈善组织、公司或合伙，并且总资产超过500万美元；(4) 股东或成员全部由合格投资者组成的商业机构；(5) 发行人的董事、执行高管或者普通合伙人；(6) 拥有净资产100万美元以上，或者最近两年所得平均超过20万美元的自然人；(7) 与配偶合计最近两年总收入平均每年超过30万美元，并且当年收入的合理预期也可达到该水平；(8) 由专业人士负责投资的总资产超过500万美元的信托（非专为购买该证券而设立）。

州监管机构进行登记注册并接受监管。但《投资顾问法》第203（b）（3）节规定，如果在过去的12个月里，投资顾问拥有不到15个客户，并且没有公开声称其是投资顾问，也没有担任已在SEC注册的投资公司投资顾问，则可以获得注册豁免。但对于"客户"数量的计算，存在较大模糊性，于是SEC在1985年通过了一个规则，允许投资顾问将每一个有限合伙企业计算为一个客户；1997年SEC进一步扩展该规则，包括可以将一个法律组织作为一个客户，只要投资顾问提供的投资建议是根据该法律组织的整体利益而不是单个所有人的利益目标做出的。

国际金融危机前，在实际运作过程中，美国私募基金管理人根据《证券法》《投资公司法》《投资顾问法》《D条例》等法律法规的豁免条款基本上都豁免登记注册，美国政府对私募股权基金监管力度较弱。

（二）国际金融危机后

2008年国际金融危机爆发，充分暴露了欧美发达国家私募基金经营风险过大问题，迫使各国政府加强对私募基金加强监管。

美国于2009年6月正式提出全面的金融监管改革方案，并于2010年7月正式出台了《2010年华尔街改革和消费者保护法》，也称为《多德—弗兰克法案》。《多德—弗兰克法案》中《2010年私募基金投资顾问注册法案》（下称《注册法案》）针对对冲基金和私募基金建立了若干新的监管规则。

《注册法案》实际是对1940年《投资顾问法》的修订，强化了对私募基金的监管，包括取消了此前有关投资顾问豁免注册的规定、扩展了基金管理人的报告义务、加强基金托管等。(1) 废除了1940年《投资顾问法》第203（b）（3）对"投资顾问"的豁免，从而使得大量私募基金投资顾问要进行注册。《注册法案》要求，管理资产在1亿美元以上的投资顾问，必须在 SEC 登记注册，管理资产在 1 亿美元以下的投资顾问原则上在州注册；私募基金投资顾问管理资产在 1.5 亿美元以上，必须在 SEC 注册。《注册法案》明确了新的豁免规定，如外国私募基金投资顾问、管理资产少于 1.5 亿美元的私募基金投资顾问、VC 基金顾问[①]以及家族办公室等。(2) 要求更加详细、规范报告基金信息。对于在 SEC 注册的投资顾问，要求详细披露其交易和资产组合的有关信息，如管理资产规模、杠杆使用情况、交易对手的信用风险、交易和投资持仓情况、估值政策和基金采取的实际做法、持有资产类型，以及 SEC 和金融稳定监管理事会要求报告的其他信息等。《注册法案》还授权 SEC 和金融稳定监管理事会可针对不同类型的私募基金管理人，提出不同的信息报告要求；有权对报告进行定期和不定期的检查。此外，《注册法案》还对私募基金管理人信息保存和记录归档做出了专门规定。(3)《注册法案》还明确了私募基金资产托管要求。《注册法案》明确要求私募基金管理人应采取托管措施以保护客户资产安全，还授权 SEC 就托管制度制定细则。托管人既可以是银行，也可以是注册的综合性经纪商。

  针对私募基金经营风险过大问题，欧盟于 2011 年 6 月出台了《另类投资基金管理人指令》（Alternative Investment Fund Managers Directive，简称《指令》）并于 2013 年 7 月生效，极大地强化了对包括私募基金在内的另类投资基金[②]的监管。《指令》从"授权和合规要求""杠杆使用""透明度和信息披露"等方面对欧盟另类投资基金的运营有非常详细、明确的规定，强调所有的欧盟另类投资基金管理人、管理欧盟基金的所有非欧盟另类投

---

  ① 风险投资基金顾问免予注册，但仍需要遵从 SEC 的相关规则保存记录。
  ② 另类投资基金（alternative investment fund，AIF），是指传统共同基金之外的其他类型的基金，具体纳入 AIFMD 指令监管范围的 AIF 基金包括各种类型的以特定投资策略为导向的集合投资基金，包括对冲基金、私募股权基金、商品基金、房地产投资基金、基础设施基金、风险投资基金等。

资基金管理人、在欧盟境内销售基金的所有非欧盟基金管理人都必须接受监管。《指令》对大规模另类投资基金管理人进行严格的监管，而对小规模另类投资基金管理人则采取较为宽松的监管方式。《指令》规定，如果另类投资基金（AIF）管理人管理的另类投资基金唯一投资者就是管理人自身，或者是其母公司、子公司，或其母公司的其他子公司，且该唯一投资者本身并不是另类投资基金，则《指令》可对其不适应。《指令》还规定，如果另类投资基金管理人管理的另类投资基金资产规模总计（1）不超过1亿欧元（使用杠杆融资）；或者（2）不超过5亿欧元，其中每一只基金均不运用杠杆，且在五年内投资人没有赎回基金份额的权利，则可以认定为小规模另类投资基金管理人，这类小规模另类投资基金管理人可自愿选择是否接受《指令》管制，但是小规模另类投资基金管理人也需要满足监管部门的基本信息披露要求。

除了豁免的基金管理人，《指令》要求其他基金管理人必须符合以下几个方面的监管要求。（1）另类投资基金管理人的营业核准。规定了另类投资基金管理人的初始资本要求：另类投资基金管理人本身系基金普遍合伙人的，其初始资本最低为30万欧元；另类投资基金管理人是经基金委托的外部管理人的，其初始资本最低为12.5万欧元；另类投资基金管理人管理的另类投资基金资产超过2.5亿欧元的，该另类投资基金管理人应提供超出部分0.02%的额外自有资金，但上述所要求的初始资本与额外自有资金的总额不超过1000万欧元。各成员国可以核准减免另类投资基金管理人上述的额外自有资金，减免金额最高可达50%，但前提条件是信贷机构或保险公司为其提供同等金额的担保，且该信贷机构或保险公司的注册地在成员国或第三国境内。要求管理人在申请核准时应提供另类投资基金类型、使用杠杆政策、另类投资基金的风险状况和其他特点等。（2）对另类投资基金的业务进行监管。《指令》规定另类投资基金管理人开展业务的基本原则，明确管理人必须拥有充分、适当的人力和技术资源保障基金的正常运作，对管理人的结构、组织、风险管理、流动性管理、基金估值等有具体要求。如要求另类投资基金管理人对其所管理的另类投资基金的估值，必须遵守适当的和一贯的程序，从而使资产的估值适当而独立。《指令》规定了估值的主体资格、估值的方式方法、估值的时间以及另类投资基金管理人的估值义务。（3）要求必须委托基金托管人。另类投资基金管理人应当为其管理的每只基金依法委托单独的托管人。（4）对另类投资基金管理人的信息透明度监管。明确了基金管理人的年度报告要求、向投资者披露信息和向管理者报告义务。对于向投资者披露信息的具体内容有明确要求，如基金管理人的基本信息、基金的投资策略和目标、投资者承担的费用等一系列信息。还特别要求不定期向投资者披露基金流动性、当前的风险和杠杆的应用状况等信息。要求管理人向监管部门报告另类投资基金投资的主要市场、工具类别、面临的主要风险、投资资产类别、重要的集中投资、流动性管理安排以及投资资产的流动性、风险管理和当前风险状交、杠杆信息等。《指令》规定监管部门可以要求管理人提供和补充相关信息。对于特定类型的另类投资基金管理人还有一些特别的监管要求。《指令》还明确了欧盟另类投资基金管理人享有的权利，重点是建立了"欧盟护照"机制，明确对于设在欧盟成员国的另类投资基金，它们只需向一国监管机构注册，即可取得在欧盟全境运营的权利。

五 全球私募股权市场的发展趋势

——养老基金等机构投资者将持续作为私募股权基金的最主要资金来源，募资额将持续在高位。

欧美发达国家私募股权投资业的迅速发展，正是得益于许可养老基金等机构投资者投资私募股权基金，以养老基金为代表的机构投资者是私募行业发展的稳定器和基石。自20世纪80年代以来，养老基金、企业年金、FOF、主权财富基金、非营利组织、保险公司等机构投资者就是欧美发达国家私募股权基金主要资金来源，在私募股权基金募资额中占据最主要地位，个人投资者仅占很小的基金份额。在下一阶段，机构投资者作为私募基金最主要资金来源的地位将继续保持，甚至随着中国等新兴国家机构投资者地位的不断提升，其整体占比还将进一步提高。

下一阶段，私募股权基金募资额将持续保持在高位。当今各国中央银行的货币政策仍将普遍比较宽松，利率显著低于历史平均水平，且随着全球新冠肺炎疫情的暴发，全球各国为了防止经济出现大幅度衰退，货币政策进一步宽松，进一步扩大流动。面对巨额的流动性，私募股权基金募资额将持续保持在高位。这种低利率环境对私募股权基金有两方面的影响：一是投资者有更大的激励将资本投入私募股权基金，且私募股权基金的平均回报率历年来高于公开市场收益。自2015年以来的近五年周期里，受国际贸易争端、英国脱欧，以及全球宏观经济环境不确定性大等因素影响，全球股票市场波动较大，从贝恩资本等机构的研究来看，私募股权基金的整体回报率远高于股票市场的回报率。二是低利率水平确保了私募股权基金通过债务融资进行交易时能获得廉价、充足的资金。

——私募股权基金主要投资于新技术和生命健康等领域，但近期存在较大不确定性。

私募股权基金投资将持续聚焦于新技术等领域。从私募股权基金投资领域来看，科技还是全球私募基金投资的热门领域。特别是一些需求持续增长领域，将获得私募股权基金大量投资，如网络安全、移动支付（加密货币）、云计算、物联网、新能源汽车、生物健康、远程医疗等拥有先进技术的企业，将持续成为热门的投资标的。同时，在人力资本管理领域，以及环境、社会和治理（ESG）领域，将持续受到私募股权基金的关注。由于赢得人才之战对企业发展至关重要，所以大量企业投资于人力资本管理（HCM）软件系统，以帮助实现企业人才发展战略。越来越多私募股权基金注重环境保护、社会责任和公司治理，正在以系统化、流程化的方式进行 ESG 调查，以便将 ESG 问题深入到投资分析和决策流程；投资者也认为 ESG 因素对投资业绩至关重要。根据科勒资本的《2018 年环境、社会和公司治理报告》对全球 278 只私募股权基金的调查，88% 的私募股权基金将 ESG 原则纳入投资过程。

受 2020 年全球新冠肺炎疫情影响，全球经济环境更加复杂，经济发展面临更大不确定性，全球私募股权投资近期也面临巨大的不确定性。一方面，私募股权投资可能会陷入衰退、停滞。从暂时性来看，由于私募股权基金管理人没办法对项目进行实地考察，必定会减少对项目的投资；从更长时间看，由于全球经济陷入衰退，私募股权合适投资标的减少，且赢利退出的不确定性加大，同样会对私募股权投资带来不利影响。另一方面，也可能促进私募股权投资进行结构性调整，促进私募股权投资持续发展。在疫情影响下，医疗健康、远程办公等需求急剧放大，同时从更长时间看也刺激无人驾驶等人工智能产业发展，这些领域、产业的不断成长、发展将为私募股权投资提供大量的投资标的。

——平台型企业越来越成为私募股权基金投资重点目标，平台化发展成为更加重要的发展策略。

通过这种方式，私募股权基金公司获得大企业（特别是一些平台型公司）控股权，并决定企业后续的发展战略。[①] 在此基

---

① 近些年以及未来一段时间，由于股票市场等公开市场项目估值倍数逐渐下滑，而一级市场倍数不断攀升，越来越多的私募股权基金寻求在公开市场上直接进行私有化交易。

础上，基金公司以先前收购的公司为平台，进一步收购具有协同发展效应的小企业、小项目，并且利用自身资源扶持这些小企业、小项目进一步发展，从而打造相对完善的产业生态，实现整个项目实力的发展壮大，并在退出时获得远大于投资的回报。为了能够实现平台公司对小企业、小项目的收购，基金公司先前收购的大企业（平台公司）财务必须非常健康，要能够产生持续的自由现金流。这种投资方式虽然在私募股权投资领域长期存在，但越来越普遍，主要是因为这种策略能够在当下项目交易估值达到创纪录水平，基金公司之间竞争越来越激烈，私募股权基金公司面临巨大投资压力时期，能够为基金公司提供一条清晰、可控且赢利预期相对确定的投资方式。

但利用这种投资方式，并不是简单地壮大平台公司的规模，而是一定要对被收购企业、项目有深刻的认识，要认真、深入地对被收购企业、项目进行尽职调查。第一，平台企业所属的行业长期增长可预测、风险低，且还有很大增长潜力，有大量的潜在收购目标。第二，衡量意向并购项目与现有项目的协同效应，良好的协同效应使得基金公司交易团队愿意支付更高的交易价格。第三，认真研究意向并购公司的资产负债表，了解它的财务健康程度，只有良好的资产负债表、可重复的财务模式，才能支撑平台企业后续的收购、扩张策略。第四，认真研究意向并购公司的"软"资产，如企业文化等，只有企业文化比较类似的企业并购才更有可能成功。第五，这个平台公司具有优秀的管理团队，具有可重复的运营模式，以及能够适应企业扩张的分销和销售网络体系等。第六，大力推进并购后的整合，如果整合过程混乱，肯定会妨碍企业业务运作，那么协同的价值很快就会丧失。

——管理：私募股权基金管理人更加重视提升自身能力，私募产品将适度多元化。

私募股权基金管理人将致力于提升自身投资管理能力。在当今竞争激烈的交易环境中，私募股权基金公司越来越认识到提升自身投资能力的重要性，特别是对于具体领域的深入分析判断能力。具体领域的深入分析判断能力，能够帮助更好理解、掌握行业参与者、趋势和主题等，从而更有可能抓住具有潜在吸引力和差异化的专有交易投资机会。充分利用现代技术进行深入分析，如数字技术、智能技术等，以及具体如客户关系管理（CRM），跟踪订单、销售库存、物流、运输等技术，是提升分析判断能力的重要手段。

越来越多的私募股权基金管理人提供的产品和服务将适度多元化。分散投资风险是投资基金固有的特性，只有品种丰富，可利用的投资工具足够多，投资基金才能通过多样化的投资组合，有效地回避风险，设计出不同特点的基金产品，满足不同投资者的偏好，从而吸引更多潜在投资者，扩大基金规模。私募股权基金管理人将继续开展对冲、债券、资产证券化、FOF等私募业务，而对冲基金也在VC、PE方面积极拓展，协同发展。提供综合的另类资产解决方案成为私募基金管理人做大做强的核心策略。私募基金管理人将在全球主要资本市场建立网络，通过本土化团队，在全球各主要资本市场寻找投资机会，更好满足投资者的个性化需求。同时，伴随着私募股权基金管理人之间对项目竞争的加剧，伴随着自身投资管理能力的提升，越来越多的管理人将提供越来越多样、越来越专业的私募股权投资产品和服务，以满足当前资金投资需求多样性。历史已经证明，拥有自身独特资产、具有良好管理能力的私募股权基金管理人适度地把产品扩展到与原来主要领域相邻的行业可以产生巨大的效果，有望为GP创造更高的利润，为LP带来更高的净回报率。但有一点要特别注意，不能离原来的主业太远，这也是2008年国际金融危机前私募股权基金公司多元化失败获得的教训。

第七章　广州私募股权基金业发展及政策建议

广州建设区域性私募股权交易市场，是国家赋予广州的重要使命。《粤港澳大湾区发展规划纲要》明确提出，"支持广州完善现代金融服务体系，建设区域性私募股权交易市场"。推动建设区域性私募股权交易市场，促进风险投资基金、私募股权投资基金聚集和发展，不仅是广州积极担负国家使命，推进《粤港澳大湾区发展规划纲要》相关项目落地的重要任务，而且对广州实施创新驱动战略、促进新旧动能转换，促进产业转型升级和经济结构优化，更好支持实体经济发展都具有重要意义。

一　广州私募股权投资基金发展总体状况

（一）广州私募股权投资基金发展取得的成效

2010年起，广州市陆续出台《关于促进广州市股权投资市场发展的意见》《关于促进广州股权投资市场规范发展的暂行办法》《广州市促进风险投资市场规范发展管理办法》《广州市促进外商投资股权投资类企业集聚发展工作指引》等，为进一步引导私募股权投资基金机构在穗集聚、促进私募股权投资基金在穗规范发展提供了重要指引。

1. 股权投资机构集聚，私募股权投资基金规模庞大

截至 2019 年 6 月，广州拥有投资机构 1861 家，[①] 其中，PE（股权投资）机构 663 家，占比 35.63%；VC（风险投资）机构 211 家，占比 11.34%。在近十年新增的 1666 家投资机构中，PE 机构达到 631 家，占新增机构的 37.88%；VC 机构新增 137 家，占比 10.02%。2016 年起 PE 和 VC 投资机构每年新增占新增机构总数均超过 50%。股权投资机构逐渐成为广州投资业的重要支柱（见图 7-1）。

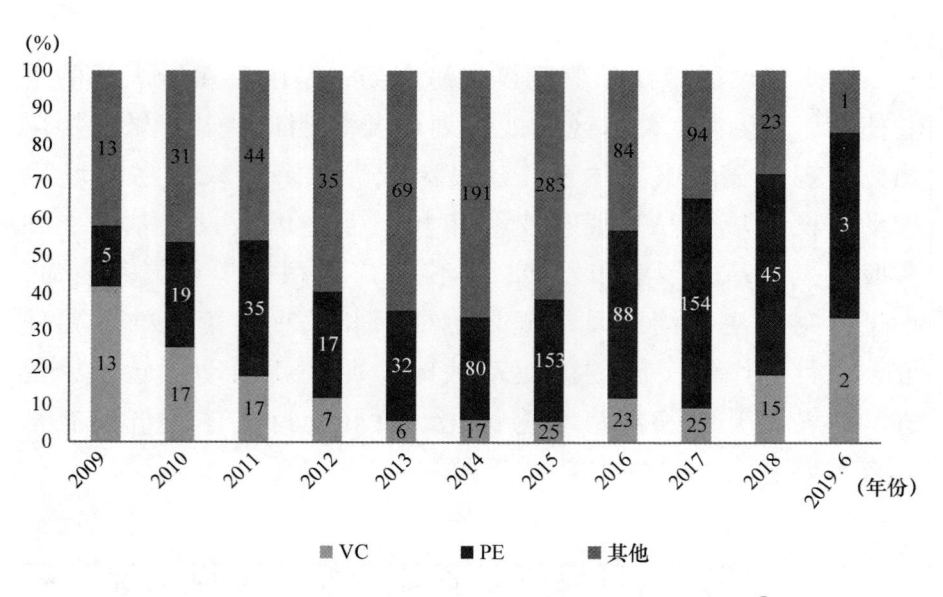

图 7-1　2009 年至 2019 年 6 月广州历年新增投资机构[②]
数据来源：私募通。

清科私募通显示，2009 年至 2019 年 6 月，经营总部设在广州的新增基金总数为 3955 只，[③] 总目标规模 12973.37 亿元

[①] 根据中国证券投资基金业协会（AMAC）统计，目前广州登记在案的基金管理人 1123 家。

[②] 其他类型包括战略投资者、FOFs、其他。

[③] 基金备案状态包括已在 AMAC 备案和尚未在 AMAC 备案。

人民币,① 单只基金平均目标规模16.22亿元人民币。其中,私募股权投资基金1494只,占比37.78%。广州在2015年至2018年迎来私募股权投资基金新发行高峰期,四年分别新增211只、333只、345只、283只,共占新增总量的78.45%。私募股权投资基金发行规模逐步壮大,在2016年和2017年公布募集规模的基金中,单只基金平均规模达到11.64亿元和13.12亿元。此外,1233只私募股权投资基金采用有限合伙制,相比其他组织形式,能更有利于基金的现代化管理,对吸引优质LP投资具有更大优势(见图7-2)。

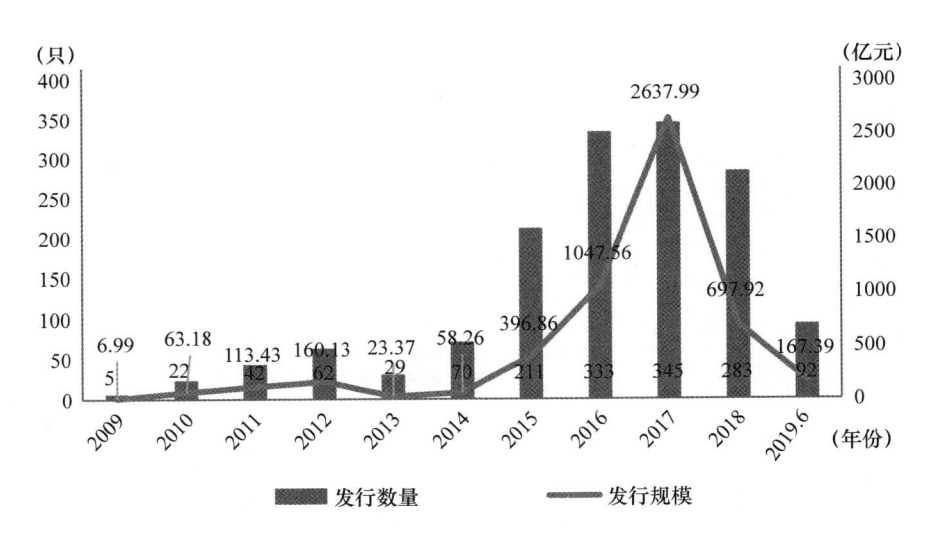

图7-2 2009年至2019年6月广州私募股权投资基金发行数量和规模
数据来源:私募通。

2009年至2019年6月,广州市注册政府引导基金48只,总体目标规模5604亿元,单只基金平均目标规模169.82亿元。其中地市级19只,区县级8只;产业基金21只,创业基金11只,合计占总引导基金的66.67%(见表7-1)。

---

① 根据已公布目标募资规模数据汇总得到,单只基金平均募资规模也是根据公布目标募资规模基金数量计算得到。

表7-1　广州市引导基金列表

基金简称	管理机构名称	基金级别	基金分类	成立时间	组织形式	目标规模（人民币/百万元）
中科雅盈基金	中科科创	地市级	产业基金	2019-06-19	有限合伙制	100.00
黄埔区块链产业基金	自管	区县级	产业基金	2019-03-29	有限合伙制	1000.00
国资并购基金	广州中小企发展基金	地市级	产业基金	2019-01-02	有限合伙制	3001.00
增城推动经济高质量发展引导基金	南粤基金	区县级	产业基金	2018-11-09	有限合伙制	2800.00
增城乡村振兴基金	自管	区县级	产业基金	2018-06-26	有限合伙制	5000.00
广州商贸母基金	广州国发	地市级	产业基金	2018-03-20	有限合伙制	10000.00
广州城市更新基金	越秀产业基金	地市级	PPP	2017-12-29	有限合伙制	200000.00
广州科技成果引导基金	自管	地市级	产业基金	2017-12-14	有限合伙制	5000.00
南沙母基金	中国风投	区县级	产业基金	2017-11-18	有限合伙制	30000.00
一带一路空中互联网基金	自管	区县级	产业基金	2017-10-10	有限合伙制	10000.00
国新央企运营基金	国新央企运营投资	地市级	产业基金	2017-03-15	有限合伙制	150000.00
广州重点产业运营基金	自管	地市级	创业基金	2017-01-24	有限合伙制	120.00
广州市新兴产业发展基金	广州新兴发展基金	地市级	产业基金	2017-01-01	有限合伙制	—
广州南沙创业引导基金	南沙产投	区县级	产业基金	2016-12-14	有限合伙制	—
广州绿色产业基金	南粤基金	地市级	产业基金	2016-10-18	有限合伙制	—

第七章　广州私募股权基金业发展及政策建议　207

续表

基金简称	管理机构名称	基金级别	基金分类	成立时间	组织形式	目标规模（人民币/百万元）
天河区创业基金	自管	地市级	创业基金	2016-08-23	有限合伙制	—
广州市科技企业孵化器天使基金	自管	地市级	创业基金	2016-08-17	有限合伙制	—
广州市科技成果转化基金	自管	地市级	创业基金	2016-08-17	有限合伙制	—
广州国资国企创新投资基金	越秀产业基金	地市级	创业基金	2016-08-11	有限合伙制	20000.00
工业转型升级基金	广州基金	地市级	产业基金	2015-12-09	公司制	6000.00
番禺区战略性新兴产业创投基金	自管	区县级	产业基金	2015-10-14	有限合伙制	1000.00
广东粤科华汕创业投资基金有限公司	粤科金融	地市级	创业基金	2015-07-29	有限合伙制	260.00
广州新华基金	广州城发基金	地市级	PPP	2015-02-09	有限合伙制	20000.00
南粤基金	广州基金	地市级	产业基金	2014-11-10	公司制	—
广州战略性主导发展资金	自管	地市级	产业基金	2014-07-11	有限合伙制	—
中新广州知识城种子基金	自管	区县级	创业基金	2014-02-01	有限合伙制	50.00
广州市创业投资引导基金	科金控股	地市级	创业基金	2010-01-01	有限合伙制	320.00

数据来源：私募通。

2. 投资机构表现活跃，股权投资助力企业发展

2009年至2019年6月，广州VC/PE投资机构共发生投资案例数1933件[①]，投资企业1404家，总投资金额达到1164.65亿元。其中，广州私募股权投资基金投资案例数共649件，[②] 涉及投资企业450家，总投资金额239.58亿元（见图7-3）。

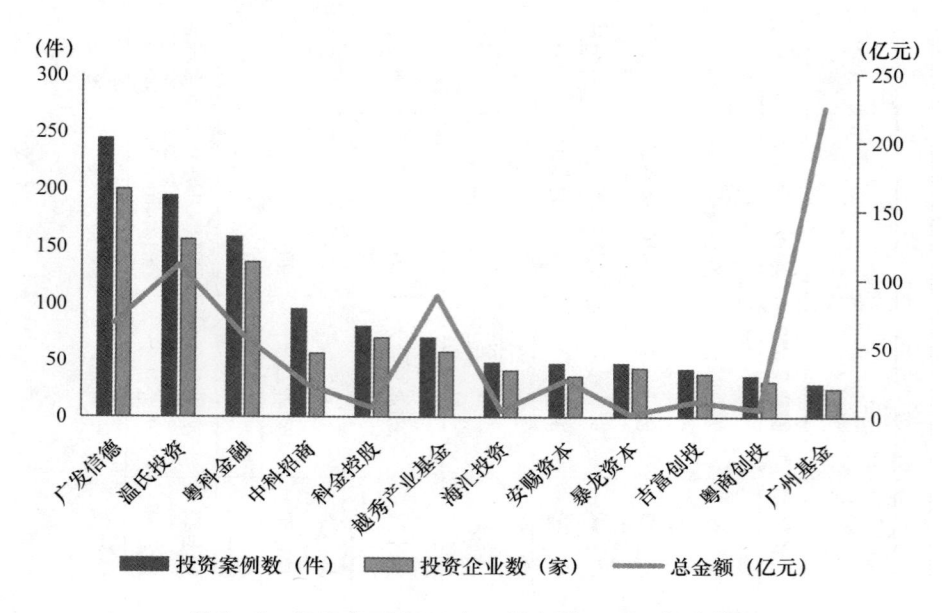

图7-3 2009年至2019年6月广州VC/PE投资情况

数据来源：私募通。

近十年，广发信德、温氏投资、粤科金融等VC/PE机构投资表现最为活跃，投资案例数分别为244件、194件、158件，分别占总案例数的12.62%、10.04%、8.17%。总投资金额最高的投资机构为广州基金、温氏投资、越秀产业基金，投资金额为224.79亿元、111.31亿元、88.68亿元，分别占总投资金额的19.3%、9.56%、7.61%。广州基金单笔平均投资金额为

---

① 按投资机构经营总部所在地统计。
② 按私募股权投资基金经营总部所在地统计。

8.65亿元,越秀产业基金单笔平均投资金额为1.61亿元,远高于其他投资机构的单笔平均投资金额。

广州VC/PE机构自2015年起投资案例数大幅上升,并连续四年保持高投资率,共占近十年总投资数的69.89%。近些年中,2017年总投资金额最高,达到497.99亿元,同比上涨209%,单笔投资平均金额为1.62亿元,为2016年的2.95倍(见图7-4)。

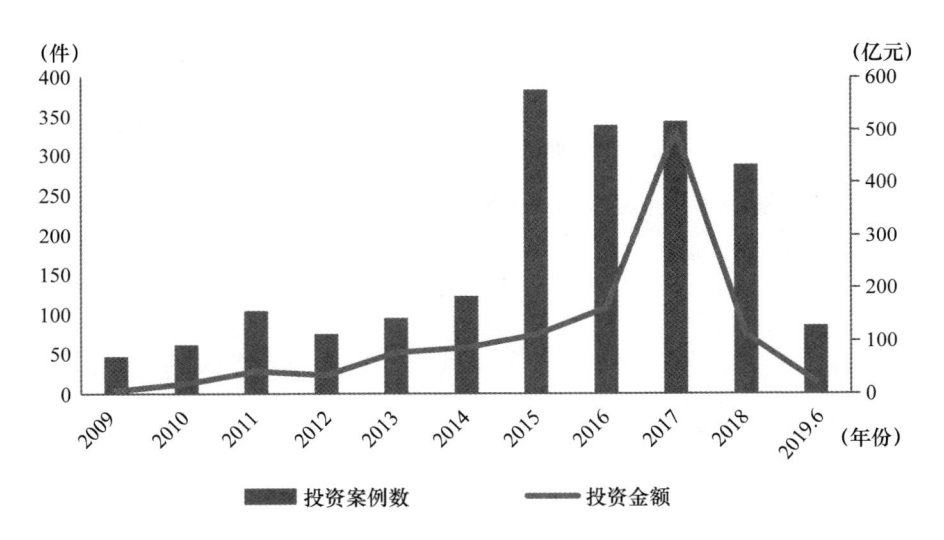

图7-4 2009年至2019年6月广州VC/PE机构投资案例数和投资金额
数据来源:私募通。

广州私募股权投资基金行业投资趋势与国家私募基金整体发展趋势基本一致,在2011年达到小高峰后进入三年的休整期,并在2015年迎来大爆发,投资案例数和投资金额分别同比增长370%、284%。2015年至2018年投资案例数分别为108件、122件、125件、110件,合计占近十年总投资案例数的71.65%;投资金额分别为16.55亿元、66.52亿元、73.64亿元、34.41亿元,投资金额191.12亿元占总金额的79.77%(见图7-5)。

广州股权投资更加青睐处于扩张期和成熟期的创业企业(见图7-6和图7-7)。由于扩张期和成熟期企业经营模式明

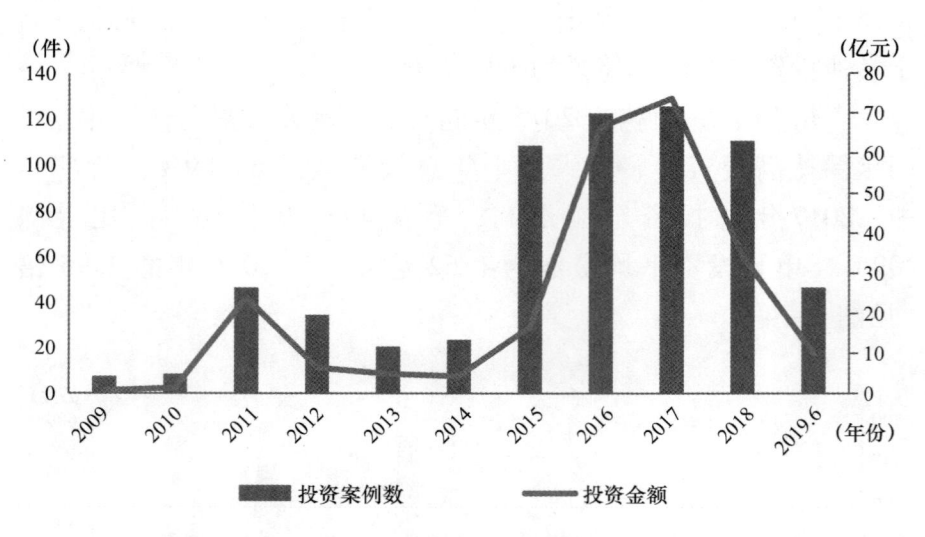

210 私募股权市场发展及广州对策

图 7-5 2009 年至 2019 年 6 月广州私募股权投资基金投资案例数和投资金额
数据来源：私募通。

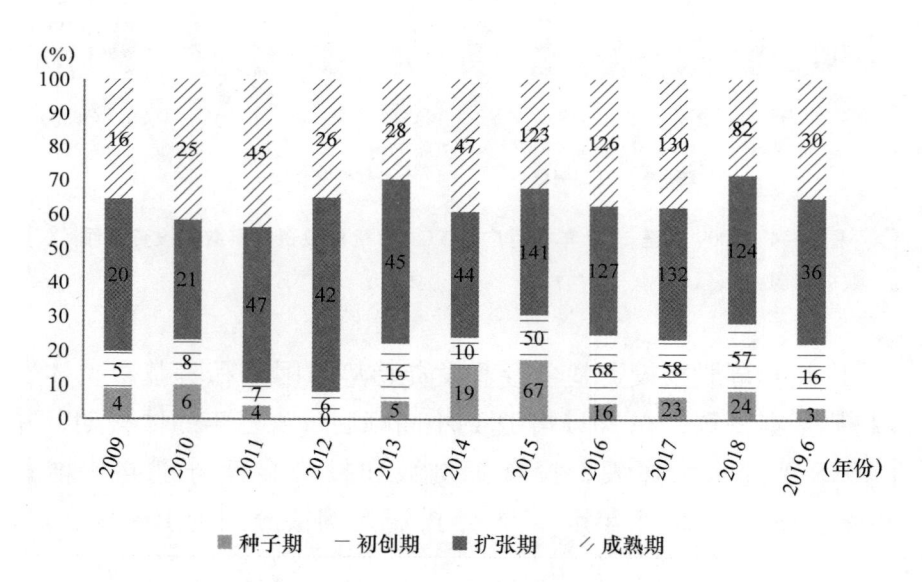

图 7-6 2009 年至 2019 年 6 月广州 VC/PE 机构投资阶段分布（件）
数据来源：私募通。

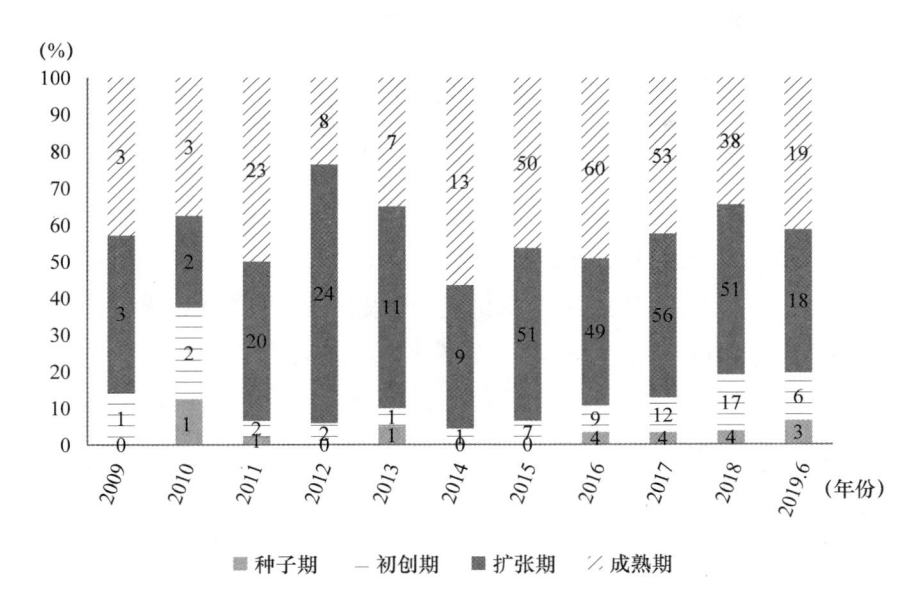

第七章　广州私募股权基金业发展及政策建议　211

图 7-7　2009 年至 2019 年 6 月广州私募股权投资基金投资阶段分布（件）

数据来源：私募通。

确，市场定位清晰，能够给投资者带来更多的投资回报和较小的投资风险，股权投资更多地集中于这两个阶段。2009 年至 2019 年 6 月，广州 VC/PE 机构投资种子期案例数 171 件，投资金额 29.76 亿元；初创期案例数 301 件，投资金额 73.79 亿元；扩张期企业案例数 779 件，投资金额 270.87 亿元；投资成熟期企业 678 件，投资金额高达 782.5 亿元。成熟期单件投资平均金额 1.15 亿元，分别为种子期、初创期、扩张期的 6.76 倍、4.6 倍、3.28 倍。同期广州私募股权投资基金投资成熟期企业单件投资平均金额 0.58 亿元，分别为种子期、初创期、扩张期的 8.29 倍、3.87 倍、2.52 倍。

3. 支持广州实体经济，聚焦战略性新兴产业

为推动私募基金机构与实体产业高效对接、集聚发展，市、区积极作为，因地制宜谋划建设广州股权投资基地、万博基金小镇、从化温泉财富小镇、广州创投小镇、中国风投天河大厦等集聚平台，推动资本与优势产业联动发展。

广州 VC/PE 主要投资于战略性新兴产业。从图 7-8 和图 7-9 可以看出，互联网行业（包括网路服务、电子商务、网络营销）、IT 行业（包括 IT 服务、软件、硬件）、生物技术/医疗健康行业（包括医药、医疗设备、生物工程、医疗服务）是广州 VC/PE 投资机构的重点投资行业。2014 年至 2019 年 6 月，互联网行业、IT 行业、生物技术/医疗健康行业广州 VC/PE 投资案例数分别为 263 件、224 件、196 件，分别占总投资案例数的 16.89%、14.39%、12.59%。作为广州近五年的投资风口和战略新兴产业，为了抢抓产业发展的黄金期、窗口期、机遇期，广州于 2017 年正式提出实施 IAB（新一代信息技术、人工智能、生物医药）行动计划，2018 年推出《广州市加快 IAB 产业发展五年行动计划（2018—2022 年）》，以 IAB 和实体经济深度融合为主线，推动广州经济高质量发展。另一个投资机构较为活跃的行业是清洁技术行业（包括环保、新能源、新材料），投资案例数 94 件，占比 6.04%，投资金额 95.64 亿元，占总金额的 9.67%。NEM（新能源、新材料）产业是黄埔区、广州开发区近年来重点培育的战略性新兴产业，产业链条涵盖能源生产和供应、能源装备制造、能源服务三大领域。

此外，作为广州传统支柱产业，汽车行业投资案例数虽然只有 32 件，但总投资金额达到 240.35 亿元，占到总投资金额的 24.3%。作为传统重型制造业，产业规模相对较大，获得的单笔投资规模也相对较高。

根据广州私募股权投资基金的投资情况分析（见图 7-10 和图 7-11），2014 年至 2019 年 6 月，IT 行业、生物技术/医疗健康行业、互联网行业、机械制造行业、清洁技术行业投资案例数分别为 83 件、70 件、67 件、54 件、42 件，分别占总投资案例数的 15.54%、13.11%、12.55%、10.11%、7.87%。其中，总投资金额最高的行业为生物技术/医疗行业、汽车行业、机械制造行业、清洁技术行业、IT 行业，投资金额分别为 34.33 亿元、31.56 亿元、20.61 亿元、18.85 亿元、18.25 亿元，分别占总投资金额的 16.96%、15.6%、10.19%、9.32%、9.02%。

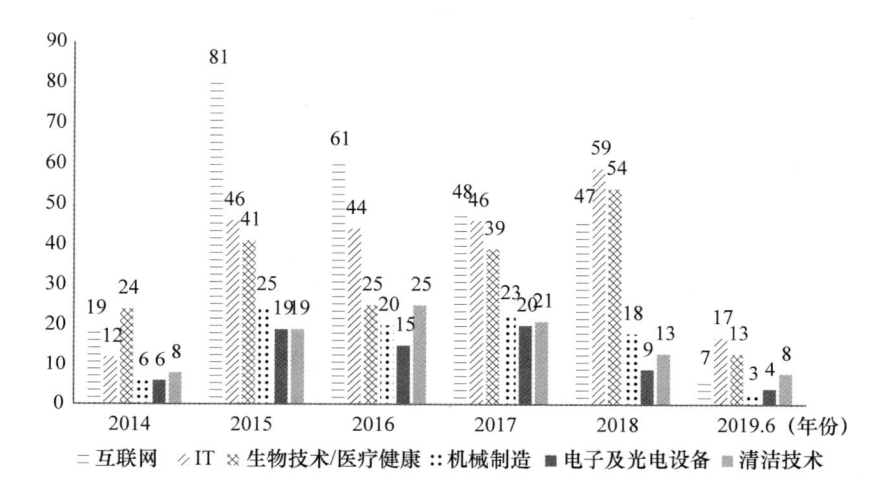

图 7-8　2014 年至 2019 年 6 月广州 VC/PE 机构重点投资产业分布（件）
数据来源：私募通。

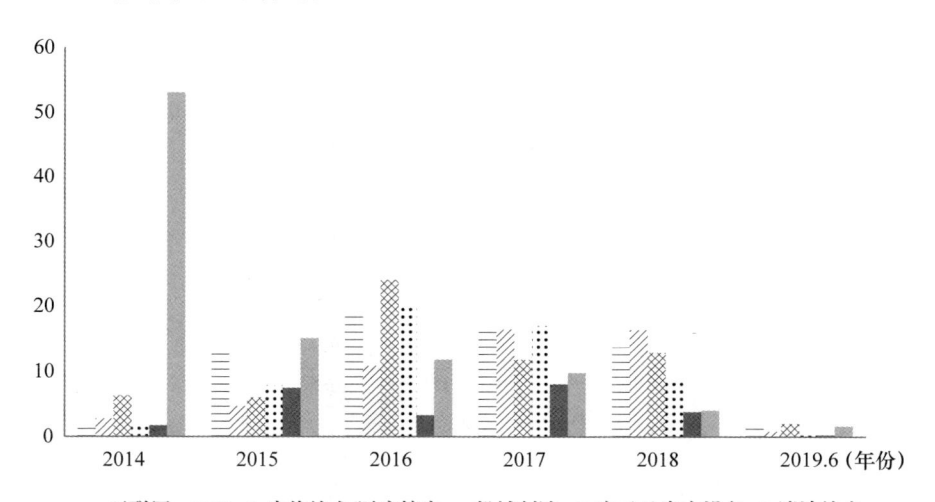

图 7-9　2014 年至 2019 年 6 月广州 VC/PE 机构重点投资产业投资金额（亿元）[①]
数据来源：私募通。

---

① 2014 年 3 月，广东恒健投资控股有限公司向广核集团投资 50.55 亿元，换取广核集团 10% 的股权。此项投资导致该年清洁技术行业投资金额异常高于其他年份。

图 7-10 2014 年至 2019 年 6 月广州私募股权投资基金重点投资产业分布（件）

数据来源：私募通。

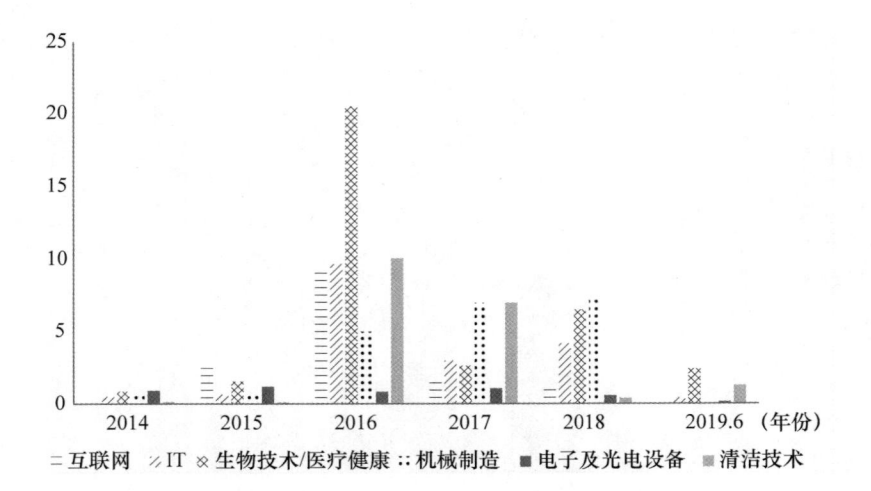

图 7-11 2014 年至 2019 年 6 月广州私募股权投资基金重点投资产业投资金额（亿元）[①]

数据来源：私募通。

---

① 2016 年 8 月，广州国寿城市发展产业投资企业向广州白云山医药集团股份有限公司投资 17.27 亿元，获得白云山 4.51% 的股权。此项投资导致该年生物技术/医疗健康行业投资金额异常高于其他年份。

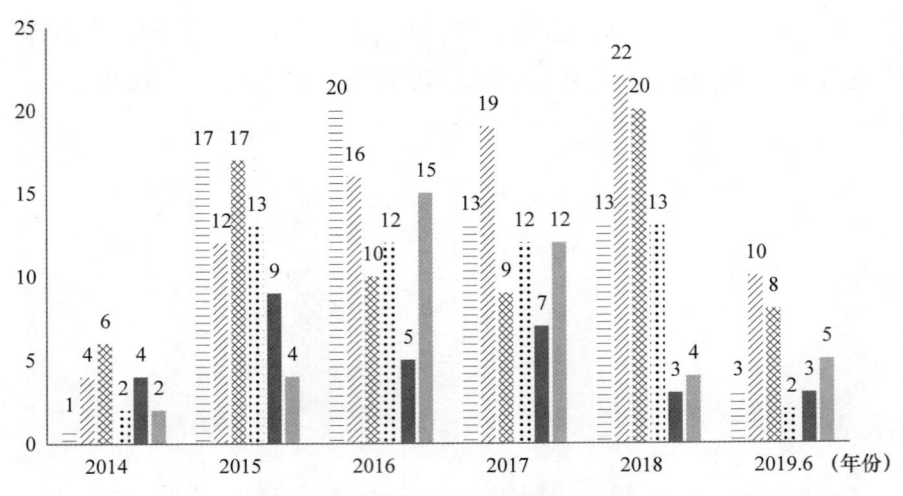

4. 退出方式比较集中，股权投资获高额回报

2009年至2019年6月，广州VC/PE机构共发生退出案例数348件，平均退出年限3.05年，平均回报倍数3.77倍。其中，广州私募股权投资基金共发生退出案例数115件，平均退出年限2.74年，平均回报倍数2.7倍（见图7-12）。

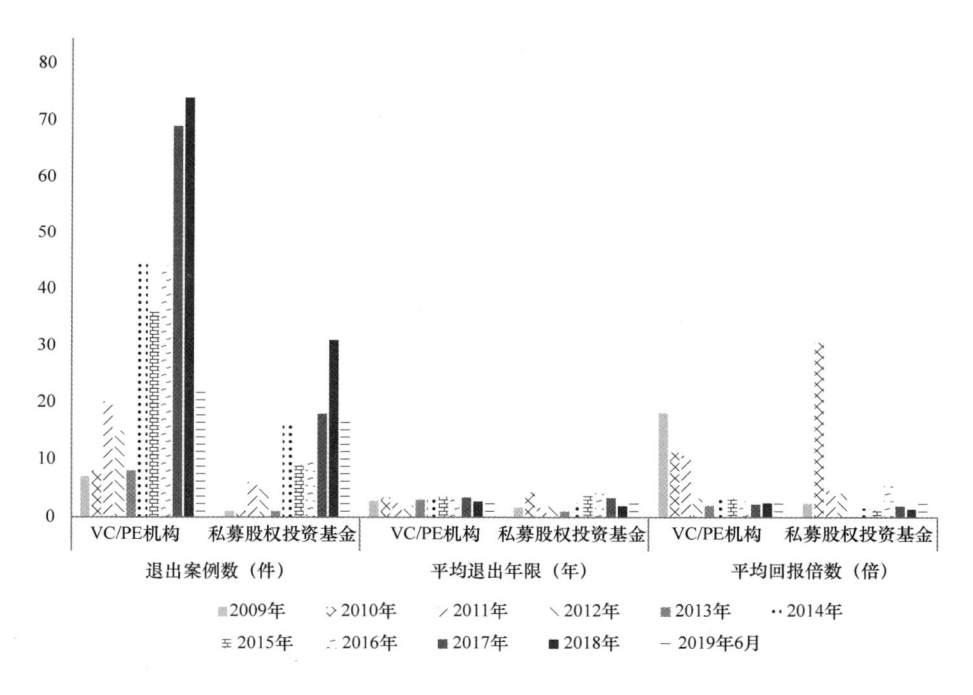

图7-12　2009年至2019年6月广州VC/PE机构和私募股权投资基金投资退出情况[①]

数据来源：私募通。

IPO为广州VC/PE机构投资退出的最常见方式。从图7-13可以看出，广州VC/PE机构投资中通过IPO方式退出最多，共143件，其次是并购和股权转让，分别为101件和70件，这三

[①] 2010年广州私募股权投资基金只有1件退出案例，为2010年1月格林美股份有限公司成功IPO，投资方广东省科技风险投资有限公司获得账面回报倍数30.63倍。

个退出方式占到总数的90%。IPO、并购、股权转让、回购的平均退出年限为3.44年、2.21年、2.87年、3.46年，虽然IPO等待年限较长，但获得的回报最高，平均回报倍数达到5.18倍，远高于并购（2.45倍）、股权转让（2.92倍）、回购（2.65倍）。

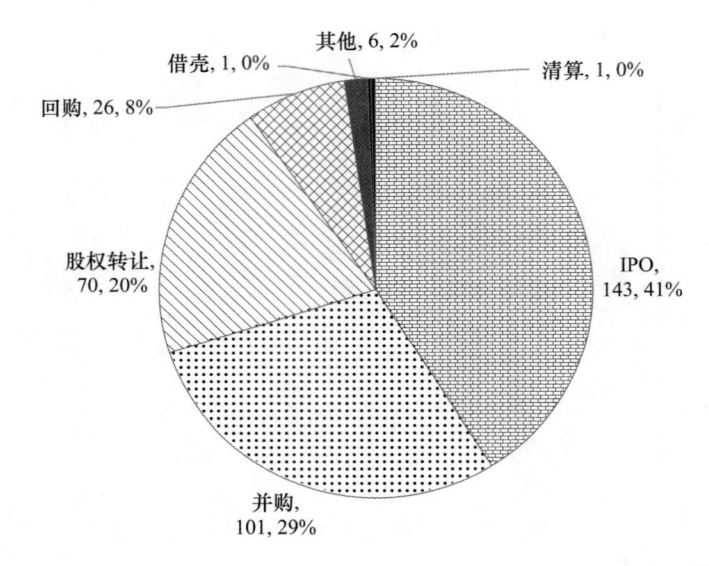

图 7-13　2009年至2019年6月广州VC/PE机构投资退出方式[①]

数据来源：私募通。

广州私募股权投资基金的投资项目更加依赖IPO、并购、股权转让。从图7-14中知道，这三个退出方式案例数共占到总退出案例数的97.4%。其中，IPO退出方式的等待年限最长，需要3.07年，但回报最高，平均回报倍数3.28倍。并购、股权转让、回购的平均退出年限分别为2.5年、2.07年、2.08年，平均回报倍数分别为2.19倍、1.32倍、0.84倍。

2009年至2019年6月，经营总部位于广州市的企业上市案例数为106件，总筹资金额958.50亿元。其中，54家上市企业

---

① 其他，此项统计为未公布退出方式。

在成功 IPO 之前获得 VC/PE 机构的资金支持。上市企业行业分布较为广泛，其中排名靠前的有生物技术/医疗健康（11 家）、机械制造（10 家）、建筑/工程（8 家）、电信及增值行业（7 家）、IT 行业（7 家）等。具体年份上市数量如下（见图 7－15）。

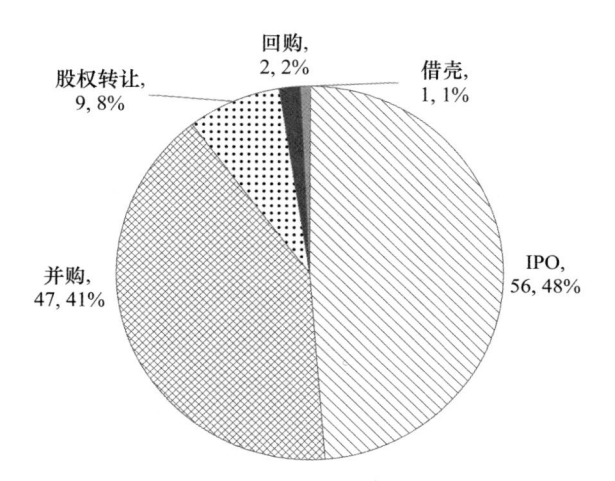

图 7－14　2009 年至 2019 年 6 月广州私募股权投资基金投资退出方式
数据来源：私募通。

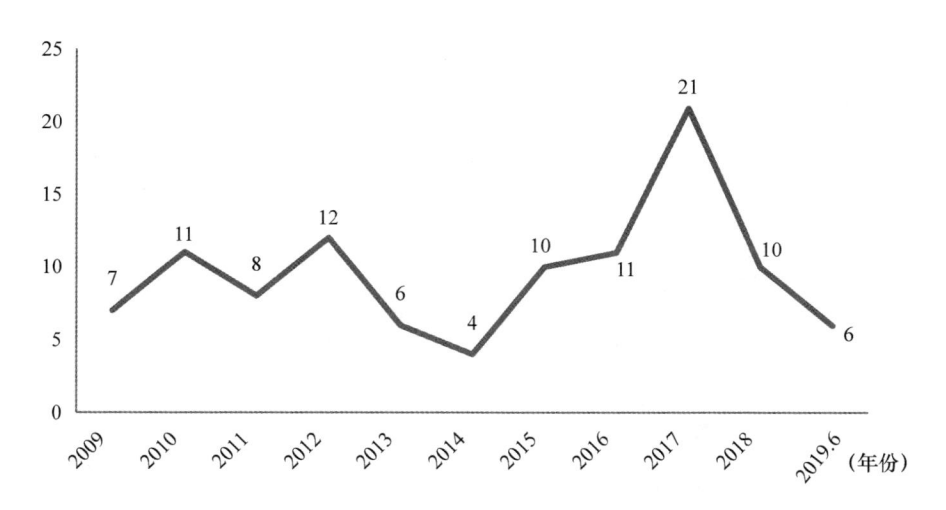

图 7－15　2009 年至 2019 年 6 月广州上市企业
数据来源：私募通。

218 私募股权市场发展及广州对策

广州企业上市主要还是通过境内渠道。广州上市企业中，在上海证券交易所主板和深圳证券交易所创业板、中小板共上市64家，占比60.38%。境外上市最主要是依托香港证券交易所，主板和创业板分别为26家和5家（见图7-16）。

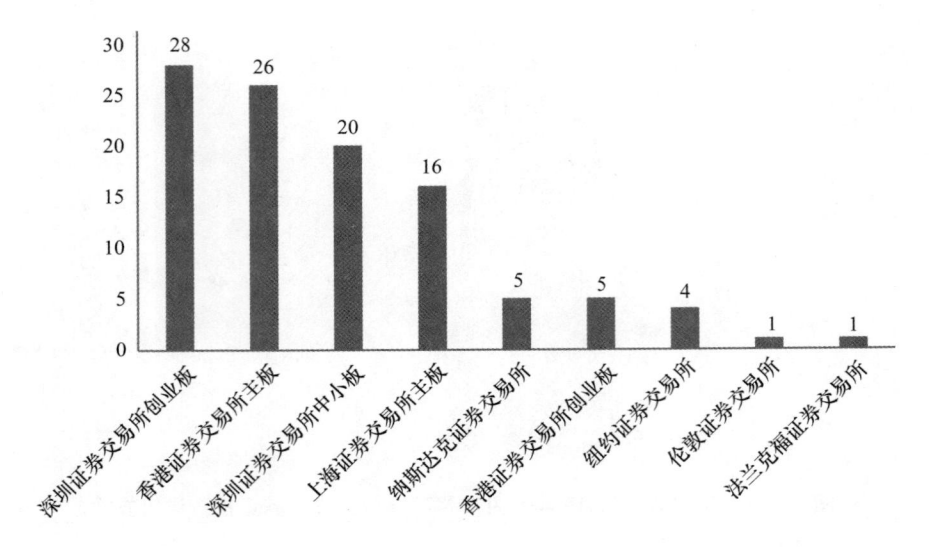

图7-16 2009年至2019年6月广州上市企业上市交易所分布
数据来源：私募通。

2013年12月31日起新三板面向全国接收企业挂牌申请至今，广州共有488家企业挂牌，110家在挂牌前获得VC/PE机构的资金支持。基础层企业454家，创新层企业34家。[①] 挂牌企业中，IT行业共有106家，占总挂牌企业的21.72%，机械制造行业60家，占比12.3%，其余企业涉及各个行业。

（二）广州私募股权投资基金发展中存在的问题及短板

与"北上深"相比，广州股权投资行业发展差距明显。

---

① 按照盈利、收入、市值三个指标，新三板将挂牌企业较为优质的归入创新层，其他未达到相应指标要求的纳入基础层。

2019年6月,在中国(深圳)综合开发研究院发布的《中国"双创"金融指数报告2019》中,中国双创金融发展综合排名前十强城市分别是北京、深圳、上海、广州、成都、杭州、苏州、重庆、南京和西安。广州虽然排名第四,但得分只有49.78分,与北京(127.75分)、深圳(88.3分)、上海(84.7分)相差甚远,比第五名成都(49.58分)也只是微微险胜。

不管是VC/PE投资机构的数量,还是私募股权投资基金的数量和规模上,广州与其他三个城市都不在同一个级别。从表7-2中可以看出,广州私募股权投资基金数量分别仅为北京、上海、深圳的12.7%、15.79%、20%;基金总规模不到北京的十分之一,只有上海、深圳的18.63%、25.63%。

表7-2 "北上广深"股权投资机构和基金数量(截至2019年6月)

	VC机构数(家)	PE机构数(家)	私募股权投资基金(只)	私募股权投资基金总规模(亿元)	私募投资基金(只)	私募投资基金总规模(亿元)
广州	211	663	1532	5549.71	4020	13179
北京	1549	4823	12070	58473.33	25950	99737.56
上海	1437	4082	9704	29789.34	31142	47673.39
深圳	1225	3254	7629	21653.21	17790	38170.3

数据来源:私募通。

在投资规模上,广州依旧不及"北上深"。广州私募股权投资案例数仅为北京、上海、深圳的9.46%、12.25%、14.52%。北京、上海、深圳的私募股权投资企业数分别为广州的9.39倍、7.63倍、6.19倍。广州私募股权投资基金投资规模不及北京的十分之一,大幅落后于上海和深圳(见表7-3)。

表7-3 "北上广深"投资规模对比（2009年至2019年6月）

	VC/PE机构投资案例数（件）	VC/PE机构投资企业数（家）	VC/PE机构投资规模（亿元）	私募股权投资基金投资案例数（件）	私募股权投资基金投资企业数（家）	私募股权投资基金投资规模（亿元）
广州	1933	1404	1164.65	649	450	239.58
北京	23177	13674	18795.99	6859	4224	2863.81
上海	16768	10216	9086.56	5296	3434	1954.17
深圳	12694	7857	5930.94	4469	2787	1704.2

数据来源：私募通。

在上市挂牌企业数量上，广州大幅度低于"北上深"。2009年至2019年6月广州共发生上市案例数106件，低于北京（425件）、上海（275件）、深圳（283件）。广州新三板挂牌企业488家，其中创新层34家，少于北京（177家）、上海（98家）、深圳（66家）（见表7-4）。

表7-4 "北上广深"上市挂牌企业对比（2009年至2019年6月）

	境内上市案例数（件）	境外上市案例数（件）	新三板挂牌企业（家）
广州	64	42	488
北京	219	206	1765
上海	148	127	1115
深圳	193	90	877

数据来源：私募通。

对于广州与"北上深"股权投资基金发展的差距，既有共性问题造成，如募资难、退出难、登记难、托管难、税收压力大等，但各地面临的问题程度有所差别；也有一些地方特色问题造成，如"多面型"人才匮乏、政策体系不完善、配套体系不健全等。

1. 受资管新规冲击，私募股权投资基金募资难度加大

2018年4月资管新规正式实施，新规要求金融机构不得为其他金融机构的资管产品提供规避投资范围、杠杆约束等监管要求的通道服务，导致"银行理财+私募基金""保险资管+私募基金""非金融机构+私募基金"等运作模式被叫停，对VC/PE的募资端造成了直接冲击。另外，私募投资基金管理人、私募投资基金不属于资管新规界定的"金融机构"，却被纳入"资产管理产品"类别监管，导致不少金融机构对与私募合作选择观望。

根据"私募通"数据显示，2018年全国私募股权投资基金完成资金募集共313只，同比下降52.14%，募集金额2540.82亿元，同比下降56.6%。2019年上半年完成资金募集基金114只，同比下降38.7%。自2018年4月开始，基金募资难度日益加剧，资金募集完成数量和金额显著下滑，部分机构难以完成预期募资目标（见图7-17）。

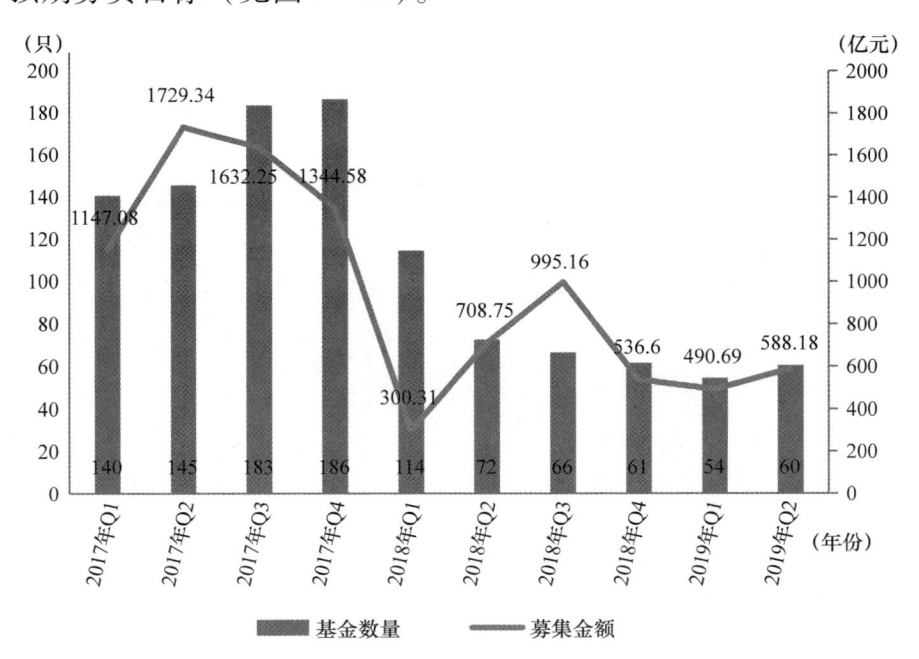

图7-17 2017—2019年全国私募股权投资基金完成资金募集数量和金额

数据来源：私募通。

广州 2017 年至 2019 年 4 月，共发起私募股权投资基金 248 只，目标规模 2186.44 亿元。目前已完成资金募集目标的基金仅有 31 只，募集资金 128.81 亿元。

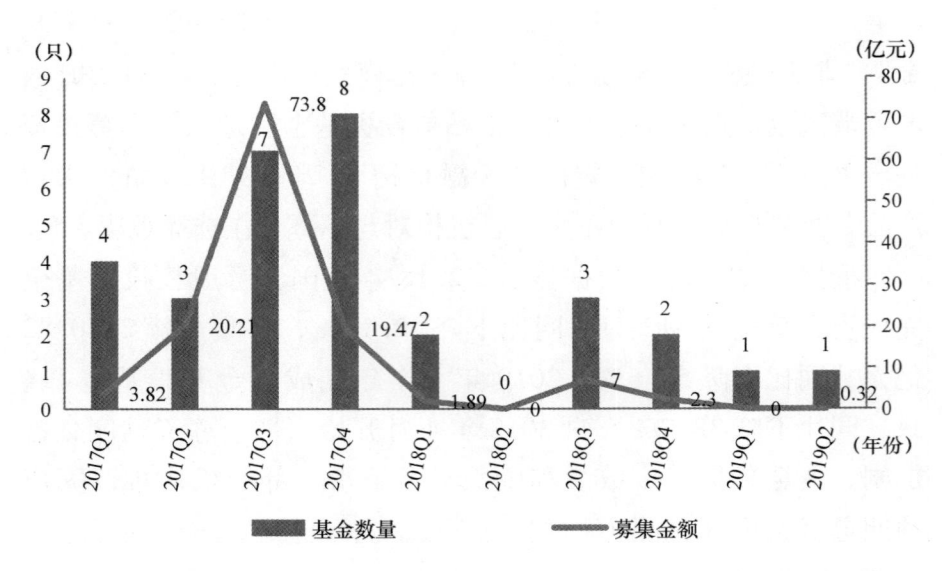

图 7-18　2017—2019 年广州私募股权投资基金完成资金募集数量和金额
数据来源：私募通。

此外，私募股权投资基金市场存量资金结构发生变化，企业和高净值个人投资占比相对缩小，政府资金占比提升。为打好防范化解金融风险攻坚战，市场持续结构化去杠杆，各类企业减少债务规模，有限资金更多地投入到转型升级，可投资资金大幅减少。高净值个人受到宏观经济下行和金融市场整治影响，资产缩水，这使得作为私募基金重要合伙人的企业和高净值个人对私募基金的投入大幅减少，甚至回撤部分原有投资。在资管新规等多种因素影响下，政府资金成为当前私募股权投资基金主要的资金来源之一。私募股权机构通过寻求与各地政府引导基金合作募集资金，私募股权投资基金的国有资金比例不断上升，但政府引导基金审批程序烦琐，资金批复时间较长，此外，政府引导基金通常都会要求新基金将一定比例资金返投于当地产业,[1] 并对投资项目进行不同程度的干预。目前多数地方财政出资的引导基金对返投比例有明确要求,如要求返投比例为财政资金总量的 2 倍,或是要求为基金募资总规模的 60% 以上等(深圳的返投比例一般 1.5 倍左右,深圳部分区属引导基金甚至低到 1.1 倍、1.2 倍)。从广州情况来看,目前市属及区属等引导基金要求返投比例较高,可达到 2.5 倍,不利于充分发挥引导资金的作用。

2. 缺乏便捷退出渠道,抑制股权投资基金投资积极性

私募股权投资基金投资目的在于获得投资收益,而不在于做企业长期股东。当达到预期收益时,基金则会从投资项目中退出。私募股权投资基金的有限合伙人(LP)也可能有不可预期的资金需求从而要求退出,如基金、信托等资产配置比例存在限制,当投资组合净值发生变动,有可能需要重新调整配置比例,以符合相关监管要求;银行、保险等在结算节点为了调剂头寸,需要调整投资项目;高净值个人等可能在某个时段有较强的流动性需求,需要出售以获得流动资金等。因此私募股权投资基金在考虑投资项目时,非常注重资金退出渠道。

根据私募通数据,从全国普遍情况看,2014 年 1 月—2019 年 7 月,中国国内企业 IPO 达到 2127 家,[2] 总规模 21007.11 亿元人民币,而私募股权投资基金已募集完成规模 41470.85 亿元人民币,[3] IPO 规模和基金募集规模严重不匹配;2014 年 1 月—2019 年 7 月国内股权投资市场退出项目总数量仅为已投项目总数量的 22.38%,存在退出难问题。

从广州情况看,截至 2019 年 6 月 30 日,在国内 A 股市场上

---

[1] 资金返投,是指私募股权投资基金公司在与政府引导基金合作过程中,政府会要求私募股权投资基金按照引导基金投资金额的一定比例把相应资金投资于本地的部分项目。

[2] 上市交易所包括境内和境外证券交易所。

[3] 基金募集状态为已募完。基金类型包括创业基金、成长基金、早期基金、FOF 基金等。

市企业 107 家，境外上市 64 家，总筹资金额 1358.29 亿元人民币；累计培育新三板挂牌企业 488 家，其中正常存续的创新层企业 31 家；发生并购案例数 1227 件，总并购金额 3286.91 亿元。与本地企业数量比较，广州已上市及挂牌企业数量太少。"机构间私募产品报价与服务系统"开通运营并落户广州，广州股权交易中心开通运营等，但对私募股权投资基金而言退出仍不便利，退出渠道仍然受限，退出收益相对较少。

3. 从严整治，私募基金登记难、托管难

因受"阜兴系事件"等 P2P 事件频频爆发影响，2016 年国家工商总局等十七部门印发内部文件《关于印发开展互联网金融广告及以投资理财名义从事金融风险整治工作实施方案》，要求在未获得金融部门审批意见之前，非金融机构在核准名称中不得使用"资产管理""基金管理""投资管理""股权投资基金"等字样；已办理名称核准业务的暂停开业登记；暂停增加上述经营范围。全国各地陆续开始禁止互联网金融类、投资类公司的注册。基金业协会更是在产品备案阶段要求托管银行出具函件说明基金投向，将私募股权投资基金推入工商注册登记难、托管难的境地。

4. 私募股权投资基金税收压力过大，成本居高不下

按照相关规定，创投基金合伙人要按照个体工商户的标准征收个人所得税，实际税率标准将高达 35%。为了使创投企业合伙人税负有所下降，2019 年 1 月 24 日，财政部、税务总局、发改委以及证监会联合发布了《关于创业投资企业个人合伙人所得税政策问题的通知》，明确了创投基金可以选择按单一投资基金核算或者按创投基金年度所得整体核算，分别采用 20% 税率（股权转让和股息红利所得）或者 5%—35% 的超额累进税率（个体工商户）对其个人合伙人来源于创投企业的所得计算个人所得税应纳税额。但在实际操作中，按照单一基金核算的计税方法中，要求管理费和业绩报酬在内的成本支出，不得在

核算时扣除，实际税负依旧相对较高。

5. 跨境投资渠道受限，私募股权投资难以走出去

国家外汇管理局2013年10月与2014年12月分别在上海和深圳推出合格境内有限合伙（QDLP）和投资企业（QDIE）试点。截至2018年2月底，上海已将QDLP前期20亿美元总额度全部发放；截至2018年4月9日，深圳QDIE前期25亿美元总额度，已分配12.6亿美元，剩余12.4亿美元，累计净汇出7.3亿美元。除了上海和深圳两个试点地区，其他地区私募股权投资并无跨境投资的渠道，私募基金即使有发现和培育境外研发团队的能力，尤其是信息技术、生物医药等高新产业，也只能投资该项目在国内注册的公司主体。造成的结果，是国内注册主体看中国市场发展生产和销售为主的业务，却无法在研发环节拥有更多话语权。

6. 资金来源单一，不利于进一步做大基金规模

目前，财政资金是广州以及我国私募股权基金主要的资金来源之一。当前，富有个人投资者、保险机构、信托机构、公司等投资者资金占股权投资基金中资金比重相对较低，2015—2018年，保险资金占比2.8%，养老金社会公益基金、大学捐赠基金等长期基金占比仅为0.3%。[①] 财政资金占比仍然过高，2019年前三季度，创业投资市场前十大人民币基金中，除2支未披露名称无法确认外，其余8支均有国资背景；私募股权投资市场50亿元以上人民币基金中，90%以上获得了国有资本的支持[②]。社会资金占比不足，资金来源相对单一，导致股权基金难以募集到所需资金，不利于进一步扩大基金数量及管理资金规模。

[①] 数据来源于：《私募股权投资基金最突出的问题是长期资金来源不足》，东方财富网（http://finance.eastmoney.com/a/201812121004575359.html）。

[②] 数据来源：《2019年前三季度中国股权投资市场回顾与展望》，清科研究（https://report.pedata.cn/1573092083193215.html）。

7. 缺乏基金投资"多面型"人才，制约新兴产业与金融深度融合

新兴产业核心竞争力来源于对产业技术发展趋势的把握以及技术创新，因此投资者必须了解新兴产业特性，清楚产业发展趋势和技术发展方向，具有敏锐市场洞察力，且又懂金融的"多面型"专业人才，才有可能抓住项目投资的机会。既懂金融又懂产业的"多面型"人才匮乏已成为广州私募股权基金发展主要短板之一。大部分产业人才不懂金融，不懂投融资决策与资本运作；同时，大部分金融人才也不懂新兴产业，不了解产业发展的最新趋势以及技术发展的方向。

8. 高水平专业中介机构不足，配套体系不完善

虽然广州股权投资市场发展较快，但是缺乏高水平的风险投资中介服务机构。美国等西方发达国家拥有健全的风险投资中介机构，能够对产权投资的目标进行评估，提供有效的中介信息及完善的服务。广州甚至我国专业、高水平中介机构的严重缺失，严重限制了我国股权投资行业的健康发展。

9. 政策体系及机制欠健全，阻碍股权基金高质量发展

近几年来，在政府及相关部门大力支持下，以及财政资金参与和引导下，广州股权投资市场迅速发展。但现在政策着力点更多聚焦于促进基金数量及基金资金规模的扩大，缺乏利用风险补偿和保障政策、政府采购政策等引导基金投资于本地具有比较优势，或者重点发展的新兴产业，打造具有核心竞争优势的新兴产业生态圈。促进私募股权投资基金健康、合理投资的机制不健全，如知识产权抵押制度不完备等。政策、机制的不健全，抑制了私募股权投资基金投资的积极性，不利于新兴产业进一步发展。

二 广州建设区域性私募股权交易市场的环境分析

近些年来，我国私募股权投资基金快速发展，为促进长期

资本形成、支持科技创新和产业结构优化发挥了重要作用。当前，新一轮科技革命和产业变革的不断深入、粤港澳大湾区建设等，为广州进一步发展私募股权基金，促进新兴产业发展，推进经济高质量发展提供了重大机遇，同时广州也面临着创新活力不够等巨大挑战。广州必须紧抓机遇，直面挑战，才有可能在激烈的竞争中占得先机。

（一）机遇

1. 新一轮科技革命和产业变革为私募股权投资提供巨大发展空间

全球科技创新已进入空前密集活跃的时期，正不断重塑全球创新版图，催生新供给、新产品、新业态、新产业，继而引发经济运行模式、生产生活方式的重大变革，为私募股权市场带来了巨大发展机遇。一是产业转型升级和新产业。新一轮科技革命和产业变革多点突破、群体推进的趋势特征，打破了以往产业变革由少数发达国家主导、垄断的局面。目前国内已经在新一代信息技术、新材料、新能源、智能制造等关键领域取得了一定的技术突破，并形成了产业先发优势。未来可以结合新产业先发基础和全球消费市场重构，进一步强化基础研究，突破关键技术障碍，培育一批技术领先、带动能力强、具有全球竞争力的新产业。二是全球价值链重组。新一轮科技革命和产业变革重新定义了核心产业，为重构全球价值链和重塑地区在价值链中的地位提供了契机。特别是国内通过培育符合未来潮流的新产业，有利于在全球产业结构重构中占得先机，通过核心技术、技术标准、品牌运营等协调全球价值链，掌握产业发展和财富分配的主动权。三是人才集聚和回流。人才是推动科技革命和产业变革最核心、最关键的要素。新技术、新产业的出现和扩散，也将带来新一轮的全球人才流动和人才格局的洗牌。近些年来，随着我国经济发展和人才环境的日益改善，对人才的吸引力逐渐增强，特别是留学人才回流态势迅猛。新一轮科技革命和产业变革带来的产业转型升级和新产业培育、全球价值链重组和人才集聚和回流等重大发展机遇，将强化创新资本形成能力，有助于进一步扩大股权投资市场。

2. 粤港澳大湾区建设极大促进私募股权投资基金募资、投资和退出便利化

粤港澳大湾区未来发展将为私募股权投资基金市场创造诸多发展机会，将极大促进大湾区私募股权市场发展。

从资金募集角度看，大湾区建设有助于私募股权投资基金更便捷筹资。《粤港澳大湾区规划纲要》支持香港机构投资者按规定在大湾区募集人民币资金投资香港资本市场，参与投资境内私募股权投资基金和创业投资基金。香港机构投资者作为资本市场的重要力量参与资金募集与投资，将作为"催化剂"带动内地人民币股权基金的进一步活跃，进而扩大香港与内地居民、机构进行跨境投资的空间，既能推动大湾区内人流、物流和资金流的自由流通，又能减少投资过程中由兑换汇率所带来的损失，进而促进人民币在粤港澳大湾区乃至"一带一路"相关国家的流通。

从投资角度看，大湾区建设有助于扩大私募股权投资基金投资领域和对象。《粤港澳大变区发展规划纲要》明确提出，鼓励打通港澳创新创业屏障，促进科技成果转化，进一步支持港澳青年和中小微企业在内地发展……促进大湾区创业就业，打造成为世界级科技产业创新基地。大湾区建设还将驱动人工智能、5G、新材料、生命技术、区块链、AR等新产业、新技术发展等，推动产业转型升级。粤港澳大湾区作为国内创业投资及早期投资行业发展较早地区，创投市场活跃程度较高，机构数量及管理规模一直处于全国领先地位，世界级科技产业创新基地建设及新兴产业发展，将为大湾区私募股权投资基金进行投资提供新的通道和选择。

从投资收益变现角度看，大湾区建设将为私募股权投资基金退出提升便利度。IPO 一直都是投资机构首选的退出方式。2019 年以来，受 A 股 IPO 发审趋严等因素影响，国内上市退出通道收紧，粤港澳大湾区企业选择赴港上市成为重要的选择之一。《粤港澳大湾区发展规划纲要》支持深圳依规发展以深圳证券交易所为核心的资本市场，同时允许符合条件的创新型科技企业进入香港上市集资平台，既有利于规范国内 A 股市场秩序，又将加大企业通过港股上市的可能性。这些举措不仅可以拓宽私募股权投资基金退出渠道，更能促进大湾区发展成为高新技术产业融资中心。

3. 经济高质量发展需要发展私募股权投资等直接融资方式

新时代，我国经济已由高速增长阶段转向高质量发展阶段。推动经济高质量发展，必须走创新发展之路；私募股权基金能够为创新项目和企业提供稀缺优质资本，为创新发展发挥重要促进作用。私募股权基金本质上是从承担企业创新发展的不确定性中获取未来成长收益，风险容忍度远高于债权资本等一般资本，其对风险价值的追求决定了私募股权投资活动对高科技企业和战略性新兴产业具有强烈偏好，这些企业和产业恰恰是我国经济新动能诞生的领域。在国家多个行业的发展规划中，都提出要大力发展私募股权基金以促进直接融资，未来在支持创新创业方面，私募股权投资将发挥更大作用。

4. 我国多层次资本市场深化改革开启价值投资时代

我国多层次资本市场的深化改革，特别是科创板的诞生，以及创业板注册制改革的推进，为 VC/PE 提供了便利退出渠道，引导投资模式发生巨大变化。科创板对于上市企业创新性要求与创投机构对被投企业的期许不谋而合，科创板的开通、注册制的实行，极大激励股权投资基金投资创新企业，促进经济创新发展。由于科创板上市条件比主板和中小板相对宽松，创业公司能够以更快的速度完成 IPO，相应股权基金退出时间缩短、退出方式更便捷，有利于股权基金在更短时间内获得投资收益。科创板给股权投资基金投资行为带来的变化非常巨大。科创板上市的五套标准，对利润不再有强制要求，引导股权投资基金投资方向发生很大变化。一是投资范围的无限扩展，可投的标的会变的更多；二是估值模式调整，到底什么样的估值算是合理的；三是股权投资基金要更加专业，跟以前投资拼关系，只要按利润的倍数就能投相比，现在更多的确实得拼眼光，拼判断能力，追寻价值投资的时代真正开始。下一阶段，随着创业板等证券市场的深化改革，将为私募股权投资创造更便捷的退出方式。

（二）挑战

1. 广州科技创新活力有待加强

科技创新活力是私募股权市场发展源动力。科技创新为私募股权市场提供广阔市场空间和丰富投资标的。一个完善并运作顺畅的科技研究开发体系可以为社会经济发展及私募股权投资的运作提供源源不断的技术产品和服务项目。广州的科技创新基础能力整体居于全国前列，但与顶尖水平还有一定差距。根据《中国城市创新竞争力发展报告（2018）》，在城市创新能力排名中，广州排在北京、上海等城市之后，属于第二集团领头羊。广州技术创新的原创能力相对不足。2018 年，广州全市所有授权专利中，发明专利只占到约 12.02%，是总授权量前十名城市里占比较低的，低于北京的 38%、上海的 23% 和深圳的 15.2%。财政投入不够，对企业研发投入带动不足。2017 年，广州财政投入撬动企业研发投入的倍数仅有 2.4—3.4，远低于国际上 4—5 倍的水平；全社会总体研发投入强度目前还远远不够，全市研发投入 532.41 亿元，占 GDP 的比重仅有 2.5%，[①]

[①] 2018 年，广州全市研发投入占 GDP 比重达到 2.8%，上海达到 4.0%。

离 2020 年达到 3% 的目标还有较大差距，且远低于北京（1595.3 亿元，5.7%）、上海（1139.06 亿元，3.8%）、深圳（926.7 亿元，4.13%）。国家大科学装置建设缺失，重大重点科研项目缺乏。在已经建成和计划建立的国家大科学装置中，合肥 8 个、北京 7 个、上海 5 个，广州则缺失。核心平台缺乏导致研究力量不能有效整合，攻克基础共性技术的难度加大，也更难在前沿领域取得连续突破。广州本土知名创新型巨头企业较少，致使广州无法依托大型领头企业的资源、网络和资本优势，大规模投资孵化、裂变衍生出高估值的科技"小巨人"企业。总的来看，广州市的创新基础能力"底子好"，但能力提升的瓶颈也十分明显。因此，广州仍需加大科技投入，激发创新动力，释放改革红利，优化创新环境，集聚和培育创新资源，并及时调整和完善股权投资扶持政策，继续扩大私募股权投资市场发展空间。

2. 广州金融业制度创新及对外开放仍需深化

广州作为我国区域性金融中心，近些年金融业规模不断扩大，金融业增加值占 GDP 的比重稳步提高，支柱地位更加巩固。但与"京沪深"相比，广州金融业劣势凸显，规模差距大，且还在进一步拉大；缺乏上交所、深交所、新三板、金融期货交易所等全国性金融交易平台；国家政策支持力度明显不如"北上深"。金融对外开放力度仍需进一步加大，外资法人及分支金融机构入驻广州数量明显不如"北上深"，外资金融业态仍不够丰富。近些年广州虽已出台大量政策金融机构入驻，不断丰富金融业态，完善金融体系，搭建金融平台，但仍需进一步提升主动性，加大创新力度，积极争取国家支持，优化金融发展大环境，吸引境内外金融、投资机构聚集广州，进一步提升广州金融实力，为股权投资市场进一步发展奠定良好基础。

3. 私募股权投资市场化信用体系有待完善

当前，国内私募股权投资市场仍存在登记备案就是"牌照"，登记成功相当于拿到政府背书，从而获得"市场信用"的错误认识。这种混淆市场信用与政府信用的现象给私募基金行业发展带来很大负面影响。部分私募基金管理人没有充分理解机构展业与市场信用之间的关系，违背基金本质和信义义务要求，伤害自身信用基础。从机构层面看，主要表现为以下几种情况。一是"全牌照"业务引发利益冲突和风险传染。部分私募机构或其关联方从事P2P、民间借贷、保理、融资租赁等类金融业务，与私募基金财产存在利益冲突，甚至将类金融业务风险传导至私募基金领域。二是集团化倾向加剧"募资难"。实践中，同一实际控制人经常因各种原因申请登记多家同类型私募基金管理机构，或增设多级子公司，导致管理层级复杂，增加资金流转成本。三是高管团队缺乏专业性。部分申请机构为规避对利益冲突的监管，通过代持的方式组建高管团队，表面上符合从业资格要求，实际上不具备勤勉尽责的条件和专业胜任能力，实际控制人在背后操控一切。从产品层面看，部分产品以私募基金名义申请备案，却不符合受托管理、组合投资、风险自担等基金本质要求，主要表现为以下几种情况。一是名为基金，实为存款，部分产品名为基金，实为高息揽储，在募资端对投资者承诺保本保收益，在投资端充当信贷资金通道，为单一项目提供融资，组合投资工具异化为资金中介。二是先备后募，部分产品在完成备案后随意扩大募集对象和募集规模，甚至刻意借助登记备案信用为募集行为背书。这种行为一旦突破合格投资者底线，就容易沦为非法集资。三是变相自融，部分机构设立私募子公司，不是从投资者利益最大化出发寻找最有价值的投资标的，为投资者提供专业理财服务，而是为筹集资金，满足自身或关联方融资需求，无法有效保障投资者权益。上述种种现象将基金财产及LP置于过高的利益风险中，严重侵蚀机构自身和整个行业的信用基础。对于私募股权投资市场来说，建立和完善市场化信用体系显得尤为迫切。

三 广州建设区域性私募股权交易市场对策建议

新时期,以习近平新时代中国特色社会主义思想为指导,深入学习贯彻习近平总书记视察广东、广州重要讲话精神,紧紧抓住粤港澳大湾区和深圳中国特色社会主义先行示范区建设等国家战略实施契机,重点围绕"主体壮大、平台打造、项目培育、区域合作、人才集聚、风险防范"六个方面,集聚国际国内优质资源,吸引、培育、壮大私募股权交易市场主体,打造具有全国甚至全球影响力的私募股权交易平台,同步发展战略性新兴产业等私募股权投资基金投资标的,大力吸引专业人才落户,依托粤港澳大湾区共同发展广州私募股权交易市场,促进广州风投之都建设。

(一)充分发挥政府引导扶持作用,大力培育与发展私募股权投资基金

广州应持续增强金融服务实体经济能力。加快发展天使投资、创业投资、风险投资等私募股权投资基金,撬动引导更多社会资金投入高端高质高新产业;大力发展股权投资,引导更多创新资源配置到战略性新兴产业和高技术产业,促进科技与资本协同发展。

1. 优化基金登记备案制度,建立完善市场化信用体系

优化私募基金行业登记备案的核心就是强化受托理财中的信用义务管理,建立市场化过程信用体系,让投资者与管理人、管理人与被投企业、管理人与中介服务机构基于自身信用充分博弈,使市场机构充分发挥其专业价值,打破市场与政府博弈、政府信用被动兜底的怪圈。

在机构方面,明确不予登记备案情形,并对不予登记备案机构予以公示。登记备案时,管理人必须承诺对申请事项和申

请文件的合法性、真实性承担法律责任，要求法律意见书对管理人运营基本条件、专业化经营、股权结构、组织架构、防范利益冲突等事项充分论述并发表结论性意见。建立中止办理和不予登记制度，强化底线审核和经营异常管理，对存在违规募集、虚假登记、兼营 P2P、民间借贷等利益冲突业务、机构或高管存在严重失信或违法记录等情形的申请机构，不予登记；同时公示不予登记申请机构及所涉律师事务所、律师情况。

在产品方面，完善并更新产品备案须知，对保本保收益等违背专业化和投资者根本利益的产品建立不予备案制度。对于"先备后募""变相自融"等问题，应进一步完善产品备案须知，明确先募后备、组合投资、信息披露和风险揭示相关要求，厘清合规募集与非法募集的界线，化解单一资产投资和变相自融带来的风险。

在过程信用建设方面，加强基金管理机构与从业人员信用记录及公示。加强对从业人员持续培训，建立基金经理业绩记录；基于机构合规性、稳定度、透明度和专业度，全面推进私募会员信用信息报告制度建设，为全部会员私募基金管理人提供信用积累和信用展示服务，进而通过信用公示与社会监督、信用约束与自律处分、信用竞争与自主发展，打破市场与监管博弈的行为惯性，推动私募基金行业实现信用立身、信用自治。

充分利用司法、行政与自律协调等方式共同推进完善市场化信用体系。对于既登记又备案，且先募集、再备案的机构，根据《基金法》第 112 条规定，以自律管理为主；对于违反《基金法》第十章、突破私募业务底线的机构，包括突破合格投资者制度、应当托管未托管、公开推介、不登记备案或先登记后募集、基金信息不真实准确完整甚至欺诈的，应当以行政监管为主；以私募基金名义从事非法集资等违法犯罪活动的，应当以司法惩戒为主；司法、行政、自律协调共进，形成刑事法律树红线、行政监管树底线、行业自律树高线的多层次治理体系。

2. 吸引长期资金，实现私募股权资本募集的多元化

资本来源是决定私募股权投资基金发展的重要因素。私募股权投资基金资本来源主要来源于政府资本、私人资本、金融机构资本和公共保险保障体系的资本。随着私募股权投资基金的发展，长期资金包括金融机构、养老基金、捐赠基金、私人资本在内成为私募股权投资基金的主要来源。长期资金作为有限合伙人（LP）加入基金，可以使基金管理人减少投资人短期获利要求的业绩压力，更好保障基金长期、稳定投资于有潜力项目；私募股权投资基金投资将不再局限于某个细分领域，不再专注于单一投资项目的短期投资回报率，而是站在构建产业生态圈的高度，推动广州新兴产业发展。因此，只有以长期稳定资金为主要来源的股权基金才有足够的资金底蕴，利用自身专业的投资遴选能力和监控能力，对新兴产业新兴技术做实时跟踪，在最佳时间进行投资、管理、退出，推动新兴产业技术升级的同时，获得高额回报。

进一步拓宽私募股权投资基金募集渠道。鼓励和支持创新募资手段，通过上市，发行企业债、公司债券（特别是创新创业公司债券）等固定收益产品，形成市场化、多元化的资金来源；并对上市、发行上述各类债券产品的股权投资机构给予一定比例扶持、贴息等。鼓励符合条件的多元化经济主体进入私募股权资本领域。如鼓励保险公司参与股权投资机构的出资；鼓励银行、证券、保险等金融机构与股权投资机构合作，实行投贷联动、投保联动等新模式；支持证券、期货、基金公司等金融机构设立子公司开展股权投资；积极出台相关政策，从风险分担等角度试点引导本地企业年金等作为有限合伙人投资股权基金；探索养老基金投资股权基金的途径。

一是，积极发挥政府资金的引导作用。合理扩大政府资本投入股权投资领域的规模。在当前背景下，广州应大规模扩大重点投资于企业发展初期的"天使引导基金"规模，以促进新

兴项目和产业成长。政府资本投入主要扮演"引导"作用，在风险承担、收益获得等方面取得平衡，特别应做出一定让利，从而吸引社会资本投入，壮大私募股权投资基金数量及规模。

二是，大力吸引商业银行理财子公司落户本地。资管新规出台之前，商业银行理财资金是私募股权投资基金募集资本的主要来源渠道之一。资管新规出台后，银行理财资金不能再投资于外部私募股权投资机构，设立理财子公司成为商业银行理财资金参与股权投资的最主要途径。当前，广州应把大力吸引商业银行理财子公司落户作为建设"风投之都"的重要举措，给予政策支持和鼓励商业银行理财子公司利用客户资源和资金资源大力发展私募股权投资业务，具体包括以下业务模式：私募股权资本托管；财务顾问和融资顾问，提供咨询、推荐、评估等私募股权资本中介服务；借道信托公司、私募基金管理公司合作、产业基金开展私募股权资本业务；通过境外子公司开展私募股权资本业务；私募股权资本创设与理财；通过境外子公司投资和通过收购信托公司投资；通过收购信托公司开展私募股权资本业务；银团贷款；私人银行业务模式下与私募股权资本投资机构合作开展业务。

三是，与社保基金合作促进私募股权投资业发展。社保基金具有规模大，投资期长，是私募股权投资基金募资的重要渠道之一，具有很大潜力。在当前我国转变经济发展方式的大背景下，在严格风险管控下社保基金可借助委托投资方式，或者直接投资方式投资私募股权市场，进而投资广大中小企业将会使社保基金的投资回报大幅度提高，为社保基金获得高回报提供了新渠道；另外也会促进中小企业发展。

四是，积极与保险公司合作促进私募股权投资机构发展。保险资金具有资金量大、投资周期长的特点，强调安全性、收益性和流动性，有意愿投资于股权投资市场，以在保障资金安全性前提下获得更大收益；私募股权投资机构需要从保险公司等募集长期资金以便进行有效、合理股权投资。应积极争取适度放宽保险资金投资领域，积极引导保险资金投向私募股权资本领域。广州应大力推动与保险公司合作设立母基金，为私募股权投资基金提供相对便捷的融资渠道；争取保险公司在本地设立资产管理公司，扩大资产管理规模。

五是，鼓励富裕家庭和个人投资私募股权投资基金。富裕家庭和个人资本进入私募股权投资领域在私募股权投资基金业发展过程中将起到关键的推动作用。目前，广州富裕家庭和个人群体规模较大，资金数量比较可观，这些资金也在不断寻求投资渠道。鼓励富裕家庭和个人投资私募股权投资基金，既有助于集中社会分散闲置资金，促进社会资本的有效配置，又能极大促进私募股权投资基金业发展。

六是，加强对海外资本的引导与监管。引进海外资本，不但可以改善私募股权投资基金资金来源不足状况，而且可以借鉴先进国家与地区发展私募股权投资基金业的经验，建立自己的私募股权投资基金发展模式。充分利用粤港澳大湾区建设契机，争取国家支持，积极引进港澳等海外资本，扩大合格境外投资者直接投资境内私募股权资本的试点范围。在国家允许、支持下，做好外资私募股权投资基金投资的监管工作，严格按照产业政策管理外资私募股权投资资本，充分掌握外商投资企业真实身份，加强对外资私募股权资本跨境资金流动的统计监测和预警，了解外资私募股权投资基金的地区背景、投资规模、资金流动等基础信息。

3. 放宽引导基金返投比例等限制，引导投资本地重点发展领域

政府引导基金在投资过程中对返投比例、投资要求不宜过高。返投比例过高、要求过严，导致资金使用效益和效率受到较大限制，不利于发挥引导资金对项目、产业发展的促进作用；另外，返投限制其实不能从根本限制财政资金外流，很多基金

通过巧妙的结构设计避开了返投比例限制，如引导基金管理人在外地设立子公司，把部分资金转到子公司，统计时子公司的产值合并报表计入引导基金当地，但实际投资发生在外地。为了充分发挥政府引导基金作用，应进一步明晰引导基金的政策定位，细化制度的设置，适当放宽纳入引导基金支持的条件和要求；对于子基金投资于辖区内注册登记企业的资金占引导基金出资额的倍数方面实行更加灵活的规定，适当降低返投倍数。同时，根据本地产业基础、发展方向等明确基金投资领域，创造性地设计出具有本地鲜明特点的实施方案。

积极提升政府服务能力与水平。对于有引导基金投资的私募股权投资基金，当进行项目投资时，政府方面能够高效地反馈相关意见，减少项目投资审查反馈时间。政府不享有对项目投资意向的一票否决权，不具体介入项目的投资，只对投资做合规性审查。同时，重视引导基金对项目早期投资，设计一些专门针对项目早期投资的引导资金，或适度提高常规引导基金对早期项目的风险投资基金的出资比例，促进本地风险（天使）投资基金发展。

4. 引导以母基金为纽带，构建基金群生态圈

积极引导设立母基金。落实国家鼓励创业投资企业投资于种子期、初创期科技型企业等税收优惠政策，大力推动以产业发展引导基金、新兴行业龙头企业等为主要牵头人，吸引各类资本参与，设立母基金（FOF）。创新母基金产品，吸引、聚集社会资金，提高资产管理规模。母基金管理层面实行混合所有制、员工持股等方式，预留团队持股，形成股权结构多元、内部约束有效的经营机制。以市场化方式选聘母基金管理团队，严格任期管理和目标考核；保障基金管理团队投资决策的自主权，有限合伙人（LP）不得干预正常的投资决策。

加强母基金在基金群中的纽带作用。明确母基金投资子基金的比例上限，推动被投资基金开展外部募资。积极推动母基

金提升能力，更好地为子基金提供专业性服务。一方面制定相关考核制度，对基金群中的各子基金投资及风险管理等情况进行长期追踪、考核，促进子基金的健康可持续发展。另一方面母基金通过构建核心数据库，提升产业发展研究能力，加强投后财务管理、数据分析等工作，形成母基金市场化、专业化投资和资产配置管理能力，为子基金投资提供服务；同时利用自身优势，将母基金内有限合伙人的投资需求信息与子基金直投项目的融资需求信息等进行对接，推动形成互助式战略联盟。

5. 提升私募股权投资基金服务能力，构建"相互成就式"项目生态圈

当前，市场整体资金流动性相对充足，而"好项目"相对稀缺，各基金公司面临非常激烈的"项目竞争"，迫使它们必须走高质量发展道路，提升自身对投资项目的服务能力，吸引"好项目"愿意接受投资。应引导私募股权投资基金大力提升自身的行业发展分析能力及预判能力，能够为项目发展提供咨询建议；构建多样性、便捷的公共关系渠道，便利地获取外部产业发展相关信息及资源，帮助项目落地、获得发展扶持等；建立与外部法律机构、会计机构、审计机构、知识产权服务机构等专业性服务机构的密切联系，提升自身提供专业性服务能力，为项目发展提供良好中介服务，甚至于为项目发展提供外部专业人才支撑，以及促进科技成果产业化转化等，从而吸引"好项目"自愿加入自身的"投资项目大家庭"。

引导私募股权投资基金提升自身服务能力，核心能力之一就是促使自身的"投资项目大家庭"形成"相互成就式"生态圈。应引导广州私募股权投资基金围绕本地产业发展方向以及自身定位，对整个产业链、供应链上下游环节，以及辅助流程有清晰了解，对产业链、供应链内的龙头企业生产经营状况有清晰了解，围绕产业链、供应链打造"平台+生态"的投资生

态圈，形成一个相对"闭环"的自组织，内部企业相互成就，为对方提供服务需求、产品需求等。基金应切实了解、真正掌握投资项目的产品、服务及运营状况，并发挥自身平台作用，促进生态圈项目的相互交流，以及业务的相互合作，真正实现相互"成就"。对于意向投资项目，在对其产品、服务有清晰掌握的基础上，突出以当前产业生态圈能够给它带来的潜在收益作为吸引它们接受投资的主要因素之一。

6. 推动股权基金聚集发展，提升区域影响力和辐射力

在风险可控、依规登记备案的前提下，允许各类内外资股权投资、创业投资、私募基金机构在穗集聚发展，重点引导布局在高新技术项目集聚、金融机构集聚或者重大金融平台周边地区。以国际金融城、广州科学城、中新知识城、国际生物岛、南沙自贸片区为核心，引导VC/PE机构落户。并大力引导信用评估公司、征信公司、会计师事务所、主要提供金融法律服务业务的律师事务所等金融中介服务组织落户、集聚发展，打造完整的股权投资产业链。

7. 打造私募股权投资业会议体系，实现全球资源对接

广州应充分利用国际会议对资金、人才、项目等的集聚作用，举办高质量、高影响的股权投资、创新创业项目交流等会议、博览会。继续主办好世界风投创投大会（世投会）和中国风险投资论坛基础上，加大力度举办系列与私募股权投资相关的会议，积极对接全球私募股权投资与创新创业项目，擦亮广州风投创投之都的品牌；结合广州IAB、NEM重点产业，分别举办科技创新论坛、生物医药投资论坛、人工智能产业沙龙、新一代信息技术投资大会等。通过形成会议体系，实现资本与项目的对接，立体式打造广州国际风投创投之都的品牌形象，吸引各类投资机构来穗投资与落户，引进IAB、NEM创新创业项目在广州落地生根。

8. 推动优化私募股权投资基金税收制度，营造公平税收环境

积极推动加快立法，形成统一适用的私募股权投资基金税收法律制度。根据目前的所得税法，国内主要的两种私募股权投资基金组织形式（公司制和有限合伙制）的征税制度存在偏差。为鼓励支持私募股权投资基金的发展，应当尽快确立统一适用的私募股权投资基金税收制度，通过严格贯彻税收法定原则，依法确定私募股权投资基金的税收政策，建立统一的相关税收制度体系，维持私募股权投资基金税收法律制度适用的稳定性。

平衡不同组织形式私募股权投资基金的税收负担。无论何种组织形式的私募股权投资基金，本质都是投资者进行股权投资、获取股权转让收益的集合资金。目前两种主要组织形式的私募股权投资基金中，公司制私募股权投资基金由于符合法律形式产生当然的纳税义务，有限合伙制私募股权投资基金采取"先分后税"的原则具有税收导管的特点，从税收公平原则出发，建议可采取所得税穿透原则，对不同组织形式私募股权投资基金进行平衡税收负担。

完善税收优惠政策促进私募股权投资基金的发展。完善税收优惠政策，加快落实《关于创业投资企业和天使投资个人有关税收政策的通知》（财税〔2018〕55号）的有关规定，对符合条件的创业投资企业、天使投资个人采取股权投资方式直接投资于初创科技型企业满2年的，按国家规定实行应纳税所得额抵扣政策；对于投资于种子期、初创期科技型企业的，按投资额70%抵扣应纳税所得额。由于新兴行业的投入期较长，且私募股权机构收益具有不确定性和时间上的非均衡性，争取延长费用抵扣、亏损抵扣等抵扣政策可结转后续年度抵扣的时间期限。给予私募股权投资基金和公募证券基金同等的税收政策待遇，以激发投资者和基金管理人的投资意向；从税收优惠政策、财政收入返还、降低准入门槛、优化行政管理等方面多管

齐下，发挥各类政策的激励作用，促进私募股权投资基金行业的发展壮大，使其在优化社会资源、拓宽融资渠道、活跃资本市场等方面发挥更大的作用。

（二）打造全国性股权交易平台，积极拓展股权基金退出渠道

进一步鼓励企业利用主板、中小板、创业板、新三板、科创板以及股权交易市场、产权交易市场等多层次资本市场，积极打造总部在广州的全国性股权交易平台，同时拓展私募股权投资基金退出渠道，畅通退出路径。

1. 借助上交所南方中心等平台加快推动创新企业上市步伐

2019年3月上海证券交易所南方中心落户广州。上交所南方中心将为广州科技型企业了解上市相关政策提供便利，尤其是科创板开通、注册制实行，将极大便利企业上市和促进产业发展。一是广州地区企业登上科创板有了"便捷通道"。上交所南方中心的落户将为广州创新型企业提供更好的融资空间和平台。尤其是对初创型企业，可借助科创板这一资本平台得到更大、更便捷的发展空间。同时，也将会鼓励更多的人投入到创业创新行列中去，推动企业创新。对推动IAB、NEM等战略性新兴产业的发展，打造大湾区国际科技创新中心，共建广深港澳科技创新走廊都具有深远的意义。二是增强广州在国际金融领域的话语权。上交所南方中心相当于给广州新增了一个大区机构或者说大区级金融平台，有望对各类金融机构（银行、投行、会计等）、创业公司以及国家政策产生虹吸效应，增强广州在金融领域的话语权。广州有关部门应提升自身服务水平，积极与上交证南方中心合作搭建平台，包括信息平台、路演平台等，全面梳理摸查广州地区科技创新型企业，将有意愿、有实力的科技创新型企业作为重点培育对象并进行梯队式管理，根据企业发展情况提供更具有针对性的帮扶。

抓住创业板等深化改革机遇，加强与深交所沟通联系，大力加强与深交所合作。充分利用广州科技金融路演中心，切实加强为广州科技企业提供投融资对接、路演宣传、政策解读、信息发布等一系列服务，实现不同市场主体间信息互享、流程互通、功能互补，共同为科技型中小企业提供全方位、全生命周期的融资和综合服务。同时，加强广州与深交所合作，在区域股权市场建设、投资者教育宣传、人才培养交流等方面加强合作、整合资源。

2. 打造适应创新发展需要的私募股权投资基金二级市场

作为交易对象的私募股权投资基金（PE）二级市场，是相对于私募股权投资基金一级市场而言的。PE二级市场的主要功能是为私募股权投资基金投资人（LP）及管理人（GP）提供PE资产变现的渠道和平台，提高私募股权资产的流动性，解决PE投资提前退出的难题。二级市场的出现是一级市场发展到一定阶段的必然趋势，中国私募股权市场经过近二十年发展已经形成较为成熟的体系，二级交易也随之诞生。PE二级市场交易包括基金份额销售和直接销售两大类，前者是指私募基金的有限合伙人将其持有基金组合的份额转售给其他投资者，而后者通常也被称为合成销售，这类交易一般发生在两只私募股权投资基金之间，交易标的通常是某只基金持有资产组合中一家或多家公司的股份。在实践中，基金份额交易占主导地位。然而，不同于欧美私募股权市场发展成熟的国家，中国尚未形成活跃的PE二级交易市场，买卖双方的交易主要还是靠券商等中介进行推荐撮合。这主要有几个原因：其一，中国目前存在的私募股权二级交易平台较少，可以辐射到的地区也较小；其二，私募股权二级交易平台在中国尚为交易新方式，潜在买卖双方对该交易形式仍持保留态度；其三，在中国当前的商业环境下，买卖双方都较为谨慎，尤其，买方可能会怀疑卖方的交易动机从而减少参与二级交易的意愿。

广州可以依托中证机构间报价系统南方总部、广州股权交易中心等，打造 PE 二级市场。这不仅顺应 PE 产业健康发展对增强 PE 资产流动性的迫切需求，夯实广州建设全国性风投创投中心的市场基础，更有助于构建支持广州创新驱动发展的现代金融服务体系，具有重要的实践意义。

一是，提供公平竞争、透明规范的制度空间和平等机会。由于 PE 产业的私募性质及其与民间资本的天然联系，应充分利用广州及整个珠三角地区民间资本丰富的优势，充分发挥民间资本和民营经济的核心作用，为民间资本进入 PE 二级市场提供公平竞争、透明规范的制度空间和平等机会，为建立市场化、高效、规范的 PE 二级市场奠定基础。

二是，搭建信息共享、功能完善、高效专业的 PE 二级市场交易平台。私募股权二手份额交易平台的设计及成功交易，重点在于建立信任机制，防范道德风险及逆向选择。如何让意向承接方认为潜在交易项目是一个好项目，没有故意隐瞒的风险在里面是平台交易设立成功的关键，而形成规模的卖方市场是一个重要的方面。其一，广州应大力推动中证机构间报价系统、广东股权交易中心等交易平台进一步做大，提升它们的影响力，充分利用它们现有的力量和资源，挖掘和培育现阶段具有市场需求的、资产质量较好的卖方主体，初步形成一个交易活跃、有一定规模的卖方市场环境。其二，要借鉴欧美国家 PE 二级市场电子化交易平台的经验，建立适合中国 PE 市场发展特色的交易规则和交易服务体系，保障交易各方的合法权益，构建信息共享、功能完善、高效专业的 PE 二级市场交易平台，促进 PE 市场的有序健康发展。其三，不断完善 PE 二级市场交易平台的服务内容，为交易主体提供基金募集、项目融资、股权转让、基金份额转让、投资退出等全方位服务。其四，建立有效的 PE 二级市场运作机制，包括多元化 PE 交易会员制、"私募保荐机构"机制以及资产定价及撮合交易等基础的运作机制，规范 PE

基金份额及 PE 基金项目交易行为，打造专业高效的私募股权投资基金二级市场，推进广州 PE 二级市场的健康可持续发展。其五，研究设立私募基金份额交易平台做市基金。

三是，充分利用财政政策等扶持股权交易市场发展。应在财税政策、产业政策、人才政策及相关配套政策方面给予更积极更具创新精神的扶持，完善相应的地方法规政策体系，广泛吸引更多中外投资者和不同市场主体，推动 PE 二级市场的跨越式发展。

3. 利用广东股权交易中心等交易平台完善中小微企业股权投资服务体系

进一步做强广东股权交易中心（广州股权交易中心）、广州产权交易所等，积极推进本地、外地企业进场交易。支持广东股权交易中心完善中小微企业股权投资服务体系，建设"科技创新板""中国青创板""绿色环保板""天使板"等特色服务板块，探索"先挂牌再上市"转板培育机制。依托广东股权交易中心建设非上市企业股权规范及风险监测体系，推动非上市公众公司、新三板摘牌公司在广东股权交易中心进行股份（股权）集中登记托管。进一步建立、完善区域股权交易中心与"新三板"甚至科创板的转板对接机制。

发挥广州科技金融路演中心、广州新三板企业路演中心展示功能，为创新创业企业提供向全国投资机构进行推介展示。目前，好项目比较紧缺，基金公司受限于自身能力，对于一些好项目也缺乏掌握，因此，可以充分利用这些平台，把具有较好发展前景的一些项目通过平台展示出来，以便于基金公司更好进行投资调研。另外，进一步加强与中证机构间报价系统沟通、合作，尽快把广州业务发展起来。支持各类要素交易场所在依法合规的前提下围绕大湾区产业特点打造特色交易平台。

（三）建立良好的科技创新环境，促进私募股权投资与产业联动发展

私募股权投资基金以技术创新及其应用为投资对象，为新技术找到产业化扩张路径，能够持续推动企业成长和产业升级，是风险定价和风险分担机制最充分、创新资本形成能力最强的资源运用机制。在经济从规模化发展向高质量发展转变的背景下，私募基金吸引了大量社会资本流向创新创业领域，成为推动自主创新、产业升级、科技进步的重要力量之一。私募股权基金发展与科技创新环境相辅相成，互相促进。私募股权投资基金能不能得到很好发展，很重要的一点是新兴产业发展、创新项目集聚，有合适的值得投资的项目来源，根本上需要营造良好的创新环境，促进产业创新。

1. 营造良好创新生态环境，促进技术创新

创新人才评价体系与机制。尽快落实《关于分类推进人才评价机制改革的指导意见》，完善本地实施方案，针对不同领域和行业，改变以论文为主要考核指标的评价体系，根据理论研究、应用研究等不同特点，建立科学分类、合理、多元的评价体系，注重创新能力、质量、贡献。创新人才评价机制，支持科研机构、用人单位通过市场机制和第三方开展多元评价，发挥市场、社会等多元评价主体作用。对理论研究类科研人员推广实行同行评议制度，加大评议的国际化水平，适当延长评价考核周期；对从事应用研究和技术开发的科研人员要注重市场检验和用户评价。向国有企事业单位进一步下放职称评审、薪酬、用人等方面权限，积极推行社会化、市场化选人用人机制。

改进科研成果收益分配机制。科技成果转化，需要完善的专业化服务体系，更需要对科研人员予以足够激励。虽然当前科研单位和高校等在科研转化收入自主分配权上有所扩大，但仍需进一步完善分配机制。为切实建立以增加知识价值为导向

的分配机制，实现科研人员收入与智力、劳动付出相匹配，在扩大科研机构、高校收入分配自主权的同时，实行向科研人员分配倾斜，增进有突出成果贡献科研人员的获得感；在科技型企业股权、期权、分红激励所得税等方面，出台进一步的优惠措施。

切实做好知识产权保护。知识产权保护也是营造良好创新生态的关键一环。大力推进广州国家知识产权强市建设，完善知识产权保护机制，建立高效的市、区知识产权行政执法体系，完善跨区域、跨部门知识产权执法协作机制。发挥最高人民法院知识产权司法保护与市场价值（广东）基地的作用，健全审判权运行机制和技术专家咨询机制。进一步加强广州知识产权仲裁院作用，建立与相关知识产权管理部门、行业协会沟通、合作渠道，探索快速维权机制；大力推动行业协会建设，扶持行业协会成立知识产权保护中心。加强广州知识产权法院建设，发挥知识产权司法保护、行政保护的主渠道作用。加强信用监管，将商标知识产权信用信息纳入市场信用体系建设，纳进"信用广州""信用中国"数据库；将行政处罚案件相关信息以及不配合调查取证行为、不执行行政决定行为等纳入诚信体系，推动建立知识产权失信主体联合惩戒机制；建设知识产权大数据监管网络平台，实现网络巡查、线上举报和投诉办案一体化。加快推进中新广州知识城国家知识产权运用和保护综合改革试验，为建立集中高效的知识产权综合管理体系探索经验。

切实加强基础研究。通过基础研究，带动技术创新发展，并培育大量的专业科研人员。充分利用广州高校、研究机构集聚优势，大力推进基础研究上新水平。一是，围绕国家战略，根据广州优势领域，支持国（境）内外知名高等院校、科研院所和龙头企业等来广州市共建国家重点实验室；推动优化已在穗国家重点实验室布局，提升研究水平。二是，积极推进一批国家重大科技基础设施落户广州，特别是加大力度推进与中科院、国家有关部委及国家级大院大所合作，积极争取国家在广州市布局更多重大科技基础平台。三是，积极推动广州市高等院校、科研院所和企业积极参与国家重大科学研究计划、国际大科学工程。四是，大力加强顶尖科学家和中青年创新人才培养，重点发挥广州市高水平院校、国家级大院大所等优势，遴选扶持基础研究、前沿技术创新团队，努力培养和造就一批顶尖科学家；大力支持中青年科技人员围绕基础和应用基础领域开展自由探索研究。五是，开放合作提升基础研究水平，重点推进粤港澳大湾区基础研究深度合作，联合开展基础与应用基础研究攻关；加强与欧美发达国家、"一带一路"沿线国家的创新合作，促进广州市与国际学术界一流研究机构在前沿、新兴、交叉学科及有广泛应用前景的产业技术领域建立长期合作关系。

搭建国际一流开放创新平台。加快建设中新广州知识城、科学城、琶洲粤港澳大湾区人工智能与数字经济试验区、广州国际生物岛、广州大学城—广州国际创新城、南沙粤港澳全面合作示范区、庆盛科技创新创业基地等重大创新平台。推动广州再生医学与健康广东省实验室、广东省新一代通信与网络创新研究院、中国科学院空天信息研究院粤港澳大湾区研究院、清华珠三角研究院、中科院南海生态环境工程创新研究院等重点科研院所建设；推动南方海洋科学与工程广东省实验室、国家人体组织器官移植和医疗大数据中心、国际中医药转化研究中心、种业科技创新中心等前沿交叉科技创新平台建设。支持新加坡国际制造创新中心、粤港澳转化医学联合研究平台、华南针灸粤港联合实验室、穗港高校协同创新研究机制（联盟）等联合创新平台建设。

优化金融支持创新环境。重点完善科技企业信用体系，促进金融支持创新的针对性和有效性。充分利用国家企业信用信息公示系统、"信用广州"系统等，加快分散在不同部门、机构信用信息的同步、及时整合。培育发展信用服务机构和信用服务市场，并加强对信用信息的使用指导。发展与培育科技金融中介机构体系，通过放宽市场准入，引导会计师事务所、律师事务所、信用评级机构、资产评估机构、信息和技术咨询机构、专业市场调查机构等中介服务机构发展。重点培育服务于科技成果发现、定价、评估的专业化中介机构，构建科技成果价值发现体系，形成系统、科学的评价标准与规范。

2. 优化产业发展环境，大力推动新兴产业发展

一是，深化商事制度改革。进一步推动商事登记制度改革。持续推进压缩企业开办时间，加快完成开办企业"一网通办"平台建设；持续推进穗港澳商事登记制度等规则的尝试对接，进一步完善外资商事服务的"跨境通"。深化项目审批制度改革，不断完善覆盖各部门和市、区、镇（街道）各层级的工程建设项目审批管理系统，实现统一受理、并联审批、实时流转、跟踪督办、信息共享，进一步提升审批效率。优化信贷环境。进一步完善融资风险分担机制和政策性担保体系；合理利用并购纾困基金，纾解民营上市公司现资困难；加强对本市信贷服务状况及企业融资需求等信息数据的采集、交换和分析，完善广州市中小微企业信用信息与融资对接平台的建设和推广应用，协调人民银行广州分行在广州地区增设征信查询点。深化推进政策兑现。在推出众多扶持政策基础上，加强政策宣传，实行政策兑现"一门式"办理，通过设立平台统一归集各级政府政策，并为政策申请者提供政策类业务咨询、兑现、跟踪督办、信息主动推送反馈等服务，加强企业获得感。打造公平竞争环境。全面实施市场准入负面清单制度和公平竞争审查制度，大幅放宽市场准入，坚决破除各种隐性壁垒；鼓励民营企业参与教育文化医疗产业发展。

二是，加强企业生产要素保障。选址布局一批新型产业用地，满足创新型企业发展和创新人才的空间需求；实行工业用地先租赁后出让、弹性年期出让，鼓励企业利用现有存量工业

用地兴办国家支持的新产业新业态。支持民营企业利用"三旧"改造政策完善历史用地手续，妥善解决企业用地的历史遗留问题。集合各方资源支持企业通过并购重组做大做强。大力引进和培育战略科学家、企业家、创业家、产业领军人才等6类"高精尖缺"人才，实施培育"羊城工匠"行动计划和急需职业（工种）人才培养计划，设立非公人才职称申报点，优化非公人才职称评审服务。

三是，加快培育发展IAB、NEM等新产业新业态。聚焦IAB/NEM领域，把握产业技术发展方向，布局新一代信息技术、人工智能、生物医药、新能源汽车、量子技术等新技术、新产业的开发，重点支持一批共性技术、关键技术、颠覆性前沿技术研究，突破产业关键核心技术，为产业创新提供源头技术支撑。切实推动未来产业行动计划，开展未来产业关键技术攻关，布局中长期未来产业发展规划。大力培育新业态，鼓励运用新技术、新设计、新工艺，推动现代服务业创新发展，壮大跨境电商、航空金融、航运服务等新业态。实施新兴产业集聚导向，加快推进中新知识城、广州科学城、广州空港经济区、广州国际生物岛等重大功能区域建设，鼓励主导产业和新兴产业向重点发展区域集聚发展。

3. 积极培育创新型中小微企业，壮大私募股权投资基金投资对象规模

大力推动中小微创新企业成长。面对宏观经济环境不确定性，除了引进好的创新型项目，也应大力培育一批创新型企业、项目，调整优化全市产业结构。着重从创新能力、行业地位、盈利水平、发展潜力、产值规模等方面，深入发掘出一批优质高精尖企业，从财政资金扶持、融资贷款、用地保障、厂房租赁、用人问题解决等方面进行精准扶持。实施"小微企业成长计划"，建立健全面向科技型小微企业的服务方式和渠道，着力培育量大面广的科技型小微企业，涌现一批具有行业竞争力的

"隐形冠军"和若干具有全球性或区域性市场优势地位的企业，形成龙头企业、小微企业协调共生的良好局面。

加大创新创业服务平台建设力度。推进新型创业创新服务平台建设，建立科技型中小企业在孵服务系统，启动战略性新兴产业重点项目库、科技型企业成长路线图计划等优势技术创新项目库建设，为私募股权投资机构提供精准项目资源服务。搭建私募股权投资行业交流与信息共享平台，建立覆盖区域股权投资服务网络和创新创业服务体系，畅通创业资本和项目对接渠道。构建"众创空间—孵化器—加速器—科技园"全链条孵化育成体系，推动创业投资机构与孵化器、众创空间全面对接，实现区域孵化器和众创空间科技金融服务的"全覆盖"。支持面向创新型企业集聚区的平台型服务企业（项目）发展，扶持产业联盟（行业协会）、产业技术支撑平台和公共服务平台（设施或活动）项目建设，对创新产业集聚区的行业性活动给予补贴，切实推动平台型服务转型升级。

（四）依托粤港澳大湾区，共同打造私募股权交易市场

粤港澳大湾区作为全球主要的制造业基地和国际科创中心，产业体系在全球价值链中的分工地位不断提升，创新型企业不断涌现、发展和国际化，提升了新经济增长活力。广州应抢抓粤港澳大湾区建设契机，积极探索推动穗深港三地私募股权市场加强合作，共同推动和引导创新资本向科技领域配置，从而为更多创新企业提供多层次、多渠道、多元化科技投融资服务，助推国际科创中心建设。

1. 以跨区域科研合作为抓手推动大湾区科技协同创新

把粤港澳大湾区打造成具有全球影响力的国际科技创新中心，是国家赋予大湾区的重要使命。大力度推进科创合作，建设国际科创中心的同时，也为私募股权投资基金发展奠定了基础。广州应以珠三角国家自主创新示范区（广州）为牵引，吸

引和对接全球创新资源，加快"广州—深圳—香港—澳门"科技创新走廊广州段建设，形成"四核一枢纽二十节点"空间发展格局。大力推动发展区域性行业协会，鼓励企业组建跨地区跨行业产业、技术、创新、人才等合作平台，促进创新要素的有序、便捷流动；大力推动研发机构跨区域合作发展。积极探索大湾区内科研项目自主申报方式，广州可率先探索鼓励大湾区内科研机构和高校申请本市立项科研项目。

深化穗港澳科技创新交流合作。大力引进港澳高校、研发机构等，推动它们在进口仪器设备等科学研究、科技开发和教学用品时享受相应免税政策；率先推动在穗科研设施与仪器向港澳地区高校、科研机构开放，逐步实现穗港澳三地科研设施与仪器互相开放共享。推动支持港澳高校、研发机构等申请广州市科研项目，探索实施穗港澳联合创新资助计划，推进穗港澳三地基础研究深度合作，允许香港、澳门公营科研机构直接申请广州市科技项目，市财政资金可根据立项合同在香港、澳门开支。大力引进优质科技中介服务机构和管理人才，带动科技服务业升级发展；打造港澳高端产业对接核心区，促进产业科技融通共赢。推动科技成果跨境转移转化。推动建立穗港澳科技成果库，用后补助、创新券等形式，优选支持一批港澳重大优秀成果项目转移转化；建设一批面向港澳的科技企业孵化载体，重点建设粤港澳青年创新创业基地；开展中国创新创业大赛港澳台分赛、青年创新创业大赛、创交广东等活动，打造大湾区创新创业共同体；完善技术服务市场，为港澳成果转化提供支撑。

2. 推动私募股权投资基金在珠三角跨区域投融资

大力鼓励本地私募股权投资基金"走出去"投资，到外省、外市，特别是珠三角其他地区进行投资；积极尝试搭建政府间信息发布平台，向广州市私募股权投资基金发布外地优质创业项目。针对有广州市引导基金参与的私募股权投资基金，适当放宽合作条件，探索允许把投资在珠三角地区的资金数额纳入"返投比例"核算，通过共同扶持培育创新项目，为广州市引进优质项目储备优质资源。鼓励注册在广州市的优秀私募股权投资基金与珠三角其他城市政府引导基金合作，进一步做强做大广州市私募股权投资基金投资规模。在合规前提下开拓私募股权投资基金资金来源渠道，积极引导商业银行、保险基金、养老基金及慈善基金等法人投资者参与私募股权；鼓励外地优秀私募股权投资基金到广州市进行融资。进一步合作做强做大股权交易平台，探索在国家政策允许下通过市场化手段实现广东股权交易中心和深圳前海股权交易中心的合作。

（五）优化完善人才政策，为引进培养私募股权投资基金专业人才营造良好氛围

当前，人才缺乏成为制约私募股权投资业务发展的瓶颈。积极培养新一代私募股权投资领域专业人才，推动更多优秀人才进入私募行业，共同助推私募投资繁荣与发展，促进金融更好地服务实体经济迫在眉睫。

1. 以人才政策落地激励创新创业人才落户

积极引进培养创新创业团队和领军人才、高端经营管理人才、青年拔尖人才。创新柔性引才机制，实施海外专家来穗短期工作资助计划，鼓励建设海外人才离岸创新创业基地。实施海外青年人才引进计划，吸引世界知名高校博士来穗开展博士后工作；支持港澳台青年人才、高等学校毕业生、"海归人员"、外国留学生来穗创新创业，给予持卡的高层次人才本地居民待遇，完善外国高层次人才由工作居留向永久居留转换机制。促进科技人才跨境便利流动，试行"工作假期签证"，允许对部分国家以短期学术交流、创新创业合作为目的持证人员提供30日免签入境。重点引进IAB（新一代信息技术、人工智能、生物医药）、NEM（新能源、新材料）等重点发展领域，处于世界科技前沿和国际顶尖水平，掌握关键核心技术，能够为粤港澳大湾区高质量发展带来重大影响、重大突破的战略科学家及其团队核心成员、产业顶尖人才及其团队核心成员。

建设高层次人才集聚区，切实落实广州"1+4"等人才政策，重点是要把相关政策及时、有效地告知相关企业、人群，并且能够简化相关办理程序，让相关受益人群能够方便、及时地得到相关资助、服务。建立人才政策检讨机制，及时评估政策实施效果，对于不足的地方及时调整，并且大胆借鉴其他城市好的人才政策。确保境外（含港澳台）来珠三角9市工作的高层次紧缺人才缴纳的个人所得税已缴税额超过其应纳税所得额15%的部分税额享有全额政府补贴；并在这项政策实施过程中，应确实降低申请成本，减少审查难度；应加大对港澳等境外金融专业人才政策宣传力度，让相关专业人才及时了解相关信息。

2. 大力引进培育"复合型"股权投资人才及引导组建"多面型"基金团队

创新创业人才的引进培育有助于发展更多的创新创业项目，为私募股权投资准备项目源；股权投资人才的引进有助于提升私募股权投资基金的投资及增值服务能力，提升基金的赢利水平。股权投资、创业投资是跨越科技和经济两大领域的比较特殊的投资活动，涉及诸多学科的理论，且实践性极强，对人才素质要求很高。广州十分缺乏既具有丰富的工作阅历，又通晓企业经营管理，既懂得专门的科学技术，又拥有敏锐的市场感悟能力与挑战精神的复合型人才。因此，必须采取各种方法，如在大学的教学计划中注重跨学科、宽领域的课程设置。大力引导、推动企业管理人员、产业创新人才等拓展金融方面知识，丰富实践经验；金融专业人才寻求更好理解技术创新趋势、产业发展规律，力求既清楚产业运行机制又熟悉金融制度安排和运作，从而推动私募股权投资领域的业务创新。大力引进既懂金融又懂产业的"多面型"人才，注重引进人才的工作经历、年龄等，逐步优化产业金融人才结构。基于目前复合型人才供不应求的情况，积极引进高端产业人才、金融人才，引导基金管理团队专业结构的多元化，有利于短期内加强私募股权投资基金的专业化发展。

组建"多面型"专业运营团队，加速人才培养，提升基金运营水平。鼓励产业的优秀创业者、管理者从事基金的管理运营工作，对拟投项目的技术创新程度、产品发展方向等项目发展前景做出专业性评估，对企业经营周期做出专业性分析等；并与团队成员一道，对投融资风险、收益进行评估，包括传统有形资产的评估，以及技术、专利等无形资产评估。对于有实力的龙头企业，鼓励它们在做强主业的前提下设立并购基金、股权基金，充分利用这些业内具有较大影响力的企业管理者资源，构建"相互成就式"投资生态圈，带动产业链、供应链上企业一同发展。

（六）严格监管，降低私募股权市场运行风险

1. 建立完善信用信息体系，提升行业自律水平

建立完善以信用体系为基础的基金治理有效机制。以中国证券投资基金业协会"7+2"自律规则体系为基础，推动基金管理人与中介机构、投资者、被投企业之间形成三重信用博弈，让私募基金管理人关注的焦点从监管部门回到自身信用、客户利益和实体经济需求。进一步明确各私募基金管理人（公司）通过中基协资产管理业务综合报送平台报送的材料要求，将会员机构日常经营的合规性、稳定度、专业度、透明度等情况纳入信用评价体系，形成的私募证券投资基金管理人会员信用信息报告应逐渐扩大公开范围。逐渐把私募基金主要管理人员的个人信用信息情况纳入评价体系，将监管对象落实到机构管理人员个人上，在管理人员资格和注册、管理活动和成果的记录

保存和信息披露方面，细化要求，强化执行。大力拓展私募基金管理公司经营情况的信息来源渠道，扩大管理人员个人行为纳入信用体系范围，积极推动提升管理机构及个人信用的全面性、准确性。广州应积极推动"信用广州"系统与中基协资产管理业务综合报送平台对接，实现信息的及时共享和信用报告的普遍使用。

推动基金托管人责任确实落地。基金托管人和基金管理人是私募基金共同受托人。基金托管人的法定职责既包括保管基金财产，办理清算交割、复核审查资产净值等谨慎职责，也包括开展投资监督、召集基金份额持有人大会等勤勉职责；其中，投资监督又包括了对基金投资对象、投资范围、投资比例、禁止投资行为等的全面监督。托管人受托职责是基金依法合规运作的重要保障。在基金管理人发生异常且无法履行管理职能时，基金托管人作为共同受托人，应当接管受托职责，尽最大可能维护投资人权益。

2. 积极完善优化监管方式和策略，提升监管有效性

进一步完善优化登记备案规则。进一步明确登记备案标准，在已明确6类不予机构登记情形，3类不予产品备案情形基础上，针对行业中出现的新问题、新风险，持续完善登记须知和备案须知。

严格私募基金内部控制要求。明确规定私募基金要有独立的股东账户和资金清算账户，每只基金做到单独建账、单独管理、单独核算；在资金募集环节确保风险揭示真实准确完整，确保公平对待投资者，投资者风险自担。

建立严格科学的合格投资人标准，严格规范资本募集方式，严格控制资金来源，反对洗钱行为。完善私募股权投资基金的投资监管，完善私募股权投资基金自身的信息披露及被投资项目信息披露。防范利益冲突，防止刚性兑付、资金池产品甚至非法集资活动渗透到私募基金领域。

附件一　北京支持私募股权基金业发展相关政策

　　一直以来，北京市都高度重视私募股权、创投风投基金政策的制定和优化，从金融业发展和支持实体经济等多个维度出台了一系列的相关政策。

　　2008年10月，为大力发展金融业，转变经济发展方式，开创发展新局面，北京市地方金融监督管理局出台了《关于促进首都金融业发展的意见》（京发〔2008〕8号），该政策对北京市金融业发展起到了重要的促进作用。文件提出大力鼓励股权投资机构、股权投资基金、创业投资和风险投资等领域发展，"加强海淀中关村地区和西直门商圈金融机构聚集区域的布局和建设，吸引产业投资机构、创业投资机构等股权投资机构聚集发展，增强首都金融的科技金融功能""积极推动产业投资、创业投资等股权投资市场发展。研究提出产业投资基金试点方案，继续推动设立并购重组基金和节能减排基金。创新政府资金使用方式，设立北京市创业投资引导基金，完善北京市中小企业创业投资引导基金和中关村创业投资引导资金，推动完善创业投资服务支持体系。落实好国家对创业投资企业的税收优惠政策，支持多种形式创业投资机构在京设立和发展，做好创业投资企业备案管理工作。研究支持股权投资机构在京发展的政策措施，鼓励各类股权投资基金在京设立，支持股权投资基金管理机构在京发展，支持中国股权投资协会的设立，促进股权投资市场健康发展""引导支持创业投资等股权投资进入文化创意产业，健全和完善风险投资退出机制""聚集新设金融机构。充分发挥国内外大型金融机构在京聚集优势，鼓励其在京设立银行、证券、保险、基金、信托、金融租赁、期货经纪等金融机构及分支机构""支持金融资本与体育产业的融合发展，鼓励多种资本投资体育产业，研究设立体育产业投资基金的可行性""实施中小企业创业投资引导基金试点，加强中小企业融资平台建设，积极推进中小企业在中小企业板、创业板、证券公司代办股份转让系统及境外资本市场的上市和挂牌工作，推进中小企业集合发债，解决中小企业不同发展时期的融资需求"。

2009年1月，为扩大内需，促进经济又好又快发展，支持北京市股权投资基金业发展，推动科技金融创新，建设多层次资本市场，优化资源配置，加快经济结构调整和产业升级，北京市金融办发布了《关于促进股权投资基金业发展的意见》（京金融办〔2009〕5号）。政策文件不仅在工商登记、纳税等体制机制上鼓励股权投资基金业发展，在硬件配套上也给予了很好的支持，如"在金融街建设PE中心大厦，鼓励有条件的区县建设PE大厦，吸引和聚集本市股权基金及管理企业入驻发展，在购租房补贴上，参照金融企业给予支持""各区县和有关部门要在办公场所、政府服务等方面为股权基金及管理企业的聚集发展营造良好环境，提供相应支持"。为贯彻落实该政策，北京市部分行政区也出台了相关政策，如北京市朝阳区于2010年7月15日出台了《关于促进朝阳区股权投资基金业发展的实施办法》。

2009年3月，北京市为贯彻落实《国务院办公厅关于当前金融促进经济发展的若干意见》（国办发〔2008〕126号）和《中共北京市委 北京市人民政府关于促进首都金融业发展的意见》（京发〔2008〕8号），加大金融支持经济发展力度，促进北京经济平稳较快发展，出台了《关于金融促进首都经济发展的意见》（京政发〔2009〕7号），提出"加快股权投资基金业发展。继续实施促进股权投资基金业发展的政策措施，积极支持股权投资机构在京发展，吸引更多社会资本投资。设立北京市股权投资引导基金，支持股权投资基金在京设立和发展。鼓励有条件的区县设立区县创业投资引导基金和创业投资基金公司，引导社会资本通过创业投资方式推动当地企业发展，培育当地上市企业资源和主导产业""发挥北京市股权投资基金协会行业自律与推动行业发展的作用。支持全国股权投资基金协会在京设立和开展工作""鼓励有条件的区县设立区县创业投资引导基金和创业投资基金公司，引导社会资本通过创业投资方式推动当地企业发展，培育当地上市企业资源和主导产业""加大创业投资引导基金支持科技企业发展的力度。积极推进科技金融创新"。

2009年12月，为支持北京地区股权投资基金业发展，鼓励外国投资者在京设立外商投资的股权投资基金管理企业，北京市金融工作局、北京市商务委员会、北京市工商行政管理局和北京市发展和改革委员会联合发布《在京设立外商投资股权投资基金管理企业暂行办法》。在符合文件要求的前提下，允许和鼓励外国公司、企业和其他经济组织或者自然人可以同中国的公司、企业、其他经济组织以中外合资形式依法设立股权投资基金管理企业，也可以以外商独资形式依法设立股权投资基金管理企业，对其中符合北京市股权投资发展基金支持方向的外商投资的股权投资基金管理企业，还可给予资金支持。

2010年9月，为加快北京市企业上市步伐，利用资本市场实现跨越式发展，促进首都经济平稳较快发展，北京市政府办公厅印发了《北京市人民政府办公厅关于进一步推动企业上市工作的意见》（京政办发〔2010〕35号），提出"支持创业投资机构、股权投资机构在京发展，鼓励和引导社会资本通过创业投资、股权投资等方式推动本市企业发展，壮大上市企业后备资源队伍"。

2011年5月，为营造中关村国家自主创新示范区良好的创业投资环境，吸引更多社会资金投资中关村的科技型企业，促进创业企业发展，中关村科技园区管理委员会出台了《中关村国家自主创新示范区创业投资风险补贴资金管理办法》（中科园发〔2011〕10号），对经认定的创业投资企业，根据其投资于中关村示范区初创企业的实际投资额，按一定比例给予风险补贴的专项资金。该政策涵盖了申请风险补贴的创业投资企业的认定条件、补贴对象和标准、受理及审核要求以及管理和监管条款。

2011年8月，为优化顺义区金融产业发展环境，北京市顺义区人民政府出台了《顺义区促进金融产业发展的办法》（顺政发〔2011〕28号），对包括风险投资公司、基金公司等符合条件的金融机构和符合条件的在顺义区注册登记的产业投资基金、股权投资基金的管理企业予以资金奖励和政策支持。

2011年9月，为促进北京经济技术开发区科技企业孵化器的建设与发展，完善科技创新孵化体系，北京经济技术开发区管理委员会发布了《北京经济技术开发区促进科技企业孵化器发展办法（试行）》（京技管〔2011〕138号），提出"鼓励各孵化器之间，孵化器与大型企业、高等院校、科研院所、风险投资等机构之间开展合作，为企业提供服务。项目合作成功的，以年度按照为企业提供服务投入的30%给予补贴，最高不超过30万元"。

2012年6月，推进中关村科学城项目建设单位的科技成果转化和产业化，提升区域创新能力，中关村科技园区管理委员会出台了《中关村国家自主创新示范区产业技术研究院支持资金管理办法（试行）》（中科园发〔2012〕31号），支持以产业化股权投资等方式促进重大科技成果转化。

2012年6月，为支持和吸引一批重点企业在海淀区发展，北京市海淀区人民政府出台了6项政策文件。其中：《海淀区促进科技金融创新发展支持办法》(海行规发〔2012〕7号)提出,高度强调了股权投资机构的作用,提出"形成一个科技金融创新服务体系,即以多层次资本市场为核心,以科技金融服务体制为支撑,以创新型金融机构为主体,以股权投资、证券、信贷、保险等金融业务综合并用为特色的科技金融创新服务体系""推动股权投资行业规范、快速发展,吸引国内外各类股权投资机构聚集并投资于我区企业""推动天使投资、股权投资机构支持我区实体经济发展,加速科技成果转化和中小微企业成长"等,并对符合条件的股权投资机构提供资金奖励和支持;《海淀区促进重点产业发展支持办法》(海行规发〔2012〕5号)提出,"鼓励重点产业技术研究院引入社会资本,共同出资设立科技成果转化基金,对成果转化项目进行股权投资,政府投资基金按照不超过基金总规模25%的比例入股,最高金额1000万元",同时提出"积极探索以股权投资的方式支持重点产业领域初创期、成长期科技型企业发展,加速成果转化和企业成长……依托服务于核心区发展的投融资机构,建立股权投资管理运营平台,主动发现、筛选、支持符合海淀区重点产业方向的项目"。

2012年8月,为促进区域经济发展方式转变和产业优化升级,推动经济结构调整,北京市丰台区人民政府发布《关于进一步加强业态调整支持产业优化升级的若干意见》(丰政办发〔2012〕25号),就完善丽泽金融商务区投资服务机制问题,提出"支持金融创新机构市场准入和股权投资基金企业发展;支持股权质押、股权信托、债权转股权、非上市股份有限公司股份转让备案等登记注册"。同期,还发布了《关于整合设立丰台区经济发展专项资金的意见》(丰政发〔2012〕37号),提出"与中央、市属大中型企业合作组建产业发展和城市建设股权投资基金。股权投资基金按照政府资金所占比例最高不得超过50%,对丰台区内企业投资额占基金总投资规模比例不得低于

70%的原则，通过股权置换、上市退出、股权赎回等多种方式，建立政府资金滚动循环机制"。

2012年10月，进一步优化中关村国家自主创新示范区创新创业环境，中关村科技园区管理委员会出台了《中关村国家自主创新示范区大学科技园及科技企业孵化器发展支持资金管理办法（试行）》（中科园发〔2012〕55号）。该办法提出，"支持大学科技园及科技企业孵化器设立种子基金，用于投资入孵企业"。

2013年4月，为规范中关村现代服务业中小微投资基金运作，发挥财政资金引导放大作用，增强金融服务对现代服务业的支撑作用，北京市财政局出台了《中关村现代服务业中小微投资基金管理办法》（京财经一〔2013〕570号），中关村现代服务业中小微投资基金是以财政资金为引导，联合社会投资机构发起设立合伙制企业，通过私募形式募集社会资金，为中关村自主示范区范围内的现代服务业中小微企业，提供债权融资服务的创新融资模式。对符合条件的中小微基金提供财政引导资金支持，同时对财政资金使用情况进行管理和监管。

2013年5月，为更好发挥科技企业孵化体系在推动北京产业结构优化升级、经济发展方式转变、培育战略性新兴产业、促进科技成果转化及培育和吸引创新创业人才中的载体作用，北京市科学技术委员会发布了《关于进一步促进首都科技企业孵化体系建设的意见》（京科发〔2013〕234号），提出了"依托孵化机构，集聚一批高水平的科技中介服务机构、创业投资机构以及一系列高端创业要素""鼓励孵化机构联合社会资本成立投资基金，吸引天使投资、创业投资、创业服务平台等广泛参与，为优秀的项目和优秀企业提供孵化服务"的工作要求。

2013年10月，为抓住互联网金融发展的机遇，借助区域互联网金融资源优势，推动互联网金融产业发展，建成全国互联网金融中心，北京市海淀区人民政府出台了《北京市海淀区人民政府关于促进互联网金融创新发展的意见》（海行规发〔2013〕3号）。文件提出"发起设立互联网金融产业投资引导基金，纳入现有5亿元海淀区创业投资引导基金统一管理""探索和研究建立面向资产证券化、股权投资基金份额转让等金融交易的征信评估系统"。

2013年12月，为支持中关村互联网金融产业发展，推动中关村成为中国互联网金融创新中心，中关村国家自主创新示范区领导小组出台了《关于支持中关村互联网金融产业发展的若干措施》（中示区组发〔2013〕4号），提出"支持互联网金融领域的专业投资基金在中关村设立和发展。发挥中关村创业投资引导资金和各区县创业投资引导资金的杠杆作用，引导社会机构发起成立中关村互联网金融发展投资基金，重点投向创业期的互联网金融领域相关企业"。

2014年4月，为大力促进首都体育资源与金融资源的全面对接，形成全面支持本市体育产业发展的金融创新体系，北京市体育局和北京市金融工作局联合发文《北京市体育局 北京市金融工作局关于金融支持首都体育产业发展的意见》（京体办字〔2014〕61号），文件提出"引导保险资金设立产业发展基金，加大对体育产业园区建设支持。探索保险资金与信贷资金、债券、信托资金、基金等结合共同支持体育产业企业发展的新途径""设立北京市体育产业发展基金。充分发挥产业引导资金对社会资本的撬动作用""支持发展投资体育产业的股权投资机构""积极拓展多元化股权投资主体。充分利用股权投资企业及其管理企业应用外资试点政策，为体育产业引入境外资金""大力发展股权投资中介服务。支持和鼓励北京股权投资基金协会及中介机构为体育产业创业投资机构、股权投资机构搭建项目对接平台。加强其开展体育领域项目投资的组织和协调"。

2014年6月，北京市海淀区人民政府出台《海淀区优化创新生态环境支持办法》（海行规发〔2014〕7号），提出为优化海淀区融资服务环境，对"在北京股权交易中心挂牌交易的企业，根据区级贡献给予其最高 50 万元资金奖励"；支持服务载体降低中小微企业发展成本，"支持服务载体提供低成本办公空间。对为中小微企业（包括开展早期创业投资活动的'合格天使投资人'）实施租金减让的服务载体，对其运营主体按照租金减让总额的 50% 进行补贴，最高补贴金额 200 万元"。同期，北京市海淀区人民政府发布了《海淀区提升企业核心竞争力支持办法》（海行规发〔2014〕9 号），该文件提出"以基金等运作方式提高科技成果转化力。建立包括科技成果转化和技术转移引导基金、创业投资引导基金、初创期企业股权投资基金等基金支持体系，推动更多高端科技成果在核心区落地转化"，对强化科技成果转化和技术转移引导基金作用，强化创业投资引导基金作用和强化初创期企业股权投资基金作用进行了说明，并提出"联合社会资本，适时设立军民结合产业基金""设立海外孵化种子引导基金"。同时提出"支持社会主体成立知识产权运营投资基金，根据基金投资方向和运营效果，采用股权投资的方式给予一定支持"。同日，海淀区政府还出台了"仅适用于通过股权投资支持的技术创新项目的市场化评价"的《海淀区技术创新项目市场化评价实施细则》（海行规发〔2014〕11 号），以"探索建立由市场决定技术创新项目和经费分配、评价成果的机制，发挥市场对技术研发方向、路线选择、要素价格、创新资源配置的导向作用，提升专项资金投入产出的'量、质、效'"。

2014 年 7 月，为促进包括金融业在内的重点产业发展，北京市东城区人民政府发布了《东城区关于促进"二四三"产业发展的办法》（东政发〔2014〕24 号），提出"金融服务业大力发展文化金融和绿色金融，重点发展传统金融地区总部和吸引风险投资、私募基金、财务管理、信托担保等新型金融服务机构集聚"。鼓励发展"从事投资新能源、节能环保和碳交易领域的股权投资基金公司、投资公司、担保公司以及融资租赁公司等投融资机构和金融服务机构",并对符合该文件规定的股权投资企业给予资金奖励。

2014年9月,为加快推动中关村国家自主创新示范区科技创新与社会资本紧密结合,促进创新创业企业发展,培育战略性新兴产业集群快速发展,中关村科技园区管理委员会发布《中关村国家自主创新示范区天使投资和创业投资支持资金管理办法》(中科园发〔2014〕41号)。中关村国家自主创新示范区天使投资支持资金包括天使投资风险补贴资金支持和天使投资引导资金支持;创业投资支持资金包括创业投资风险补贴资金和创业投资引导资金。文件对天使投资和创业投资支持资金补贴对象和标准进行了严格界定。

2014年11月,北京市顺义区人民政府出台《顺义区促进金融产业发展办法》(顺政发〔2014〕28号),对经国务院或国家主管部门批准设立(备案)并在顺义区注册登记的产业投资基金、股权投资基金的管理企业给予政策支持,对产业投资基金、股权投资基金累计实收资本10亿元(含)以上的补助1000万元;累计实收资本5亿元(含)以上、10亿元以下的补助800万元。

2014年11月,为促进中关村国家自主创新示范区战略性新兴产业发展,中关村科技园区管理委员会发布了《中关村国家自主创新示范区产业发展资金管理办法》(中科园发〔2014〕56号),对科技成果转化基金和战略性新兴产业投资基金进行大力支持,提出"支持中关村科学城重点高校院所、战略性新兴产业领军企业、产业技术联盟、协会、知识产权运营公司或代理公司等共同设立重大科技成果转化基金,通过市场化的创新成果转化模式,促进高校院所、中关村开放实验室重大科技成果转化和产业化。每家成果转化基金的资本总额应不低于5000万元,给予不超过基金资本总额30%的引导资金支持""支持战略性新兴产业领军企业、产业技术联盟等设立战略性新兴产业投资基金，采用市场化运营和激励机制，投资中关村示范区重大产业化项目。每家产业投资基金的资本总额应不低于1亿元，给予不超过基金资本总额30%的引导资金支持"。

2015年6月，北京市金融工作局、中国证券监督管理委员会北京监管局和北京市工商行政管理局联合发文《关于防范私募股权投资类企业从事非法集资活动的意见》（京金融〔2015〕97号）。该文肯定了北京市私募股权投资行业"在本市经济社会发展中发挥了重要作用，有力推动了本市经济结构调整和科技创新"的积极作用，同时指出一些机构打着私募股权投资基金或公司名义从事非法集资活动的问题。为进一步引导、促进北京市私募股权投资行业健康发展，筑牢防范区域性金融风险底线，三部门依据《国务院办公厅关于依法惩处非法集资有关问题的通知》（国办发明电〔2007〕34号）和《私募投资基金监督管理暂行办法》（证监会〔2014〕第105号令）联合制定了该文件。文件严令禁止北京市行政区域内注册的私募股权投资类企业（包括私募股权投资企业和私募股权投资管理企业）涉嫌从事非法集资活动以及其他企业借私募股权投资名义从事的非法集资活动。文件明确了私募股权投资类企业的主要行为规范和私募股权投资类企业涉嫌从事非法集资行为的重点监测内容。

2015年12月，为贯彻落实《中国保险监督管理委员会 北京市人民政府关于加快推动北京保险产业园创新发展的意见》（保监发〔2014〕20号），完善支持北京保险产业园发展的政策体系，进一步推动北京保险产业园创新发展，中国保监会办公厅、北京市金融工作局和北京市石景山区人民政府印发了《关于加快推动北京保险产业园创新发展的实施办法》（保监厅发〔2015〕83号），提出"鼓励保险机构设立不动产、基础设施、养老、健康等专业保险资产管理机构。支持保险资产管理机构设立夹层基金、并购基金、不动产基金等私募基金。鼓励保险机构开展设立基金管理公司试点"。

2016年7月，为进一步优化提升本市生产性服务业，加快构建高精尖经济结构，北京市人民政府发布了《北京市人民政府关于进一步优化提升生产性服务业加快构建高精尖经济结构的意见》（京政发〔2016〕25号）。《意见》就完善产业链协作，拓展市场服务空间问题，提出"用好京冀协同发展产业投资基金、中关村协同创新投资基金、京津冀协同创新科技成果转化创业投资基金，支持重大服务创新项目建设"；就创新金融服务问题，提出"支持社会资本在科技金融、创新创业、非基本公共服务等领域发起设立多主体、多层级的产业投资基金群"。

2016年9月，为支持试点银行在中关村国家自主创新示范区开展投贷联动金融创新，建设中关村国家科技金融创新中心，促进大众创业、万众创新，北京市金融工作局、中关村科技园区管理委员会、中国银行业监督管理委员会北京监管局联合印发《关于支持银行业金融机构在中关村国家自主创新示范区开展科创企业投贷联动试点的若干措施（试行）》（京金融〔2016〕201号），提出"支持试点银行在中关村设立投资子公司，面向科技创新企业提供股权投资等投贷联动金融服务，可参照〈关于促进首都金融产业发展的意见〉（京发改〔2005〕197号）及实施细则，享受在京新设立金融企业一次性资金补助政策"。

2016年9月，为坚持和强化北京全国科技创新中心地位，在创新驱动发展战略实施和京津冀协同发展中发挥引领示范和核心支撑作用，国务院印发《北京加强全国科技创新中心建设总体方案》（国发〔2016〕52号）。《通知》就集聚全球高端创新资源问题，提出"引导和鼓励国内资本与国际优秀创业服务机构合作建立创业联盟或成立创新创业基金"；就完善创业投资引导机制问题，提出"通过政府股权投资、引导基金、政府购买服务、政府和社会资本合作（PPP）等市场化投入方式，引导社会资金投入科技创新领域"和"按照国家税制改革的总体方向与要求，对包括天使投资在内的投向种子期、初创期等创新活动的投资，研究探索相关税收支持政策"。

2016年11月，加快推动科技成果转化为现实生产力，为首都经济持续健康发展提供有力支撑，北京市人民政府办公厅印发了《北京市促进科技成果转移转化行动方案》（京政办发〔2016〕50号），其中就拓宽科技成果转移转化资金市场化供给渠道问题，提出"大力发展创业投资，培育发展天使投资人和创投机构，引导社会资本设立科技成果转化创业投资基金，支持初创期科技企业和科技成果转化项目"和"支持符合条件的银行业金融机构在依法合规、风险可控的前提下，与创业投资、股权投资机构实现投贷联动"。

2017年7月，国务院就北京市政府和商务部提请的《深化改革推进北京市服务业扩大开放综合试点工作方案》做出批复，《国务院关于深化改革推进北京市服务业扩大开放综合试点工作方案的批复》（国函〔2017〕86号）指出"加大金融服务实体经济力度。支持在中关村设立境外股权投资基金，支持保险资金等长期资金委托保险资产管理、证券期货等经营机构开展跨境投资。探索银行业金融机构、保险机构与股权投资机构的联动机制，建立与业务性质和风险偏好相适应的风险隔离、收益共享和风险分担机制""允许符合条件的基金管理子公司开展跨境资金管理、境外投资顾问等业务"。

2017年9月，为加强北京市中小企业发展资金管理，促进中小企业健康发展，北京市财政局和北京市经济和信息化委员会联合发文《北京市支持中小企业发展资金管理暂行办法》（京财经一〔2017〕1926号），提出"对中小企业发展基金管理机构、合作机构给予适当奖励。对年度绩效考核符合奖励条件的机构，每年奖励金额不超过200万元"。

2018年1月，为更好发挥投资对优化供给结构的关键性作用,深化北京市投融资体制改革,北京市委市政府出台了《关于深化投融资体制改革的实施意见》。其中,就加大创新力度,拓宽融资方式和渠道,大力发展直接融资,提出"支持本市企业在沪深交易所上市进行股权和债券融资,支持企业在'新三板'、本市区域性股权市场挂牌、融资、并购,支持企业在机构间私募产品报价与服务系统上进行报价、发行、转让,支持符合条件的企业发行企业债券、公司债券、非金融企业债务融资工具、项目收益债等,为投资项目筹措资金。设立政府引导、市场化运作的产业(股权)投资基金,积极吸引社会资本参与。充分发挥北京市科技创新基金作用,与社会资本形成合力,加大科技创新领域投资,为全国科技创新中心建设提供有力支撑"。

2018年5月,为进一步优化北京市营商环境,推动企业上市发展,北京市人民政府办公厅发布《关于进一步支持企业上市发展的意见》,就鼓励和引导社会资本参与企业上市发展问题,提出"设立北京企业上市发展基金,积极支持该基金及政府、社会出资的产业投资基金、创业投资基金、股权投资基金等参与企业股份制改造、上市、并购重组,发挥其战略投资、专业化管理、项目开发和人才资源等优势,提高企业对接多层次资本市场和资源整合的能力。鼓励创业投资企业采取股权投资方式投资于未上市中小高新技术企业,符合条件的可享受国家有关税收优惠政策"。

2018年9月,北京市西城区人民政府和北京金融街服务局出台《北京市西城区加快现代金融产业发展的若干意见》(西行规发〔2018〕5号),提出"支持经审核备案的服务'高精尖'产业发展的天使投资、创业投资、股权投资等机构发展""引导天使投资、创业投资和股权投资参与构建'高精尖'经济结构。对基金管理人和所管理基金在西城区新设备案的天使投资、创业投资、股权投资机构,在支持科技、金融、文化创意等服务业以及集成电路、新能源等高技术产业和新兴产业过程中,根据其实际投资规模对基金管理人给予激励"。

2019年4月，中国证监会北京监管局印发《关于北京辖区创业投资基金享受财税55号文税收政策的通知：京证监发〔2019〕89号》，以推进北京地区创业投资基金享受税收政策有效落地。该政策是为落实国家财政部和税务总局2018年5月发布的《关于创业投资企业和天使投资个人有关税收政策的通知》（财税〔2018〕55号）、2018年7月发布的《关于创业投资企业和天使投资个人税收政策有关问题的公告》（国家税务总局公告2018年第43号）、2018年4月发布的《关于发布修订后的〈企业所得税优惠政策事项办理办法〉的公告》（国家税务总局公告2018年第23号）而制定的。

2019年9月，北京市民政局、北京市地方金融监督管理局、中国人民银行营业管理部、中国银行保险监督管理委员会北京监管局和中国证券监督管理委员会北京监管局联合发布《关于金融支持养老服务业发展的实施意见》（京民养老发〔2019〕152号）。该政策在鼓励多元资金支持养老服务业发展方面，提出"鼓励金融机构通过基金模式，探索运用股权投资、夹层投资、股东借款等多种形式，加大对养老服务企业、机构和项目的融资支持。推动建立市级养老产业基金，鼓励有条件的区探索建立区级养老产业投资引导基金，通过阶段参股、跟进投资等方式，引导和带动社会资本加大对养老服务业的投入。鼓励创业投资基金、股权投资基金积极投资于初创阶段、市场前景广阔的养老服务企业、老年人康复辅助器具产业"。

2019年12月，北京市经济和信息化局为深入贯彻落实中共中央办公厅、国务院办公厅《关于促进中小企业健康发展的指导意见》（中办发〔2019〕24号）出台了《北京市贯彻落实〈关于促进中小企业健康发展的指导意见〉实施方案》。该方案提出"对创业投资企业和个人投资者投资初创期科技创新企业实行税收优惠""推进政银担风险分担机制和风险缓释机制建设,构建与国家融资担保基金联动、吸引社会资本共同参与的多层次风险分担模式"。在国家出台的《关于促进中小企业健康发展的指导意见》(中办发〔2019〕24号)中,关于私募股权领域的主要政策包括:在支持利用资本市场直接融资方面,提出"落实创业投资基金股份减持比例与投资期限的反向挂钩制度,鼓励支持早期创新创业。鼓励地方知识产权运营基金等专业化基金服务中小企业创新发展";在积极拓宽融资渠道方面,提出"探索实施民营企业股权融资支持工具,鼓励设立市场化运作的专项基金开展民营企业兼并收购或财务投资"和"大力发展高收益债券、私募债、双创专项债务融资工具、创业投资基金类债券、创新创业企业专项债券等产品";在完善财税支持政策和充分发挥各类基金的引导带动作用方面提出"推动国家中小企业发展基金走市场化、公司化和职业经理人的制度建设道路,使其支持种子期、初创期成长型中小企业发展,在促进中小企业转型升级、实现高质量发展中发挥更大作用。大力推进国家级新兴产业发展基金、军民融合产业投资基金的实施和运营,支持战略性新兴产业、军民融合产业领域优质企业融资"。

2020年1月,为深入贯彻落实中央经济工作会议精神,深化金融供给侧结构性改革,增强金融服务实体经济能力,更好地服务全国科技创新中心建设,北京市地方金融监督管理局、中国人民银行营业管理部、中国银行保险监督管理委员会北京监管局和中国证券监督管理委员会北京监管局联合发文《关于加大金融支持科创企业健康发展的若干措施》(京金融〔2020〕7号)。该文件指出,"推动在京设立私募股权交易平台。依托现有交易场所开设私募股权转让平台,加强私募股权交易服务,探索完善基金份额估值、尽职调查、咨询服务体系,为私募股权市场提供专业、高效的服务,实现数字化、实体化运作""建立各级投资基金与科创类企业对接机制。发挥'畅融工程'平台作用,建立各级投资基金与科创类企业对接机制,及时掌握科创类企业的股权动态,鼓励政府投资基金带动股权投资基金、创业投资基金投资科创类企业,主动承接科创类股权转让"。

附件二　上海支持私募股权基金业发展相关政策

上海作为我国甚至全球金融中心，高度重视金融业创新发展对实体经济的支撑作用，在系列政策的支持下上海私募股权市场取得了巨大的发展。

2009年1月，为做好上海市促进创业带动就业工作，上海市人民政府印发《关于进一步做好本市促进创业带动就业工作的若干意见》（沪府发〔2009〕1号）。意见就加强融资支持，改善融资环境问题，提出"增加创业扶持的资金投入。有条件的区县要通过财政出资设立专项资金，或整合现有各类扶持创业资金（基金），用于小额贷款担保、贷款贴息等融资支持。建立健全创业投资机制，积极鼓励利用外资和国内社会资本投资创业企业；研究设立创业投资引导基金，增加创业投资资本的供给，引导创业投资企业投资处于种子期、起步期等创业早期的企业""完善大学生科技创业资金扶持。将大学生科技创业基金扶持的对象范围扩大到毕业后两年以内的高校毕业生，并逐步增加分基金会数量，形成覆盖全市的工作网络"及"在创业发展阶段，完善中小企业信用担保机制，加大技术创新基金支持小企业发展的工作力度"。

2009年5月，为贯彻《国务院关于推进上海加快发展现代服务业和先进制造业建设国际金融中心和国际航运中心的意见》（国发〔2009〕19号），上海市人民政府出台《上海市人民政府贯彻国务院关于推进上海加快发展现代服务业和先进制造业建设国际金融中心和国际航运中心意见的实施意见》（沪府发〔2009〕25号）。意见就加强金融机构体系建设问题，提出"大力促进投资银行、基金管理公司、资产管理公司、货币经纪公司、融资租赁公司、企业集团财务公司、汽车金融公司等有利于增强市场功能的机构集聚和发展"和"鼓励发展各类股权投资企业（基金）。根据国家有关要求，细化完善本市促进各类股权投资企业（基金）及创业投资企业发展的政策措施，进一步加大支持力度。鼓励境外知名的股权投资管理企业在沪设立分支机构，支持符合一定条件的境外投资者参与设立境内股权投资企业（基金）。推进上海金融发展投资基金尽快完成募集工作，争取国家金融管理部门支持金融机构参与投资，并协助解决上海金融发展投资基金投资金融企业的资格"；就加快金融产品创新与业务发展问题，提出"研究制定促进私人银行、券商直投、离岸金融、信托租赁、汽车金融等业务发展的政策措施，探索建立股权投资和银行信贷之间的投贷联动机制，有序开发跨机构、跨市场、跨产品的金融业务"；就完善现代航运发展配套支持政策问题，提出"探索航运融资方式创新，支持航运相关企业、金融机构等共同组建航运产业基金，为航运金融、物流等航运服务，以及航运制造业提供融资服务"；就着力推进产业结构优化升级问题，提出"设立政府创业投资引导基金，引导民间资金加大对重点领域种子期、起步期创业企业的投入力度"。

2009年7月，为推动上海生物医药产业的规模化、集聚化和国际化发展，加快把生物医药产业培育成为上海高新技术产业领域的支柱产业，上海市人民政府办公厅印发《关于促进上海生物医药产业发展的若干政策规定》，其中就强化金融服务问题中，提出"鼓励设立、发展生物医药产业创业投资机构和产业投资基金。探索建立生物医药领域的专业性产权交易平台，推进未上市生物医药企业股权的流通,完善生物医药技术成果的评价体系和转让机制,拓宽创业投资退出渠道,健全有利于创业投资企业投资生物医药产业的配套机制"。

2009年8月,为加快推进上海国际金融中心建设,优化上海金融发展环境,集聚金融人才和金融机构,上海市人民政府印发《上海市集聚金融资源加强金融服务促进金融业发展的若干规定》(沪府发〔2009〕40号),在空间区域布局上明确"市中心城区重点吸引新兴金融机构、股权投资机构以及金融专业中介服务机构"。

2009年11月,为加强科技资源和金融资源的结合,促进上海市科技产业的发展,上海市人民政府办公厅印发《关于本市加大对科技型中小企业金融服务和支持的实施意见》(沪府办发〔2009〕52号)。实施意见就开展创新试点,提高科技型中小企业融资能力问题,提出"大力推动科技园区和科技型中小企业与银行、股权投资机构、创业投资机构的战略合作,开展'投贷联动'或'贷投联动'试点,建立资金链供应服务新模式";就支持直接融资,拓宽科技型中小企业融资渠道问题,提出"引导股权投资、创业投资等风险资本投入科技型中小企业,拓宽企业融资渠道。为股权投资、创业投资企业在本市的发展创造规范良好的环境,发挥本市市场和项目优势,为股权投资企业提供交易平台和投资资源"和"积极推进多层次资本市场体系建设,畅通风险资本退出机制"。

2010年4月,为了更好促进上海市中小企业健康、持续和创新发展,上海市人民政府出台了《上海市人民政府贯彻国务院关于进一步促进中小企业发展若干意见的实施意见》(沪府发〔2010〕11号),提出"鼓励中小企业参与上海国际金融中心建设……大力发展私募股权投资基金、风险投资、担保、典当、小额贷款公司等融资性服务机构""大力发展创业投资、私募股权投资等各类投资机构,鼓励向本市高新技术企业及科技成果转化项目投资。发挥市创业投资风险救助专项资金的作用，通过政府支持，鼓励创业投资机构自愿提取风险准备金，用于化解创业投资风险"。

2010 年 4 月，为进一步营造有利于科技创业和创新发展的外部环境，帮助科技创业者和科技创业企业实现科技成果转化和产业化，加速高新技术产业化进程，上海市人民政府办公厅印发《关于鼓励和促进科技创业的实施意见》（沪府办发〔2010〕15 号），提出"鼓励创业投资机构投资种子期、成长期的科技创业企业，加大对创业投资机构风险救助的力度。改革国有创业投资企业考核方式，引入公共财政考核评价机制。对国有资本以创业投资和种子资金投资科技创业企业的退出审核程序予以简化，鼓励有条件的区县开展试点"。

2010 年 8 月，为加强金融服务促进上海市经济转型和结构调整，上海市人民政府办公厅印发《关于加强金融服务促进本市经济转型和结构调整的若干意见》（沪府办发〔2010〕32 号），提出一系列涉及发展私募股权投资机构和私募股权基金服务经济发展的措施，如"吸引保险金融机构在本市发起设立或参与产业投资基金、私募股权投资基金等。探索保险资金对科技创业企业的风险投资试点""规范发展股权投资、产业投资等各类专业投资基金，畅通高成长企业投资渠道。鼓励中、外资股权投资基金管理公司与本市行业龙头企业、自主创新和高新技术发展专项资金等方面的合作，在本市发起设立符合产业发展规划方向的各个专门领域内投资的专业投资基金。继续推进外商投资股权投资企业的相关试点，吸引更多国际资本投入本市高新技术产业和文化创意产业领域""推进上海张江高新技术开发区内的科技创业企业进入代办股份转让系统，为科技创业企业内的风险投资资本提供有效的股权转让和退出通道""根据国家发展多层次资本市场体系的部署，积极推进本市非上市企业股权转让服务平台建设，规范发展非上市企业股权转让市场，促进本市非上市企业股权通过市场化机制实现资源流动配置""充分运用市场化管理机制,用足用好本市高新技术产业化专项资金,引导社会风险资本、股权投资资本进入本市自主创新和九大高新技术产业化的项目和企业""创造条件吸引风险投资、股权投资、产业投资等各类股权投资管理机构集聚,促进各类新兴金融服务机构的创新发展""落实促进创业投资企业发展财税优惠政策""积极发展风险投资,促进本市科技、信息、文化、中介服务等领域的创业投资""积极推动银行、保险金融机构与风险投资、股权投资、担保机构等建立战略合作,发展科技投贷联盟"。

2010年10月,上海市人民政府印发了《上海市创业投资引导基金管理暂行办法》(沪府发〔2010〕37号),引导民间资金投向上海重点发展的产业领域,特别是战略性新兴产业,并主要投资于处于种子期、成长期等创业早中期的创业企业,促进优质创业资本、项目、技术和人才向上海集聚。该办法明确了引导基金的规模和资金来源、运作原则与方式、扶持对象、管理与监管、风险控制以及绩效考核。

2010年12月,为推进杨浦国家创新型试点城区建设,上海市人民政府办公厅印发了《关于推进杨浦国家创新型试点城区建设的指导意见》(沪府办发〔2010〕44号),提出"大力发展风险投资资金、股权投资资金,支持杨浦建设风险投资集聚区,吸引外资风险投资资本,不断拓宽科技型、创新型企业融资渠道""大力支持科技企业证券化,积极构建从融资、投资到退出的科技金融服务体系"。

2011年4月,为促进上海电影产业繁荣发展,上海市人民政府办公厅印发《关于促进上海电影产业繁荣发展的实施意见》(沪府办发〔2011〕14号),提出"依托上海国际金融中心建设的区位优势,创新电影投融资机制,鼓励设立各类电影风险投资基金,使上海成为电影投融资中心"。

2011年12月，为深入贯彻《国务院关于进一步做好利用外资工作的若干意见》（国发〔2010〕9号），全面提高上海市利用外资工作水平，上海市人民政府出台了《上海市人民政府贯彻〈国务院关于进一步做好利用外资工作的若干意见〉的实施意见》（沪府发〔2011〕83号），就鼓励外商投资现代服务业问题，提出"推动外商投资融资租赁、小额贷款、非金融机构支付服务、股权投资、创业投资、融资性担保等行业"。

2011年12月，为进一步发挥金融促进科技产业化和支持科技企业特别是科技型中小企业发展的作用，上海市人民政府印发《关于推动科技金融服务创新促进科技企业发展的实施意见》（沪府发〔2011〕84号），就积极发展"天使投资"和风险投资问题，提出"进一步扩大市、区县两级财政的创业风险投资引导基金规模，并通过与社会资本共同发起或配投等方式，引导更多资金投资早期科技企业。充分发挥上海市大学生科技创业基金的'天使投资'效应，扩大大学生创业的资助范围。进一步营造'天使投资'、风险投资、私募股权投资发展的政策环境，吸引更多国内外知名风险投资基金和风险投资管理公司落户上海。按照市政府办公厅转发的市金融办等三部门《关于本市开展外商投资股权投资企业试点工作的若干意见》（沪府办〔2010〕17号），对专门投资科技型中小企业的外资股权投资企业给予重点支持，积极引导国际资本为本市科技型中小企业和科技产业发展服务"；就加大科技金融服务创新力度问题，提出"积极开展科技投融资服务模式创新，鼓励商业银行、担保公司、创业投资公司、科技金融服务公司等开展'投贷联动'、'投贷保联动'、'保贷联动'等服务创新"。

2011年12月，为进一步贯彻落实《国务院关于鼓励和引导民间投资健康发展的若干意见》（国发〔2010〕13号），鼓励和引导民间投资健康发展，上海市人民政府印发了《关于本市鼓励和引导民间投资健康发展的实施意见》。就拓宽民营企业直接融资渠道问题，提出"全力推进上海股权托管交易中心的建设，为本市非上市民营企业的改制、股权登记、托管及非公开转让等提供服务，为风险投资、股权投资等提供民营企业股权交易平台，为多层次资本市场培育更多的上市民营企业资源"和"发挥本市创业投资引导基金的作用，吸引民间资本共同发起设立创业投资企业，引导基金对创业投资企业选定的创业早期项目或需要政府重点扶持和鼓励产业领域项目进行跟进投资"；就鼓励和引导民间资本进入金融服务领域问题，提出"加快建立金融产业投资基金，推动分散、本小的民间资本形成组合投资，增强民间资本投资金融领域的能力"；就鼓励和引导民间资本投资城市交通设施问题，提出"鼓励内河港口码头领域探索建立产业投资基金"；就鼓励和引导民间资本参与发展体育产业问题，提出"研究探索体育相关企业、金融机构等共同组建体育产业基金，不断拓宽体育产业融资渠道"。

2011年12月，为促进多层次资本市场体系发展，完善上海国际金融中心功能，充分发挥金融在提升自主创新能力和促进经济发展转型中的重要作用，上海市人民政府印发了《关于推进股权托管交易市场建设的若干意见》（沪府发〔2011〕99号）。该文件对于上海市推进股权托管交易市场建设意义重大，文件阐明了推进股权托管交易市场建设的重要意义，阐释了明确推进股权托管交易市场建设的指导思想和总体要求，阐述了股权托管交易市场的职能，提出了加强股权托管交易市场的监督管理的要求，明确了落实促进股权托管交易市场发展的政策措施。

2012年3月，为了加快上海软件产业和集成电路产业发展，上海市人民政府出台了《关于本市进一步鼓励软件产业和集成电路产业发展的若干政策》（沪府发〔2012〕26号），提出"进一步发挥在沪软件、集成电路产业领域国家新兴产业创业投资基金的作用，市、区县两级创业投资引导基金继续参股设立软件、集成电路产业领域的创业投资企业，引导和带动社会资本共同投入，重点支持初创期、成长期的软件企业和集成电路企业发展"。

2012年4月，为进一步发展上海市体育产业，上海市人民政府办公厅印发了《关于加快发展体育产业的实施意见》（沪府办发〔2012〕25号），就拓宽资金投入渠道问题，提出"以多元方式设立体育产业创业投资基金、体育设施建设投资基金，采用市场化运作，拉动社会资本投资体育产业""支持体育相关企业、金融机构等共同组建体育产业基金，加强市场化运作，强化基金使用监管，充分发挥体育类基金的作用，为体育产业服务"。

2012年11月，为全面落实国家扶持小型微型企业发展的各项政策，切实改善小型微型企业发展环境，更好地促进小型微型企业健康发展，上海市人民政府印发《上海市人民政府贯彻〈国务院关于进一步支持小型微型企业健康发展的意见〉的实施意见》（沪府发〔2012〕98号）。该意见就加大对小型微型企业的财税扶持力度问题，提出"适时设立上海市中小企业发展基金。在市中小企业发展专项资金中安排一定资金，适时设立上海市中小企业发展基金，主要用于引导社会资金，支持中小微型企业融资增信，参与小型微型企业集合信托计划发行等"，就拓宽小型微型企业融资渠道问题，提出"发挥创业投资引导基金、风险救助和税收优惠的作用，支持创投企业加大对小型微型企业的支持力度"。

2014年7月，为加快上海创业投资发展，上海市人民政府印发《关于加快上海创业投资发展的若干意见》（沪府发〔2014〕43号）。意见明确了加快上海创业投资发展的重要意义、指导思想、基本原则和目标任务，提出"建立健全创业投资引导基金持续投入机制""吸引境外专业机构组建人民币创业投资基金。探索在有效监管的前提下，开展境外机构投资人参股人民币基金一次性结售汇试点,打通境外创业投资参股人民币创业投资企业的结汇通道;进一步简化外资参股人民币创业投资企业相关行政审批流程""加快推动天使投资发展。鼓励社会各类资金参与天使投资,通过设立上海市天使投资引导基金,引导社会资本共同设立机构化天使投资企业。经政府相关部门认定的天使投资企业,可参照创业投资企业享受政府相应鼓励政策""对创业投资企业投资培育的本市新兴产业领域创业企业所提供的新业态、新技术、新模式,鼓励各部门和国有企事业单位积极推广应用,并探索建立对新产品、新服务使用的行政免责机制""探索建立早期创投奖励和风险补偿机制。试点开展创业投资奖励机制,对市引导基金参股的创业投资企业和天使投资企业,投资本市重点支持领域早期创业企业的,投资获利退出时,通过市引导基金投资收益,安排一定比例的投资奖励。对创业投资企业投资本市范围内的早期科技型创业企业,通过财政性资金,给予创业投资管理机构一定成本补助,在投资损失确认后,可按损失额的一定比例,对创业投资企业进行风险救助"等。

2014年8月,为促进上海市互联网金融产业健康发展,上海市人民政府印发《关于促进本市互联网金融产业健康发展的若干意见》(沪府发〔2014〕47号),就拓宽互联网金融企业融资渠道问题,提出"充分发挥上海市大学生科技创业基金、上海市创业投资引导基金等政策性基金的助推作用,探索设立主要投向互联网金融领域早期创业企业的创业投资基金和天使投资基金。支持社会资本发起设立互联网金融产业投资基金、并购基金,鼓励各类机构投资有发展潜力的互联网金融企业。支持互联网金融企业在境内外多层次资本市场上市(挂牌)"。

2014年8月,为进一步加快推进闸北区国家服务业综合改革试点,完善服务业体制机制和政策措施,上海市人民政府印发了《关于进一步加快推进闸北区国家服务业综合改革试点工作的若干意见》(沪府发〔2014〕51号),就放宽市场准入问题,提出"积极发展风险投资和产业投资基金";就加大财政支持问题,提出"加大上海市服务业发展引导资金、上海市战略性新兴产业发展专项资金等市级专项资金对闸北区的支持力度……探索建立市场化管理的服务业发展基金,鼓励和引导社会资本投入现代服务业发展的重点领域,多层次、多渠道支持服务业发展"。

2014年12月,为充分发挥市场配置创新资源的决定性作用,引导民间资金参与本市重点扶持的产业领域天使投资,有效激发全社会创新创业活力,上海市发展和改革委员会印发《上海市天使投资引导基金管理实施细则》(沪发改财金〔2014〕49号)。实施细则明确了天使投资引导基金的定义、资金来源、支持对象和方式、运作原则和操作程序、退出方式、风险控制、监督和绩效考核。

2015年1月,为推动创新型经济和品牌经济的发展,促进文化创意和设计服务与实体经济深度融合,上海市人民政府发布了《上海市人民政府关于贯彻〈国务院关于推进文化创意和设计服务与相关产业融合发展的若干意见〉的实施意见》(沪府发〔2015〕1号)。就加强金融服务问题,提出"支持符合条件的文化创意和设计服务企业上市。鼓励企业发行公司债、企业债、集合信托和集合债、中小企业私募债等非金融企业债务融资工具。政府引导、推动设立文化创意和设计服务与相关产业融合发展的投资基金。鼓励私募股权投资基金、创业投资基金等各类投资机构投资文化创意和设计服务领域"。

2015年5月,为加快建设具有全球影响力的科技创新中心,中共上海市委、上海市人民政府印发《关于加快建设具有全球影响力的科技创新中心的意见》(沪委发〔2015〕7号)。意见就推动科技与金融紧密结合问题,提出"扩大政府天使投资引导基金规模,强化对创新成果在种子期、初创期的投入,引导社会资本加大投入力度,对引导基金参股天使投资形成的股权,

5 年内可原值向天使投资其他股东转让"和"支持保险机构开展科技保险产品创新,探索研究科技企业创业保险,为初创期科技企业提供创业风险保障。支持保险机构与创投企业开展合作";就健全鼓励企业主体创新投入的制度问题,提出"落实国家对包括天使投资在内的投向种子期、初创期等创新活动投资的相关税收支持政策"。

2015 年 7 月,为提升城市软实力、增强全民身体素质和健康水平,上海市人民政府发布了《上海市人民政府关于加快发展体育产业促进体育消费的实施意见》(沪府发〔2015〕26 号),提出鼓励多元投入,"运用市场机制,探索建立政府引导、社会资本共同参与的体育产业投资基金。通过市级现代服务业发展引导资金、文化创意产业发展专项资金、中小企业发展专项资金、信息化发展专项资金、产业转型升级发展专项资金等,加大对体育产业的支持力度"。

2015 年 8 月,为扩大就业规模、提高就业质量、促进民生改善和社会和谐,上海市人民政府发布了《关于进一步做好新形势下本市就业创业工作的意见》(沪府发〔2015〕36 号),就拓宽创业投融资渠道问题,提出"运用财税政策,支持风险投资、创业投资、天使投资等发展。扩大政府天使投资引导基金规模,建立健全创业投资引导基金持续投入机制;充分发挥上海市创业投资引导基金、上海市天使投资引导基金的引导和杠杆作用,推进'基金+基地'模式发展,打造上海创业投资和孵化器集聚区;探索建立创业投资、天使投资早期奖励机制和风险补偿机制。充分发挥上海市大学生科技创业基金支持青年大学生创业融资的积极作用。规范发展服务小微企业的区域性股权市场。开展股权众筹融资试点,推动多渠道股权融资,积极探索和规范发展互联网金融,发展新型金融机构和融资服务机构,促进大众创业";就加大创业人才引进力度问题,提出"对获得一定规模风险投资的创业人才及其核心团队,予以直接入户引进"。

2015年8月,为推动科技与金融紧密结合,提高科技创新企业融资的可获得性,就促进金融服务创新、支持上海科技创新中心建设,上海市人民政府办公厅印发《关于促进金融服务创新支持上海科技创新中心建设的实施意见》(沪府办〔2015〕76号)。实施意见就支持保险资金为科技创新企业提供资金融通问题,提出"推进保险资金与本市创业投资引导基金和天使投资引导基金合作,鼓励保险资金通过投资创业投资基金、设立私募股权投资基金,或与国内外成熟的基金管理公司合作等方式,服务于成长阶段的科技创新企业";就推动股权投资创新试点问题,提出"促进创业投资发展。发挥政府创业投资引导基金的引导和放大作用,鼓励更多社会资本发起设立创业投资、股权投资和天使投资,持续加大对创新成果在种子期、初创期的投入力度,缓解科技创新企业'最先一公里'的资金来源问题。扩大政府天使投资引导基金规模,对引导基金参股天使投资形成的股权,5年内可原值向天使投资其他股东转让。创新国资创投管理机制,建立适应创业投资发展的投资、内部考核和国有资产评估机制。鼓励组建天使投资联盟等中介服务机构,加大创新成果与天使投资的对接力度,营造良好发展环境,将上海建设成为天使投资、创业投资及各类私募股权投资基金的主要集聚地"和"加快股权投资基金份额报价转让市场建设。加快建设私募股权投资基金份额报价转让系统,建立和完善股权投资基金有限合伙人基金份额报价转让信息发布平台,提升转让服务功能,丰富资本市场股权投资退出渠道";就强化互联网金融创新支持功能,推动开展股权众筹融资业务试点问题,提出"引导、支持大型互联网企业、证券公司、私募股权投资等相关机构依法合规在沪开展股权众筹业务,支持各类股权众筹融资平台创新业务模式、拓展业务领域,推动符合条件的科技创新企业通过股权众筹融资平台募集资金";就开展投贷联动融资服务方式创新问题，提出"争取国家金融管理部门的支持，鼓励条件成熟的银行业金融机构，在上海设立从事股权投资的全资子公司，与银行形成投贷利益共同体，建立融资风险与收益相匹配的机制，开展'股权+银行贷款'和'银行贷款+认股权证'等融资方式创新。支持银行业金融机构探索开展向创业投资、股权投资机构提供短期过桥贷款，加强与创业投资、股权投资机构的合作，协同筛选和支持科技创新企业"；就推动上海股权托管交易中心设立科技创新板问题，提出"支持上海股权托管交易中心为科技创新企业提供综合金融服务，在依法合规、风险可控的前提下，开展业务、产品、运营模式和服务方式创新。推动上海股权托管交易中心设立服务于科技创新中小微企业的科技创新板，设置和引入符合科技创新中小微企业需求的挂牌条件、审核机制、交易方式、融资工具等制度安排，推动建立与战略新兴板等其他多层次资本市场间的对接机制，加强政策配套和市场服务，重点服务于张江国家自主创新示范区等相关区域的科技创新中小微企业。建立工商登记部门与上海股权托管交易中心的股权登记对接机制，支持股权质押融资"；就推动股权投资企业开展境内外双向投资问题，提出"扩大本市外商投资股权投资企业试点（QFLP）范围，吸引具有丰富科技创新企业投资经验的海外天使投资、创业投资、股权投资基金参与试点，拓宽资金来源和使用渠道。积极研究相关政策措施，促进发挥股权投资企业在配合实施'走出去'和'引进来'战略中的积极作用，支持本市优质股权投资企业到境外设立基金开展投资，引进新技术、新业态，促进产融结合"。

2015年11月，为加快推进中国（上海）自由贸易试验区和上海张江国家自主创新示范区联动发展，上海市人民政府制定了《关于加快推进中国（上海）自由贸易试验区和上海张江国家自主创新示范区联动发展的实施方案》（沪府发〔2015〕64号）。方案就推动金融创新更好地服务科技创新企业问题，提出

"推动上海证券交易所战略新兴板和上海股权托管交易中心科技创新板设立，支持更多中小型创新企业上市或挂牌，推动境外上市科技企业回流。发挥政府创业投资引导基金的作用，鼓励更多社会资本发起设立创业投资、股权投资和天使投资基金，持续加大对创新成果在种子期、初创期的投入"；就推动股权投资企业开展境内外双向投资问题，提出"依托国资机构发起设立海外创新投资基金，争取国家外汇资金以债权、股权等方式参与海外基金设立，鼓励合格境内投资者作为有限合伙人参与基金投资，充分利用全球创新资源。鼓励大型企业集团和科技型中小企业组团出境投资，通过杠杆融资等方式跨境并购境外技术成果、研发机构、企业股权。在风险可控的前提下，探索利用自由贸易账户体系、扩大外商投资股权投资企业试点（QFLP）范围等方式，引入境外具有科技创新企业投资经验的多种海外投资基金投资境内创新企业"。

2016年2月，上海市人民政府印发《上海市推进"互联网＋"行动实施意见》（沪府发〔2016〕9号），就发展'互联网＋'众创空间问题，提出"打造垂直领域创客空间，提供包括路演中心、创客训练营、孵化中心等功能区，以及创意餐饮等生活服务区，引进专业服务机构和种子基金、产业基金，为入驻的初创企业提供包括产品设计、托管、融资、清算、交易等专业化服务"；就拓宽互联网企业融资渠道问题，提出"由政府基金引导，吸引投资企业、金融机构、民间资本共同参与，形成百亿元规模的'互联网＋'产业投资基金"。

2016年3月，为进一步提升上海电子商务整体发展水平，上海市人民政府办公厅印发《本市大力发展电子商务加快培育经济新动力实施方案》（沪府办发〔2016〕10号）。实施方案就加大金融服务支持力度问题，提出"发挥风险投资、创业投资、股权投资等投资基金对电子商务初创企业、线上线下互动企业的支持"；就加强电子商务对外交流合作问题，提出"支持电子商务企业面向'一带一路'、发达经济体等重点地区，通过国际并购、股权投资等方式开展对外投资合作。完善电子商务企业走出去措施，促进服务体系建设"。

2016年7月，为认真落实党中央、国务院的决策部署，加快推进上海市供给侧结构性改革，上海市人民政府出台了《上海市人民政府关于本市推进供给侧结构性改革的意见》（沪府发〔2016〕55号）。该文件就健全企业为主体的创新投入制度问题，提出"开展投贷联动试点，探索实施债券和股权相结合的金融服务模式。加快发展上海股权托管交易中心'科技创新板'，支持科技创新企业挂牌"；就健全金融服务实体经济功能问题，提出"发起设立重点产业并购基金。支持保险机构为科技创新企业提供风险保障和资金融通。加大政策性融资担保支持力度，充分发挥上海市中小微企业政策性融资担保基金的功能。鼓励众创空间等创新创业服务平台与金融机构加强合作。大力发展绿色信贷、绿色债券、绿色产业基金、碳排放权交易等绿色金融"。

2016年8月，为加快上海市融资租赁和金融租赁业发展，上海市人民政府办公厅发布《上海市人民政府办公厅关于加快本市融资租赁业发展的实施意见》（沪府办发〔2016〕32号），就加大金融支持力度问题，提出"鼓励股权投资基金、创业投资基金等各类资金进入融资租赁业。鼓励保险资金通过投资股权投资基金等方式支持融资租赁业发展。研究保险资金通过资产支持计划等方式，投资融资租赁资产。支持设立融资租赁产业基金，引导民间资本增加投入。支持资产管理公司开展融资租赁企业资产管理业务"。

2016年9月，为全面推进上海市大数据应用和产业发展，上海市人民政府出台了《上海市大数据发展实施意见》（沪府发〔2016〕79号），其中提出了"各市财政专项资金应加大对大数据发展的支持力度，支持鼓励成立大数据产业基金，引导金融资本、产业资本和其他社会资本加大对大数据发展的投入"。

2016年11月，为进一步拓展中国（上海）自由贸易试验区跨境金融服务功能，支持上海科创中心建设和实体经济发展，中国人民银行上海总部印发《关于进一步拓展自贸区跨境金融服务功能支持科技创新和实体经济的通知》（银总部发〔2016〕122号）。通知就支持开展跨境股权投资业务问题，提出"区内设立的股权投资项目公司和股权投资基金，可在金融机构分账核算单元开立账户向区内及境外募集资金开展跨境股权投资"和"跨境股权投资应遵循绿色投资、科创投资等理念。应重点投向上海科创中心建设领域、绿色环保、'一带一路'建设相关等领域，支持实体经济增强资本实力"。

2017年3月，为加快推进上海市"四新"（新技术、新业态、新模式、新产业）经济发展，上海市人民政府办公厅印发《关于加快推进本市"四新"经济发展的指导意见》（沪府办发〔2017〕26号）。指导意见就完善促进"四新"经济发展金融服务创新的政策问题，提出"鼓励本市各类产业转型升级投资基金加大投资力度，加快设立上海科技创新母基金。发挥本市创业投资引导基金和天使投资引导基金的带动作用，重点扶持种子期、初创期的科技型、创新型中小微企业。支持商业银行业与上海市中小微企业政策性融资担保基金开展合作，推动开展'投贷联动'等信贷服务和产业创新"。

2017年4月，为全面深化中国（上海）自由贸易试验区改革，建立同国际投资和贸易通行规则相衔接的制度体系，形成法治化、国际化、便利化的营商环境和公平、统一、高效的市场环境，加快构建上海市开放型经济新体制，上海市人民政府发布了《关于进一步扩大开放加快构建开放型经济新体制的若干意见》（沪府发〔2017〕26号）。就争取更多扩大开放措施先行先试问题，提出"在自贸试验区外商投资准入特别管理措施（负面清单）基础上，在金融、电信、互联网、文化、文物、维修、航运服务等专业服务业和先进制造业领域争取更多的扩大开放措施先行先试。对符合条件的外资创业投资企业和股权投资企业开展境内投资项目，探索实施管理新模式"；就放宽外商投资企业融资渠道问题，提出"在自贸试验区外商投资准入特别管理措施（负面清单）基础上，在金融、电信、互联网、文化、文物、维修、航运服务等专业服务业和先进制造业领域争取更多的扩大开放措施先行先试。对符合条件的外资创业投资企业和股权投资企业开展境内投资项目，探索实施管理新模式"。

2017年5月，为实现创新驱动发展，巩固提升实体经济能级，上海市人民政府发布了《关于创新驱动发展巩固提升实体经济能级的若干意见》（沪府发〔2017〕36号）。就强化金融要素支持，大力促进产融结合问题，提出"鼓励保险公司发展企业财产保险、责任保险、保证保险等业务，推进首台（套）重大技术装备保险试点工作，推动保险资金通过债权、股权、基金、资产支持计划等多种形式为实体经济提供资金融通"；就充分利用多层次资本市场问题，提出"支持企业开展上市、发债、资产证券化以及在'新三板'、上海股权托管交易中心挂牌"和"发挥产业转型升级、集成电路等产业基金作用，引导和鼓励社会资本设立若干个百亿级产业投资基金。发挥本市中小企业政策性融资担保基金功能，不断完善多元化融资担保体系，为企业融资提供信用增进服务"；就合理减轻税费负担问题，提出"落实创业投资企业、天使投资人采取股权投资方式直接投资于种子期、初创期科技型企业满2年的，可以按照投资额的70%，抵扣应纳税所得额政策"。

2017年10月，为规范上海市创业投资引导基金（简称"引导基金"）的设立和运作，上海市人民政府批转上海市发展改革委、上海市市财政局制定的《上海市创业投资引导基金管理办法》（沪府发〔2017〕81号）。该文件用以促进和规范引导基金发挥财政资金的杠杆放大效应，引导民间资金投向上海重点发展的产业领域特别是战略性新兴产业，并主要投资于处于种子期、成长期等创业早中期的创业企业，促进优质创业资本、项目、技术和人才集聚。文件明晰了引导基金资金主要来源、运作原则与方式、管理制度、退出制度和风险控制等。

2018年2月，为推进上海市区域性股权市场规范健康发展，上海市人民政府办公厅印发《关于推进本市区域性股权市场规范健康发展的若干意见》（沪府办规〔2018〕9号）。意见明确了上海市区域性股权市场的功能定位——"着力将本市区域性股权市场建设成为服务本市中小微企业的私募股权市场，建设成为地方政府扶持中小微企业政策措施的综合运用平台，建设成为本市多层次资本市场的重要组成部分"和"将本市区域性股权市场建设与贯彻落实国家相关战略部署密切结合，着力发挥其功能性平台作用，促进大众创业万众创新，为上海国际经济、金融、贸易、航运、科技创新中心和自贸试验区建设等提供有力支撑"，同时明确了上海市区域性股权市场的建设要求、监督管理和支持政策。

2018年3月，为改善上海市服务业发展环境，引导社会资金加大对服务业投入，进一步完善规范服务业发展引导资金，上海市人民政府印发《上海市服务业发展引导资金使用和管理办法》（沪府规〔2018〕5号），提出"探索引导资金基金化运作和管理模式，结合风险投资等市场基金对企业或项目的投入情况，适当简化评审流程，研究跟投等支持方式，进一步放大财政资金支持对服务业发展的引领带动作用"。

2018年6月，为在新时代大力推进上海市创新创业工作，促进劳动者实现更高质量、更充分的就业，上海市人民政府办公厅印发《上海市鼓励创业带动就业专项行动计划（2018—2022年）》（沪府办发〔2018〕24号）。行动计划就发挥政策性创业投资基金的引导作用问题，提出"进一步完善上海市创业投资引导基金、上海市天使投资引导基金的运作和管理，完善优秀创业项目和创新创业企业的发现评价机制，丰富参股投资、跟进投资、融资担保等相结合的运作模式，持续增加对处于种子期、成长期等早中期的创新创业企业的投入，满足创新创业企业的发展需求。鼓励各区根据实际情况，设立区创业投资引导基金。鼓励更多社会资本发起设立创业投资、股权投资和天使投资，引导社会资本投向本市重点发展的产业领域，促进优质创业资本项目、技术和人才向上海集聚。鼓励创业园区对接创业资本、融资担保的种子资金和担保资金等资金资源，帮助园区企业解决融资和上市难题。进一步发挥上海市大学生科技创业基金作用，优化高校分基金会布局，放宽'天使基金'申请条件，扩大'天使基金'覆盖面，加大对大学生创业的支持力度"。

2018年8月，为加快上海智慧供应链示范城市建设，促进产业组织方式、商业模式和政府治理方式创新，上海市人民政府办公厅印发《关于本市积极推进供应链创新与应用的实施意见》（沪府办发〔2018〕26号）。实施意见就推动供应链金融服务实体经济问题，提出"系统推进普惠金融服务工作，建立科技中小企业和小微企业信贷风险补偿和奖励机制，成立上海市中小微企业政策性融资担保基金，探索多形式的投贷联动融资服务模式创新，建立履约贷款保证保险机制"；就营造良好的供应链创新与应用政策环境问题，提出"鼓励社会资本设立供应链创新产业投资基金，统筹结合现有资金、基金渠道，为企业开展供应链创新与应用提供融资支持"。

2018年9月，为进一步深化上海市服务贸易创新发展试点，积极推进服务贸易领域供给侧结构性改革，上海市人民政府印发了《上海市深化服务贸易创新发展试点实施方案》（沪府规〔2018〕20号），提出"推荐并支持国家服务贸易创新发展基金参投本市服务贸易重点企业和重点项目，鼓励各类资本创设数字贸易、技术贸易、文化贸易等领域的创新发展基金、信用保证基金、并购引导基金和中小企业创新创业基金，探索形成与服务贸易潜力企业培育路径相适应的基金合作机制"和"加快发展数字金融、数字文化产业等新业态，鼓励发展跨境支付业务，积极引进境外跨境支付机构……对最终服务对象和委托客户均在境外的服务外包企业经营呼叫中心业务，不设外资股权比例限制"。

2018年10月，为建设国际一流邮轮港，促进邮轮全产业链发展，打造上海邮轮经济升级版，上海市人民政府办公厅印发《关于促进本市邮轮经济深化发展的若干意见》（沪府办发〔2018〕32号），提出"争取国家政策性金融机构加强对本市邮轮产业的金融服务，支持建立邮轮产业发展基金。引导保险机构、商业银行等探索针对邮轮产业的金融产品。鼓励邮轮领域创新创业，吸引更多社会资本参与邮轮产业投资"。

2018年11月，为加快推动上海市生物医药产业高端化、智能化、国际化发展，上海市人民政府办公厅印发《促进上海市生物医药产业高质量发展行动方案（2018—2020年）》（沪府办发〔2018〕39号）。方案就发展生物医药产业投融资体系问题，提出"大力支持各类生物医药投资基金在本市集聚，满足不同阶段企业的融资需求。用好用活市生物医药产业发展基金，完善决策机制，充分发挥其引导作用，加快吸引一批优秀基金来沪，支持重点产业化项目落地。探索设立支持临床研究与转化的专项基金，支持研发主体开展临床研究，引导推动创新成果实现产业化"。

2018年11月，上海市人民政府印发了《上海市人民政府关于加快本市高新技术企业发展的若干意见》（沪府发〔2018〕40号），就优化科技金融生态问题提出"加快发展各类创新创业投资基金和产业基金，放大政府引导基金的杠杆作用，与银行融资产品探索形成投贷联动"。

附件二　上海支持私募股权基金业发展相关政策

2018年11月，为进一步提升上海市对民营企业、科技创新企业的金融服务水平，引导更多金融资源支持上海民营经济健康发展和科创中心建设，中国人民银行上海总部印发了《中国人民银行上海总部关于进一步加强民营企业和科技创新企业金融服务的实施意见》（银总部发〔2018〕75号）。实施意见就支持创业投资机构开展投资业务问题，提出"支持专业境外投资者经批准在上海以公司制、合伙制、契约制等多种组织形式设立股权投资基金、创业投资基金和天使投资基金等创业投资机构的资金汇兑；支持创业投资机构以资本项下外汇结汇资金开展对科技创新企业和科技创新人才的投资，包括股权、夹层、可转债、优先股、分级基金、天使投资等多种方式"；就支持民营企业和科技创新企业跨境股权投资问题，提出"支持民营企业和科技创新企业以获得技术资产、扩展区域市场、自有技术输出等创新技术产能回馈为目的的跨境股权投资资金汇兑，支持合理的境外投资前期费用资金汇出"；就为民营企业和科技创新企业、引进的海外人才提供全方位跨境金融服务问题，提出"支持全市科技创新型企业利用自由贸易账户对接国际市场资源，开展针对科技创新的风险投资、股权投资等活动。金融机构可以直接为符合条件的海外引进人才和参与科技创新活动的境外个人依规开立境外个人自由贸易账户，办理境内外合法资金收支、跨境投资以及兑换等配套金融服务"。

2019年3月，为推动中国（上海）自由贸易试验区在新的起点上实现更高质量的发展，推进上海自贸试验区与全市改革联动发展，上海市人民政府印发了《本市贯彻〈关于支持自由贸易试验区深化改革创新若干措施〉实施方案》（沪府规〔2019〕12号），提出"支持上海的服务平台类机构按规定向中国证券投资基金业协会申请登记，开展私募投资基金服务业务"。

2019年7月，为促进上海创业投资持续健康高质量发展，上海市人民政府发布《关于促进上海创业投资持续健康高质量发展的若干意见》（沪府规〔2019〕29号）。意见就加强创业投资与科创板等市场板块的联动问题，提出"充分发挥科技投资服务平台作用，建立联通科技创新项目、各类基金以及科创板等市场板块的纽带，丰富创业投资企业的投资和退出渠道。加强上海股权托管交易中心与创业投资企业的联动"；就有序推动创业投资引进来和走出去问题，提出"扩大外商股权投资企业（QFLP）试点范围，深化合格境内有限合伙人（QDLP）试点"；就加快推动天使投资发展问题，提出"鼓励各类有风险承受能力的主体开展天使投资。进一步支持上海大学生科技创业基金会举办全球创业周中国站天使投资峰会等活动，公益资助符合条件的高校毕业生创新创业。修订《上海市天使投资引导基金管理实施细则》。通过天使投资引导基金，引导社会资本共同设立机构化天使投资企业。符合条件的天使投资企业和天使投资人，依法可享受相应的税收、落户等鼓励政策"；就建立完善早期投资让利等激励机制问题，提出"政府引导基金对本市重大产业、重点领域探索适当的让利机制。对政府引导基金参股的创业投资企业和天使投资企业，投资本市重点支持领域早期创业企业的，投资获利退出时，探索通过政府引导基金投资收益安排一定比例的投资奖励"；此外还提出了"建立健全政府引导基金持续投入机制，逐步增加对市创业投资引导基金、天使投资引导基金的财政投入""相互衔接的政府投资基金管理体系。依托政府投资基金，形成从天使投资到并购投资，投资、贷款、担保联动发展的综合化科技金融服务体系""积极推广投、贷、保联动等多种创新模式，充分发挥中小微企业政策性融资担保基金的功能作用，鼓励和支持相关科技金融产品创新，加大对创业投资企业参股各类小微企业金融支持力度""推动集成电路、人工智能、生物医药等重点领域产业并购基金充分发挥功能作用""主动对接、联动长三角区域各类科创基金，在政府引导基金参股子基金注册和投资长三角方面，实施更加灵活的政策""结合本市区域产业结构调整布局,探索在条件成熟的地区建设创业投资集聚示范区,让投资人、创业团队、基金管理人形成规模集聚效应。积极鼓励基金加基地、孵化加投资等各类创新型基金运作模式,努力提高新兴企业孵化培育效率。鼓励有条件的区政府为孵化器和创业投资企业集聚区制定相应的支持政策,推动基金和区域发展形成合力"等政策。

2019年7月,为更好发挥资本市场作用、促进上海市科创企业高质量发展,上海市人民政府办公厅印发《上海市人民政府办公厅关于着力发挥资本市场作用促进本市科创企业高质量发展的实施意见》(沪府办规〔2019〕11号)。实施意见就集聚一批专业化中介机构的发展目标问题,提出"大力吸引证券、会计、法律、信用评级、资产评估等中介机构,天使投资、风险投资、创业投资、引导基金等投资机构,养老基金、保险资金、企业年金、理财资金等长期资本,打造若干具有境内外影响力的中介机构和投资机构品牌";就加强场外市场建设,推动科技要素流转问题,提出"支持区域性股权市场深化与各区政府合作,搭建中小微科创企业政策措施的综合运用平台,做大做优科技创新专板,鼓励未上市股份公司办理股权登记托管,发挥私募股权投资基金参投项目退出和份额流转平台作用";就大力发展股权投资机构,加大科创领域投资力度问题,提出"落实创业投资企业法人合伙人和天使投资个人税收政策,完善市、区两级早期创投奖励和风险补偿机制。鼓励优质企业通过区域性股权市场开展私募股权融资。加强股权投资机构集聚区建设,实施差异化管理,完善创业投资、股权投资机构的注册变更程序,积极吸引风险投资、创业投资、私募股权、并购基金等各类优质投资机构,引进培育估值核算、信息技术等服务机构。化外商投资股权投资企业(QFLP)试点工作,引导境外优质资本投资科创企业"。

2019年9月,为进一步扩大对外开放,积极促进外商投资,保护外商投资合法权益，推动形成本市全方位高水平开放新格局，上海市人民政府发布了《上海市人民政府关于本市进一步促进外商投资的若干意见》（沪府规〔2019〕37号），提出"落实国家关于扩大金融业对外开放部署，放宽或取消金融机构外资股权比例等准入条件，争取金融业开放措施项目率先落地。深入推进外商投资股权投资企业试点"。

2020年1月，为加快推进上海金融科技中心建设，上海市人民政府办公厅印发《加快推进上海金融科技中心建设实施方案》（沪府办规〔2020〕1号）。实施方案就打造多层次融资服务体系问题，提出"发挥创业投资引导基金作用，吸引更多社会资本投资金融科技项目。推动知识产权在金融科技企业融资过程中发挥更大作用。支持本市政策性担保基金扩大对金融科技企业的担保规模"。

附件三 深圳支持私募股权基金业发展相关政策

深圳作为我国私募股权市场最发达的城市之一，政府高度重视私募股权业的健康发展，针对私募股权市场及其同实体产业的联动发展出台了一系列的政策措施。

2006年1月，为巩固提升深圳区域性金融中心地位，全面建设金融强市，深圳市人民政府发布了《深圳市人民政府关于加快深圳金融业改革创新发展的若干意见》（深府〔2006〕1号）。就围绕深圳产业结构调整优化，突出金融对产业的服务和支持问题，提出"设立产业基金等方式，拓宽财政融资渠道，强化和提高政府投融资能力""发展产业风险投资基金和产权交易市场。制定优惠政策措施，鼓励多种形式的风险创业投资，争取以有限合伙等形式设立风险投资公司。支持深圳市产权交易机构与深交所实现良性互动，畅通非上市股份制企业产权流通渠道"；就加强金融基础设施建设，打造金融中心城市的良好形象和知名品牌问题，提出"加快金融中心区建设，积极规划'金融配套服务基地'和'国际基金产业园区'"。

2007年1月，为进一步加快深圳市高端服务业发展，深圳市人民政府发布了《深圳市人民政府关于加快我市高端服务业发展的若干意见》（深府〔2007〕1号），在该文件的"创新金融"部分，提出"发展产业风险投资基金，壮大证券投资基金，引导规范私募基金、对冲基金发展"。

2008年4月，深圳市第四届人民代表大会常务委员会公布《深圳经济特区金融发展促进条例》（第七十二号）。《条例》就支持深圳资本市场改革发展问题提出"支持创业投资和私募股权投资基金发展，完善中小企业融资和担保体系"，就金融业发展的空间布局问题，提出"市政府及其相关部门应当规划建设基金产业集聚区，支持财富管理业发展"。

2009年12月，为充分应用互联网技术，加快产业集聚，使互联网产业发展成为新的经济增长极，深圳市人民政府印发了《深圳互联网产业振兴发展政策》（深府〔2009〕238号），其中就引导社会资金投向互联网产业问题，提出"市创业投资引导资金加大对互联网产业项目的支持力度。鼓励创业投资机构和产业投资基金投资互联网产业项目，鼓励、引导金融机构支持互联网企业发展，支持信用担保机构对互联网企业提供贷款担保，支持知识产权质押贷款"。

2009年12月，为大力扶持深圳新能源产业发展，培育新的经济增长点，深圳市人民政府印发了《深圳新能源产业振兴发展政策》（深府〔2009〕240号），其中就引导社会资金投向新能源产业问题，提出"市创业投资引导基金加大对新能源产业项目的支持力度。鼓励创业投资机构和产业投资基金投资新能源项目，鼓励、引导金融机构支持新能源企业发展，支持信用担保机构对新能源企业提供贷款担保，支持知识产权质押贷款"。

2010年3月，为全面提升深圳市文化软实力，中共深圳市委办公厅、深圳市人民政府办公厅出台《中共深圳市委办公厅深圳市人民政府办公厅关于全面提升深圳文化软实力的实施意见》（深办发〔2010〕4号），其中就加大资金投入力度保障问题，提出"鼓励金融机构支持文化发展，探索建立民间文化艺术基金和文化产业投资基金，完善鼓励社会力量对宣传文化事业捐赠办法"；就优化文化产业发展环境问题，提出"深化投融资体制改革，加强知识产权保护，加快设立中国文化产业投资基金，加强深圳文化产权交易所建设"。

2010年6月，为充分调动和发挥社会投资积极性，增强经济发展活力和合力，深圳市人民政府出台了《深圳市人民政府关于进一步鼓励和引导社会投资的若干意见》（深府〔2010〕81号）。《意见》就进一步拓宽社会投资的领域和范围问题，提出"鼓励社会资本通过扩大债券融资规模，加快发展股权融资等多种方式，拓宽社会资本进入基础产业渠道"；就拓宽企业融资渠道问题，提出"进一步完善创业投资引导基金和股权投资基金，大力推动高新技术企业和创业创新型企业上市融资，促进产业发展"。

2010年7月，为加快深圳市股权投资基金业发展，巩固提升深圳区域金融中心城市地位，推进经济结构调整和产业升级，深圳市人民政府印发了《关于促进股权投资基金业发展的若干规定》（深府〔2010〕103号）。《规定》明确适用于深圳市内注册的内资、外资、中外合资股权投资基金、股权投资基金管理企业以及私募证券投资基金管理企业，规定：股权投资基金须满足"注册资本（出资金额）不低于人民币1亿元，且出资式限于货币形式，首期到位资金不低于5000万元。股东或合伙人应当以自己的名义出资。其中单个自然人股东（合伙人）的出资额不低于人民币500万元。以有限公司、合伙企业形式成立的，股东（合伙人）人数应不多于50人；以非上市股份有限公司形式成立的，股东人数应不多于200人"；股权投资基金管理企业须满足"以股份有限公司形式设立的，注册资本应不低于人民币1000万元；以有限责任公司形式设立的，其实收资本应不低于人民币500万元"；私募证券投资基金管理企业须满足"注册资本1000万元人民币以上且管理资产在1亿元人民币以上"；同时，《规定》还列明了股权投资基金的工商登记要求（如市各有关部门对股权投资基金、股权投资基金管理企业以及私募证券投资基金管理企业，给予工商注册登记的便利）、税收政策〔如股权投资基金、股权投资基金管理企业采取股权投资方式投资于未上市中小高新技术企业 2 年以上（含 2 年），凡符合《国家税务总局关于实施创业投资企业所得税优惠问题的通知》（国税发〔2009〕87 号）规定条件的，可按其对中小高新技术企业投资额的 70% 抵扣企业的应纳税所得额〕，明确了加强对股权投资基金的支持力度〔如以公司制形式设立的股权投资基金，根据其注册资本的规模，给予一次性落户奖励：注册资本达 5 亿元的，奖励 500 万元；注册资本达 15 亿元的，奖励 1000 万元；注册资本达 30 亿元的，奖励 1500 万元〕、促进股权投资基金产业的集聚（如市各有关部门要进一步优化服务，形成有利于股权投资基金业集聚和健康有序发展的市场环境）、推动股权投资基金业的规范健康发展（如积极引入专业的股权投资基金评级机构，以市场化的方式推动股权投资基金评估体系的建立，引导股权投资基金规范健康发展）等要求。

2010 年 8 月，为了改善创业环境，促进中小企业发展，保持经济的可持续增长，深圳市人民代表大会常务委员会公布了《深圳经济特区中小企业发展促进条例（2010 年 7 月 26 日深圳市第五届人民代表大会常务委员会第二次会议通过）》（第十三号）。《条例》就资金扶持问题，提出"市政府设立的创业投资引导基金，应当引导创业投资机构、私募股权投资基金重点投资本市鼓励发展产业的小型企业和微型企业"；就融资促进问题，提出"鼓励各类社会资本设立风险投资机构或者私募投资基金，鼓励风险投资基金和私募投资基金在本市设立分支机构或者投资政府鼓励发展的产业与项目。市政府可以根据相关规定给予政策优惠。具体办法由市政府另行制定"。

2010 年 10 月，为深入实践科学发展观，带头加快转变经济发展方式，努力当好推动科学发展、促进社会和谐的排头兵，中共深圳市委和深圳市人民政府出台了《中共深圳市委 深圳市人民政府关于加快转变经济发展方式的决定》（深发〔2010

12号)。《决定》就进一步完善市场经济体制机制,努力为加快转变经济发展方式提供制度保障问题,提出"高水平建设金融改革创新综合试验区和保险创新发展试验区,积极推进金融产品和经营模式创新,鼓励风险投资和私募基金创新发展,积极推动优势企业改制上市,提高金融对产业转型升级的服务能力"。

2010年12月,为加快推进生物、互联网、新能源产业发展,深圳市人民政府办公厅印发《深圳市推进生物互联网新能源产业发展工作方案(2010—2012年)》(深府办〔2010〕98号)。《工作方案》就鼓励和引导社会投资问题,提出"大力发展创业投资和股权投资基金,设立由金融专业机构管理、市场化运作的投资基金,引入包括社保基金在内的各类机构投资者,为生物、互联网、新能源产业发展提供强有力的支撑"。

2010年12月,为进一步加大对深圳市股权投资基金业的支持力度,营造更加优良的环境,深圳市人民政府办公厅印发《关于进一步支持股权投资基金业发展有关事项的通知》(深府办〔2010〕100号),对深圳市股权投资基金管理企业给予大力财税支持:对符合《关于促进股权投资基金业发展的若干规定》(深府〔2010〕103号)"相关规定的股权投资基金管理企业,自本通知实施之日起,前2年按照营业收入形成地方财力的100%给予奖励,后3年按照营业收入形成地方财力的50%给予奖励;新注册成立的股权投资基金管理企业,按照其营业收入形成地方财力之日起计算""对我市符合《关于促进股权投资基金业发展的若干规定》(深府〔2010〕103号)相关规定的股权投资基金、股权投资基金管理企业,自本通知实施之日起或自获利年度起,前2年按照企业所得形成地方财力的100%给予奖励,后3年按照企业所得形成地方财力的50%给予奖励"。

2011年1月,为加快优化深圳市经济发展方式,深圳市人民政府印发《关于加快转变经济发展方式的行动计划》(深府〔2011〕1号),其中就大力发展现代服务业,提升经济辐射带动能力问题，提出"落实鼓励风险投资和私募基金创新发展的扶持政策，推进股权投资基金产业园区规划建设，吸引国内外大型股权投资基金及管理企业入驻"。

2011年8月，为加快培育和发展战略性新兴产业，推动产业结构转型升级，促进新材料产业发展，深圳市人民政府印发《深圳新材料产业振兴发展政策》（深府〔2011〕124号）。该政策就积极拓宽融资渠道问题，提出"通过贷款贴息、项目扶持、保费补贴、风险代偿等方式引导社会资金投向新材料产业。市创业投资引导基金加大对新材料产业的支持力度。鼓励创业投资机构和产业投资基金投资新材料项目，鼓励、引导金融机构支持新材料企业发展，支持信用担保机构对新材料企业提供贷款担保，支持知识产权质押贷款"。

2011年9月，为了将深圳市建设成为物联网技术创新能力强、产业发展领先、应用模式可持续的先导城市，深圳市人民政府印发了《深圳推进物联网产业发展行动计划（2011—2013年）》（深府〔2011〕142号），其中就加大多元化资金支持问题，提出"充分发挥市创业投资引导基金的作用，支持设立物联网产业发展基金，拓宽投融资服务渠道，鼓励国内外风险投资及社会资金投向物联网产业，创造有利于创新型企业成长的投融资环境"。

2011年10月，为提高文化创意产业对经济发展的贡献率，提升城市文化品位，更好地满足市民精神文化需求，深圳市人民政府印发了《深圳文化创意产业振兴发展政策》（深府〔2011〕175号）。《发展政策》就构建服务平台，支持中国文化产业投资基金发展问题，提出"按照《关于促进股权投资基金业发展的若干规定》对中国文化产业投资基金及其管理机构落户深圳给予优惠政策支持"；就拓宽投融资渠道，引导风险投资资金进入问题，提出"鼓励有实力的企业、团体、个人依法发起组建各类文化创意产业投资基金和机构。市创业投资引导基金加大对文化创意产业的支持力度,可安排一定引导资金,用于吸引其他产业投资基金和创业投资机构投资种子期和起步期的文化创意企业"。

2011年12月,为积极培育和发展新一代信息技术产业,增强电子信息产业核心竞争力,促进产业结构转型升级,深圳市人民政府印发《深圳新一代信息技术产业振兴发展政策》(深府〔2011〕210号)。"发展政策"就积极拓宽融资渠道问题,提出"鼓励企业、团体、个人依法发起组建新一代信息技术产业投资基金和机构。市创业投资引导基金加大对新一代信息技术产业的支持力度,每年安排一定引导资金,用于吸引产业投资基金和创业投资机构投资种子期和起步期的新一代信息技术企业"。

2012年5月,为进一步发挥金融对实体经济发展的支持和服务作用,着重解决企业融资难、融资贵问题,有效抑制社会资本"脱实向虚",深圳市人民政府发布《关于加强和改善金融服务支持实体经济发展的若干意见》(深府〔2012〕50号)。"意见"就大力扶持股权投资基金发展问题,提出"充分发挥市政府创业投资引导基金的作用,完善相关政策措施,吸引更多创投和股权投资类企业落户我市。引导更多社会民间资本参与发起风险投资、股权投资和天使基金,支持产业基金、并购基金、创业投资基金发展壮大。以前海先行先试的政策优势和金融创新开放为契机,鼓励各类股权投资基金在前海聚集发展。鼓励符合条件的股权投资基金管理公司或金融机构在我市发起设立符合产业发展规划方面的各个专门领域内的专业投资基金或具有产业引导作用的母基金,助推我市战略新兴产业、高新技术产业和现代服务业发展。2012年,力争我市股权投资企业突破2500家";就加大对战略性新兴产业的支持力度问题,提出"励金融机构深度参与基因、云计算、移动互联网、新材料、超材料等产学研资联盟和产业发展基金建设。在现有信息、生物、超材料、新能源4只国家创业投资基金的基础上，积极推动设立前海股权投资母基金，引导股权基金投向我市战略性新兴产业"。

2012年9月，深圳市第五届人民代表大会常务委员会公布《深圳经济特区创业投资条例》（第一〇〇号）。条例明确了创业投资机构的设立条件和程序、创业投资管理机构的设立条件和程序，明确了创业投资机构和创业投资管理机构的业务范围与经营规则，提出了对创业投资机构和创业投资管理机构鼓励与优惠政策监督管理，界定了创业投资同业公会的概念和职责。此外还提出"创业投资机构和创业投资管理机构的名称可以使用'创业投资'、'风险投资'或者'创投'等字样，其他机构的名称不得使用上述字样"和"未经核准擅自以含有'创业投资'、'风险投资'或者'创投'等字样的名称从事投资活动或者投资管理活动的，由市工商管理部门依据有关规定予以处罚"。

2012年11月，为促进深圳市科技企业孵化载体建设，构建充满活力的科技创新生态体系，深圳市科技创新委员会和深圳市财政委员会联合印发《关于促进科技企业孵化载体发展的若干措施》（深科技创新规〔2012〕7号），其中就创新孵化载体投融资服务模式问题，提出"完善孵化载体的投融资功能，支持孵化载体建立天使投资基金，加大与金融机构合作力度，通过孵化贷、成长贷、集合担保信贷、投资参股等方式扶持科技企业发展"。

2012年11月，为促进科技和金融结合，构建充满活力的科技创新生态体系，充分发挥科技对经济社会的支撑引领作用，深圳市人民政府印发了《关于促进科技和金融结合的若干措施》（深府〔2012〕125号）。《措施》高度强调了发展创业投资和股权投资的重要作用：就促进创业投资企业发展，提出"发挥市政府创业投资引导基金的引导和放大作用，支持各区政府（新区管委会）设立创业投资引导基金，引导创业投资机构投资初创期、成长期的战略性新兴产业领域企业。支持民间资本参与发起设立创业投资、股权投资和天使投资基金";就扶持股权投资基金发展问题,提出"落实我市促进股权投资基金业发展的有关规定,对符合条件的股权投资基金企业实施优惠政策。鼓励符合条件的创业投资企业通过债券融资等方式增强投资能力。创业投资企业采取股权投资方式投资于未上市的中小高新技术企业 2 年以上,可以按照其对中小高新技术企业投资额的 70%,在股权持有满 2 年的当年依法抵扣该创业投资企业的应纳税所得额;当年不足抵扣的,可以在以后纳税年度结转抵扣";就营造创业投资集聚发展环境问题,提出"利用我市股权投资基金政策,探索设立股权投资服务中心,构建'一站式'综合型服务平台。鼓励企业孵化器、科技园区通过天使投资俱乐部、创业投资俱乐部等形式,汇聚创业投资资源。加强创业投资和股权投资行业发展的前瞻性研究,支持在深圳举办科技金融高端论坛"。《措施》还对促进前海建设开放创新的科技金融体制进行专门说明,就推动前海金融创新问题,提出"探索符合条件的高新技术企业和金融机构在香港发行人民币债券,拓宽企业债务融资渠道。探索设立前海科技银行等各种创新型金融机构。推进前海金融资产交易所、前海股权交易中心等各类新型要素市场建设,促进高新技术企业以非公开方式进行股权融资";就促进股权投资的国际化问题,提出"支持与国际知名股权投资机构合作,探索推动合格境外有限合伙人(QFLP)试点,尝试境外资金投资国内市场,促进股权投资行业的规模化发展"。

2012 年 11 月,为深化深圳科技体制改革,激发全社会创新创业活力,提升科技创新能力,深圳市人民政府印发了《关于深化科技体制改革提升科技创新能力的若干措施》(深府〔2012〕123 号)。《措施》就鼓励各类主体创办科研机构问题,提出"发挥市政府创业投资引导基金作用,以引进高层次人才创新团队为核心,设立符合条件的新兴产业领域科研机构";就支持各类金融机构在深圳开展金融创新问题，提出"市政府创业投资引导基金参股设立、以深圳战略性新兴产业早期项目为主要投资对象的天使基金，其投资于深圳的天使投资项目，经有关部门确认后，市政府创业投资引导基金可以在退出时将50%净收益权益让渡给天使基金的其他发起人，并可以由市科技研发资金对被投资企业按其获得实际现金投资额的2%，最高50万元予以一次性资助"。

2013年2月，为进一步完善深圳市金融支持政策体系，吸引更多有利于增强市场功能的创新型金融机构聚集，巩固提升全国金融中心地位，深圳市人民政府印发《深圳市支持金融业发展若干规定实施细则补充规定》（深府〔2013〕12号），针对包括基金管理公司在内的部分金融机构出台了一系列扶持和奖励政策，如"对基金管理、期货公司总部在满足金融监管规定的基础上，因业务发展需要增加注册资本金的，给予一次性增资奖励：注册资本金增加5亿元以上（含5亿元）的，奖励500万元；5亿元以下、2亿元以上的，奖励200万元；2亿元以下、1亿元以上的，奖励100万元"。

2013年2月，为规范深圳市外商投资股权投资企业试点工作，深圳市金融办、市经贸信息委、市市场监管局、前海管理局制定并印发了《深圳市外商投资股权投资企业试点工作操作规程》（深府金发〔2012〕12号）。《规程》明确了申请设立外商投资股权投资企业的境外投资人的条件、需要提前的申请材料、申报手续等。

2013年6月，为切实营造有利于中小微企业发展的营商环境，进一步发挥中小微企业在推动科技创新、促进战略性新兴产业发展和加快经济结构优化升级等方面的重要作用，推动中小微企业提升发展质量，深圳市人民政府印发了《深圳市关于支持中小微企业健康发展的若干措施》（深府〔2013〕56号）。《措施》就发挥民间资本的重要作用问题，提出"引导民间资金通过参与私募股权投资、小额贷款公司和村镇银行等途径实现规范化、阳光化发展。建立小额贷款公司监管信息系统,明确小额贷款公司适用金融企业的税收政策,进一步研究支持小额贷款公司发展的政策措施。支持天使投资发展,积极争取村镇银行试点名额";就健全创业服务体系问题,提出"联合高校和各类科研机构建立创业项目信息发布平台,联合创业服务机构建立一站式创业咨询服务平台,建立初创企业、创新型小微企业与天使投资的信息对接平台"。

2013年9月9日,为加快转变经济发展方式,全面打造"深圳质量",构建以"高新软优"为特征的现代产业体系,引导产业结构调整和投资方向,实现有质量的稳定增长和可持续的全面发展,深圳市发展和改革委员会印发《深圳市发展和改革委员会关于印发〈深圳市产业结构调整优化和产业导向目录(2013年本)〉的通知》(深发改〔2013〕1271号),其中的"B 鼓励发展类/服务业"类目录中,包含了:"B114 香港金融机构设立合资证券公司、合资证券投资咨询公司和合资基金管理公司""B122 创业投资、私募股权投资、私募证券投资机构、各大银行的私人银行部及证券、基金、期货等专项资产管理子公司等财富管理类机构""B126 保险公司、保险资产管理及保险专业中介机构,金融服务外包及其他金融中介服务机构,股权融资与交易服务机构""B127 股权投资基金、产业基金、并购基金、对冲基金及其管理企业"。

2013年11月,为加快培育海洋产业,力争抢占海洋科技和产业发展的制高点,深圳市人民政府印发《深圳市海洋产业发展规划(2013—2020年)》(深府〔2013〕112号),其中就优化产业发展环境问题,提出"加大金融对海洋产业发展的支持力度,积极支持金融机构和企业设立海洋创业投资基金,研究设立各类涉海产业引导基金,鼓励银行和保险等金融机构开展出口信贷和出口信用保险,加大政策性涉海保险的扶持力度,开展海洋工程装备融资（抵押、担保、租赁）试点工作，依托前海积极开展海洋领域的金融创新"。

2013年12月，为更好地谋划深圳航空航天产业跨越发展，深圳市人民政府印发《深圳市航空航天产业发展规划（2013—2020年）》（深府〔2013〕118号），其中多处提出发挥航空航天产业发展基金，吸引社会资本投资问题，如"多渠道筹建航空航天产业发展基金，促进产业发展""推动飞机信托、飞机贷款、融资租赁、保险、产业基金等航空金融服务产业发展""整合社会资本设立航天技术转化应用发展基金，加强在航天科技及相关领域的投资，促进国际化团队项目引进工作""联合各类风险投资等社会资本广泛参与发起设立航空航天产业发展基金，采用市场化、专业化运作模式，以资金为纽带构建产业、技术与资本融合平台，促进产业集群化发展"等。

2013年12月，为积极培育和发展生命健康、海洋、航空航天等未来产业，大力实施创新驱动发展战略，加快转变经济发展方式，深圳市人民政府印发了《深圳市未来产业发展政策》（深府〔2013〕122号），其中就积极拓宽融资渠道问题，提出"鼓励企业、团体、个人依法发起组建未来产业投资基金和机构。加大市创业投资引导基金对未来产业的支持力度，吸引产业投资基金和创业投资机构投资种子期和初创期的未来产业企业"。

2014年1月，为充分发挥市场决定性作用，主动承担我国金融发展战略的先行引领使命，加快金融市场开放创新，构建市场化国际化金融服务体系，推动深圳金融业新一轮跨越式发展，深圳市人民政府印发《关于充分发挥市场决定性作用全面深化金融改革创新的若干意见》（深府〔2014〕1号）。《意见》就引导更多民间资本进入金融领域问题，提出"支持民间资本发起或参与设立创投基金、私募股权基金、产业基金等"；就打造国际财富管理中心问题，提出"进一步深化外资股权投资创新试点，积极探索外资股权投资企业在资本金结汇、投资、基金管理等方面的新模式。大力发展私募股权基金、风险投资基金、天使基金、并购基金、对冲基金等机构,积极吸引全球主权财富基金、养老基金、捐赠基金等以深圳为中心投资布局。利用特区立法权,探索在前海建立保护投资者利益的国际通行保密制度。探索家族信托和慈善公益信托运行模式,支持财富传承和公益事业发展。鼓励发展高端理财业务,推动构建包括投资基金、银行理财产品、信托计划、专项资产管理计划、债权投资计划、第三方财富管理等多元产品的'大资产管理'格局"。

2014年3月,为抢占新一轮互联网金融发展先机,推动互联网金融集聚创新发展,深圳市人民政府出台了《深圳市人民政府关于支持互联网金融创新发展的指导意见》(深府〔2014〕23号)。《意见》就拓宽互联网企业进入金融领域渠道问题,提出"支持互联网企业通过发起设立、并购重组等方式控股或参股小额贷款、融资担保、融资租赁、典当投资、股权投资、要素平台等新型金融机构";就创新财政资金对互联网金融投入方式问题,提出"鼓励创业投资引导基金与境内外股权投资机构、金融机构、产学研联盟合作,发起设立互联网金融创投基金,重点投向初创期、成长期的互联网金融企业。创新市科技研发资金的投入方式,通过贷款贴息、科技保险、股权投资等资助方式,引导金融资源和社会资本加大对互联网金融的投入"。

2014年12月,为更好地发挥深圳经济特区改革开放排头兵作用,大力发展湾区经济,努力建设海上丝绸之路桥头堡,中共深圳市委、深圳市人民政府发布《中共深圳市委 深圳市人民政府关于大力发展湾区经济建设21世纪海上丝绸之路桥头堡的若干意见》(深发〔2014〕16号)。《意见》就加快建设面向全球的创新策源地问题,提出"充分发挥深圳科技金融发达、创投机构聚集的优势,努力打造亚洲最大创投中心,鼓励有实力的创投企业到海上丝绸之路沿线国家设立创投机构和创投基金,扶持当地创新企业成长";就大力发展金融贸易核心功能业态问题，提出"在国家和省支持下，以跨境金融、离岸金融为重点，大力推进跨境股权投资、银团贷款、信用保险等金融合作，积极吸引多边金融机构和沿线国家主权基金、投资基金落户"。

2015年4月，为深化深圳保险创新发展试验区建设，促进经济社会发展和保障人民群众生产生活，深圳市人民政府出台《深圳市人民政府关于加快现代保险服务业创新发展的实施意见》（深府〔2015〕26号）。《实施意见》就推动保险业服务小微企业发展问题，提出"支持保险机构投资小微企业专项债券、创业投资基金及相关金融产品。支持保险资产管理公司发起设立夹层基金、并购基金、不动产基金等，丰富小微企业融资渠道"。

2015年6月，为促进创客发展，推动大众创业、万众创新，激发全社会创新创业活力，将深圳打造成国际创客中心，深圳市人民政府印发《深圳市关于促进创客发展的若干措施（试行）》（深府〔2015〕46号）。《措施》就加强财政资金引导问题，提出"政府设立创客母基金，支持社会资本发起设立创客投资基金。鼓励创客投资基金与财政专项资金结合，通过阶段参股、收益让利、风险补偿和投资保障等方式，引导创投机构投资创客项目和创客初创企业"。

2015年7月，为推进深圳国家自主创新示范区建设，深圳市人民政府印发《深圳国家自主创新示范区建设实施方案》（深府〔2015〕54号）。《实施方案》就优化综合创新生态体系问题，提出"发展壮大中小企业板，完善交易机制，丰富交易品种。优化基金发展环境，推动创业投资和股权投资基金集聚壮大。支持前海股权交易中心创新发展，规范发展债券市场和金融要素市场，形成包括银行贷款、企业上市、发行债券、信用担保和再担保、创业投资、股权基金、小额贷款公司等在内的中小企业融资服务体系"。

2015年7月，积极探索构建开放型经济新体制，实现深港澳经济深度合作，充分发挥自贸试验区在新一轮改革开放中的示范引领作用,深圳市人民政府印发《中国(广东)自由贸易试验区深圳前海蛇口片区建设实施方案》(深府〔2015〕52号)。提出"创新产业扶持方式,探索设立创投引导基金,尝试股权投资模式,实现财政产业发展引导资金的'可放大、可循环、可评估'。在基础设施、公用事业等领域,积极引导社会资本投入重点项目,推广政府资金和社会资本合作模式""依托前海深港青年梦工场、蛇口创业创新产业带等项目,发挥以梦基金为代表的前海基金集群优势,鼓励'大众创业、万众创新'"。"支持有条件的企业在'一带一路'沿线国家开展绿地投资、并购投资、证券投资和联合投资,探索设立各类产业投资基金",以及发展航运产业基金、船舶产业基金、航运新能源基金、海工创新基金和海洋新能源合作基金等。

2016年3月,更好发挥新消费引领作用,促进消费、转型、创新"三者互动",加快形成经济发展新动力,深圳市人民政府印发了《深圳市培育新兴消费热点工作方案》(深府函〔2016〕29号)。《工作方案》就推动大众创业万众创新,丰富产品和服务供给问题,提出"发挥金融中心城市和多层次资本市场优势,强化资本对创新的支持作用,设立创新创业、新兴产业等大型引导基金,发展创业投资、股权众筹、互联网金融,打造创新型企业融资中心和财富管理中心,推动创新链、产业链和资本链有效对接"。

2016年7月22日,为积极稳妥推进去产能、去库存、去杠杆、降成本、补短板等结构性改革重点任务,深圳市人民政府印发《深圳市供给侧结构性改革总体方案(2016—2018年)》。《总体方案》就着力优化融资结构,降低企业融资成本问题,提出"深化外商投资企业股权投资(QFLP)试点,鼓励境外资本通过股权投资等方式支持我市创新型企业发展";提出"强化创业投资引导基金功能,支持PE、VC企业集聚发展,加大对初创期、起步期创新型企业的培育扶持力度。鼓励银行机构与创业投资、股权投资机构合作筛选科技创新企业,开展'股权+银行贷款'和'银行贷款+认股权证'等融资创新";就积极推进正税清费,降低税负成本问题,提出"争取国家支持我市在高端人才、天使投资、众创空间、境外股权投资、融资租赁、重大技术装备等产业方面先行开展财税政策创新试点和在广东自贸区前海蛇口片区试点实施启运港退税政策,给予企业税收优惠支持";就鼓励企业利用资本市场做大做强问题,提出"强化创业投资引导基金功能,支持PE/VC企业集聚发展,加大对初创期、起步期创新型企业的培育扶持力度,引导社会资本投向科技创新、战略性新兴产业等重点领域"。

2016年8月,为全面推进大众创业、万众创新,增强创新驱动发展新优势,深圳市人民政府发布《深圳市人民政府关于大力推进大众创业万众创新的实施意见》(深府〔2016〕61号)。《实施意见》就落实普惠性税收措施问题,提出"落实创业投资企业税收抵扣政策,创业投资企业采取股权投资方式投资于未上市的中小高新技术企业2年以上,按照其对中小高新技术企业投资的70%,在股权持有满2年的当年依法抵扣该创业投资企业的应纳税所得额;当年不足抵扣的,可以在以后纳税年度结转抵扣";就推动创业投资"引进来"与"走出去"问题,提出"支持设立海外创新投资基金,引导和鼓励创业投资机构加大对境外高端研发项目的投资";就发展和利用好引导基金作用问题,提出"完善引导基金管理办法、绩效考核、合作机构遴选等配套制度,引导社会资本投向创新创业各个领域,重点培育和扶持处于初创期、起步期的科技型企业""积极争取国家新兴产业创业投资引导基金、科技型中小企业创业投资基金、国家科技成果转化引导基金、国家中小企业发展基金的支持,推动我市创新创业发展""鼓励银行业金融机构对创业投资引导基金、创业投资基金提供融资和资金托管服务,做好创业投资引导基金的资金保管、拨付、结算等服务。鼓励保险资金投资创业投资基金，积极推动保险资金对接实体经济"。

2016年9月，为深入实施创新驱动发展战略，加快推进供给侧结构性改革，引导社会投资方向，促进产业结构调整优化升级，构建更具竞争力的现代产业体系，加快建成现代化国际化创新型城市，深圳市发展和改革委员会印发《深圳市产业结构调整优化和产业导向目录（2016年修订）》。该文件在"鼓励发展类"中列出了"股权投资基金、产业基金、并购基金、对冲基金及其管理企业""创业投资、私募股权投资、私募证券投资机构、各大银行的私人银行部及证券、基金、期货等专项资产管理子公司等财富管理类机构"。

2017年4月，为进一步放宽外资准入，创造公平竞争环境，加大引资引技引智力度，扩大利用外资规模，提升利用外资质量，深圳市人民政府印发了《深圳市关于进一步扩大利用外资规模提升利用外资质量的若干措施》（深府函〔2017〕74号）。《措施》就利用基金优化资源配置问题，提出"鼓励各类外资、合资证券投资基金、股权投资基金、创业投资基金落户深圳，做大做强，夯实股权投资基础，优化资源配置。允许在前海设立外商独资私募证券投资基金管理公司。探索适应境外股权投资和离岸业务发展的支持政策"；就拓展便捷的融资渠道问题，提出"引导各类产业基金对外资企业开展股权投资"。并在其附件《深圳市招商引资鼓励目录》中明确列出包含"股权投资基金、产业基金、并购基金、对冲基金""香港金融机构设立合资证券公司、合资证券投资咨询公司和基金管理公司""创业投资、私募股权投资、私募证券投资机构、各大银行的私人银行部及证券、基金、期货等专项资产管理子公司等财富管理类机构"。

2017年9月，为进一步完善金融支持政策体系，吸引集聚优质金融资源，推动深圳市金融业可持续均衡发展，加快建设国际化金融创新中心，深圳市人民政府印发了《深圳市扶持金融业发展若干措施》（深府规〔2017〕2号）。《措施》就规范发展新兴金融业态、丰富金融市场层级问题，提出"积极引进股权投资企业和股权投资管理企业总部。鼓励和支持社会资本、企业年金、地方社保基金按照有关规定设立股权投资企业；鼓励证券公司、保险公司、信托公司、财务公司等金融机构在本市依法依规投资或设立股权投资企业，开展直接投资业务；稳步开展外商投资股权投资试点和合格境内投资者境外投资试点"；对符合一定条件的股权投资企业提供了一系列支持政策，如"以公司制形式新注册设立的股权投资企业，按照其实缴注册资本规模，给予一次性落户奖励：实缴注册资本达5亿元的，奖励500万元；实缴注册资本达15亿元的，奖励1000万元；实缴注册资本达30亿元的，奖励1500万元""以合伙制形式设立、运营规范的股权投资企业，根据合伙企业实际募集资金规模，给予其委托的股权投资管理企业管理资产规模奖励：实际募集资金达10亿元的，奖励500万元；实际募集资金达到30亿元的，奖励1000万元；实际募集资金达到50亿元的，奖励1500万元"等。

2018年1月，为了全面实施创新驱动发展战略，保障和促进深圳国家自主创新示范区的建设发展，深圳市人民代表大会常务委员会公布了《深圳经济特区国家自主创新示范区条例》（第九十五号）。《条例》就金融创新问题，提出"设立政府投资母基金或者联合社会资本设立、参股子基金，重点支持高技术产业、新兴产业等领域早中期、初创期创新型企业发展"。

2018年1月，为加大营商环境改革力度，营造稳定公平透明、可预期的营商环境，深圳市人民政府印发了《深圳市关于加大营商环境改革力度的若干措施》（深府〔2018〕1号）。《措施》就缓解"融资难、融资贵"问题，提出"完善天使投资人鼓励政策，设立天使投资引导基金，引导鼓励社会资本对初创企业的投入"；就营造更美丽更宜居的绿色发展环境问题，提出"打造'美丽中国'典范城市。争创国家绿色金融改革创新试验区，构建绿色金融体系，鼓励社会资本设立各类绿色产业基金"。

2018年2月，为进一步激发深圳市民间有效投资活力，促进经济持续健康发展，深圳市人民政府办公厅印发《深圳市关于进一步激发民间有效投资活力促进经济持续健康发展的实施方案》（深府办〔2018〕6号）。《实施方案》就推动产业转型升级，支持民间投资创新发展问题，提出"发挥政府资金引导作用。依托深圳市政府投资引导基金，引导社会资本投向创新创业、新兴产业发展、城市基础设施建设、民生事业发展等领域，促进产业转型升级。发挥财政资金放大效应，吸引扩大社会资本参与，研究筹建基础设施投资基金，支持基础设施建设"。

2018年6月，为强力推动一批市场前景好、综合效益高、核心竞争力强的中小企业改制上市，形成深圳市以高新技术企业为主体、以细分行业龙头为特色、突出战略新兴产业、境内境外上市和并购重组并举的产业经济发展新格局，深圳市人民政府办公厅印发了《关于进一步推动我市中小企业改制上市和并购重组的若干措施》（深府办〔2018〕11号）。《若干措施》就完善更强有力的上市培育工作机制，加大股权投资力度问题，提出"鼓励和支持各类政府性基金和民间资本，尤其是国家中小企业发展基金深圳子基金、深圳市中小微企业发展基金和深圳市创业投资引导基金，加大对我市改制上市及新三板挂牌企业的股权投资，特别是对种子期、初创期的小微企业的股权投资，加快其成长步伐，壮大我市中小企业改制上市及新三板挂牌后备资源队伍，推动我市更多中小企业走向资本市场，通过资本市场融资实现快速发展"；就推动更活跃的中小企业并购重组问题，提出"设立并购重组类子基金。在市政府投资引导基金下，设立并购重组类子基金，发挥政府基金引导作用，促进改制上市企业通过并购重组进一步发展壮大""发挥产业并购基金作用。鼓励上市企业参与发起设立产业并购基金，集聚社会资本，使上市企业并购形成杠杆效应，减少并购资金风险，同时联合专业机构，提高并购重组的专业化和成功率。通过并购重组，储备与培育战略业务，促进上市企业战略转型"。

2018年11月，进一步提升我市战略性新兴产业发展能级，加快形成引领型的现代化经济体系，深圳市人民政府印发《深圳市关于进一步加快发展战略性新兴产业的实施方案》（深府〔2018〕84号）。《实施方案》就完善多元化的资金支持体系问题，提出"充分发挥市政府投资引导基金、天使投资母基金等基金作用，坚持市场化运作，撬动社会资本设立子基金。加快中试子基金投资运作，加大对重点领域中试环节的精准扶持"。

2018年12月，为构建绿色金融体系，创新绿色金融服务，促进深圳生态文明建设和经济社会高质量发展，深圳市人民政府制定了《深圳市人民政府关于构建绿色金融体系的实施意见》（深府规〔2018〕29号）。《实施意见》就支持绿色企业上市融资和再融资问题，提出"鼓励中小型绿色企业到区域性股权交易市场挂牌，对在我市区域股权交易中心挂牌并接受培训咨询、登记托管、债券融资、场外投行等资本市场培育服务，且符合《关于支持企业提升竞争力的若干措施》实施细则相关条件的绿色企业给予每家10万元的财政补贴，相关经费从市金融发展专项资金中列支。鼓励已上市绿色企业在资本市场上以增发形式再融资"；就探索设立绿色产业投资基金问题，提出"在现行市政府投资引导基金政策框架下探索设立绿色产业投资基金，发挥财政资金的引导、放大效应，吸引有实力的机构投资者和社会资本向环保、节能、清洁能源、绿色交通和绿色建筑等领域的企业、项目进行投资。优先支持、参股符合国家绿色基金相关标准、绿色投资相关指引的绿色类子基金"。

2019年6月，为了促进深圳经济特区金融业发展，优化金融生态环境，推动产业结构优化升级，深圳市人民代表大会常务委员会发布了《深圳经济特区金融发展促进条例》（2008年4月1日深圳市第四届人民代表大会常务委员会第十八次会议通

过 根据 2019 年 4 月 24 日深圳市第六届人民代表大会常务委员会第三十三次会议《关于修改〈深圳经济特区医疗条例〉等二十七项法规的决定》修正)。《条例》在"金融机构"部分，提出"支持创业投资和私募股权投资基金发展，完善中小企业融资和担保体系"；在"金融布局"部分，提出"市人民政府及其相关部门应当规划建设基金产业集聚区，支持财富管理业发展"；在"金融生态"部分，提出"举办中小企业融资、证券投资基金和金融衍生产品等金融高峰论坛，吸引国际知名专家和机构来深圳交流金融发展、创新和监管经验"。

2019 年 7 月，为了规范区域性股权市场的活动，保护投资者合法权益，防范区域性股权市场风险，促进区域性股权市场健康发展，深圳市人民政府印发了《深圳市区域性股权市场监督管理实施细则》（深府规〔2019〕6 号)。《实施细则》中对"合格投资者"的界定，包含了"以及依法备案或者登记的私募基金管理人"和"依法备案的私募基金"，同时规定"运营机构应当合理审慎地审查投资者是否符合区域性股权市场合格投资者标准，并确保单一私募证券的投资者人数累计后不得违反法律法规和《区域性股权市场监督管理试行办法》的规定"。

2019 年 8 月，为进一步促进前海深港现代服务业合作区金融业集聚创新发展，深圳市前海深港现代服务业合作区管理局印发了《深圳前海深港现代服务业合作区支持金融业发展专项资金实施细则（试行）》（深前海规〔2019〕11 号)。《实施细则》明确了一系列奖励政策，如"对在中国证券投资基金业协会备案，注册资本 1000 万元以上且受托管理私募证券基金规模 2 亿元以上的外商独资私募证券投资基金管理企业，按照实际管理资金规模的 0.05%，给予最高不超过 500 万元的奖励""支持前海中小微企业依托深圳区域性股权市场发展。对前海辖区企业在深圳区域性股权市场挂牌发行各类创新型融资工具的，按照融资规模的 1%，给予单个企业单个项目最高 25 万元的发行费用支持"。

2020年1月，为引导深圳市科技企业孵化器和众创空间高质量发展，构建良好的科技企业成长生态，深圳市科技创新委员会印发了《深圳市科技企业孵化器和众创空间管理办法》（深科技创新规〔2020〕1号），提出"市科技行政主管部门在市科技研发资金中安排资金，对引领示范作用大、发展模式清晰、符合条件的孵化器和众创空间给予事后补助或者奖励补助，用以支持行业领军企业、高校及科研院所、创业投资机构、社会组织等机构建设孵化器和众创空间"。

参考文献

白一池：《私募股权基金投资的风险管理探讨》，《财经界》（学术版）2019年第2期。

曹和平：《中国私募股权市场发展报告（2013—2014）》，社会科学文献出版社2014年版。

陈建林、李瑞琴、冯昕珺：《私募股权与家族企业治理模式：合作还是冲突》，《产业经济研究》2018年第2期。

丛彦国：《英国另类投资基金监管与启示》，《学术交流》2016年第4期。

丁世国、张保银：《我国私募股权投资基金的监管问题与对策研究》，《经济问题探索》2012年第12期。

董银霞、杨世伟：《我国私募股权并购基金发展研究——基于资本市场的视角》，《财会月刊》2013年第20期。

杜雨洁：《如何完善私募股权投资基金退出机制》，《人民论坛》2017年第22期。

樊志刚、赵新杰：《全球私募基金的发展趋势及在中国的前景》，《金融论坛》2007年第10期。

广州市金融工作局：《广州金融发展形势与展望（2016/2017/2018/2019）》，广州新华出版发行集团。

郭威、李宝林：《私募股权基金：特点、发展与前景》，《金融市场研究》2018年第10期。

胡妍、阮坚：《私募股权影响企业绩效的传导路径——基于现金持有、研发投入的视角实证》,《金融经济学研究》2017 年第 5 期。

胡志坚、张晓原、张志宏:《中国创业投资发展报告(2018)》, 经济管理出版社 2018 年版。

黄卫东:《中国私募股权基金问题与发展》,中国发展出版社 2015 年版。

黄晓捷、赵忠义:《私募股权投资基金研究:文献综述》,《武汉金融》2008 年第 9 期。

黄亚玲:《私募股权基金文献综述》,《国际金融研究》2009 年第 3 期。

纪慧慧:《试析中国私募股权投资的发展及风险监管》,《北方经贸》2016 年第 1 期。

姜爱克:《私募股权投资风险预测与治理研究》,博士学位论文,北京交通大学,2018 年。

孔令艺、肖慧娟、任颋:《股权结构、上市地点选择与 IPO 绩效——以中国创业企业为例》,《当代经济科学》2014 年第 4 期。

赖继红:《私募股权投资、企业创新及其宏观经济效应研究》,《中央财经大学学报》2012 年第 9 期。

李福祥、何红霞、欧阳娣:《中国私募股权投资基金现状与发展研究》,中国社会科学出版社 2015 年版。

李建华、张立文:《私募股权投资信托与中国私募股权市场的发展》,《世界经济》2007 年第 5 期。

李建伟:《私募股权投资基金的发展路径与有限合伙制度》,《证券市场导报》2007 年第 8 期。

李九斤、王福胜、徐畅:《私募股权投资特征对被投资企业价值的影响——基于 2008—2012 年 IPO 企业经验数据的研究》,《南开管理评论》2015 年第 5 期。

李令强:《私募股权投资基金的中国实践研究》,硕士学位论文,大连海事大学，2007年。

李曜、张子炜：《私募股权、天使资本对创业板市场IPO抑价的不同影响》，《财经研究》2011年第8期。

李有星、冯泽良：《对赌协议的中国制度环境思考》，《浙江大学学报》（人文社会科学版）2014年第1期。

林旭勉：《有限合伙制私募股权基金投资税收政策存在的问题和建议》，《财会学习》2019年第14期。

刘鸿儒等：《变革——中国金融体制发展六十年》，中国金融出版社2009年版。

刘建和、陈磊、朱启勉：《私募股权投资对区域创新能力的影响效应研究——基于省际面板数据的实证》，《科技管理研究》2018年第19期。

刘明：《论私募股权众筹中公开宣传规则的调整路径——兼评〈私募股权众筹融资管理办法（试行）〉》，《法学家》2015年第5期。

毛海栋：《通过豁免的规制——美国私募基金规制政策的变迁和启示》，《法学评论》2013年第1期。

倪宣明、武康平、黄嵩：《私募基金合伙人契约研究》，《经济理论与经济管理》2015年第4期。

《山珊区域性股权交易市场功能开发研究》，《经济问题》2017年第12期。

石阳、王明涛、李莎姗：《投行声誉、PE背景与IPO企业盈余管理》，《投资研究》2014年第2期。

宋晓燕：《私募股权投资基金组织模式分析——一个治理结构的视角》，《上海财经大学学报》（哲学社会科学版）2008年第5期。

王磊、邓戎、郭立宏：《私募股权投资研究综述》，《西北大学学报》（哲学社会科学版）2009年第4期。

王磊：《我国私募股权投资的融资研究》，博士学位论文，西北大学，2009年。

王莉：《私募股权信托基金研究述评》，《中国农业银行武汉培训学院学报》2008年第1期。

王潇、王胜铎：《合伙制私募股权投资基金所得税问题研析》，《税务研究》2018年第11期。

王宇伟、范从来：《发展战略性新兴产业的金融支持——江苏省建设区域性私募股权投资中心的考察》，《现代经济探讨》2011年第4期。

魏生、戴科冕：《基于区块链技术的私募股权众筹平台变革及展望》，《广东工业大学学报》2019年第2期。

吴晓灵：《发展私募股权基金需要研究的几个问题》，《中国企业家》2007年第5期。

夏家伟：《京津冀地区私募股权市场发展问题与对策探析——以政府引导类基金为例》，《中国物价》2019年第12期。

项海容、李建军、刘星：《基于激励视角的对赌合约研究》，《上海经济研究》2009年第3期。

肖学：《广东金融发展蓝皮书（2017）》，广东经济出版社2018年版。

徐海勇：《中国私募基金发展分析》，硕士学位论文，对外经济贸易大学，2006年。

亚洲金融智库：《粤港澳大湾区金融发展报告（2018）》，中国金融出版社2018年版。

杨超、谢志华、宋迪：《业绩承诺协议设置、私募股权与上市公司并购绩效》，《南开管理评论》2018年第6期。

杨东、黄尹旭：《中国式股权众筹发展建议》，《中国金融》2015年第3期。

姚磊：《私募股权投资中的对赌协议研究》，硕士学位论文，华东政法大学，2012年。

印露：《私募股权投资基金退出的法律制度研究》，硕士学位论文，复旦大学，2009 年。

于宏巍、杨光：《英国私募基金监管体系、政策支持及借鉴意义》，《清华金融评论》2017 年第 4 期。

禹久泓：《中国私募股权投资决策与绩效研究》，博士学位论文，华东师范大学，2011 年。

张合金、徐子尧：《私募股权融资：融资方式的创新》，《财会月刊》2007 年第 6 期。

张明：《境外私募股权基金是如何规避中国政府管制的》，《世界经济》2008 年第 3 期。

张晓蓉、黄蓓：《私募股权：中小企业融资新渠道》，《浙江金融》2006 年第 6 期。

张永明、潘攀、邓超：《私募股权融资能否缓解中小企业的投资不足》，《金融经济学研究》2018 年第 3 期。

张永毅：《美国对私募基金进行监管的法律体系演变历程》，《法制博览》2018 年第 13 期。

张子毅：《国内私募股权基金发展转型路径探究》，《中国市场》2018 年第 36 期。

赵凯、梅颖池：《美国私募基金监管改革历程及对我国的启示》，《当代经济》2019 年第 7 期。

赵玉：《私募股权投资基金管理人准入机制研究》，《法律科学》（西北政法大学学报）2013 年第 4 期。

中国（深圳）综合开发研究院课题组：《中国金融中心指数报告（第十期）》，中国经济出版社 2018 年版。

钟孝生：《中国私募股权基金发展问题研究》，硕士学位论文，厦门大学，2009 年。

朱奇峰：《中国私募股权基金发展论》，硕士学位论文，厦门大学，2009 年。

Alon Brav, Paul A. Gompers, "Myth or Reality? The Long-Run Underperformance of Initial Public Offerings: Evidence from Venture and Nonventure Capital-Backed Companies", *The Journal of Finance*, Vol. 52, No. 5, 1997.

Bernard S. Black, Ronald J. Gilson, "Does Venture Capital Require an Active Stock Market?", *Journal of Applied Corporate Finance*, 1999.

Cestone Giacinta, "Venture Capital Meets Contract Theory: Risky Claims or Formal Control?", *Review of Finance*, Vol. 18, No. 3, 2014.

Christian Keuschnigg, Søren Bo Nielsen, "Taxation and Venture Capital Backed Entrepreneurship", *International Tax and Public Finance*, Vol. 11, No. 4, 2004.

Florida Richard, Kenney Martin, "Venture Capital and High Technology Entrepreneurship", *Journal of Business Venturing*, Vol. 3, No. 4, 1988.

Gorman Michael, Sahlman William A., "What do Venture Capitalists Do?", *Journal of Business Venturing*, Vol. 4, No. 4, 1989.

Jensen Michael C., Ruback Richard S., "The market for Corporate Control: the Scientific Evidence", *Journal of Financial Economics*, Vol. 11, No. 1 − 4, 1983.

Lerner Joshua, "Venture Capitalists and the Decision to go Public", *Journal of Financial Economics*, Vol. 35, No. 3, 1994.

Marco Da Rin, Thomas Hellmann, Manju Puri, "A Survey of Venture Capital Research", *Handbook of the Economics of Finance*, Vol. 2, 2013.

Paul A. Gompers, "Grandstanding in the Venture Capital Industry", *Journal of Financial Economics*, Vol. 42, No. 1, 1996.

Paul Gompers, Josh Lerner, "An Analysis of Compensation in the U. S. Venture Capital Partnership", *Journal of Financial Economics*, Vol. 51, No. 1, 1999.

Paul Gompers, Josh Lerner, "Venture Capital Distributions: Short-Run and Long-Run Reactions", *The Journal of Finance*, Vol. 53, No. 6, 1998.

Risk and Reward in Private Equity Investments: The Challenge of Performance Assessment, The Journal of Private Equity, 1997.

Robert Hessen, "The Modern Corporation and Private Property: A Reappraisal", *Journal of Law and Economics*, Vol. 26, No. 2, 1983.

Sahlman William A., "The Structure and Governance of Venture-capital Organizations", *Journal of Financial Economics*, Vol. 27, No. 2, 1990.

Samuel Kortum, Josh Lerner, "Assessing the Contribution of Venture Capital to Innovation", *The RAND Journal of Economics*, Vol. 31, No. 4, 2000.